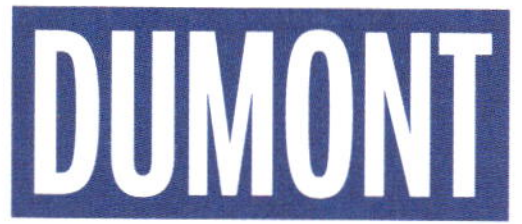

# WANDERZEIT IM HARZ

Herrlich entspannte Touren zum Abschalten & Genießen

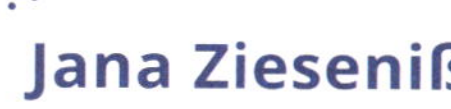

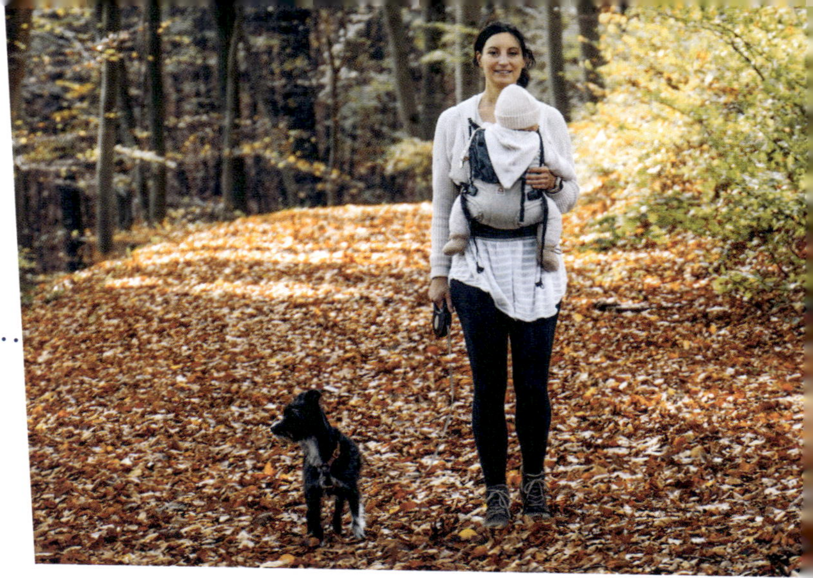

# JANA ZIESENISS

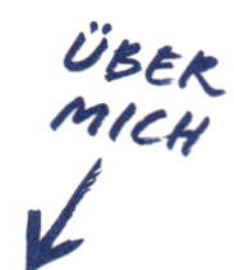


Als Kind verbrachte ich die Ferien immer in den Bergen, weil meine Familie leidenschaftlich gern wanderte. Dabei machte ich schon früh die Gipfel unsicher, egal ob daheim im Harz oder in den Alpen. Seit 2010 schreibe ich auch über meine Touren auf dem Reiseblog Sonne & Wolken und in Büchern. Auf meinen Wanderungen geht es nicht um sportliche Herausforderungen, sondern darum, den Alltag hinter sich zu lassen, die Natur mit allen Sinnen zu erkunden und kleine sowie große Abenteuer am Wegrand zu bestehen. Mit dabei sind fast immer mein kleiner Sohn und meine portugiesische Mischlingshündin Melli.

**Meine persönliche Wanderweisheit:**

» **Die Welt gehört dem, der sie genießt.**

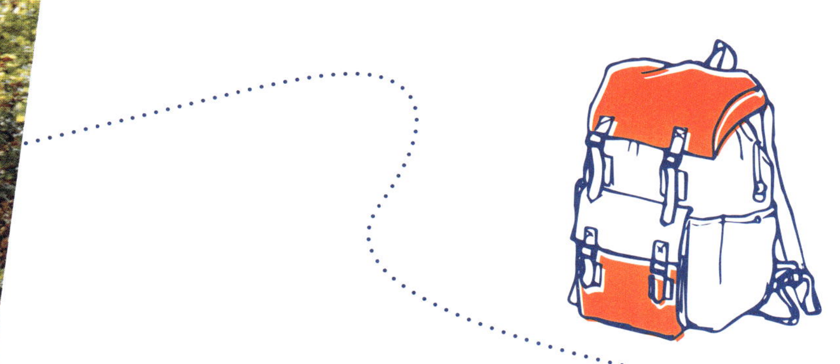

# LIEBE LESERIN, LIEBER LESER,

Schroffe Klippen, tiefe Schluchten, Höhlen, moosbewachsene Wälder und glasklare Stauseen – ja, der Harz ist nicht nur in der Walpurgisnacht ein magisches Gebirge. Vom sanften Harzvorland erhebt sich das höchste Gebirge Norddeutschlands immerhin bis auf stolze 1141 Meter.

So vielfältig wie seine Landschaft sind auch seine Wanderwege – von steilen, ausgesetzten Pfaden bis zu gemütlich-breiten Wegen ist für jeden etwas dabei. Und wer es noch bequemer mag, fährt zwischendurch ein Stück mit der dampfbetriebenen Harzer Schmalspurbahn, deren Streckennetz sich auf 140 Kilometern kreuz und quer durch das Mittelgebirge zieht.

*Eine herrlich entspannte Wanderzeit wünscht*

# INHALT

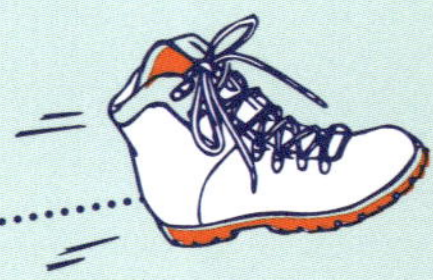

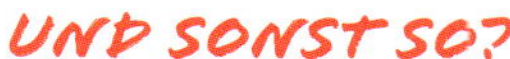

## Und sonst so?

# UNTERWEGS AUF DEN SCHÖNSTEN STRECKEN …

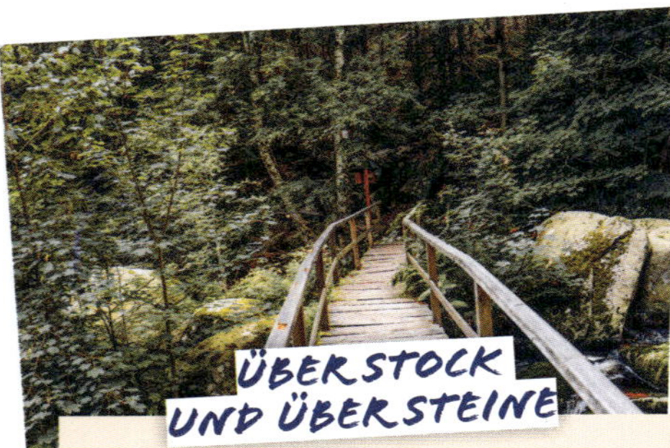

## ÜBER STOCK UND ÜBER STEINE

» Abwechslungsreich geht's entlang der Steinernen Renne ins Tal. Hier ist von allem was dabei: steinige Pfade, plätscherndes Wasser, schroffe Felsen und hier und da Aussicht. Tour 9, zwischen Waldgasthaus und Bahnhof Steinerne Renne, Seite 101

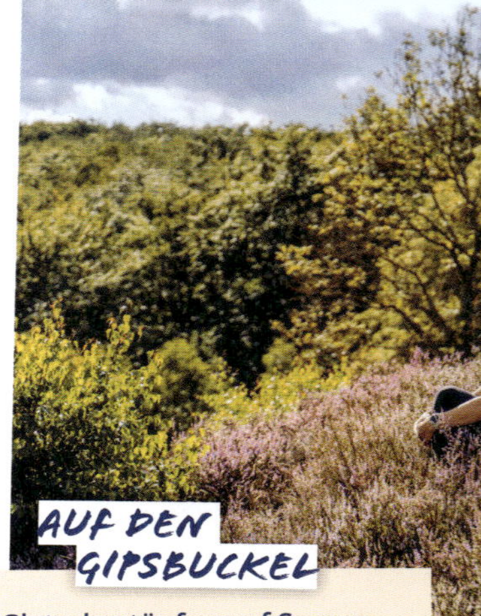

## AUF DEN GIPSBUCKEL

» Vorbei an Gletschertöpfen auf Serpentinen durch den Wald hinauf, dann durch ein Meer aus blühenden Heidebüschen wieder hinab – die Queste bietet Wanderglück pur! Tour 20, zwischen der Burgruine Questenberg und dem Parkplatz Dorfstraße Questenberg, Seite 209–211

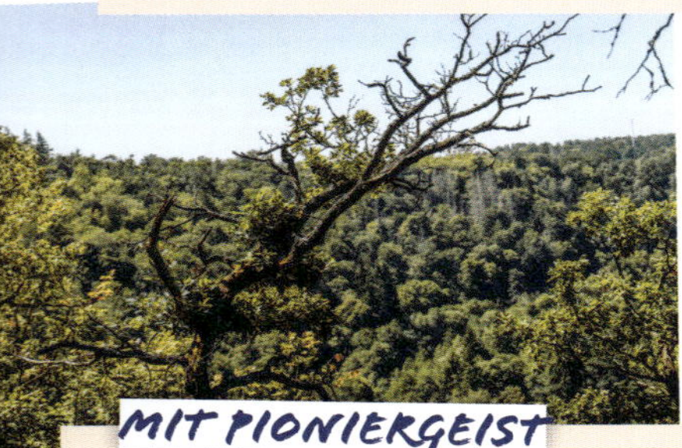

## MIT PIONIERGEIST

» Rechts der Fels, links knorrige Eichen und mitten hindurch der Wanderweg mit Tunnel, Klippen, Ausblicken und felsigen Bergpfaden – schöner geht's nicht! Tour 19, zwischen dem Adolph-Felsen und der Köthner Hütte, Seite 199

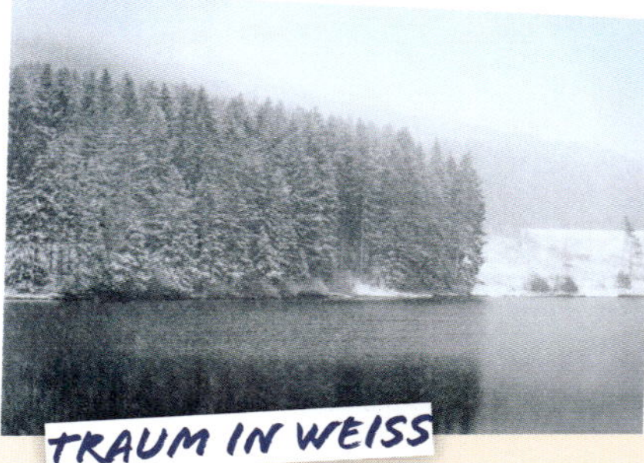

## TRAUM IN WEISS

» Mal rechts, mal links vom Wasser, immer entlang der sechs Teiche der Auerhahnkaskade, in denen sich der Wald im glasklaren Wasser spiegelt. Tour 5, zwischen dem Parkplatz Auerhahn an der B 241 und der Gustav-Adolf-Stabkirche, Seite 58

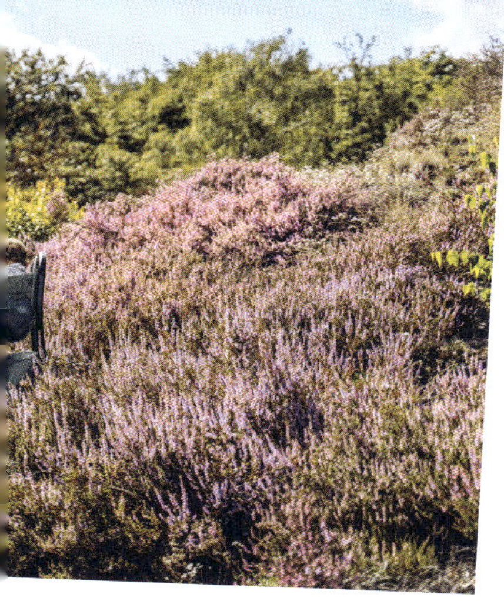

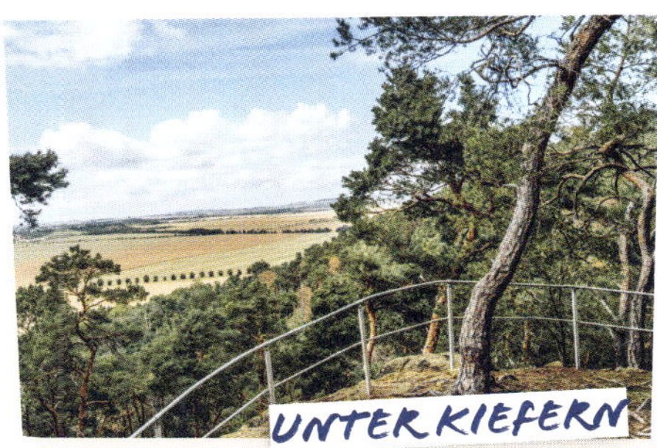

## UNTER KIEFERN

» Weich federt der Waldboden die Schritte, es duftet nach Kiefern, die selbst im Winter für etwas Grün sorgen und zwischendurch warten Klippen und Aussichtspunkte. Tour 1, zwischen der Fuchsklippe und dem Gläsernern Mönch, Seite 20

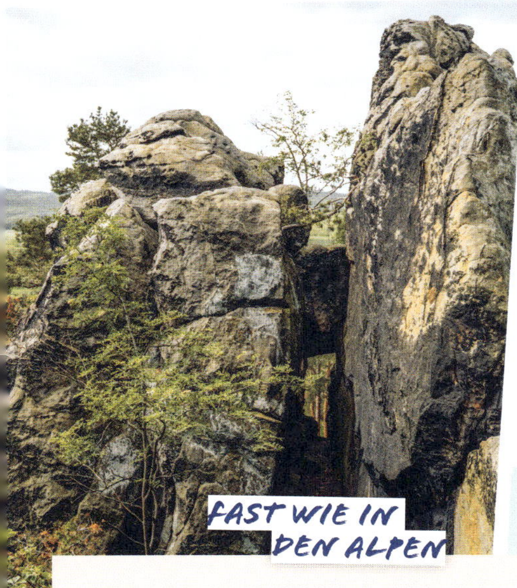

## FAST WIE IN DEN ALPEN

» Immer felsauf und felsab mit herrlichen Ausblicken auf bizarre Felsen, knorrige Kiefern und die Harzberge im Hintergrund auf dem Kamm der Teufelsmauer entlang. Tour 2, zwischen der Heidelbergwarte und dem Löbbeckefelsen, Seite 29

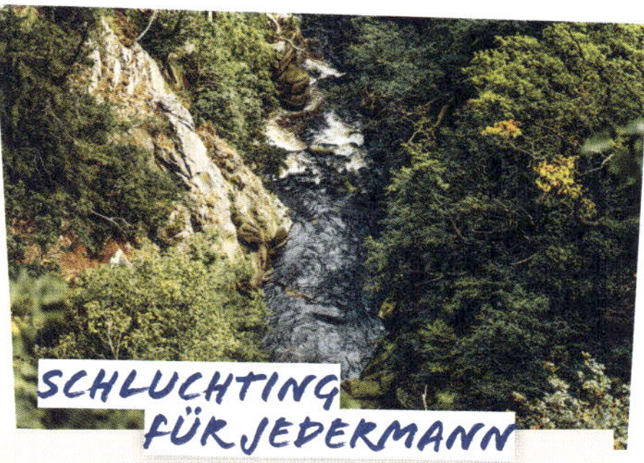

## SCHLUCHTING FÜR JEDERMANN

» Die Schlucht der Bode ist hier tief, der Weg schmal und die Felsen ragen rechts und links hoch hinauf – schluchtiger ist's im Harz nirgendwo. Tour 18, zwischen dem Langen Hals und der Teufelsbrücke, Seite 189

# ALLE TOUREN IM ÜBERBLICK

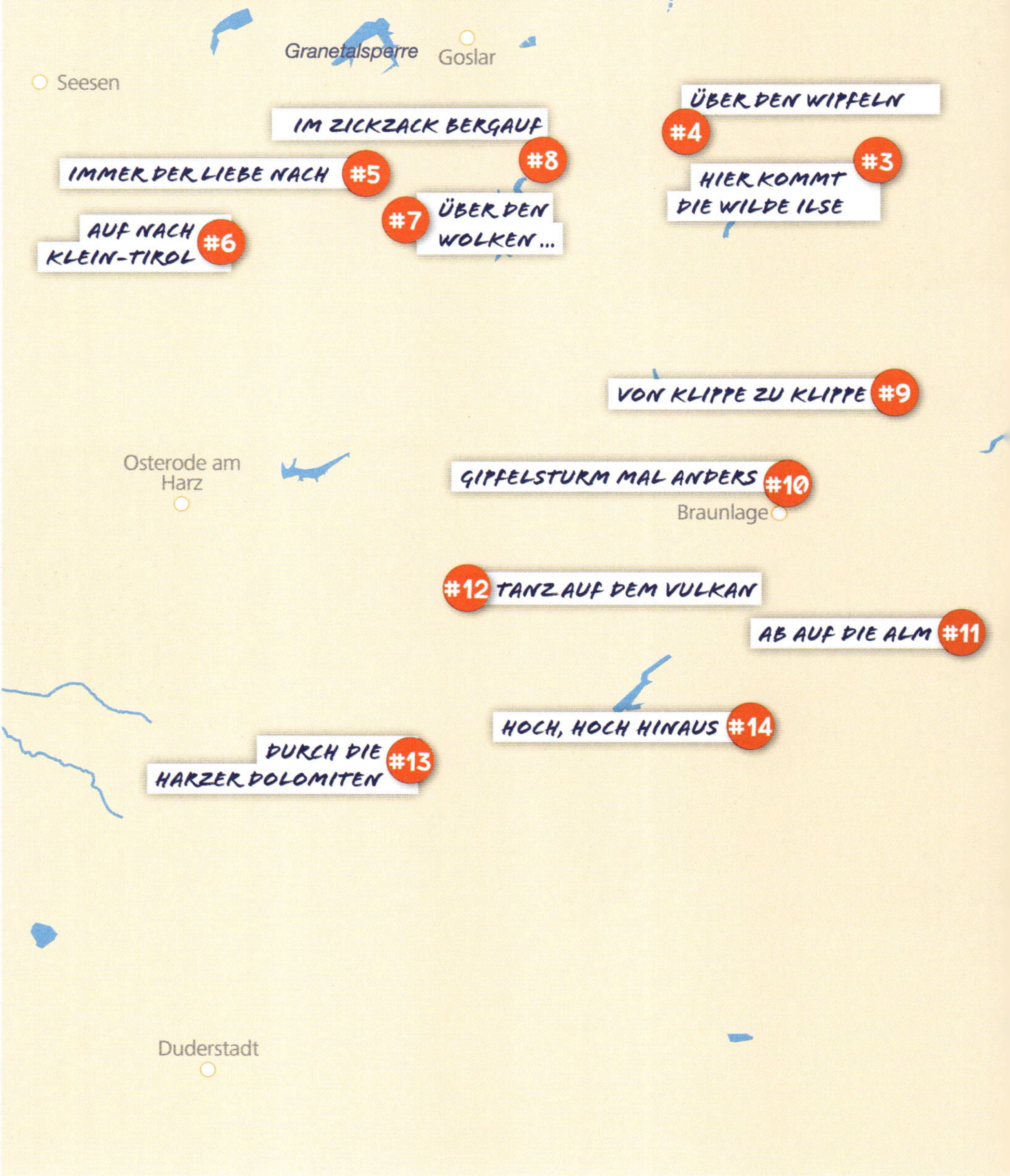

Granetalsperre
Goslar
Seesen
ÜBER DEN WIPFELN #4
IM ZICKZACK BERGAUF #8
#3 HIER KOMMT DIE WILDE ILSE
IMMER DER LIEBE NACH #5
#7 ÜBER DEN WOLKEN …
AUF NACH KLEIN-TIROL #6
VON KLIPPE ZU KLIPPE #9
Osterode am Harz
GIPFELSTURM MAL ANDERS #10
Braunlage
#12 TANZ AUF DEM VULKAN
AB AUF DIE ALM #11
HOCH, HOCH HINAUS #14
DURCH DIE HARZER DOLOMITEN #13
Duderstadt

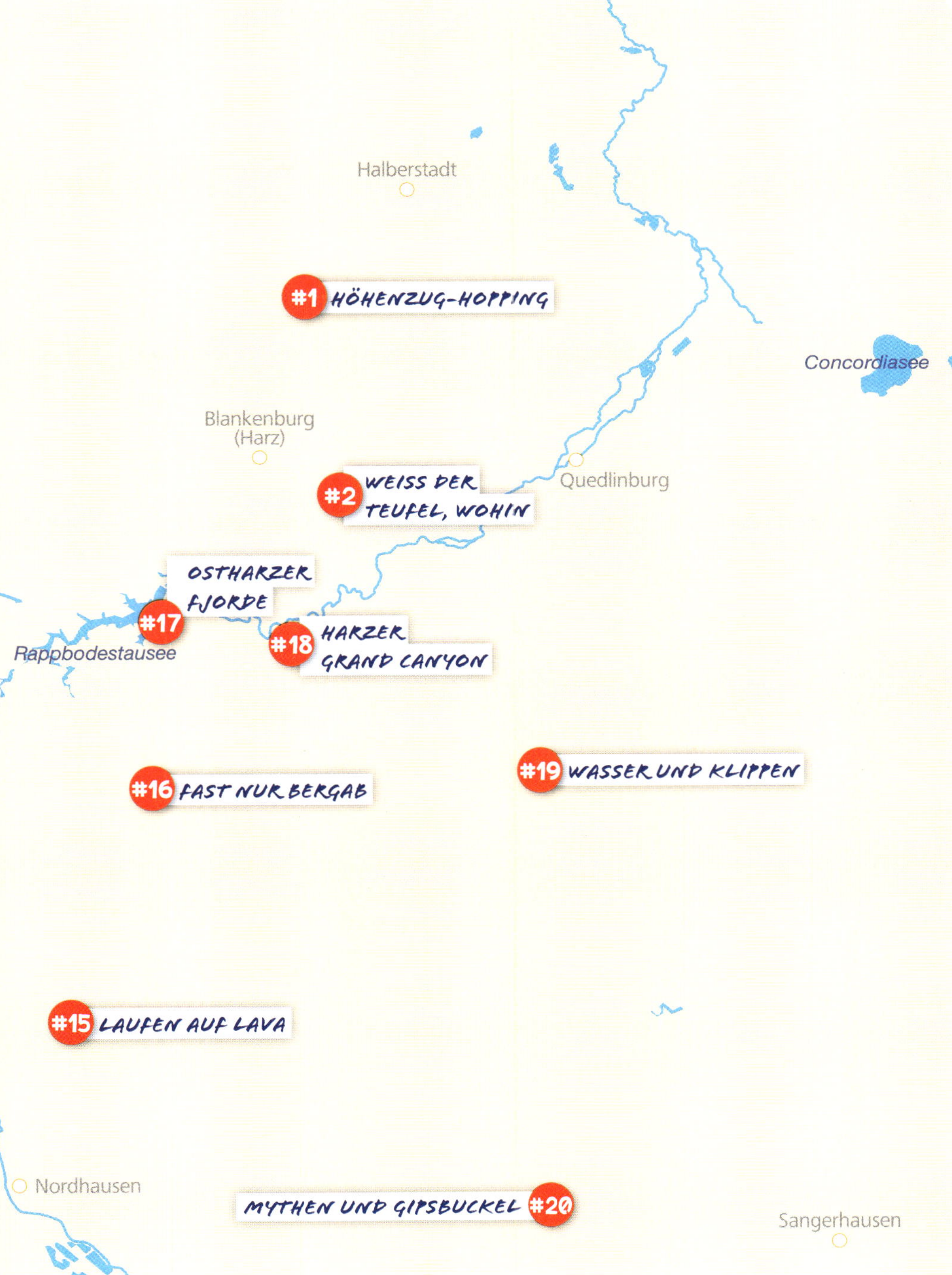

Halberstadt
#1 HÖHENZUG-HOPPING
Concordiasee
Blankenburg (Harz)
Quedlinburg
#2 WEISS DER TEUFEL, WOHIN
OSTHARZER FJORDE
#17
Rappbodestausee
#18 HARZER GRAND CANYON
#19 WASSER UND KLIPPEN
#16 FAST NUR BERGAB
#15 LAUFEN AUF LAVA
Nordhausen
MYTHEN UND GIPSBUCKEL #20
Sangerhausen

# ... UND AUCH PAUSE MACHEN NICHT VERGESSEN

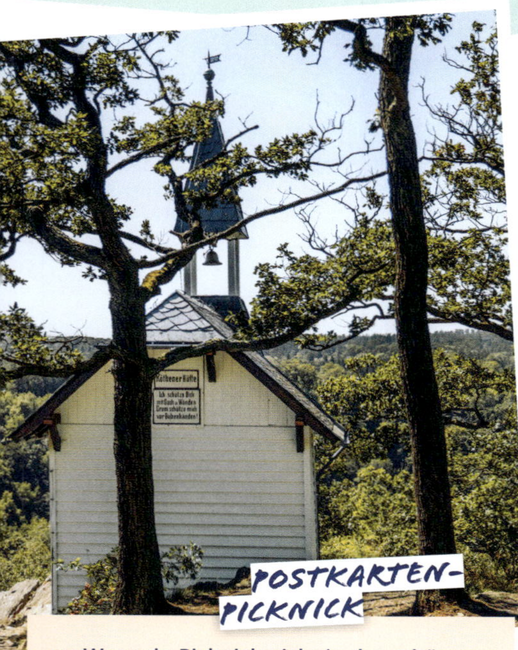


## POSTKARTEN-PICKNICK

» Wer sein Picknick nicht in der schönsten Schutzhütte im ganzen Harz auspackt, ist selbst Schuld. Vom Kapellenfelsen blickt man dabei über das Selketal und auf das Rambergmassiv. Tour 19, Stopp 3, Köthener Hütte, Seite 199

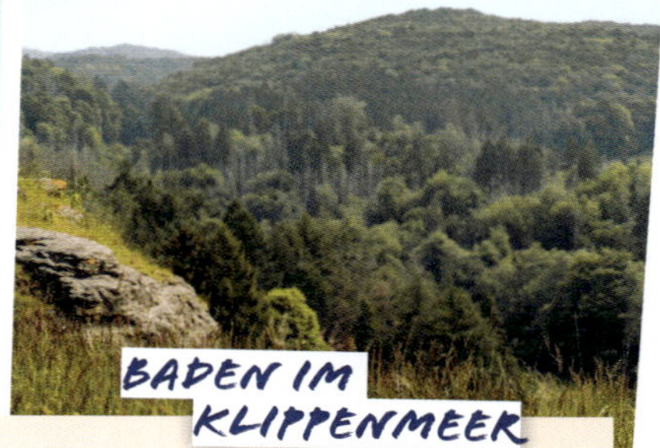

## BADEN IM KLIPPENMEER

» Zwischen blühenden Wiesen und Felsformationen aus Dolomitgestein an der Südspitze des Bergrückens, dazu ein weiter Blick über Scharzfeld und das Bremketal – eine glatte 10 von 10. Tour 13, Stopp 2, Jahnklippe, Seite 139

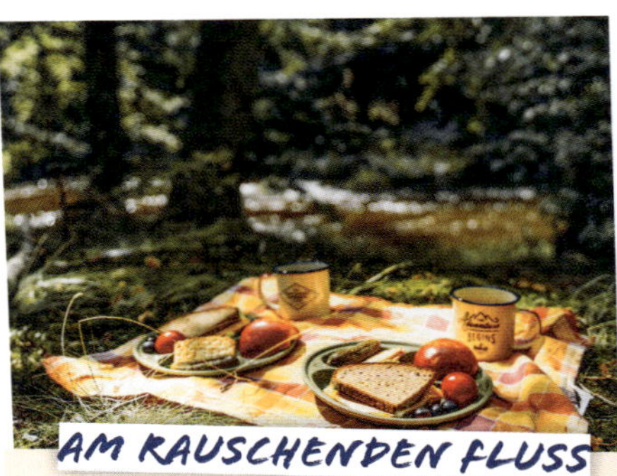

## AM RAUSCHENDEN FLUSS

» Runter ans Wasser, Rucksack ab, Picknick raus und genießen – am besten mit baumelnden Füßen im kühlen Wasser und natürlich immer begleitet vom Rauschen der Bode! Tour 18, Stopp 2, Picknick am Fluss, Seite 189

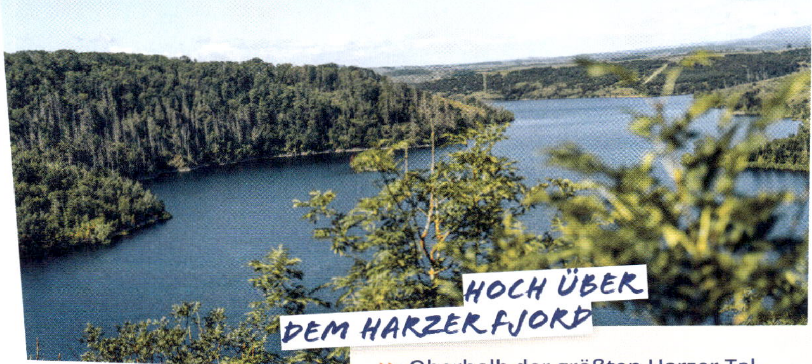

## HOCH ÜBER DEM HARZERFJORD

» Oberhalb der größten Harzer Talsperre könnte man stundenlang auf der Mauer sitzend den Blick über das Wasser und die Harzberge schweifen lassen. Tour 17, Stopp 1, Rotestein, Seite 178

## ABSEITS DES TRUBELS

» Nur 200 Meter westlich der Seilbahntrasse und trotzdem Ruhe, Weitblick und Gipfelglück pur– an der Wurmbergklippe ist es fast noch schöner als auf dem Gipfel selbst. Tour 10, Stopp 3, Große Wurmbergklippe, Seite 109

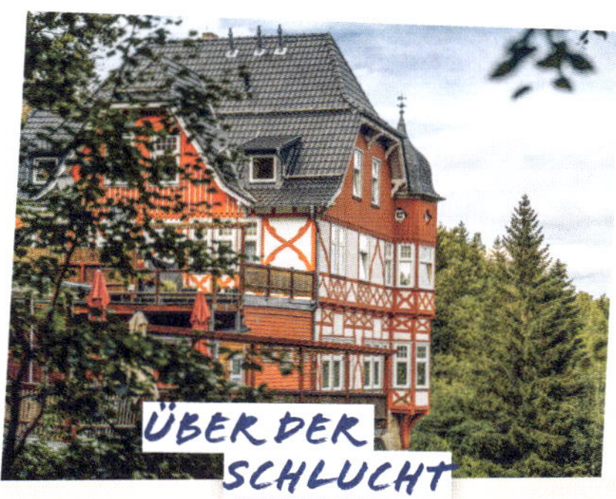

## ÜBER DER SCHLUCHT

» Ein uriges Waldgasthaus in einem Fachwerkhaus direkt im wildromantischen Flusstal der Steinernen Renne – eine schönere Einkehr gibt es weit und breit nicht. Tour 9, Stopp 5, Waldgasthaus Steinerne Renne, Seite 101

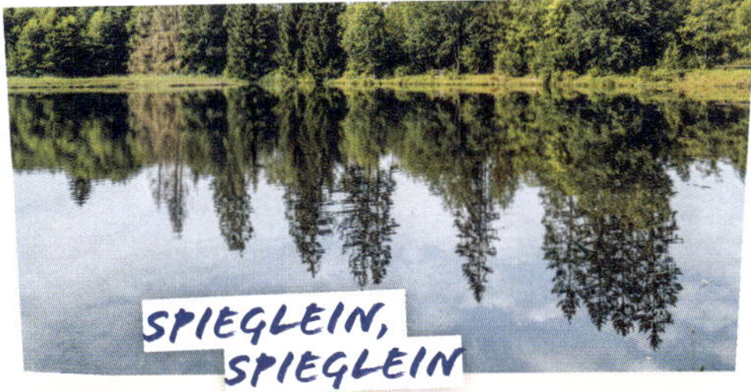

## SPIEGLEIN, SPIEGLEIN

» Die Wolken spiegeln sich im glasklaren Wasser des Moserteichs, hier surrt eine Libelle, dort blubbert ein Fisch und meistens verirrt sich keine Menschenseele hierher. Tour 11, Stopp 1, Moserteich, Seite 118

# EINFACH LOSWANDERN

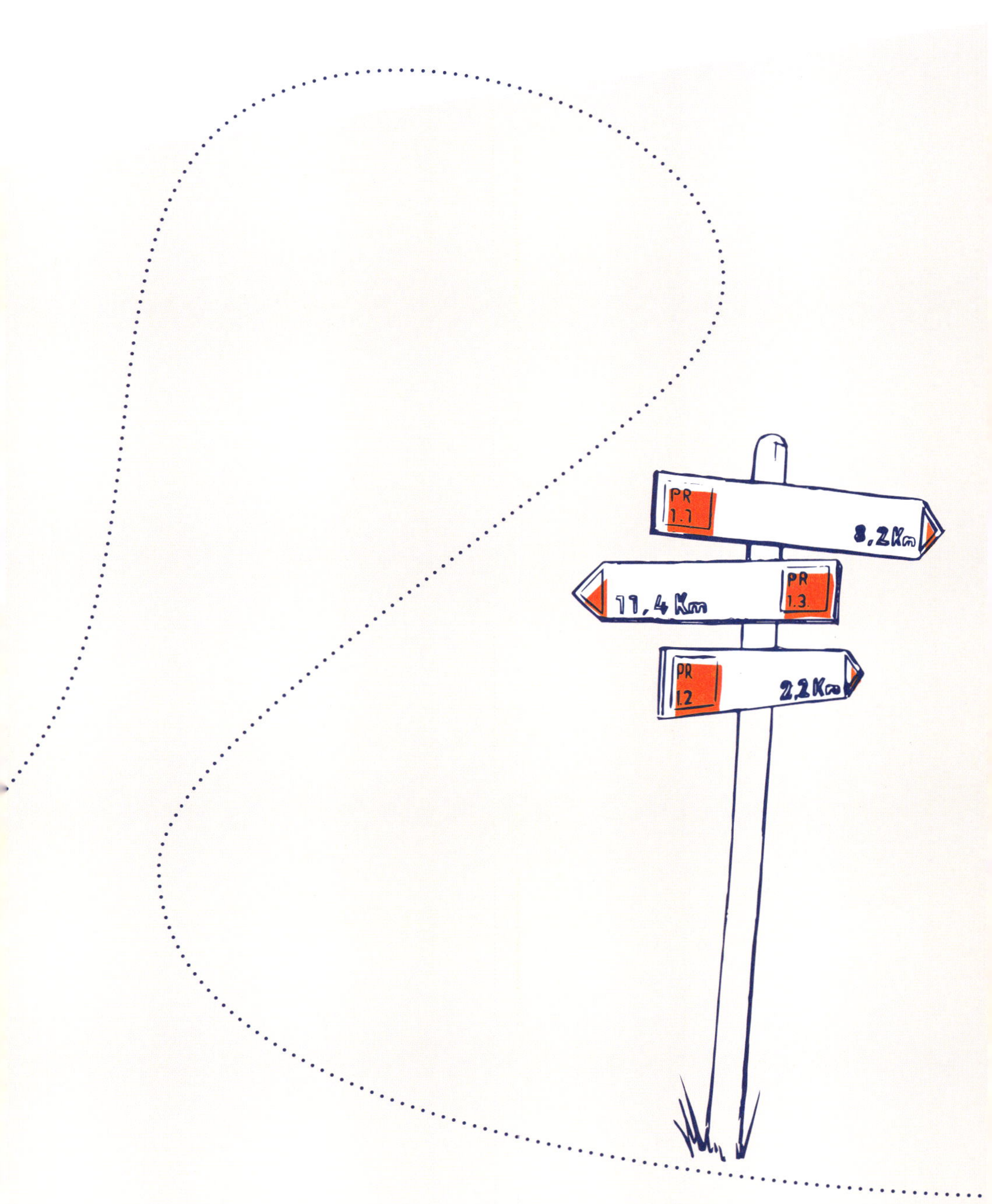
PR
1.1
8,2Km
PR
1.3.
11,4 Km
PR
1.2
2,2Km

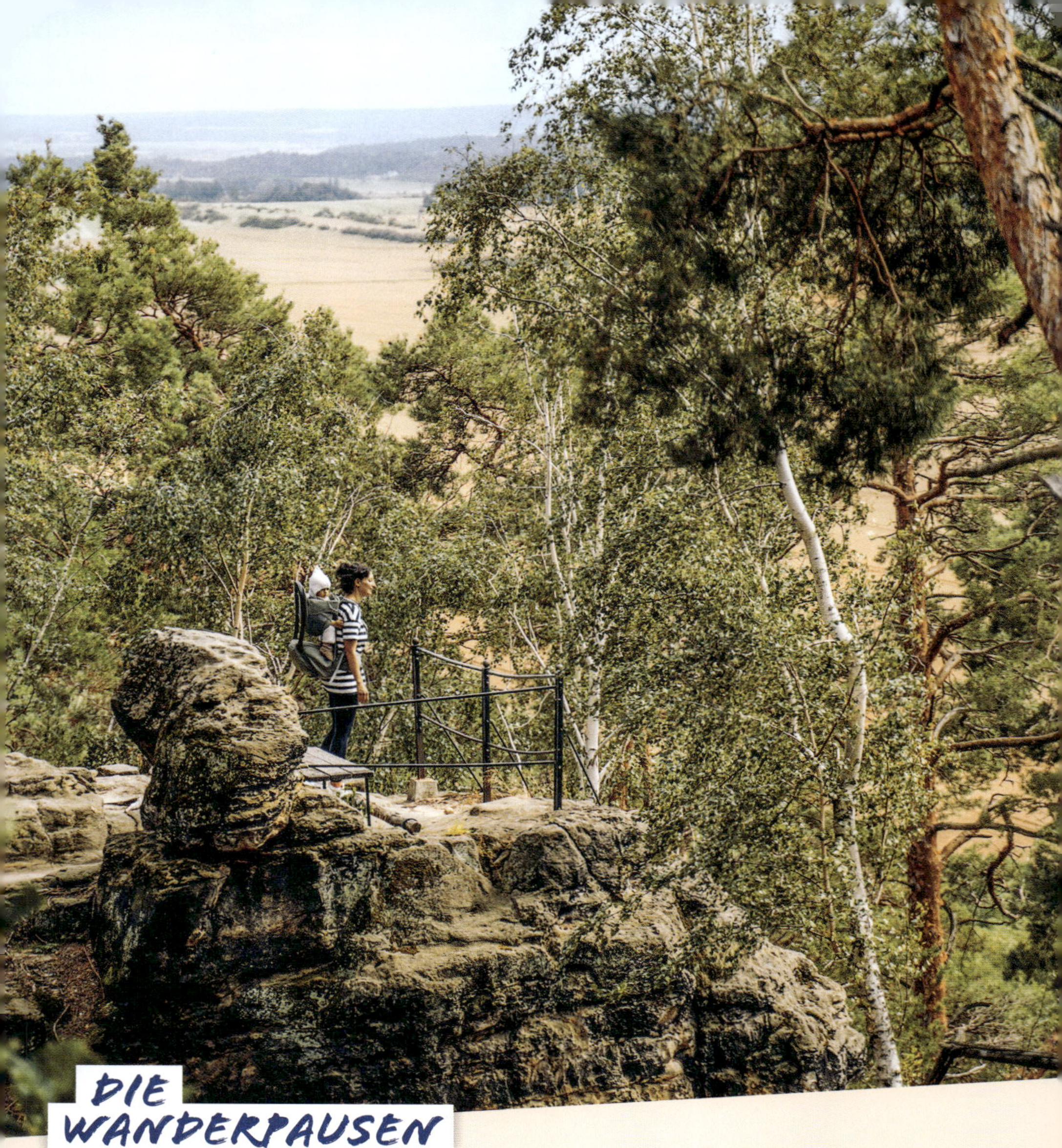

## DIE WANDERPAUSEN

» START
Parkplatz Bahnhofstraße in Langenstein

KM 0,6
1 Altenburg
**Stippvisite in Hobbiton**

KM 2,3
2 Hoppelberg
**Höher geht's nicht**

KM 5,1
3 Gedenkstätte Langenstein
**Düstere Vergangenheit**

1

# HÖHENZUG-HOPPING

## Über den Hoppelberg und die Thekenberge bei Langenstein

*Mit seiner Fachwerkkulisse und den einzigartigen Höhlenwohnungen ist der Ort Langenstein fast schon ausreichend für eine Tour. Ebenso wie der Hoppelberg, die Thekenberge und die Gedenkstätte Langenstein. Diese Tour vereint gleich alle vier Orte zu einem abwechslungsreichen Rundweg mit viel Wald und Weitblick.*

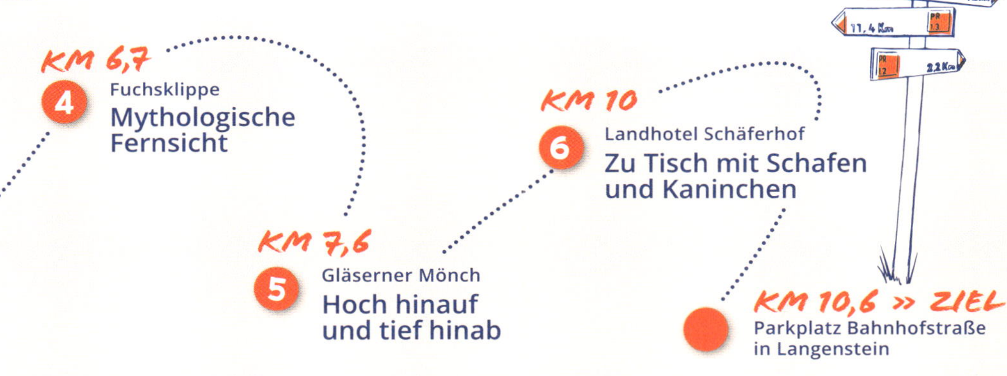

# KLEIN-HOBBITON AM HARZ

In einem Loch im Boden, da lebte ein Hobbit ...«, lautet der erste Satz des berühmten Tolkien-Romans und ist das Erste, was einem in den Sinn kommt, wenn man vor der Höhlenwohnung an der Altenburg steht. Einziger Unterschied: Die Türen sind so hoch, dass auch Menschen wunderbar eintreten können, ohne sich zu bücken. Das gilt allerdings nicht für jede Höhlenwohnung in Langenstein. Die Höhlen wurden hier einst von jungen Landarbeiterfamilien in den weichen Sandstein geschlagen und sind Zeugnis einer einzigartigen Wohnkultur in Deutschland. Wobei einige Behausungen vermutlich aus der germanischen Siedlungszeit stammen.

Über einen steilen Treppenweg gelangt man direkt vom Ortszentrum zur **Altenburg.** Wer die Höhlenwohnung anschauen möchte, macht einen kleinen Abstecher nach rechts. Ansonsten geht es nach links hinauf auf die Altenburg. Bei all den spannenden Felsen, Burgrelikten und Höhlen braucht man sich nicht zu wundern, wenn man in der ersten Stunde der Wanderung keinen Kilometer vorangekommen ist. Es gibt einfach so viel zu sehen.

*AUF DEM THEKENBERG-KAMMWEG GEHT ES UNTER HARZIG-DUFTENDEN, KNORRIGEN KIEFERN HINDURCH*

Nach der Altenburg führt der Weg über zahlreiche Felsen und sandigen Boden durch Kiefernwälder auf dem Kamm des Hoppelbergs entlang. Überhaupt ist die Wanderung wegen der vielen immergrünen Kiefern am Wegrand auch im frühen Frühjahr schon empfehlenswert. Dann strecken aus dem Unterholz die ersten Frühblüher ihre Köpfe ins Sonnenlicht. Immer wieder gibt's großartige Ausblicke auf den Harz, auf Langenstein und sogar bis nach Halberstadt. Der Aufstieg auf den **Hoppelberg** hat es ganz schön in sich, es geht kurz, aber sehr steil bergauf und auch ebenso steil wieder bergab.

Urwüchsige Waldpfade führen zur **Gedenkstätte Langenstein-Zwieberge,** bevor es schließlich über die Felder zu den Thekenbergen geht. Der Höhenzug zieht sich von Quedlinburg bis nach Langenstein. Hier könnte man problemlos einen ganzen Wandertag verbringen. Diese Tour pickt sich nur ein paar Rosinen heraus, und zwar die **Fuchsklippe,** die Kalte Warte und den bizarren **Gläsernen Mönch,** von dem es über Alleen durch die platte Feld- und Wiesenlandschaft zurück nach Langenstein geht, wo das **Landhotel Schäferhof** zur Einkehr lockt. «

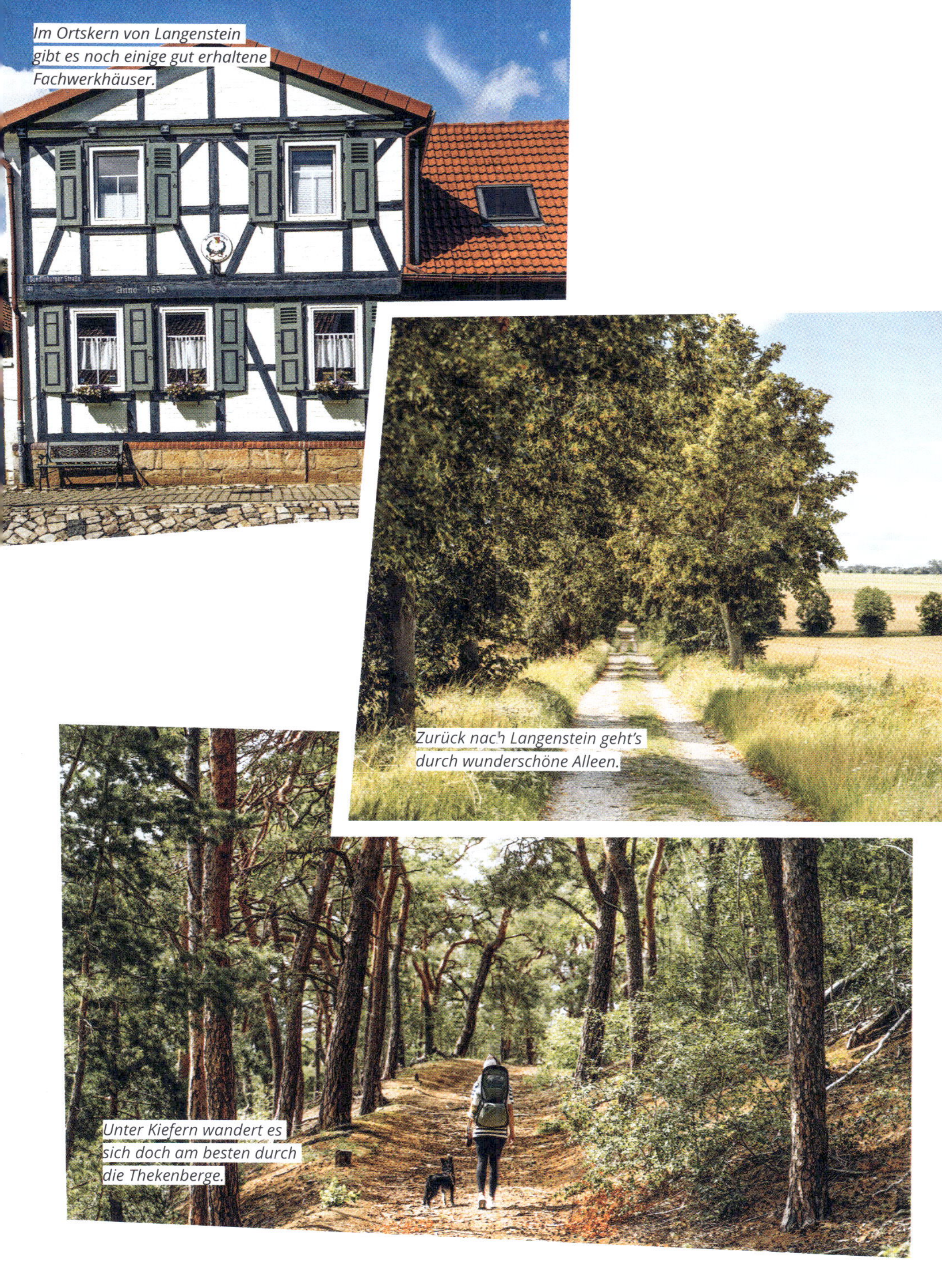

*Im Ortskern von Langenstein gibt es noch einige gut erhaltene Fachwerkhäuser.*

*Zurück nach Langenstein geht's durch wunderschöne Alleen.*

*Unter Kiefern wandert es sich doch am besten durch die Thekenberge.*

# WANDERN & GENIESSEN

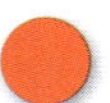

»START
**Parkplatz Bahnhofstraße in Langenstein**

*Vom Parkplatz rechts in die Quedlinburger Straße einbiegen. Dann die erste Abzweigung rechts nehmen und dem Treppenweg hinauf zur Altenburg nehmen.*

KM 0,6

1 **Altenburg**

## Stippvisite in Hobbiton

Dass man hier auf den Überresten einer ehemaligen Festungsburg spaziert, ist kaum mehr zu erkennen. Denn von der Altenburg, die Mitte des 12. Jahrhunderts auf dem Sandsteinmassiv Langer Stein bei Halberstadt gebaut wurde, steht heute kein einziger Grundstein mehr. Nur Teile des Burggrabens sowie der Festungsmauern blieben erhalten. Auf dem Burgplateau ist daher vor allem der schöne Blick auf die roten Dächer von Langenstein zu genießen. Funde von Keramiktöpfen und -scherben lassen vermuten, dass der Standort bereits deutlich eher, im frühen Mittelalter, als Fluchtburg genutzt wurde. Beträchtlich mehr übrig ist von der Höhlenwohnung unterhalb der Burg, die von 1746 bis 1916 nachweislich bewohnt war und ein bisschen an das neuseeländische Hobbiton, den Drehort für die Filmtrilogie »Der Herr der Ringe« und den Film »Der Hobbit«, erinnert. Vor den Fenstern hängen sogar noch Gardinen.

*Dem Hoppelberg-Kammweg weiter folgen.*

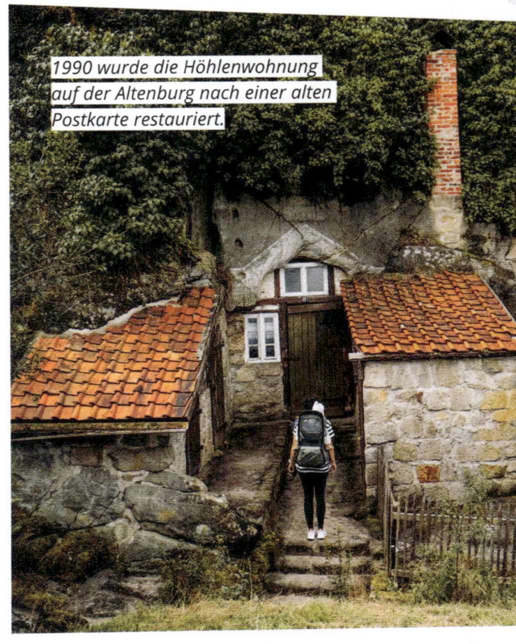

*1990 wurde die Höhlenwohnung auf der Altenburg nach einer alten Postkarte restauriert.*

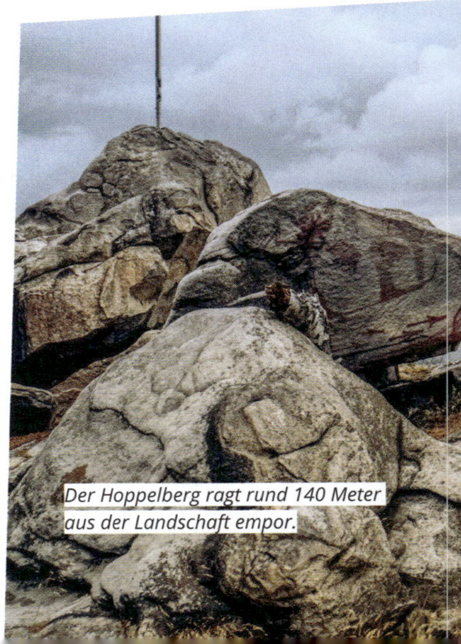

*Der Hoppelberg ragt rund 140 Meter aus der Landschaft empor.*

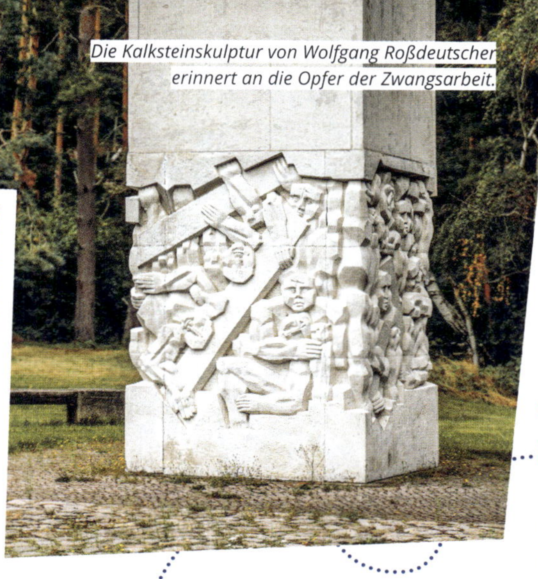

Die Kalksteinskulptur von Wolfgang Roßdeutscher erinnert an die Opfer der Zwangsarbeit.

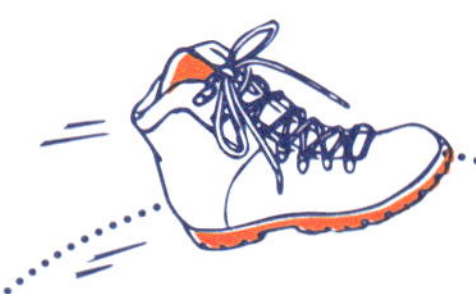

KM 2,3

## 2 Hoppelberg
## Höher geht's nicht

Mit seinen 308 Metern Höhe ist der Hoppelberg der höchste Berg im nördlichen Harzvorland. Im Vergleich zum Harz vielleicht klein, aber definitiv oho! Der Aufstieg auf dem Hoppelberg-Kammweg ist zwar kurz, aber knackig. Typisch für den Höhenzug sind die vielen Sandsteinfelsen – manche ragen steil auf, manche formen skurrile Figuren. Der Sandstein stammt aus der Kreidezeit und ist damit ganze 130 Millionen Jahre alt. Insbesondere wegen seiner wärmeliebenden Laubmischwälder mit vielen knorrigen Kiefern ist der Hoppelberg seit 1961 ein Naturschutzgebiet. Ebenfalls oho ist der Blick, der mit dem bloßen Auge bis nach Halberstadt mit dem markanten Dom und mit dem Fernglas sogar bis nach Magdeburg reicht.

*Dem Hoppelberg-Kammweg bergab weiter folgen. Unten angekommen, an der Weggabelung links halten. An der Infotafel »Die Waldhalle« rechts abbiegen und durch den Wald zur Gedenkstätte Langenstein-Zwieberge wandern.*

KM 5,1

## 3 Gedenkstätte Langenstein
## Düstere Vergangenheit

Bei all der Idylle – eingebettet zwischen Hoppelberg und Thekenberge, zwischen romantischen Kornfeldern, Apfelbaumalleen und Mischwäldern – kann man sich kaum vorstellen, welche Grausamkeiten sich an dieser Stelle zugetragen haben. In den Jahren 1944/45 befand sich hier das KZ-Außenlager Langenstein-Zwieberge (gedenkstaette-langenstein.sachsen-anhalt.de). Mehr als 7000 KZ-Häftlinge aus mindestens 23 Ländern mussten hier schwerste Zwangsarbeit verrichten. Sie wurden gezwungen, ein 13 Kilometer langes Stollensystem in die Thekenberge zu treiben. Die Gedenkstätte wurde 1949 eingeweiht. Bei der Erkundung des ehemaligen Lagergeländes ist ein Besucherleitsystem hilfreich. Insgesamt 24 Tafeln informieren über die Standorte und Objekte auf dem ehemaligen Lagergelände und deren Funktion.

*Vorbei am Parkplatz der Gedenkstätte geradeaus über die Felder zu den Thekenbergen wandern. Dann rechts halten und wenig später links den ersten Abzweig hinauf auf die Thekenberge nehmen. Oben angekommen, dem Kammweg nach links folgen.*

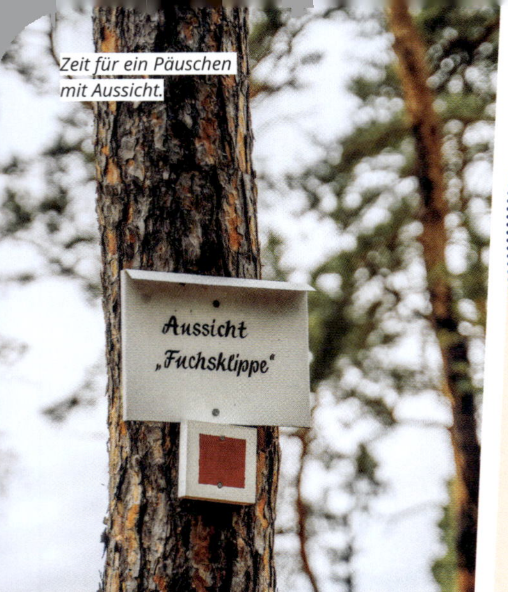

Zeit für ein Päuschen mit Aussicht.

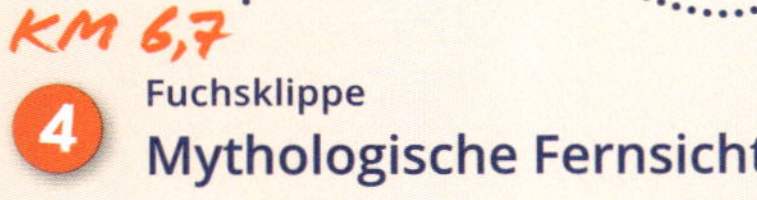

KM 6,7

4

### Fuchsklippe
## Mythologische Fernsicht

Die Fuchsklippe ist nur eine von mehreren markanten Felsen und Klippen der Thekenberge. Die 205 Meter hohe Felsformation war vermutlich einmal ein alter germanischer Kultplatz, von wo der Sternenhimmel und der Sonnenstand beobachtet wurden. Der Name Fuchsklippe soll sich vom germanischen Gott Forseti ableiten, der in der nordischen Mythologie der Gott für Recht und Gesetz war. Direkt auf der Klippe steht eine Bank, von der man herrlich über den Hoppelberg mit dem Harz samt Brocken im Hintergrund blicken kann.

*Dem Kammweg der Thekenberge – vorbei an der Kalten Warte – bis zum Ende weiter folgen.*

KM 7,6

5

### Gläserner Mönch
## Hoch hinauf und tief hinab

169 Stufen müssen überwunden werden, um die Aussichtskanzel des Gläsernen Mönchs zu besteigen. Von oben kann man noch einmal einen Blick über die gesamte Wanderroute – von Langenstein über den Hoppelberg zu den Thekenbergen und zurück – schweifen lassen. Die bizarre Felsenklippe hieß allerdings nicht immer so. Die alten Germanen nannten ihn »Thorstein«, womöglich weil sie den Gott des Donners selbst oder seinen Hammer, den »Mjölnir«, in der Felsformation erkannten. Die Christen ließen später ebenfalls ihre Fantasie spielen und gaben dem Stein seinen heutigen Namen. Ein verliebter Mönch soll sich der Sage nach hier zu Stein verwandelt haben. Tatsächlich erinnert eine markante Felsnadel der Klippe ein wenig an die Gestalt eines Mönchs mit seiner Kutte.

*Dem Treppenweg unterhalb des Gläsernen Mönchs abwärts folgen und dann weiter geradeaus durch die Allee wandern. Am Ende links auf einen Forstweg abbiegen, bis dieser auf die Quedlinburger Straße trifft. Dann dieser rechts zurück nach Langenstein folgen.*

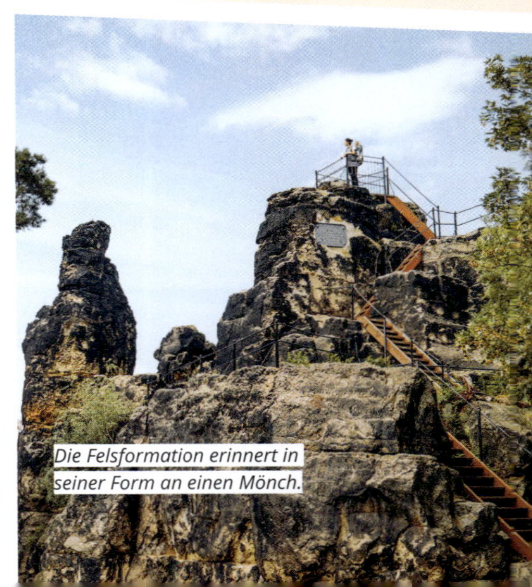
Die Felsformation erinnert in seiner Form an einen Mönch.

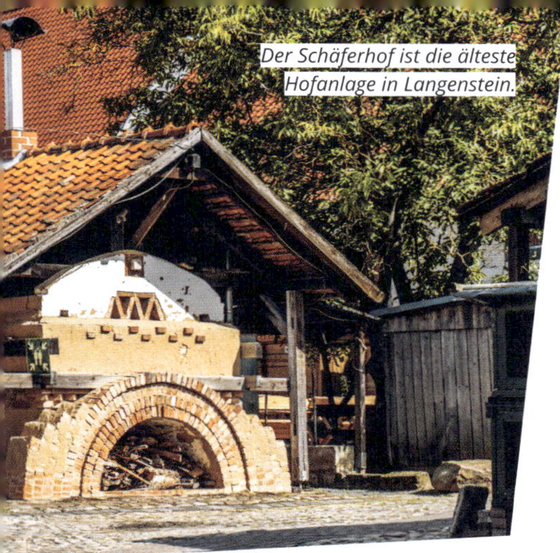
*Der Schäferhof ist die älteste Hofanlage in Langenstein.*

**EXTRA INFOS:**

Noch mehr Höhlenwohnungen gibt es auf dem ● **Schäferberg** (www.halberstadt.de/de/hoehlenwohnungen.html) zu sehen. Insgesamt zehn Höhlenwohnungen gab es hier einst, fünf davon sind noch erhalten und können von 9–17 Uhr kostenlos besichtigt werden.

Sonnige **Picknickplätze** gibt es rund um die Gedenkstätte, wer es lieber schattiger mag, picknickt entlang des Thekenberge-Kammwegs. Hier gibt es einen ● **Rastplatz** und mehrere Bänke.

KM 10

## 6 Landhotel Schäferhof
## Zu Tisch mit Schafen und Kaninchen

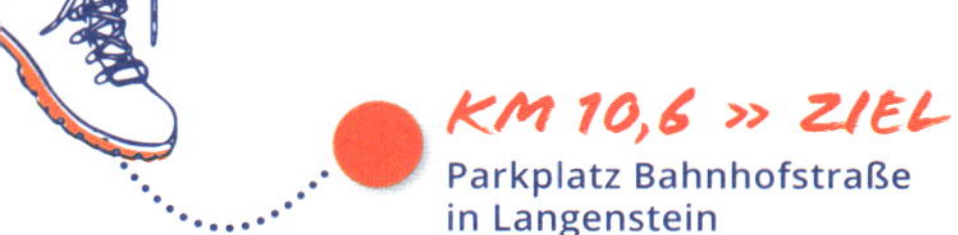

KM 10,6 » ZIEL
**Parkplatz Bahnhofstraße in Langenstein**

Wenn man mitten in Langenstein über Kopfsteinpflaster geht und dann durch das Tor in den Schäferhof (www.schaeferhof-langenstein.de) gelangt, ist das wie eine kleine Zeitreise. Denn der Vierseitenhof stammt aus dem Jahr 1823 und wurde liebevoll restauriert. Heute beherbergt er ein Hotel samt Restaurant, eine Merino-Herdenzucht sowie einen Hofladen, wo es neben Backwaren und Artikeln des täglichen Gebrauchs viele Spezialitäten und Köstlichkeiten aus der Region gibt. Die Wurzeln des Hofes gehen aber tatsächlich noch weiter zurück: Schon in altgermanischer Zeit stand hier am Fuße des Langen Steines ein Herrenhof. Heute kann man sich bei schönem Wetter Herzhaftes und Süßes im Hofbiergarten schmecken lassen – in bester tierischer Gesellschaft von Schafen und Kaninchen.

*Der Quedlinburger Straße weiter folgen, dann rechts in die Bahnhofstraße zum Ausgangspunkt einbiegen.*

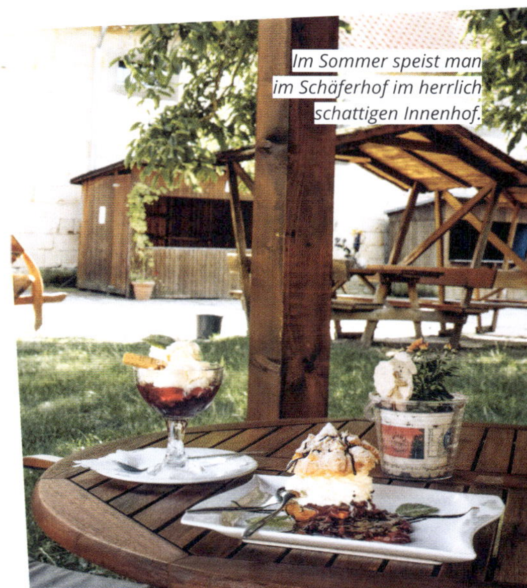
*Im Sommer speist man im Schäferhof im herrlich schattigen Innenhof.*

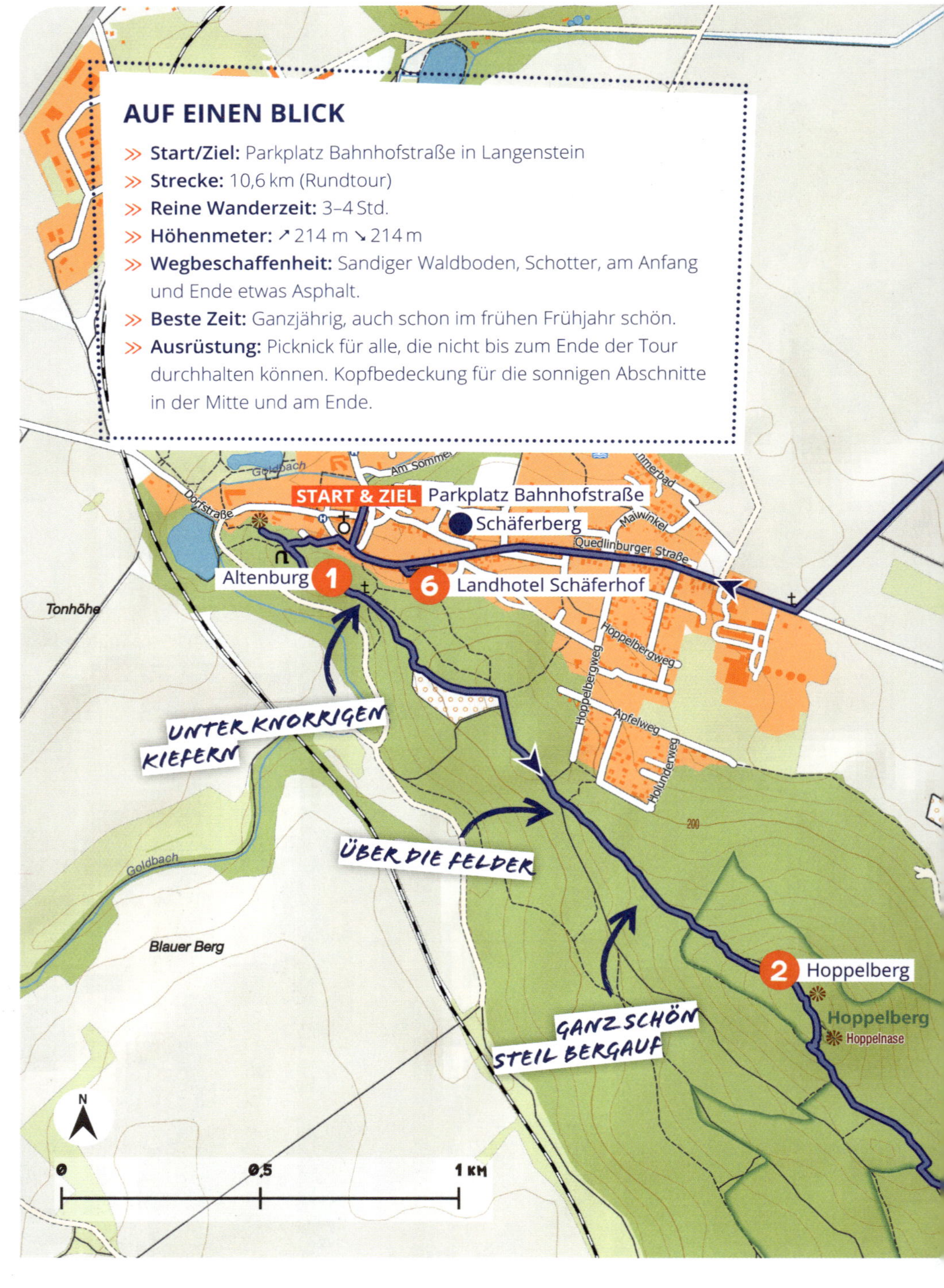
AUF EINEN BLICK
» Start/Ziel: Parkplatz Bahnhofstraße in Langenstein
» Strecke: 10,6 km (Rundtour)
» Reine Wanderzeit: 3–4 Std.
» Höhenmeter: ↗ 214 m ↘ 214 m
» Wegbeschaffenheit: Sandiger Waldboden, Schotter, am Anfang und Ende etwas Asphalt.
» Beste Zeit: Ganzjährig, auch schon im frühen Frühjahr schön.
» Ausrüstung: Picknick für alle, die nicht bis zum Ende der Tour durchhalten können. Kopfbedeckung für die sonnigen Abschnitte in der Mitte und am Ende.
START & ZIEL Parkplatz Bahnhofstraße
Schäferberg
1 Altenburg
6 Landhotel Schäferhof
2 Hoppelberg
Dorfstraße
Quedlinburger Straße
Maiwinkel
Hoppelbergweg
Apfelweg
Holunderweg
Tonhöhe
Goldbach
Blauer Berg
Hoppelberg
Hoppelnase
200
UNTER KNORRIGEN KIEFERN
ÜBER DIE FELDER
GANZ SCHÖN STEIL BERGAUF
N
0
0,5
1 KM

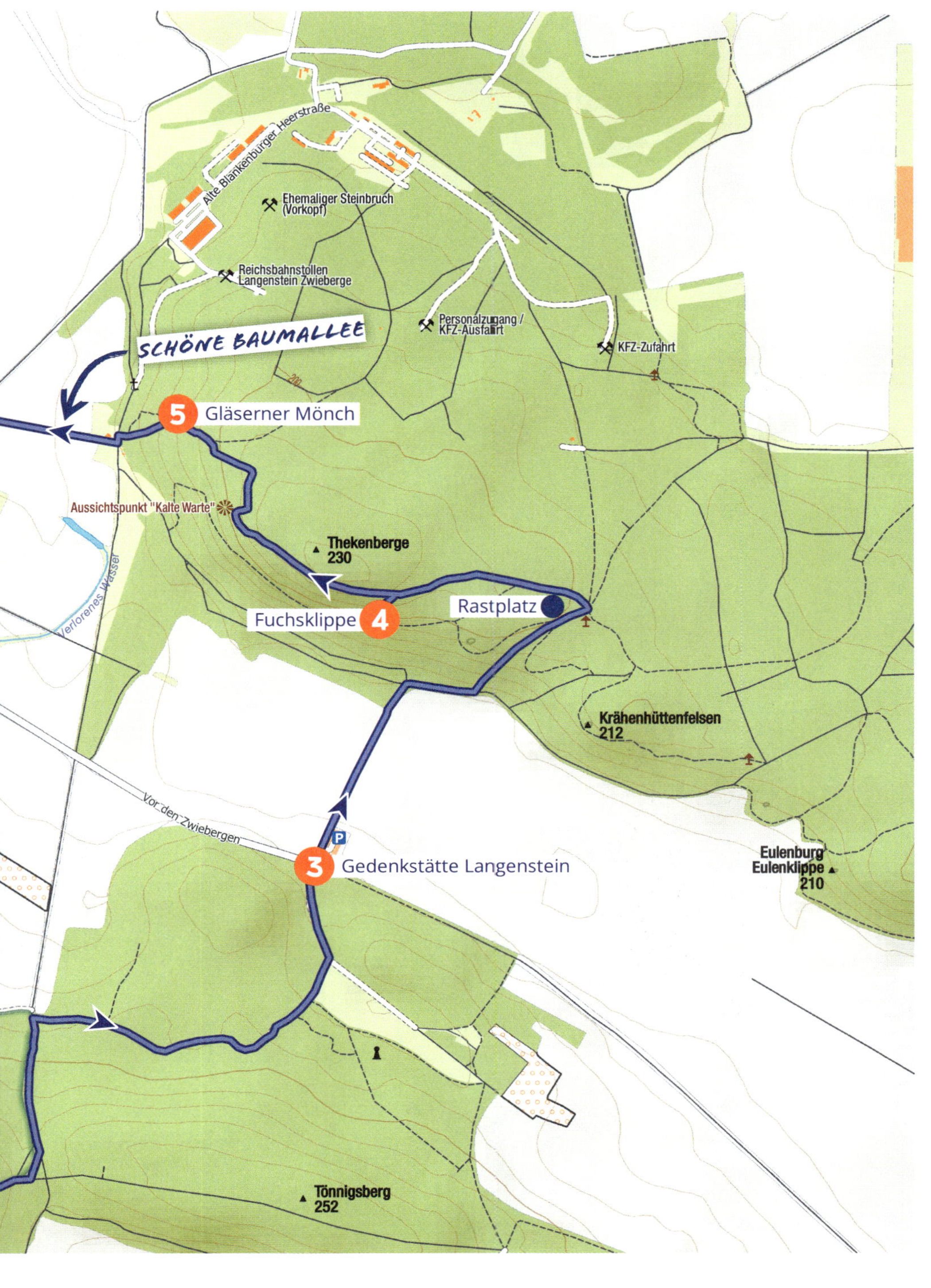
Alte Blankenburger Heerstraße
Ehemaliger Steinbruch (Vorkopf)
Reichsbahnstollen Langenstein Zwieberge
Personalzugang / KFZ-Ausfahrt
KFZ-Zufahrt
SCHÖNE BAUMALLEE
200
5 Gläserner Mönch
Aussichtspunkt "Kalte Warte"
Thekenberge 230
Verlorenes Wasser
Rastplatz
Fuchsklippe 4
Krähenhüttenfelsen 212
Vor den Zwiebergen
3 Gedenkstätte Langenstein
Eulenburg Eulenklippe 210
Tönnigsberg 252

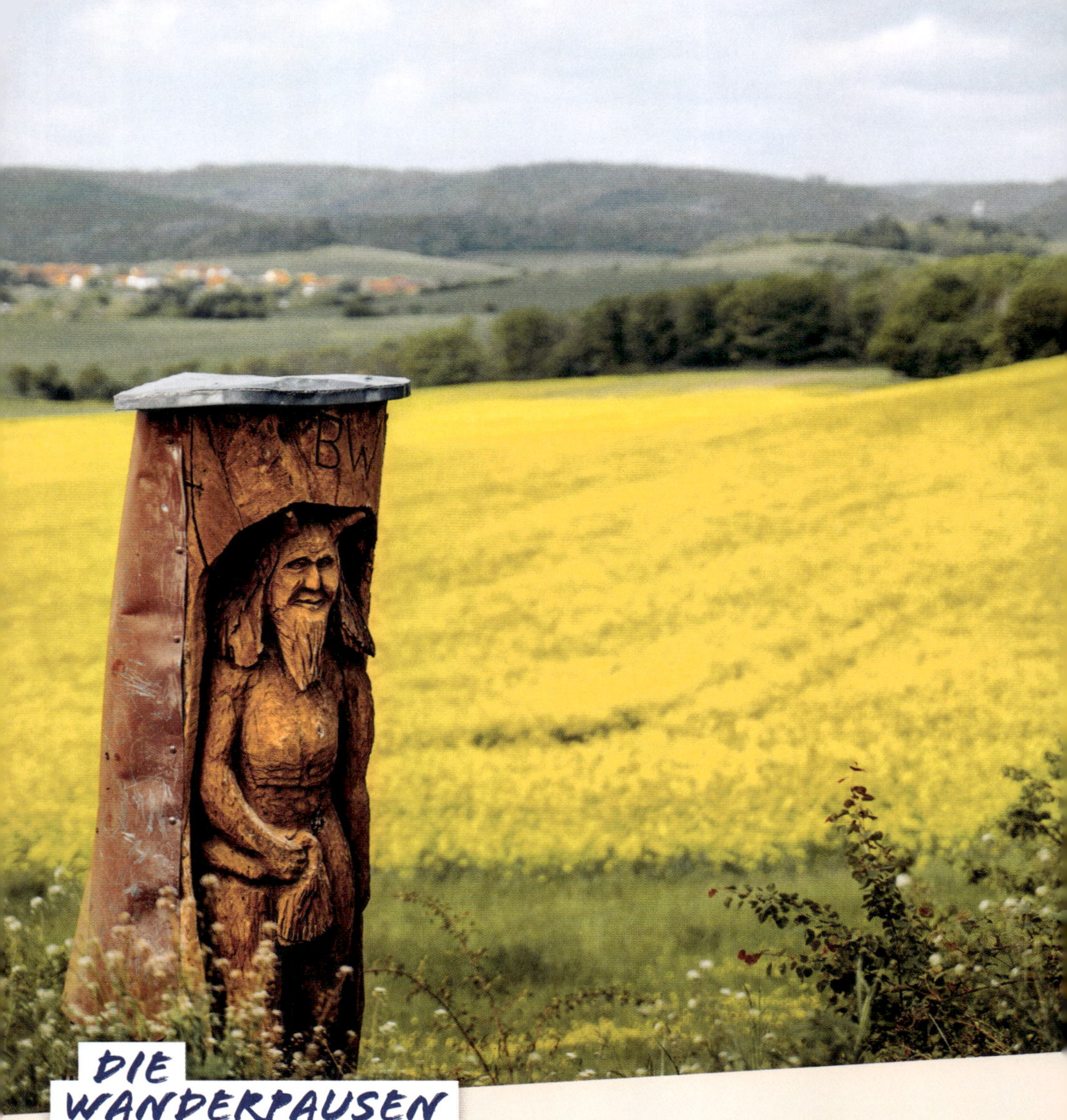

## DIE WANDERPAUSEN

» START
Parkplatz am Sportplatz in Timmenrode

KM 0,6
1 Hamburger Wappen
**Drei Zinnen des Harzes**

KM 1,8
2 Gewittergrotte
**Felsenwatching**

KM 3
3 Löbbeckestieg
**Felsauf, felsab auf dem Kammweg**

# WEISS DER TEUFEL, WOHIN

## Auf der Teufelsmauer zwischen Timmenrode und Blankenburg

*Felsformationen wie in den Alpen und ein Wanderweg, der fast wie ein Naturklettersteig mitten auf der sogenannten Teufelsmauer verläuft, sind die Höhepunkte dieser Wanderung, die als »Großer Rundweg Teufelsmauer« von Timmenrode nach Blankenburg und zurück führt.*

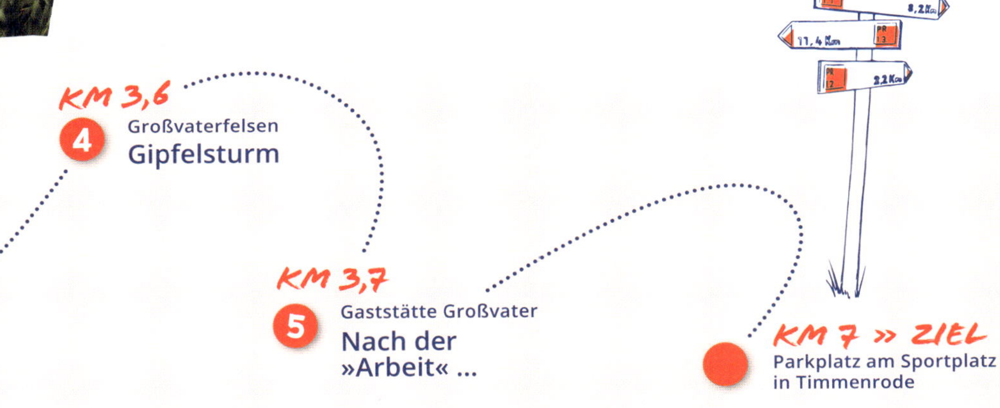

# MAL DURCH, MAL ÜBER DAS FELSENMEER …

… folgt der 30 Kilometer lange Teufelsmauerstieg den gleichnamigen Sandsteinklippen zwischen Blankenburg und Ballenstedt. Genusswanderer überlassen diese sportliche Herausforderung anderen und picken sich stattdessen lieber die Rosinen heraus, und zwar auf dem spannendsten Abschnitt der Wanderung, der von Timmenrode nach Blankenburg führt. Der gerade einmal 3,5 Kilometer lange Weg hat es durchaus in sich und mit dem Rückweg wird eine fast sieben Kilometer lange Tour daraus, die nicht zu unterschätzen ist.

Immerhin führt der Weg auf dieser Etappe zeitweise als Kammweg direkt über das Felsenmeer. Dabei geht es ständig auf und ab, von Klippe zu Klippe – teilweise auf schmalen Pfaden, teilweise über natürliche Treppenstufen, manchmal durch Geländer gesichert. Hinter jeder Biegung warten neue Aussichten und bizarre Felsformationen. Und so ist es kaum verwunderlich, dass man – mal vor lauter Staunen, mal vor lauter Schnaufen – nur im Schneckentempo vorankommt.

*DURCH DAS FELSENMEER GEHT ES ÜBER EINEN TREPPENWEG HINAUF ZUR HEIDELBERGWARTE*

**Gewittergrotte,** Heidelbergwarte, Ludwigsfelsen, Zwergenhöhle, Teufelssessel, Schweinekopf, Fahnenfelsen, Hohe Sonne, Turnerfelsen, Heidelberg und den Löbbeckefelsen passiert der Weg, bis man den **Großvaterfelsen** erreicht. Mutige können selbigen mit einer kleinen Kraxelei erklimmen – oder es geht vom Kammweg, dem **Löbbeckestieg,** für eine kleine Einkehr hinab zur **Gaststätte Großvater** direkt unterhalb des Felsens. Hier kann man sich entspannt zurücklehnen, denn der Rückweg wird gemütlich auf dem südlichen Hangweg zurückgelegt, bis man wieder kurz vorm Ausgangspunkt am **Hamburger Wappen** ist.

Woher der Name Teufelsmauer eigentlich kommt? Einer Sage zufolge wollten Gott und der Teufel einst ihre Herrschaftsgebiete am Harz trennen. Der Teufel sollte dazu bis zum Hahnenkrähen eine Mauer um sein Gebiet errichten. Als er fast fertig war, wurde er vom Hahn einer Bäuerin aus Timmenrode gestört. Damit war die Arbeit vergeblich, der Teufel zerstörte vor Wut sein Werk. Die Überreste werden seitdem Teufelsmauer genannt. Geologisch gesehen ist die Entstehungsgeschichte deutlich klarer: Sie entstand vor 85 Millionen Jahren als Ablagerung in den Meeren der Kreidezeit. «

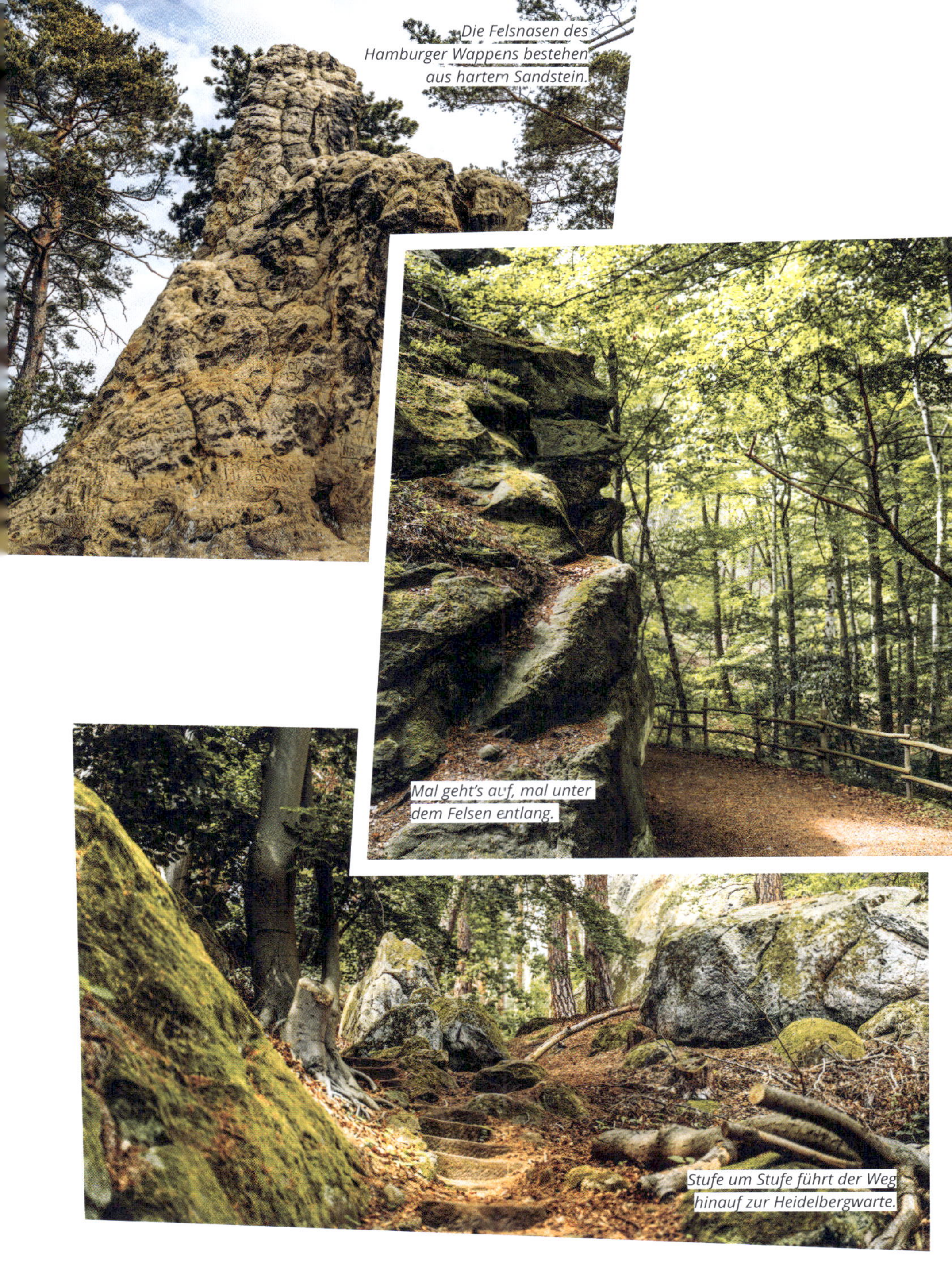

Die Felsnasen des Hamburger Wappens bestehen aus hartem Sandstein.

Mal geht's auf, mal unter dem Felsen entlang.

Stufe um Stufe führt der Weg hinauf zur Heidelbergwarte.

# WANDERN & GENIESSEN

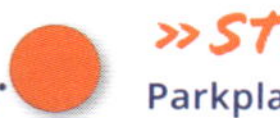

»START

**Parkplatz am Sportplatz in Timmenrode**

*Am Sportplatz vorbei, rund 500 Meter der Ausschilderung bergauf durch die Streuobstwiesen folgen.*

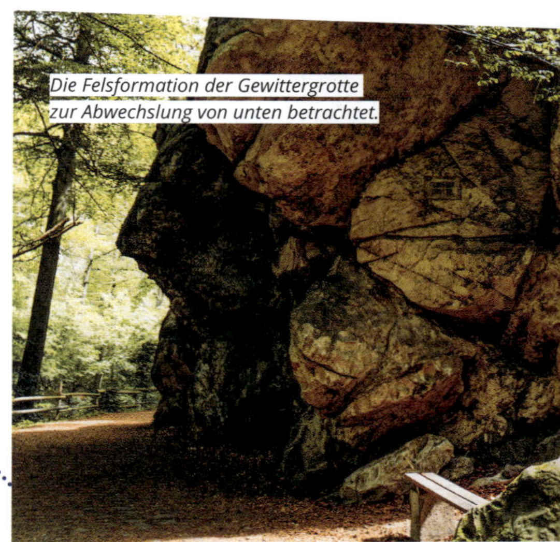

Die Felsformation der Gewittergrotte zur Abwechslung von unten betrachtet.

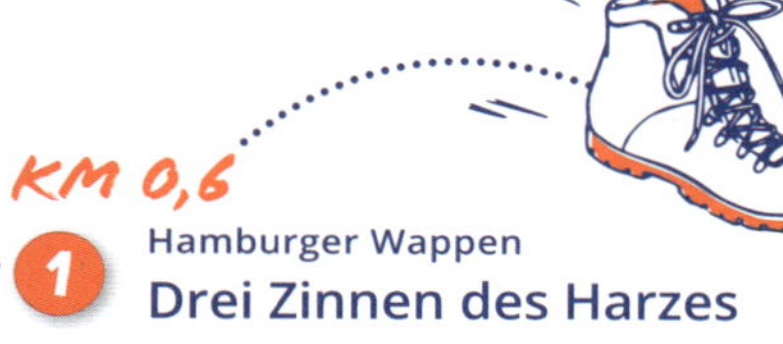

KM 0,6

1 **Hamburger Wappen**

## Drei Zinnen des Harzes

Das Hamburger Wappen, eine der markanten Felsformationen der Teufelsmauer, besteht aus drei unverwechselbaren Felsnadeln. Woher diese ihren Namen haben, liegt nahe – die Ähnlichkeit zum Wahrzeichen der Hansestadt ist verblüffend. Hier fühlt man sich mitten im Harzer Vorland ein bisschen wie in den Alpen. In den Morgen- und Abendstunden kann man mit etwas Glück ein waschechtes Alpenglühen erleben. Dann reflektieren die Sandsteinfelsen das Dämmerlicht in Abstufungen von Gelb, Orange über Rot zu Purpur. Nur ein paar Meter östlich der Formation befindet sich auch der sogenannte Kuhstall, eine kleine Höhle, die vermutlich im Zuge der Gewinnung von Scheuersand entstand. Vom hinteren Ende der Höhle ergibt sich ein tolles Fotomotiv mit dem Sandsteingewölbe im Vordergrund und dem Hamburger Wappen im Hintergrund.

*Dem Teufelsmauerstieg nach Westen für etwa einen Kilometer folgen bis zur Ausschilderung »Downhillstrecke«. Auf dem parallel verlaufenden Wanderweg geht es bergab und dann am nördlichen Hang der Teufelsmauer entlang.*

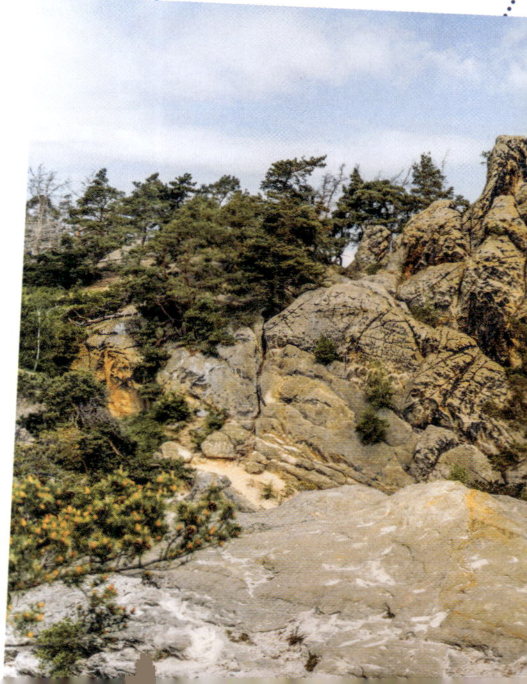

KM 1,8

## 2 Gewittergrotte
### Felsenwatching

Die überhängende Felswand der Gewittergrotte kann man gar nicht verpassen. Sie liegt direkt am Weg, nur wenige Meter hinter dem Fuchsbau, einem künstlich angelegten, begehbaren kellerartigen Hohlraum. Aufgrund der unterschiedlich starken Witterungsbeständigkeit der einzelnen Gesteinsschichten weist die Gewittergrotte eine besondere Oberflächenstruktur auf. Sie ist übersät von wabenförmigen Auswaschungen. Diese kann man sich bei einer kleinen Pause auf der Bank direkt unterhalb der Felswand genauer ansehen.

*An der Schutzhütte Sautrog den Treppenweg hinauf zur Heidelbergwarte nehmen. Ab hier dem Teufelsmauer-Kammweg (Löbbeckestieg) folgen.*

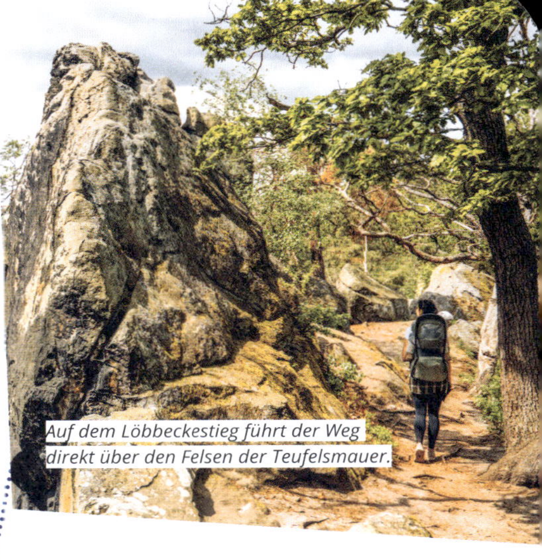

*Auf dem Löbbeckestieg führt der Weg direkt über den Felsen der Teufelsmauer.*

KM 3

## 3 Löbbeckestieg
### Felsauf, felsab auf dem Kammweg

Zwischen der Heidelbergwarte und dem sogenannten Löbbeckefelsen führt der Teufelsmauerstieg als echter Kammweg direkt auf dem Felsen entlang. Manche steile Abhänge rechts und links erfordern ein wenig Schwindelfreiheit. Und der Weg – quasi immer felsauf und -ab und manchmal auch direkt hindurch – erfordert gutes, festes Schuhwerk. Dafür wird man von immer neuen herrlichen Ausblicken auf bizarre Felsen, knorrige Kiefern und die Harzberge im Hintergrund belohnt. Kaum zu glauben, dass diese Felsformationen entstanden, als noch Dinosaurier die Erde bevölkerten.

*Am Ende des Teufelsmauer-Kammwegs nach dem Löbbeckefelsen die Abzweigung rechts zum Großvaterfelsen nehmen.*

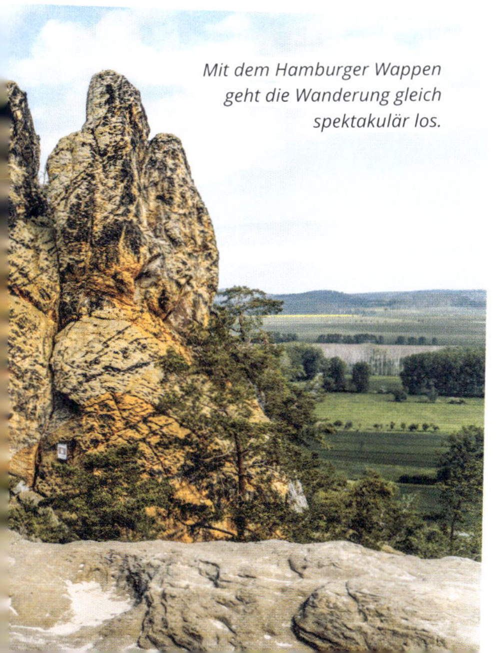

*Mit dem Hamburger Wappen geht die Wanderung gleich spektakulär los.*

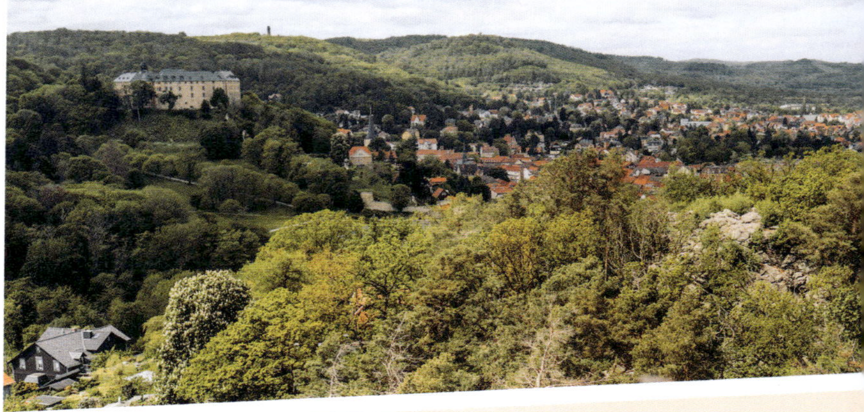

*Mut wird belohnt: Wer den Großvater besteigt, kann weit über Blankenburg gucken.*

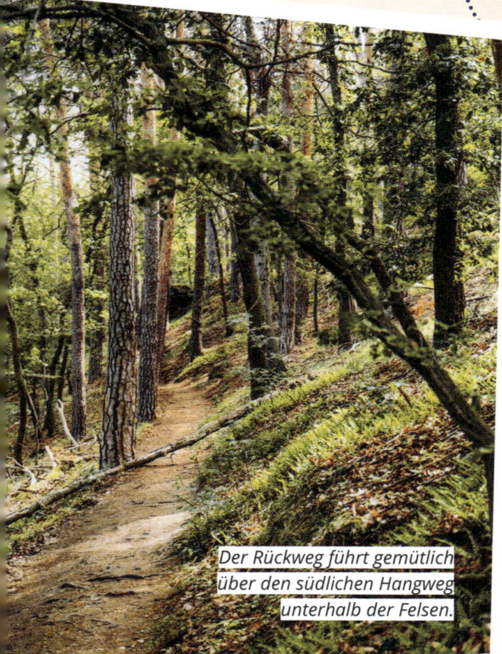

*Der Rückweg führt gemütlich über den südlichen Hangweg unterhalb der Felsen.*

KM 3,6

4

### Großvaterfelsen

## Gipfelsturm

Der Großvaterfelsen bildet zusammen mit der sogenannten Großmutter den westlichen Abschluss der Teufelsmauer. Mit seinen 317 Metern ist er einer der beeindruckendsten und höchsten Klippen der Teufelsmauer. Der Felsen kann mit etwas Mut, Trittsicherheit und Schwindelfreiheit über Felsstufen und Eisentreppen bestiegen werden. Insbesondere (innere) Kinder lieben die kleine Kraxelei zum Gipfel mit seiner Wetterfahne aus dem Jahr 1998. Oben angekommen, reicht der Blick weit über die Stadt Blankenburg und das Harzvorland.

*Wieder hinab und zurück zum Teufelsmauer-Kammweg kraxeln und diesem noch ein paar Meter Richtung Blankenburg folgen.*

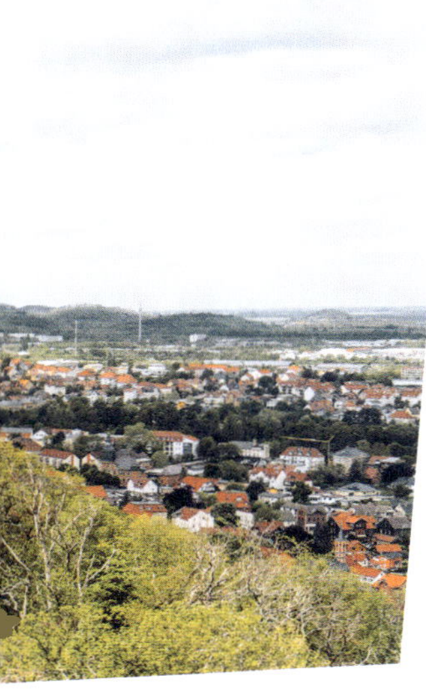

## EXTRA INFOS:

Eine weitere Möglichkeit der Einkehr bietet der ● **Helsunger Krug** (www.helsunger-krug.de). Dazu an der Downhillstrecke der Ausschilderung »Weg 10« folgen. Oder nach der Tour in die Gaststätte ● **Zur Teufelsmauer** (www.zurteufelsmauer.de) in Timmenrode einkehren.

Wer noch einen Abstecher nach Blankenburg einlegen möchte, sollte sich die barocken ● **Gärten des Schlosses Blankenburg** (www.rettung-schloss-blankenburg.de) nicht entgehen lassen.

KM 3,7

5 Gaststätte Großvater

### Nach der »Arbeit« ...

Kaum 100 Meter südlich des Großvaterfelsens befindet sich das Gasthaus Großvater. Auf der windgeschützten Terrasse der alten Fachwerkvilla werden kleine Speisen, kalte Getränke und hausgemachter Kuchen serviert – genau das Richtige nach der anstrengenden Felsenkraxelei – zumal auf dem Weg Pausenplätze rar sind. Hier befindet sich auch die Stempelstelle Nr. 76 der Harzer Wandernadel. Ohne Bedenken kann man sich auch den Bauch vollschlagen, der Rückweg zum Ausgangspunkt ist im Vergleich zum Hinweg ein Klacks.

*Vorbei an der Stempelstelle den unteren, südlichen Hangweg nehmen und dem Wegweiser Richtung Timmenrode bis zum Ausgangspunkt folgen.*

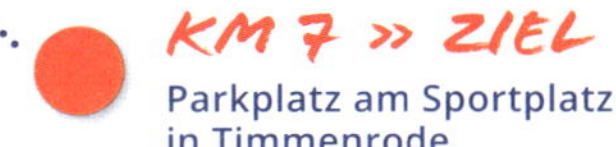

KM 7 » ZIEL

Parkplatz am Sportplatz in Timmenrode

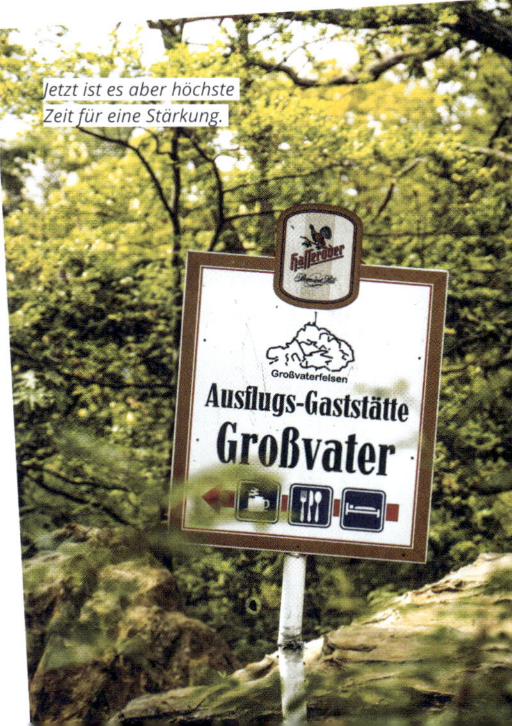


*Jetzt ist es aber höchste Zeit für eine Stärkung.*

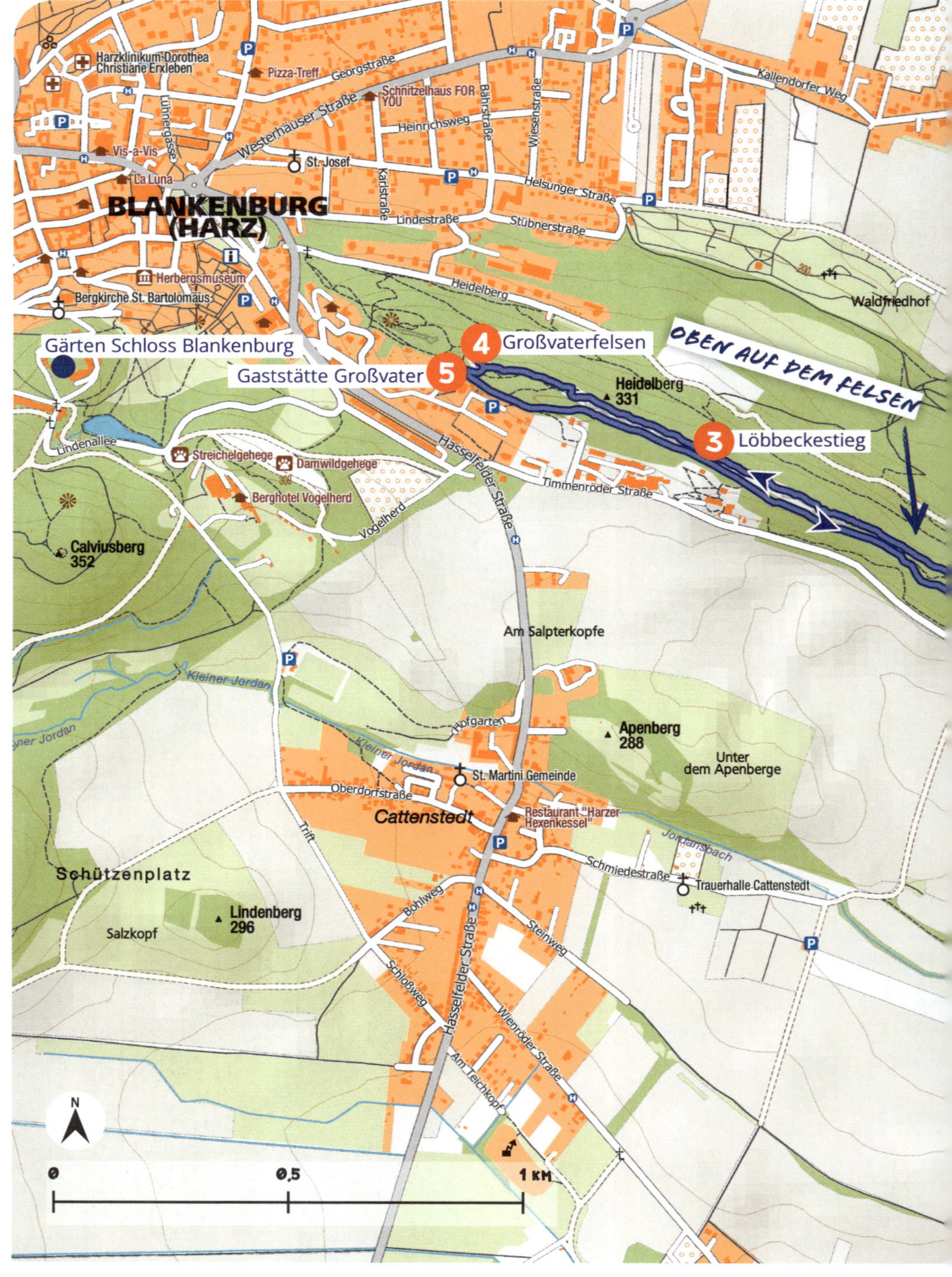

Harzklinikum Dorothea Christiane Erxleben
Pizza-Treff
Georgstraße
Schnitzelhaus FOR YOU
Westerhäuser Straße
Lühnergasse
Heinrichsweg
Bährstraße
Wiesenstraße
Kallendorfer Weg
Vis-a-Vis
La Luna
St. Josef
Karlstraße
Helsunger Straße
BLANKENBURG (HARZ)
Lindestraße
Stübnerstraße
Herbergsmuseum
Heidelberg
Bergkirche St. Bartolomäus
Waldfriedhof
Gärten Schloss Blankenburg
4 Großvaterfelsen
5 Gaststätte Großvater
OBEN AUF DEM FELSEN
Heidelberg 331
3 Löbbeckestieg
Lindenallee
Streichelgehege
Damwildgehege
Hasselfelder Straße
Timmenröder Straße
Berghotel Vogelherd
Vogelherd
Calviusberg 352
Am Salpterkopfe
Kleiner Jordan
Hofgarten
Apenberg 288
Unter dem Apenberge
St. Martini Gemeinde
Oberdorfstraße
Cattenstedt
Restaurant "Harzer Hexenkessel"
Trift
Jordansbach
Schmiedestraße
Trauerhalle Cattenstedt
Schützenplatz
Bohlweg
Lindenberg 296
Salzkopf
Steinweg
Schloßweg
Wienröder Straße
Am Teichkopf
N
0
0,5
1 KM

## AUF EINEN BLICK

- **Start/Ziel:** Parkplatz am Sportplatz in Timmenrode
- **Strecke:** 7 km (Rundtour)
- **Reine Wanderzeit:** 3 Std.
- **Höhenmeter:** ↗ 114 m ↘ 114 m
- **Wegbeschaffenheit:** (Sandiger) Waldboden, Felsen.
- **Beste Zeit:** Ganzjährig, außer bei Schnee und Eis (Glättegefahr).
- **Ausrüstung:** Gute Wanderschuhe, wie man sie sonst nur in den Alpen benötigt, eventuell Stempelheft der Harzer Wandernadel.

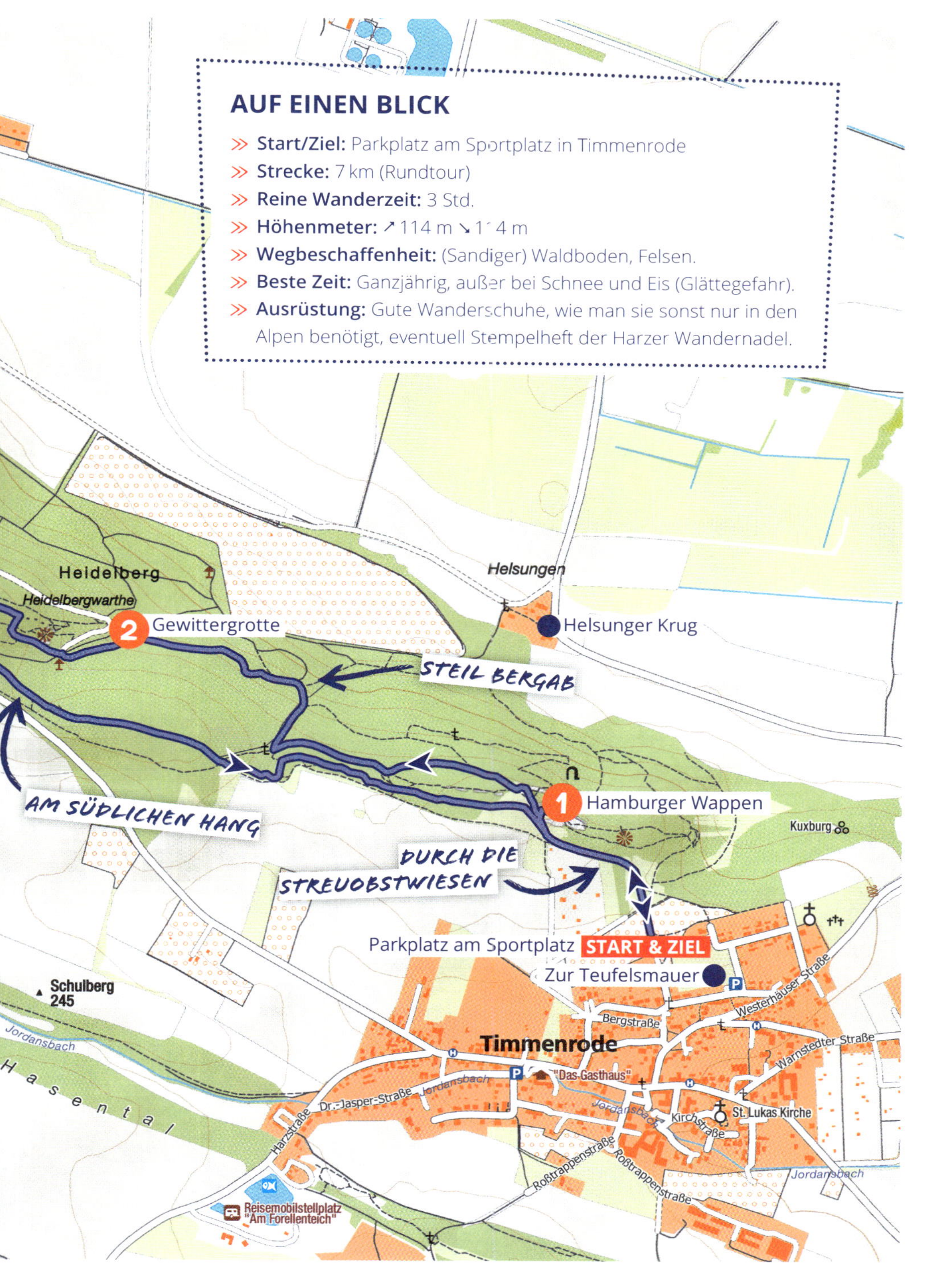

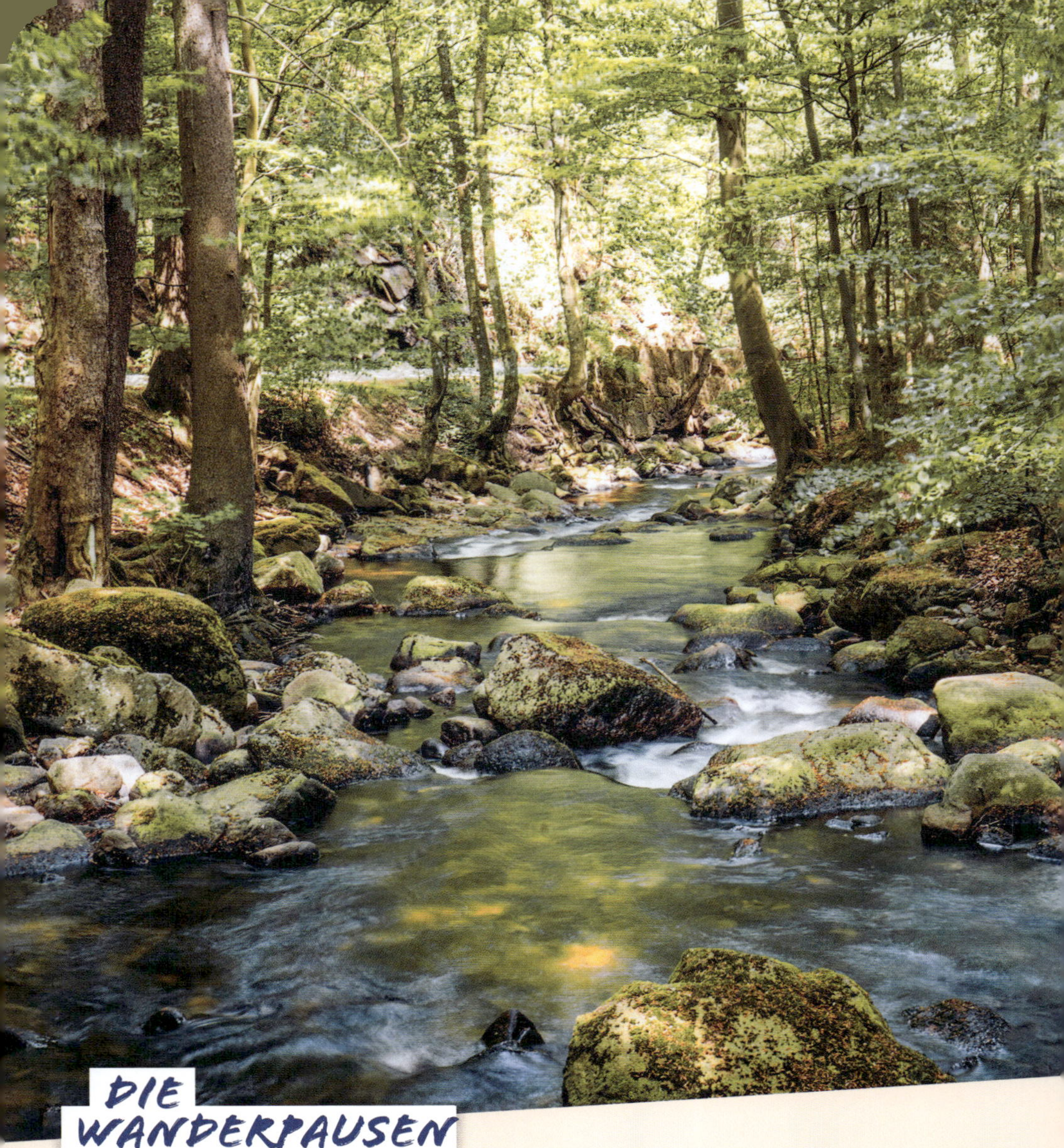

## DIE WANDERPAUSEN

» START
Wanderparkplatz Ilsetal

KM 3,4
1 Rockensteinklippe
**Ohne Fleiß kein Preis**

KM 4,9
2 Rastplatz Württemberger Bank
**Picknick am Wegrand**

KM 5,2
3 Froschfelsen
**Die Fantasie anregen**

3

# HIER KOMMT DIE WILDE ILSE

## Im Ilsetal bei Ilsenburg

*Aussichtsreiche Klippen und ganz viel plätscherndes Wasser – das zeichnet diese Wanderung abseits des Trubels im Ilsetal aus. Durch saftig grüne Buchenwälder und das einsame Suental geht es hinauf zur Westerbergklippe und zum Schluss hinab ins Ilsetal, wo das Wasserrauschen seinen Höhepunkt findet*

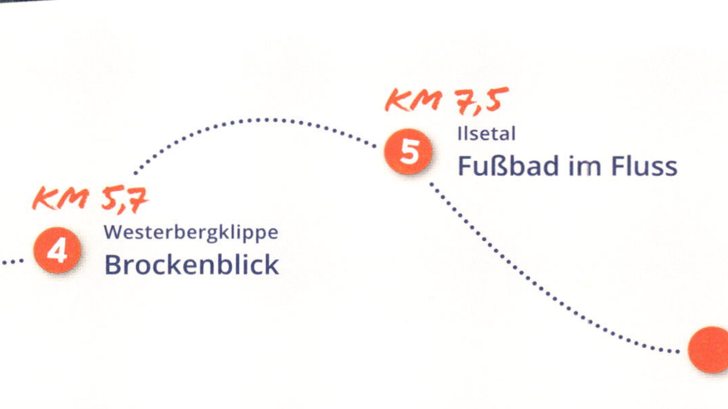

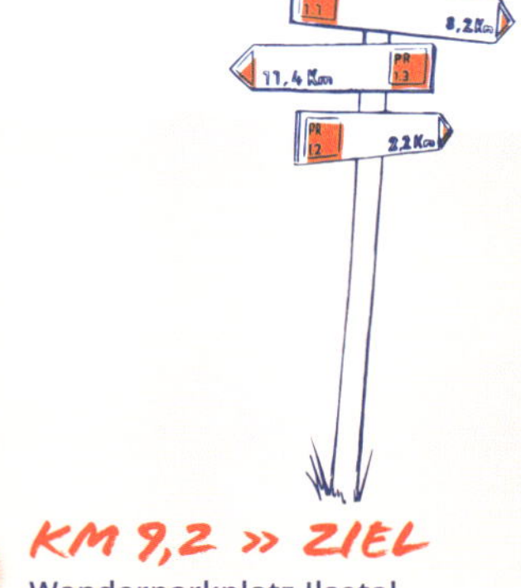

KM 5,7
4 Westerbergklippe
Brockenblick

KM 7,5
5 Ilsetal
Fußbad im Fluss

KM 9,2 » ZIEL
Wanderparkplatz Ilsetal

# ABSEITS DES TRUBELS

Das Ilsetal ist vielleicht einer der idyllischsten Orte im Harz, allerdings auch einer der beliebtesten. Dort startet der wohl schönste Weg zum Brocken, der mit 21 Kilometern aber auch einer der längsten ist. Während die meisten Wanderer sich auf den Weg zum Ilsestein und zur Plessenburg machen, ist man auf dieser Tour abseits des Trubels. Picknick gehört also auf jeden Fall mit ins Gepäck.

Vom Wanderparkplatz geht es nicht direkt flussaufwärts, sondern ein Stückchen in Richtung Ilsenburg. Hier folgt der Weg erst dem breiten Radwanderweg am Waldrand entlang, bevor ein schmaler Pfad tief hinein in den Wald des Suentals führt. Spätestens hier ist man dann auch ganz für sich alleine. Während man dem plätschernden Bächlein folgt, zaubert das Sonnenlicht, das durch das grüne Buchenblätterdach fällt, ein wunderschönes Lichtspiel. Der Japaner nennt dieses Naturschauspiel »Komorebi«.

AUF EINEM SCHMALEN PFAD FÜHRT DER WEG DURCH ÜPPIGE BLAUBEERBÜSCHE ZUR WESTERBERGKLIPPE

An der **Rockensteinklippe** am Ende des Tales wird es kurz mal anstrengend. Sobald man aber den Windenweg und die kleine Schutzhütte erreicht hat, war's das dann auch mit den großen Steigungen. Ab hier kann man sich fast schon treiben lassen. Nach etwa einem Kilometer wartet an einer Weggabelung ein **Rastplatz** mit Tisch für ein Päuschen.

Hier bloß nicht den Abzweig zum **Froschfelsen** versäumen, sonst verpasst man nicht nur den eindrucksvollen Monolithen, sondern auch den von Heidelbeerbüschen gesäumten Weg zur **Westerbergklippe,** dem höchsten Punkt der Wanderung. Zwischen Juli und Oktober laden die im Harz auch Bickbeeren genannten kleinen, blauen Beeren zum Naschen im Vorbeigehen ein.

Nun geht es aber hinab ins **Ilsetal**, immer dem plätschernden Schwarzen Graben folgend. Am Zanthierplatz, benannt nach dem Vater der Idee der Nachhaltigkeit, mündet der Weg in den Heinrich-Heine-Weg. Erst auf diesen letzten zwei Kilometern entlang der wilden Ilse wird klar, wie einsam die Wanderung bisher war. Hier geht es deutlich belebter zu. Vor allem rund um das Waldhotel Am Ilsestein, wo auch mal die ein oder andere Busladung aussteigen kann. Von dort ist es dann nicht mehr weit zum Ausgangspunkt. «

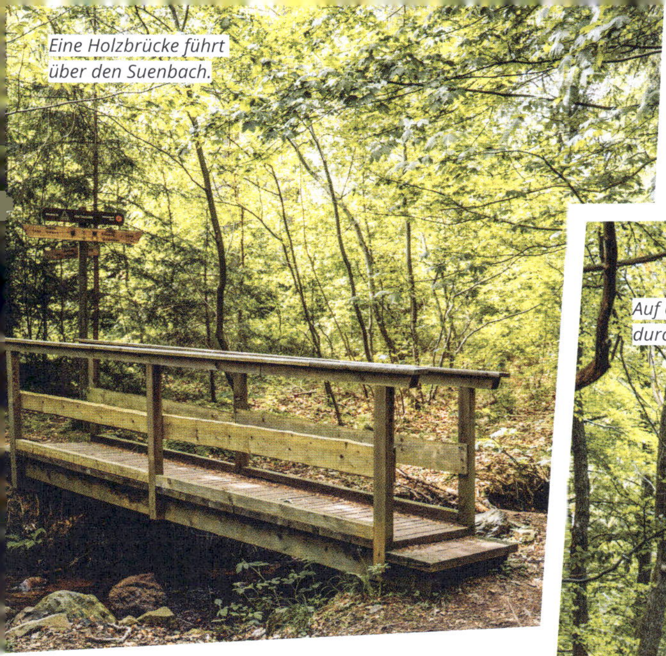

*Eine Holzbrücke führt über den Suenbach.*

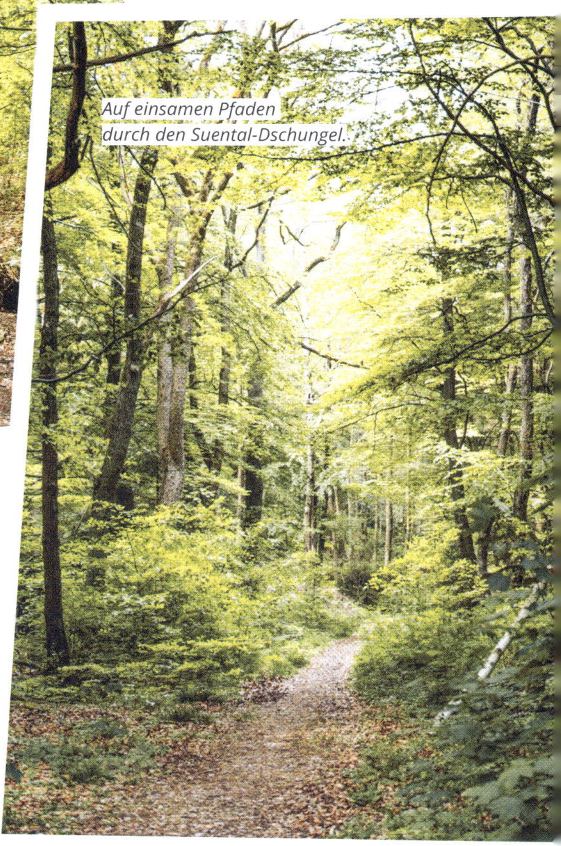

*Auf einsamen Pfaden durch den Suental-Dschungel.*

*Noch ein Blick zurück nach Ilsenburg, bevor der Weg im Wald verschwindet.*

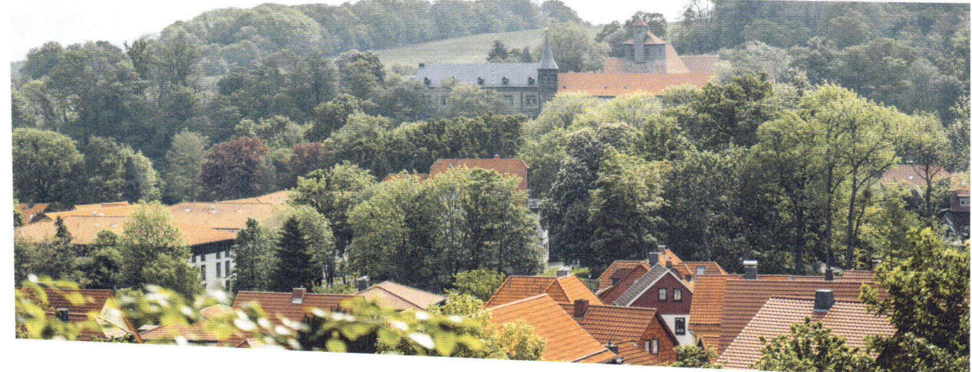

# WANDERN & GENIESSEN

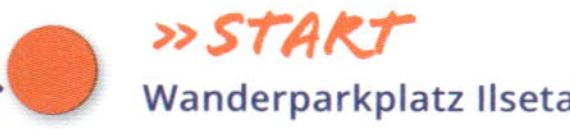


**Wanderparkplatz Ilsetal**

*Vom Wanderparkplatz nach rechts gehen und dann links den kleinen Weg vorbei am Nationalparkhaus wählen. Ab hier dem Radfernwanderweg R1 am Waldrand folgen. Nach etwa einem Kilometer links den Abzweig zum Suental nehmen.*

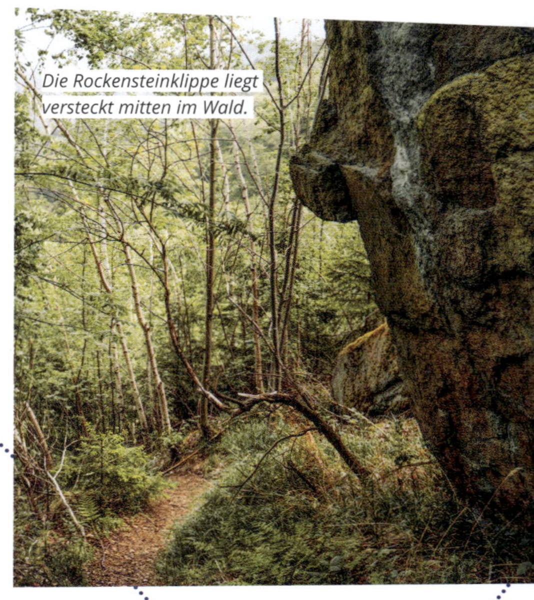
Die Rockensteinklippe liegt versteckt mitten im Wald.

KM 3,4

1 **Rockensteinklippe**

## Ohne Fleiß kein Preis

Am Ende des Suentals wird es nicht nur besonders anstrengend, sondern auch besonders schön. Denn hier schraubt sich der Weg durch einen Steingarten in kürzester Zeit um ungefähr 100 Höhenmeter die Felsformation hinauf. Diese gehört zu der sogenannten Rockensteinklippe. Woher der Name kommt, ist nicht überliefert. Oben angekommen, reicht der Blick über Isenburg bis weit ins Harzvorland. Bei Nässe gilt auf diesem Wegstück besondere Vorsicht, denn es kann auf dem steinigen, steilen Pfad schnell mal rutschig werden.

*Dem Mittelbergweg ein Stück Richtung Isenburg folgen. Dann an der Weggabelung rechts halten.*

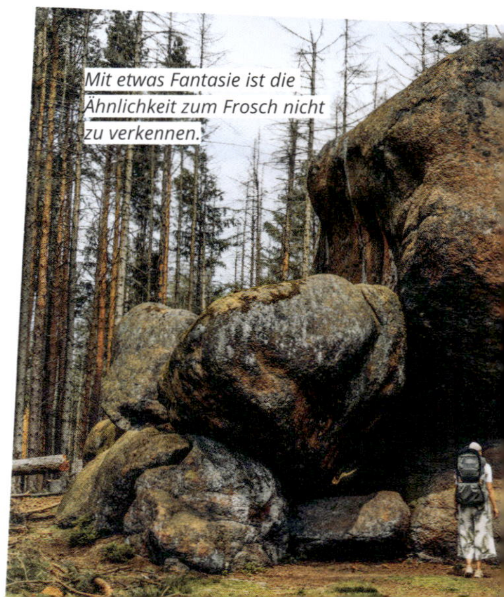
Mit etwas Fantasie ist die Ähnlichkeit zum Frosch nicht zu verkennen.

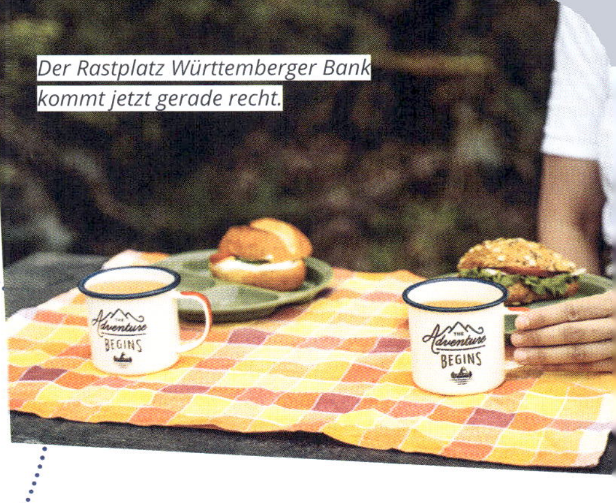

*Der Rastplatz Württemberger Bank kommt jetzt gerade recht.*

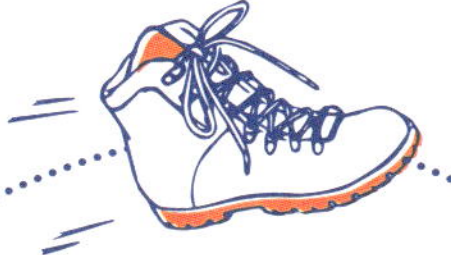

KM 4,9

2 Rastplatz Württemberger Bank

## Picknick am Wegrand

Nach fast fünf Kilometern und einigen Höhenmetern hat man sich ein Päuschen redlich verdient. Da kommt der Rastplatz an der Wegspinne in der Nähe des Froschfelsens gerade recht. Hier kann man im Schatten der Bäume ausruhen und sein Picknick ausbreiten.

*Am Rastplatz vom Hauptweg nach links abzweigen und der Ausschilderung »Froschfelsen« folgen.*

KM 5,2

3 Froschfelsen

## Die Fantasie anregen

Der Froschfelsen (oder auch: Froschsteinklippe) hat seinen Namen nicht ohne Grund. Betrachtet man den Monolithen mit viel Fantasie, kann man die Ähnlichkeit zu seinem amphibischen Namensgeber erkennen. Vom Wald, der die über fünf Meter hohe eigentümliche Felsformation mit seiner Stempelstelle der Harzer Wandernadel (Nr. 5) einst umgab, ist leider heute nicht mehr viel übrig. Trotzdem lohnt sich der Abstecher. Der Stempelkasten befindet sich übrigens in der gegenüberliegenden Schutzhütte.

*Dem schmalen Pfad – vorbei an der Schutzhütte – folgen. Vorbei an weiteren Felsen und durch ein Meer aus Blaubeerbüschen führt der Weg zur Westerbergklippe.*

DEN FROSCH KÜSSEN

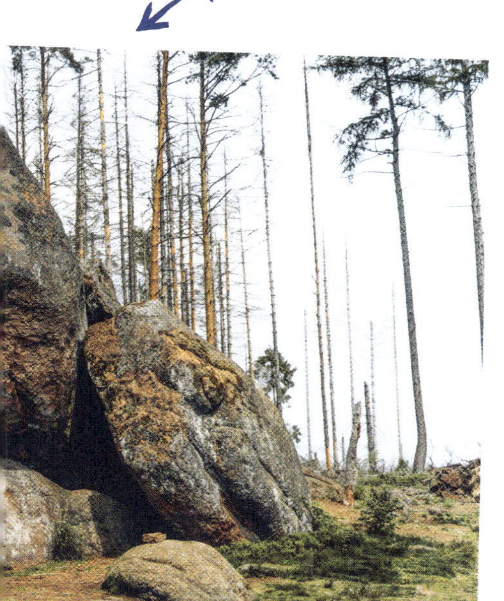

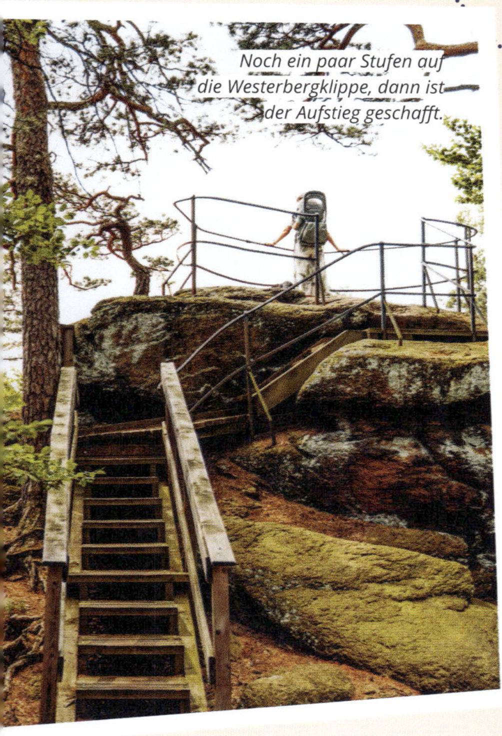
Noch ein paar Stufen auf die Westerbergklippe, dann ist der Aufstieg geschafft.

KM 5,7

4 Westerbergklippe

## Brockenblick

Der Westerberg ist ein Nebengipfel des Meinebergs. Hier befinden sich am Berghang zahlreiche größere und kleinere Felsklippen. Diese als Westerbergklippe bekannte Felsformation liegt auf 529 Metern und bildet damit den höchsten Punkt der Rundwanderung. Sie kann ganz bequem über eine Holztreppe bestiegen werden. Von oben reicht der Blick bis weit über das Ilsetal und das Rohntal hinweg zum Brocken. Während man hier selbst unter knorrigen Eichen und Kiefern steht, könnte der Kontrast zum Totholz am höchsten Berg im Harz nicht größer sein.

*Dem Pfad weiter bis zum Hauptweg folgen, links abbiegen und die erste Abzweigung wieder nach links nehmen. Dieser Pfad führt parallel zum Schwarzen Graben hinab ins Ilsetal.*

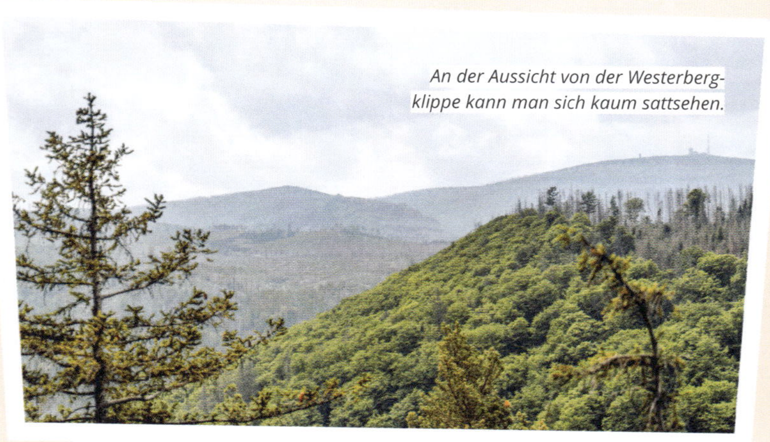
An der Aussicht von der Westerbergklippe kann man sich kaum sattsehen.

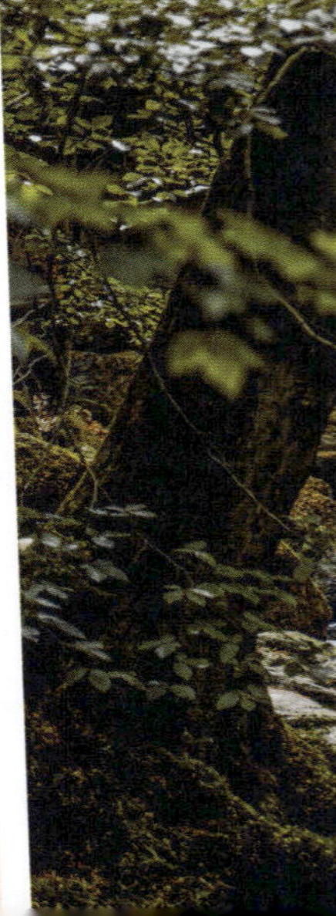

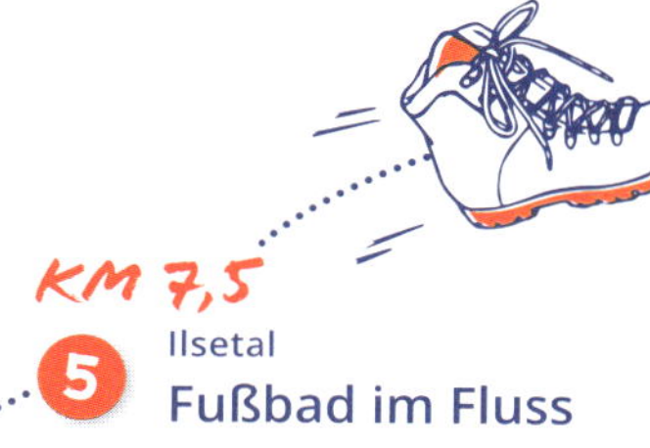


5 Ilsetal

## Fußbad im Fluss

Unterhalb des Zanthierplatzes bietet sich gleich an mehreren Stellen die Gelegenheit, die müden Wanderfüße im eiskalten Wasser der Ilse zu kühlen. Parallel zum Fluss führt der Heinrich-Heine-Weg, einer der längsten und schönsten Wanderwege auf den Brocken. Während man die Beine baumeln lässt, trifft man vielleicht auch Brockenwanderer auf ihrem Rückweg. Diese haben dann bereits knapp 900 Höhenmeter und 20 Kilometer Weg hinter sich. Wer noch Lust auf einen kleinen Abstecher hat, wandert noch ein Stückchen (rund einen Kilometer) flussaufwärts zu den unteren Ilsefällen. Hier stürzt sich die Ilse rauschend über eine Vielzahl kleiner und größerer Kaskaden talwärts.

*Dem Heinrich-Heine-Weg flussabwärts bis zum Ausgangspunkt folgen.*

### EXTRA INFOS:

Ob nur für ein Eis oder Kaffee und Kuchen oder eine deftige Mahlzeit – am Ende der Tour bietet das ● **Waldhotel Harz** (www.waldhotel-harz.de) eine gute Gelegenheit zur Einkehr direkt am Wegrand.

Wer kein Picknick dabei hat, kann sich vor der Tour im Ort in der ● **Bäckerei Kelber** (www.baeckerei-kelber.de) mit frischen Backwaren eindecken. Der Handwerksbäcker backt sein Brot seit 1914 direkt auf Stein und ohne Zusatzstoffe.

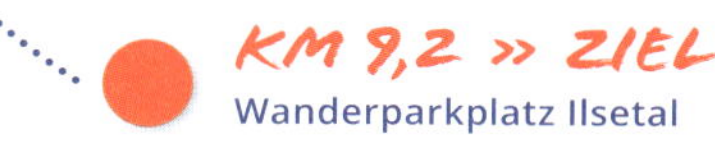


**Wanderparkplatz Ilsetal**

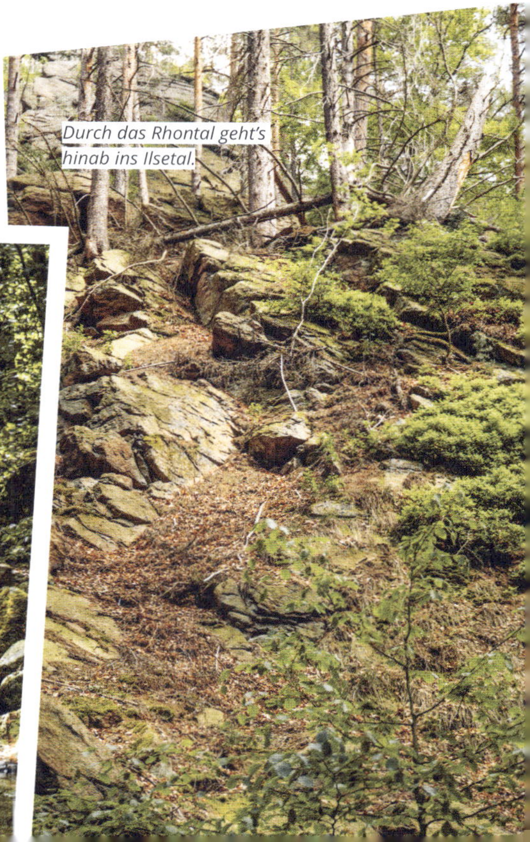

*Durch das Rhontal geht's hinab ins Ilsetal.*

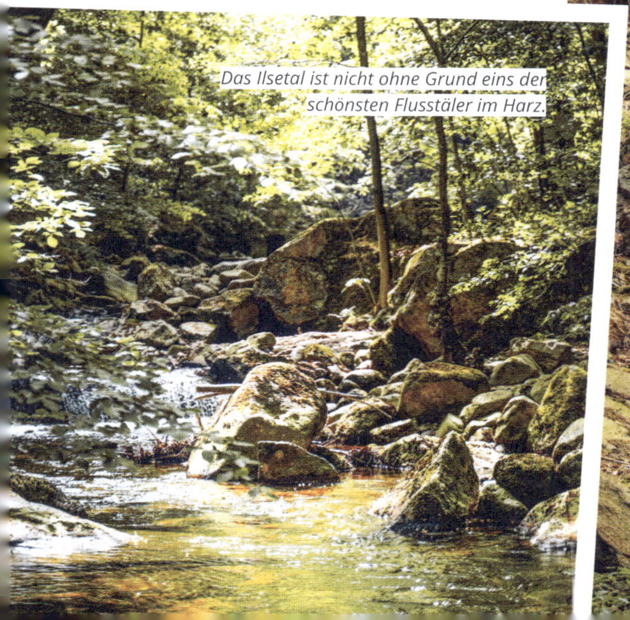

*Das Ilsetal ist nicht ohne Grund eins der schönsten Flusstäler im Harz.*

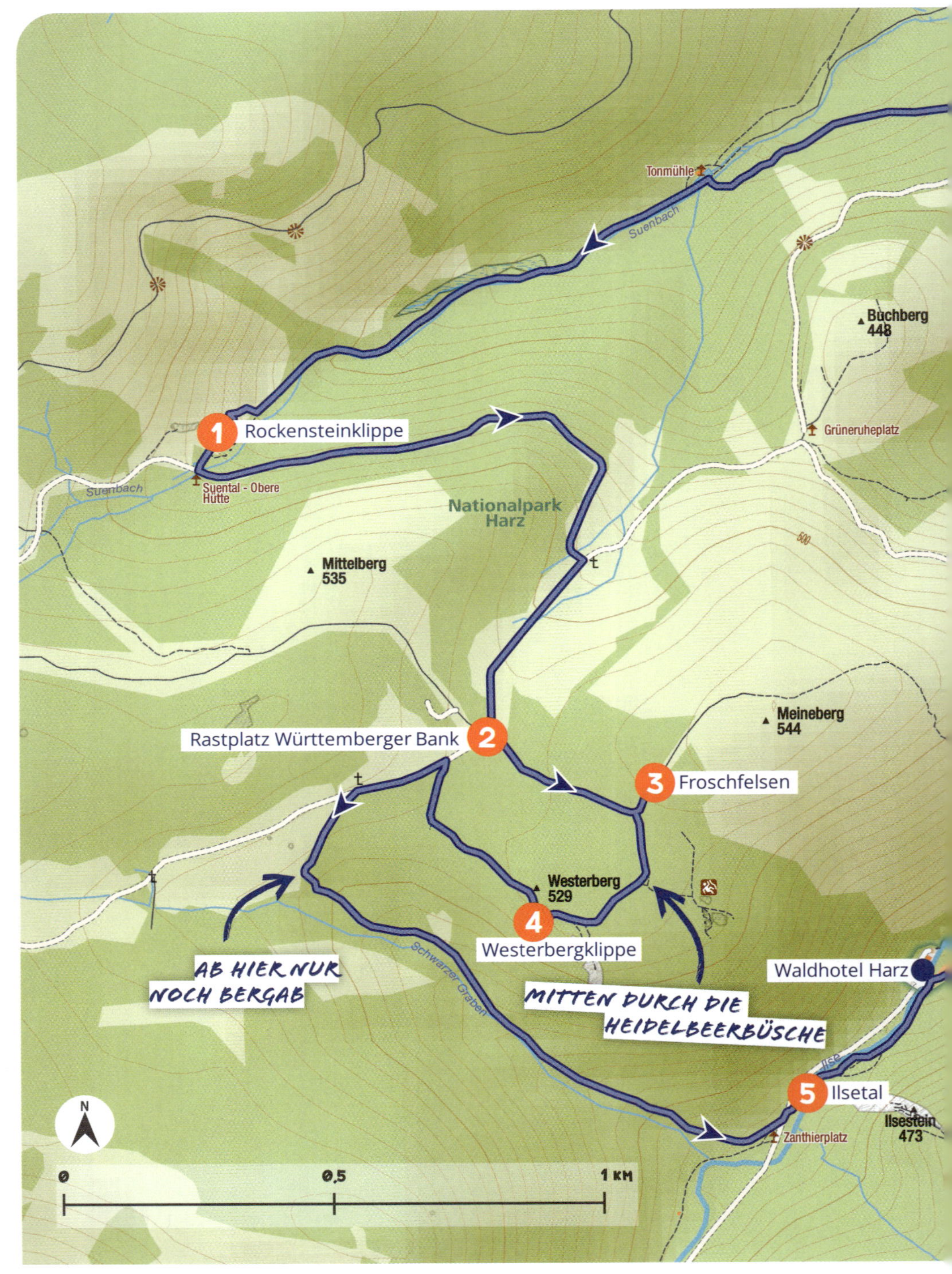
Tonmühle
Suenbach
Büchberg
448
Grüneruheplatz
1 Rockensteinklippe
Suenbach
Suental - Obere Hütte
Nationalpark Harz
500
Mittelberg
535
Meineberg
544
2 Rastplatz Württemberger Bank
3 Froschfelsen
Westerberg
529
4 Westerbergklippe
AB HIER NUR NOCH BERGAB
MITTEN DURCH DIE HEIDELBEERBÜSCHE
Schwarzer Graben
Waldhotel Harz
Ilse
5 Ilsetal
Zanthierplatz
Ilsestein
473
N
0
0,5
1 KM

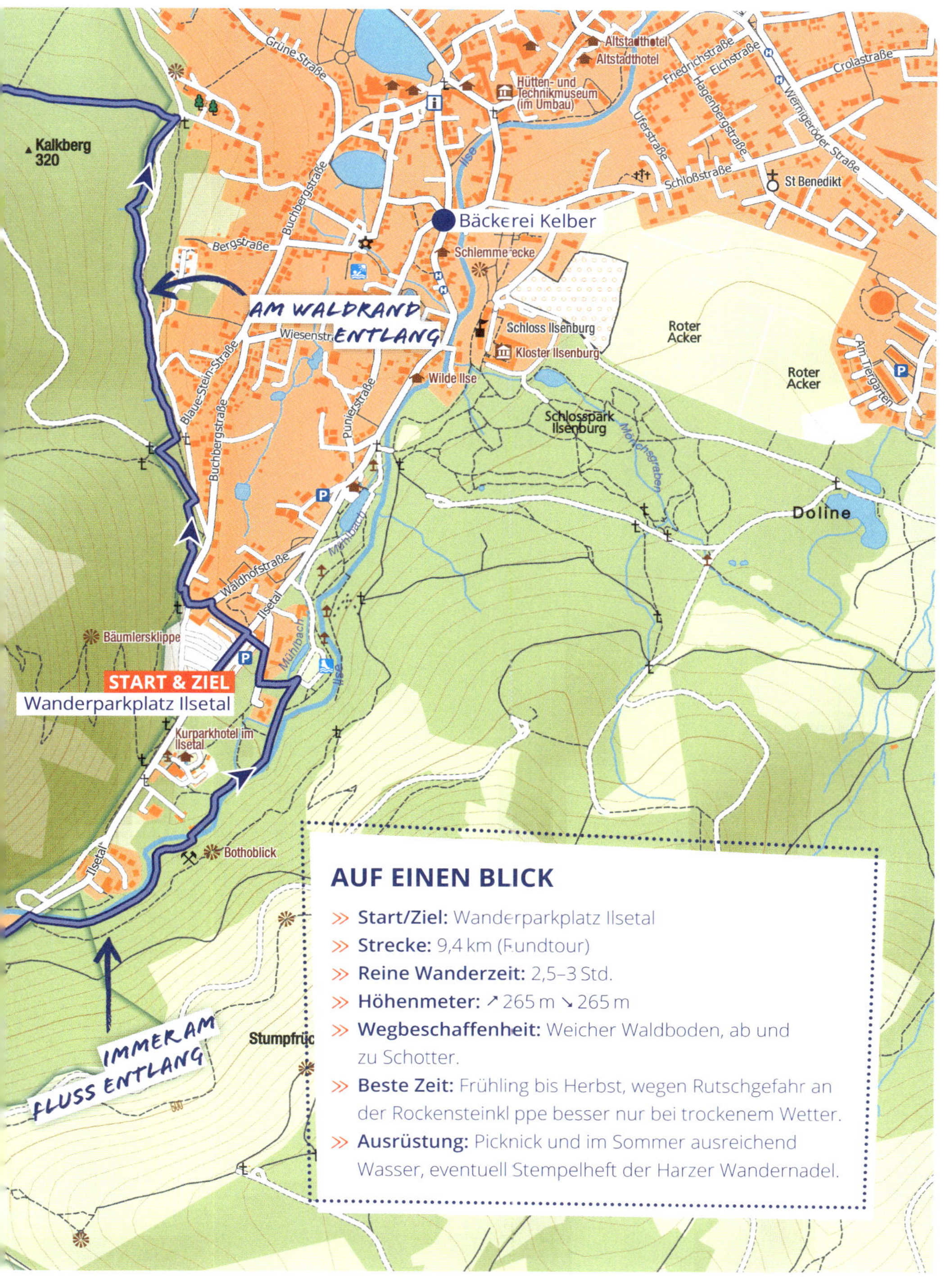


## AUF EINEN BLICK

- » **Start/Ziel:** Wanderparkplatz Ilsetal
- » **Strecke:** 9,4 km (Rundtour)
- » **Reine Wanderzeit:** 2,5–3 Std.
- » **Höhenmeter:** ↗ 265 m ↘ 265 m
- » **Wegbeschaffenheit:** Weicher Waldboden, ab und zu Schotter.
- » **Beste Zeit:** Frühling bis Herbst, wegen Rutschgefahr an der Rockensteinklippe besser nur bei trockenem Wetter.
- » **Ausrüstung:** Picknick und im Sommer ausreichend Wasser, eventuell Stempelheft der Harzer Wandernadel.

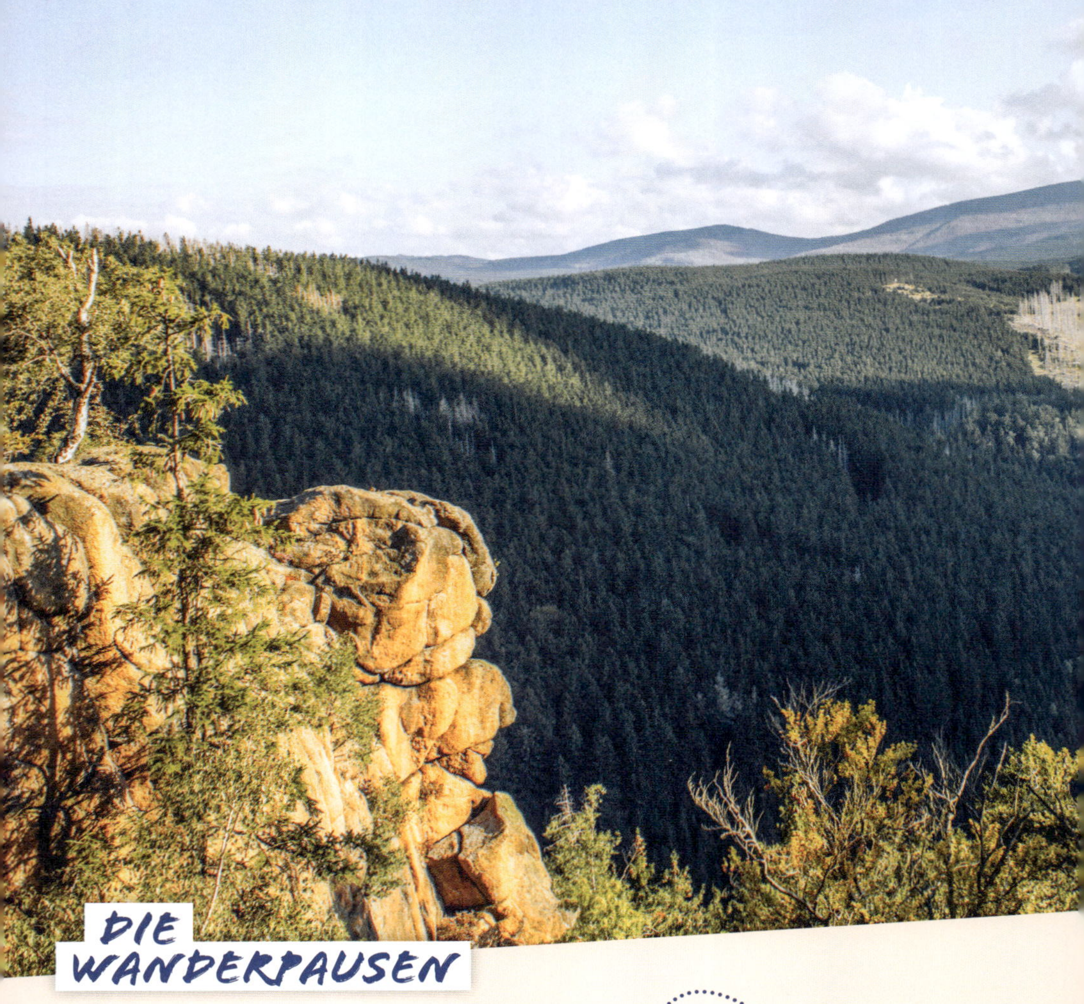

## DIE WANDERPAUSEN

» START
Großparkplatz Bad Harzburg

KM 0,2
1 Burgberg
**Aussichtsreich in jeder Hinsicht**

KM 2,9
2 Kreuz des Ostens
**Pause zum Nachdenken**

KM 5
3 Rabenklippe
**Klippe für Faule**

# 4

# ÜBER DEN WIPFELN

## Rund um Bad Harzburg und den Großen Burgberg

*Aussichtsreich ist auf dieser Tour nicht nur der Name einer Einkehr, sondern auch das Motto. Die Wanderung führt vom Großen Burgberg über das Kreuz des deutschen Ostens zur Rabenklippe und zurück nach Bad Harzburg. Noch verlockender wird es, wenn man die Seilbahn nimmt und den Baumwipfelpfad besucht.*

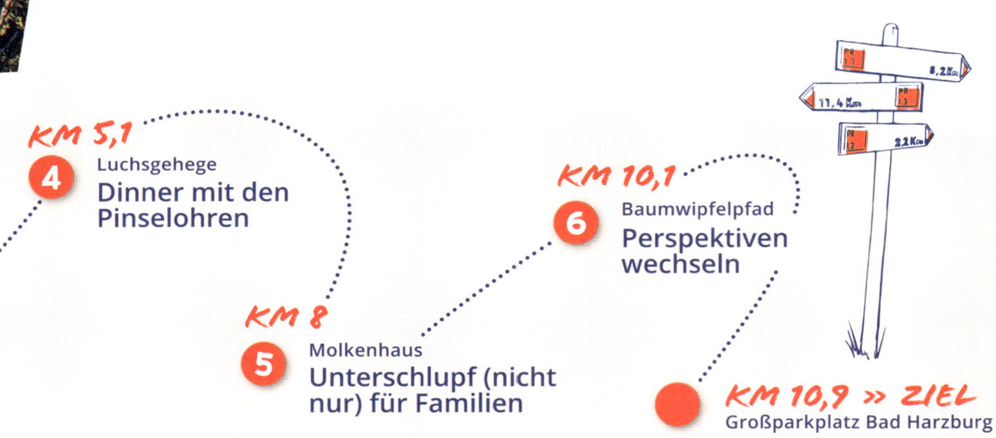

# ÜBER DEN BAUMKRONEN …

… muss die Freiheit wohl grenzenlos sein. Oder wie geht der Songtext noch mal? Zumindest die Devise dieser Tour lautet genau so. Denn schon bevor auch nur der erste Kilometer zurückgelegt wird, geht's mit der **Burgberg-Seilbahn** hinauf auf den 483 Meter hohen Gipfel. Natürlich kann man auch laufen, aber wer lässt sich schon die gemütliche, kurze Fahrt entgehen, die mit ihrem Weitblick über die Stadt Bad Harzburg schon einen Ausblick auf den Rest der Tour gibt?

Wer gleich genussvoll starten möchte, gönnt sich nicht nur die Aussicht vom Gipfel, sondern auch ein leckeres Frühstück im Plumbohms Aussichtsreich. Spätestens dann geht es aber wirklich los mit dem Wandervergnügen. Die knapp elf Kilometer lange Tour kommt ohne schwierige Wege und viele Höhenmeter aus und an jeder Ecke wartet eine Einkehr. Sie ist damit perfekt für alle Genusswanderer, die trotzdem viel erleben und nicht auf schöne Ausblicke verzichten möchten. Der zweite Aussichtspunkt wartet auch schon am **Kreuz des deutschen Ostens** an der Uhlenklippe.

AN HEISSEN TAGEN IST DAS KLARE HARZQUELLWASSER AM SACHSENBRUNNEN BESONDERS ERFRISCHEND

Durch die Paulischneise gelangt man zur **Rabenklippe.** Es geht überwiegend durch schattigen Wald, hier und da kreuzt ein plätscherndes Bächlein den Weg. Das Plätschern an der sogenannten Säperstelle kommt aber von keinem Flusslauf, sondern vom Sachsenbrunnen, einer kleinen Trinkwasserquelle, an der man sich vor Ort erfrischen und die Wasservorräte auffüllen kann. Angekommen an der Rabenklippe, wartet nicht nur die nächste Aussicht, sondern auch die nächste Einkehr in der gleichnamigen Gaststätte. Noch mehr Zeit verplempert, wer am nahegelegenen **Luchsgehege** nach den scheuen Pinselohren Ausschau hält.

Der Rückweg geht dann ganz gemütlich über das **Molkenhaus.** Den Ausgangspunkt erreicht man schließlich über die Alte Rodelbahn, im Winter die längste Naturrodelbahn im Harz. Kurz vor dem Ziel wartet ein Highlight: Der **Baumwipfelpfad** liefert noch einmal ganz andere Ausblicke auf den Harzwald rund um Bad Harzburg. «

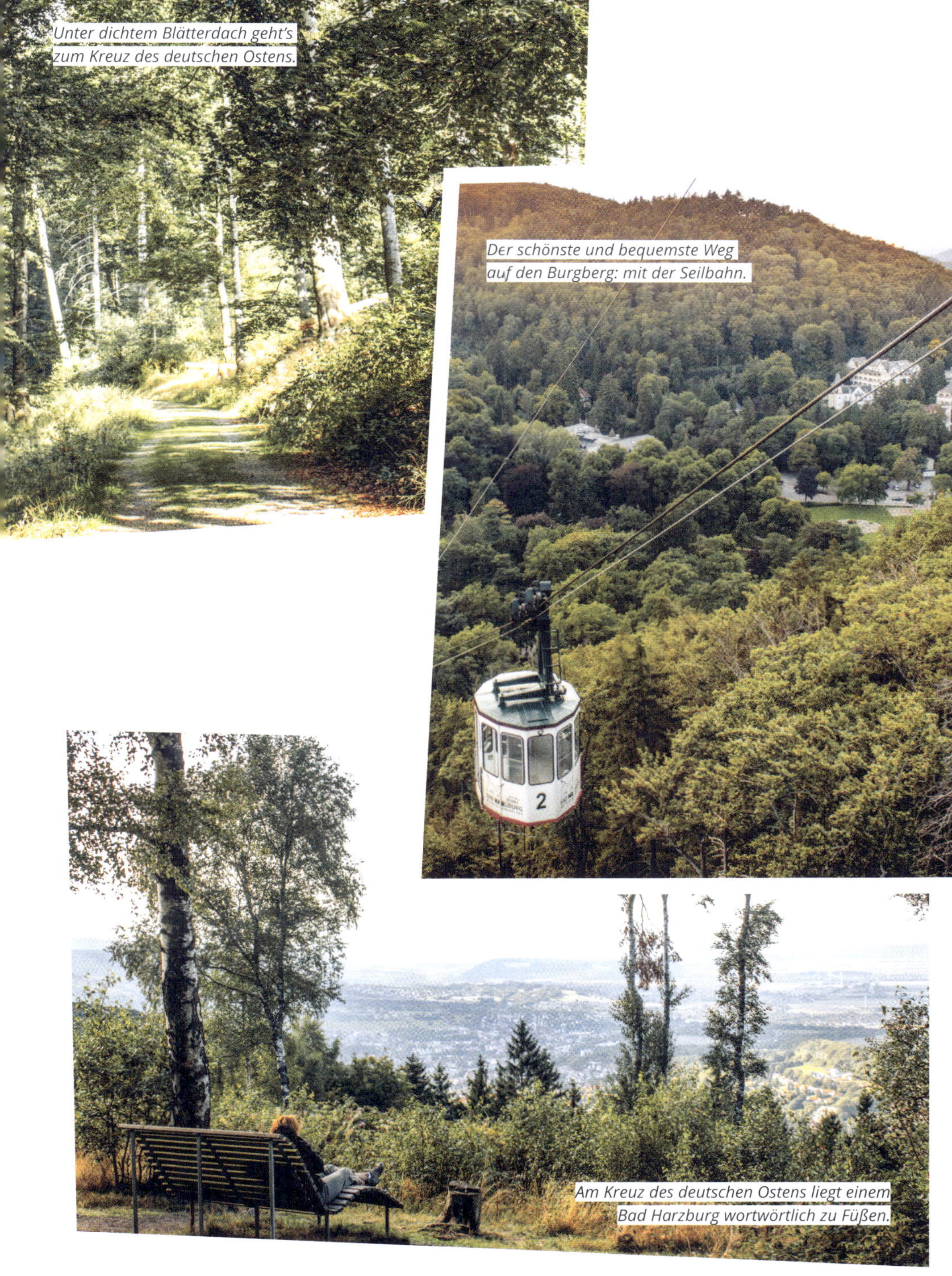

Unter dichtem Blätterdach geht's zum Kreuz des deutschen Ostens.

Der schönste und bequemste Weg auf den Burgberg: mit der Seilbahn.

Am Kreuz des deutschen Ostens liegt einem Bad Harzburg wortwörtlich zu Füßen.

# WANDERN & GENIESSEN

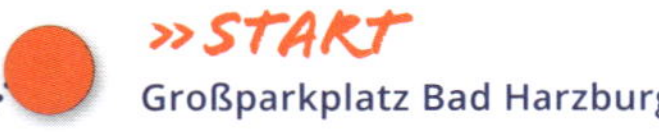

»START

**Großparkplatz Bad Harzburg**

*Vom Großparkplatz mit der Seilbahn auf den Großen Burgberg fahren.*

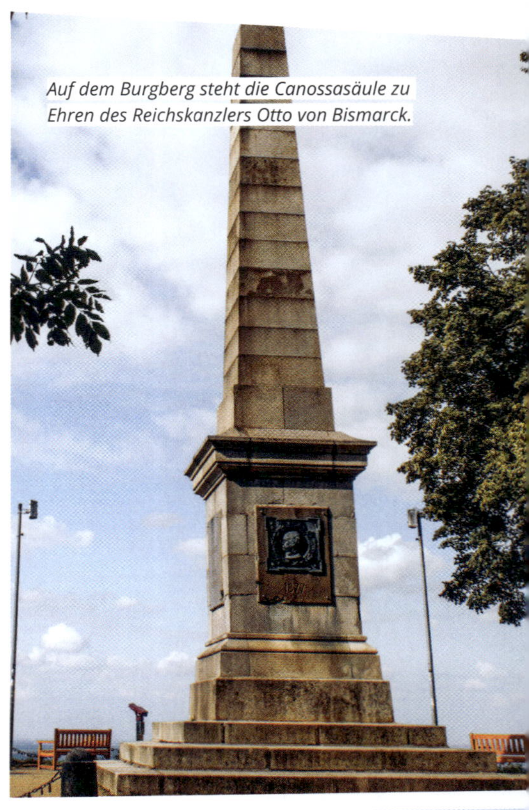

*Auf dem Burgberg steht die Canossasäule zu Ehren des Reichskanzlers Otto von Bismarck.*

KM 0,2

1 **Burgberg**

## Aussichtsreich in jeder Hinsicht

Schon seit 1929 befördert die Burgberg-Seilbahn Touristen auf den Gipfel oberhalb von Bad Harzburg. Die Kabinenbahn überwindet auf ihrer dreiminütigen Fahrt von der Talstation zur Bergstation auf etwa 483 Metern immerhin 186 Meter Höhendifferenz. Oben angekommen, reicht der Blick vom Plateau des Großen Burgbergs mit seiner Canossasäule und der Ruine der 1065 bis 1068 erbauten Harzburg bis weit ins nördliche Harzvorland und die bewaldeten Harzberge drum herum. Aussichtsreich ist hier aber nicht nur der Blick, sondern auch der Name des Gasthauses Plumbohms Aussichtsreich (www.plumboms.de/aussichtsreich). Hier gibt's ein legendäres Frühstück sowie ein paar kleine, feine Gipfelspeisen. Und übernachten kann man auch.

*Über den Antoniusplatz geht's zur Wegkreuzung Säperstelle. Hier geradeaus der Ausschilderung zum »Kreuz des deutschen Ostens« an der Uhlenklippe folgen.*

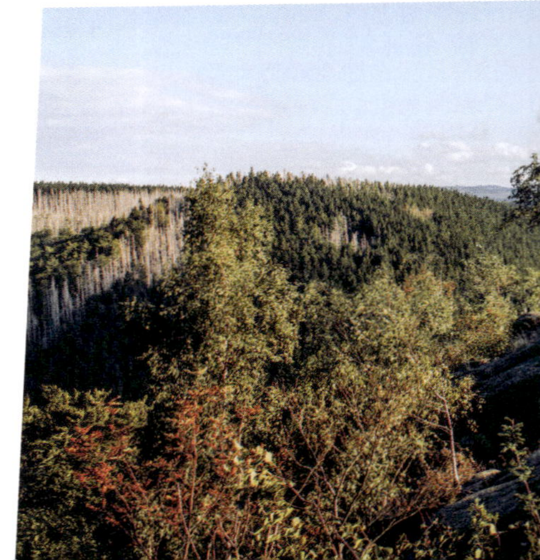

KM 2,9

2 Kreuz des Ostens

## Pause zum Nachdenken

Mit seinen knapp über 20 Metern Höhe ist das metallische Kreuz des deutschen Ostens schon von Weitem sichtbar. Es erinnert an die Leiden, die die einst in Böhmen und Mähren lebende deutsche Bevölkerung bei ihrer Vertreibung 1945 erlitten hat. Von einer gemütlichen Liegebank kann man beim Blick über Bad Harzburg und das nördliche Harzvorland hervorragend nachdenken – über Krieg und Vertreibung, aber auch über Verständigung, Versöhnung und Frieden. Das Kreuz ist übrigens das zweite an dieser Stelle. Nachdem das erste wegen Altersschwäche und Holzfäule einem Orkan zum Opfer fiel, wurde das jetzige Kreuz im Jahr 2000 an gleicher Stelle errichtet.

*Weiter geht es rund zwei Kilometer auf dem gleichen Weg durch die Paulischneise hindurch bis zur Rabenklippe.*

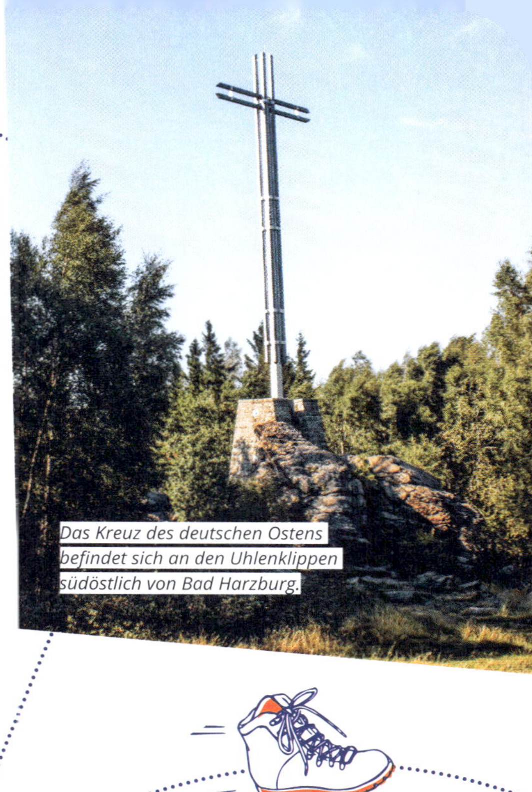

*Das Kreuz des deutschen Ostens befindet sich an den Uhlenklippen südöstlich von Bad Harzburg.*

KM 5

3 Rabenklippe

## Klippe für Faule

Die Rabenklippe ist das ideale Ausflugsziel für Faule, schließlich fährt der Bus hier von April bis November bis vor die »Haustür«. Nach dem Motto »ohne Fleiß kein Preis« ist es zu Fuß aber viel schöner und man hat sich den weiten Blick über den Harz bis zum Brocken auch wirklich verdient. Ein Teil der Rabenklippe ist nämlich durch Treppenstufen begehbar gemacht worden. Einkehren kann man dort in der gleichnamigen Waldgaststätte (www.waldgasthaus-rabenklippe.de) – mit selbigem Blick bei Kaffee und Kuchen oder zünftiger Hausmannskost.

*Bergab Richtung Hauptweg befindet sich rechter Hand das Luchsgehege mit Aussichtsplattform.*

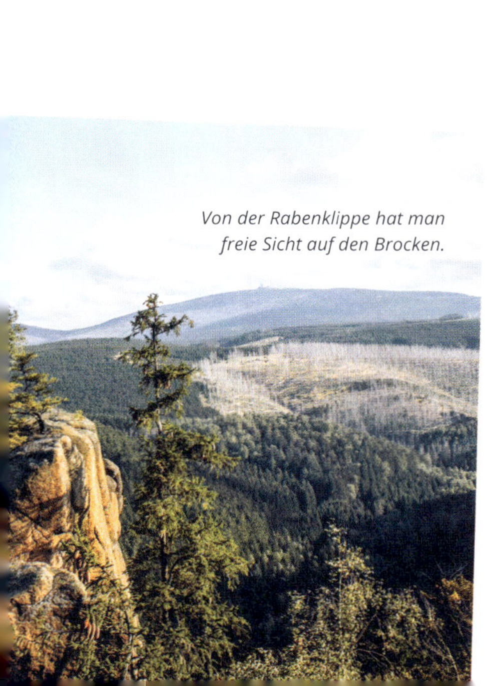

*Von der Rabenklippe hat man freie Sicht auf den Brocken.*

KM 5,1

4 Luchsgehege

## Dinner mit den Pinselohren

Dass man die im Harz lebenden Luchse in freier Wildbahn erlebt, ist äußerst selten. Denn die Raubkatzen mit den markanten Pinselohren sind sehr scheu, sodass selbst eingefleischte Harzranger in ihrem Leben noch kein frei lebendes Exemplar zu Gesicht bekommen haben. Deutlich höher sind die Chancen im Schaugehege an der Rabenklippe. Wer auf Nummer sicher gehen möchte – schließlich leben die fünf Luchse dort auf 10.000 Quadratmetern Waldgelände und können sich ganz schön rar machen –, kommt während der Fütterungszeiten, immer mittwochs und samstags um 14.30 Uhr.

*Auf dem Firstweg weiterwandern und der Ausschilderung zum Molkenhaus folgen.*

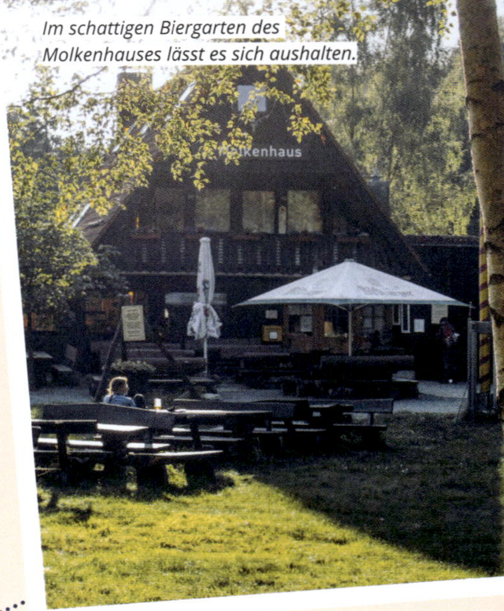


*Im schattigen Biergarten des Molkenhauses lässt es sich aushalten.*

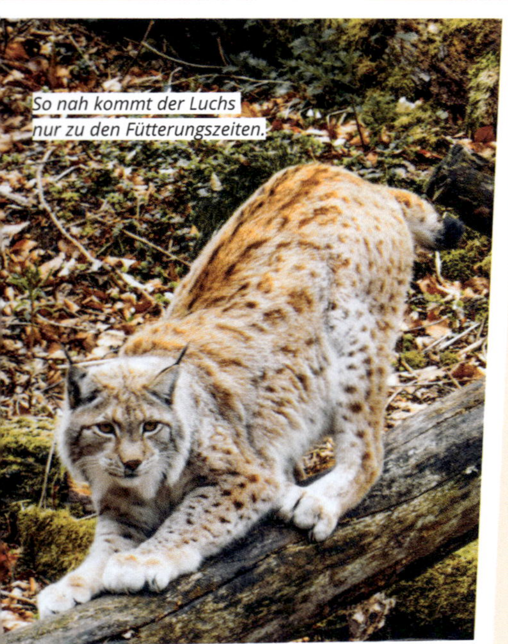

*So nah kommt der Luchs nur zu den Fütterungszeiten.*

KM 8

5 Molkenhaus

## Unterschlupf (nicht nur) für Familien

Wo bereits im 17. Jahrhundert Kühe und Hirten Unterschlupf fanden, können seit dem 19. Jahrhundert Wanderer in der Gaststätte Molkenhaus (www.molkenhaus-harzburg.de) eine Rast einlegen. Insbesondere für Familien lohnt sich hier die Einkehr, denn es gibt einen angrenzenden Waldspielplatz mit zahlreichen Klettergerüsten und Spielgeräten aus Holz, der kleinen Wanderern die Wartezeit auf das Essen versüßt. Im Winter startet hier, an der alten Molkenhaus-Chaussee, die mit 1500 Metern längste Naturrodelbahn im Harz.

*Über die Alte Rodelbahn geht es vorbei an der Sennhütte ins Kalte Tal.*

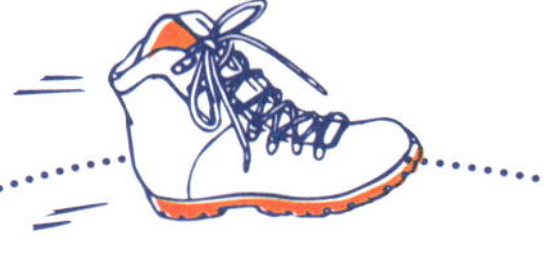

KM 10,1

## 6 Baumwipfelpfad
## Perspektiven wechseln

Noch einmal einen ganz anderen Ausblick auf die Harzburger Natur ermöglicht der Baumwipfelpfad (www.baumwipfelpfad-harz.de). Mit seinen rund 1000 Metern Länge, 18 Plattformen und knapp 50 Erlebniselementen und -stationen ist er nicht nur für Familien, sondern wegen der Barrierefreiheit auch für Senioren und Menschen mit Behinderungen geeignet. Aber auch alle Junggebliebenen, die gern spielerisch noch mehr über das Kalte Tal und seine tierischen und pflanzlichen Bewohner erfahren möchten, kommen auf ihre Kosten.

*Vorbei am Märchenwald und durch den Kurpark geht es zurück zum Ausgangspunkt.*

**EXTRA INFOS:**

Fahrspaß mit Aussicht liefert die ● **Baum-SchwebeBahn Harz** (www.baumwipfelpfad-harz.de/baumschwebebahn-harz). Mit dieser schwebt man in sechs Minuten vom Großen Burgberg 1000 Meter hinab zum Baumwipfelpfad. Das Tempo ist mit maximal 12–15 km/h gemütlich und die Fahrt mehr Genuss als Adrenalinkick.

Noch nicht genug waldgebadet? Dann kann man im ● **Baumhaushotel im Sonnenresort Ettershaus** (www.sonnenhotels.de/hotels-resorts/ettershaus) gleich ein paar Tage im Kalten Tal verbringen. Das Hotel bietet 1000 Quadratmeter Wellnessbereich mit In- und Outdoorpool.

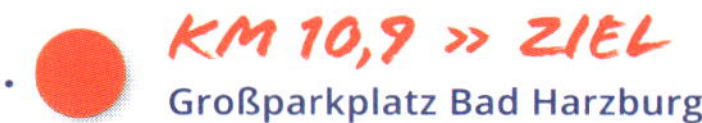


**Großparkplatz Bad Harzburg**

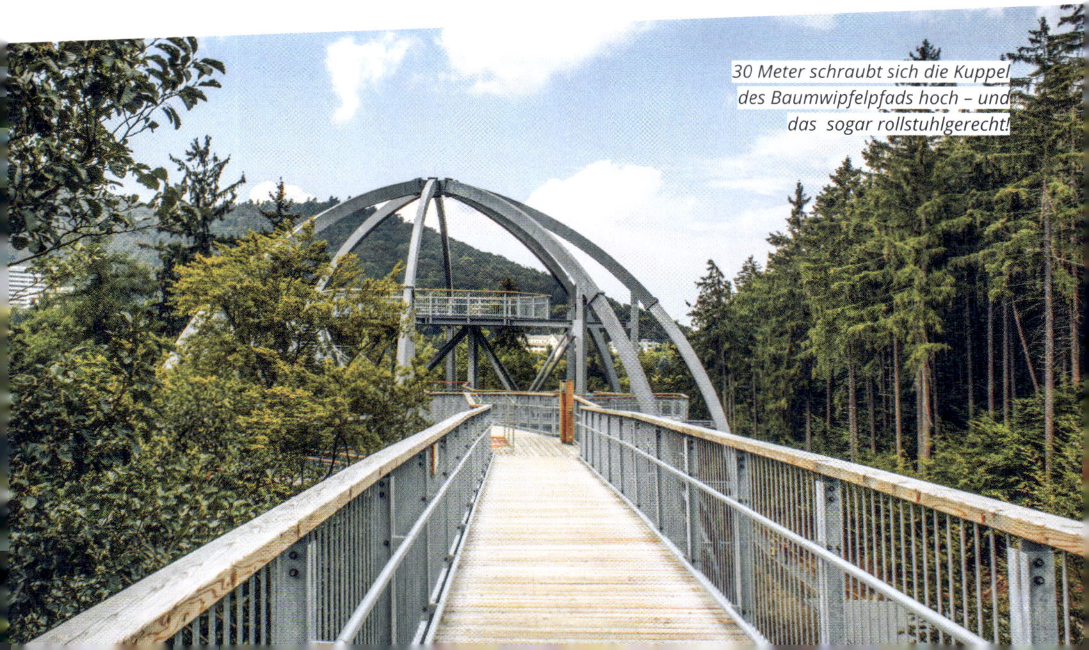

*30 Meter schraubt sich die Kuppel des Baumwipfelpfads hoch – und das sogar rollstuhlgerecht!*

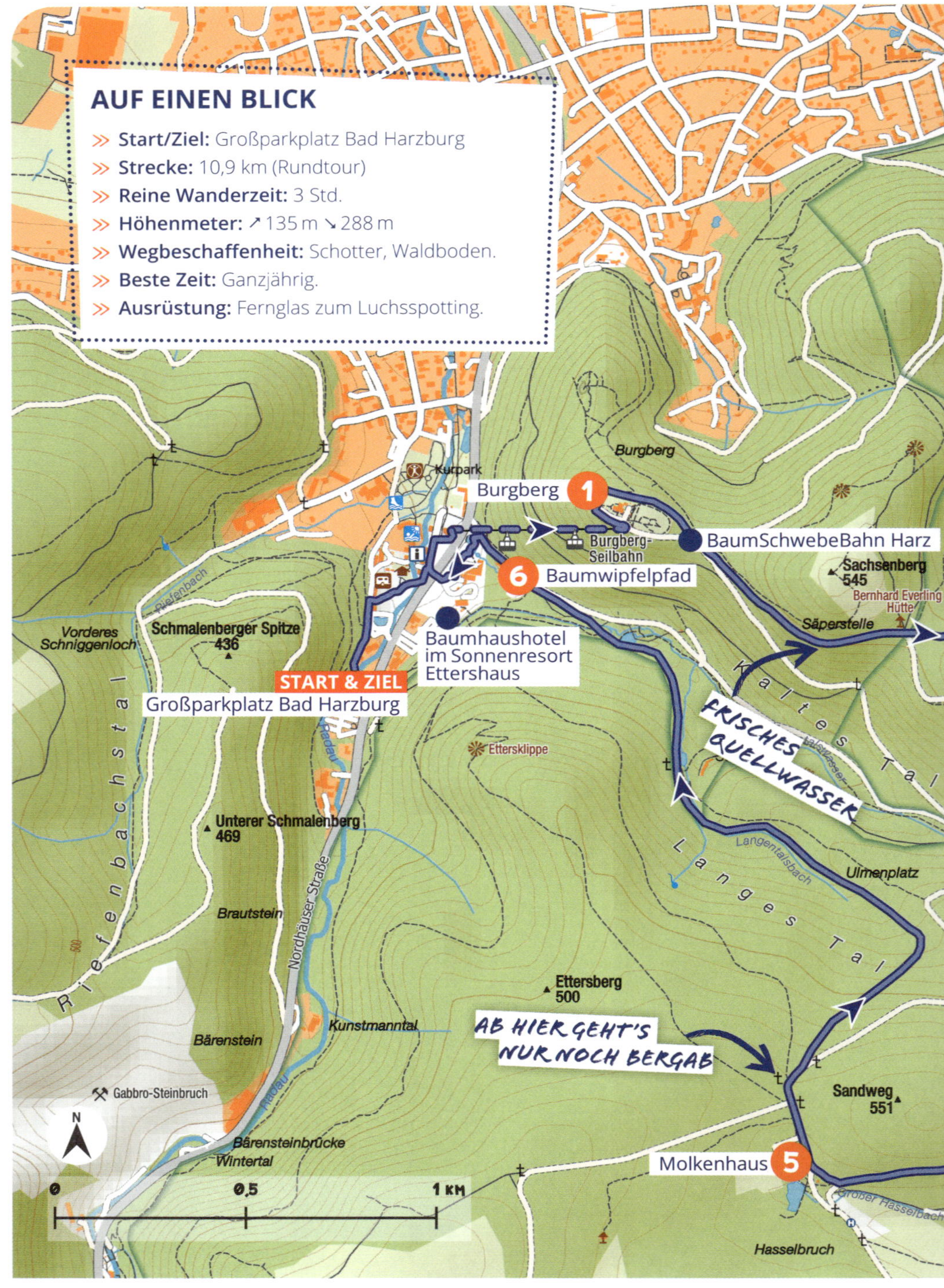

AUF EINEN BLICK
» Start/Ziel: Großparkplatz Bad Harzburg
» Strecke: 10,9 km (Rundtour)
» Reine Wanderzeit: 3 Std.
» Höhenmeter: ↗ 135 m ↘ 288 m
» Wegbeschaffenheit: Schotter, Waldboden.
» Beste Zeit: Ganzjährig.
» Ausrüstung: Fernglas zum Luchsspotting.
Burgberg
Kurpark
1 Burgberg
BaumSchwebeBahn Harz
Burgberg-Seilbahn
6 Baumwipfelpfad
Sachsenberg 545
Bernhard Everling Hütte
Säperstelle
Baumhaushotel im Sonnenresort Ettershaus
START & ZIEL
Großparkplatz Bad Harzburg
Vorderes Schniggenloch
Schmalenberger Spitze 436
Riefenbach
Riefenbachstal
Kaltes Tal
FRISCHES QUELLWASSER
Ettersklippe
Radau
Unterer Schmalenberg 469
Nordhäuser Straße
Langentalsbach
Langes Tal
Ulmenplatz
Brautstein
Ettersberg 500
Kunstmanntal
AB HIER GEHT'S NUR NOCH BERGAB
Bärenstein
Gabbro-Steinbruch
Sandweg 551
Bärensteinbrücke
Wintertal
Molkenhaus 5
Großer Hasselbach
Hasselbruch
N
0
0,5
1 KM

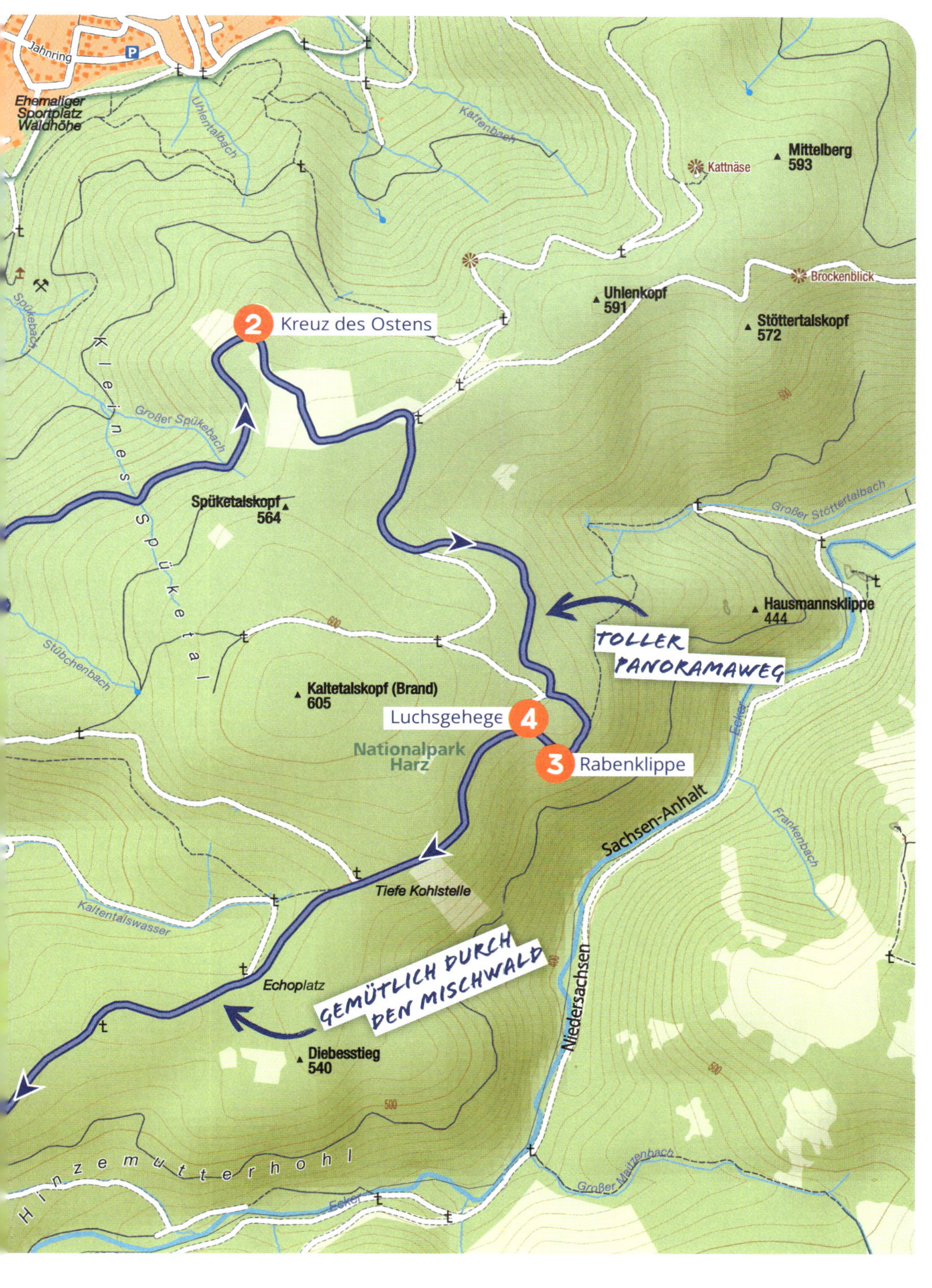

Jahnring
Ehemaliger Sportplatz Waldhöhe
Uhlentalbach
Kaltenbach
Kattnäse
Mittelberg 593
Brockenblick
Uhlenkopf 591
Stöttertalskopf 572
Spükebach
Kleines Spüketal
Großer Spükebach
2 Kreuz des Ostens
Spüketalskopf 564
Großer Stöttertalbach
Hausmannsklippe 444
TOLLER PANORAMAWEG
Stübchenbach
Kaltetalskopf (Brand) 605
4 Luchsgehege
3 Rabenklippe
Nationalpark Harz
Ecker
Frankenbach
Sachsen-Anhalt
Niedersachsen
Tiefe Kohlstelle
Kaltentalswasser
Echoplatz
GEMÜTLICH DURCH DEN MISCHWALD
Diebesstieg 540
Hinzemutterhohl
Großer Maitzenbach

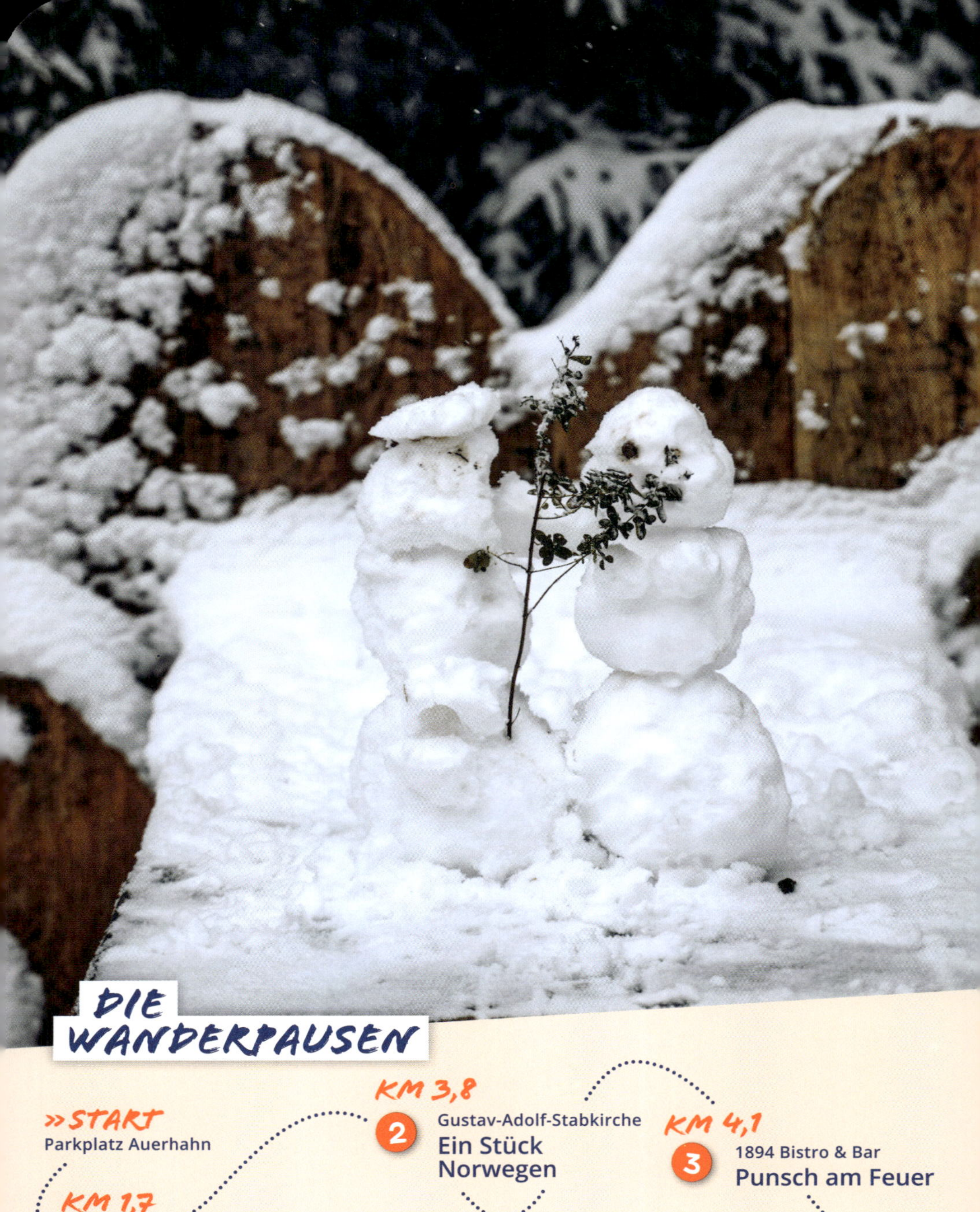

## DIE WANDERPAUSEN

» START
Parkplatz Auerhahn

KM 1,7
1 Grumbacher Teiche
Im Wasser-wunderland

KM 3,8
2 Gustav-Adolf-Stabkirche
Ein Stück Norwegen

KM 4,1
3 1894 Bistro & Bar
Punsch am Feuer

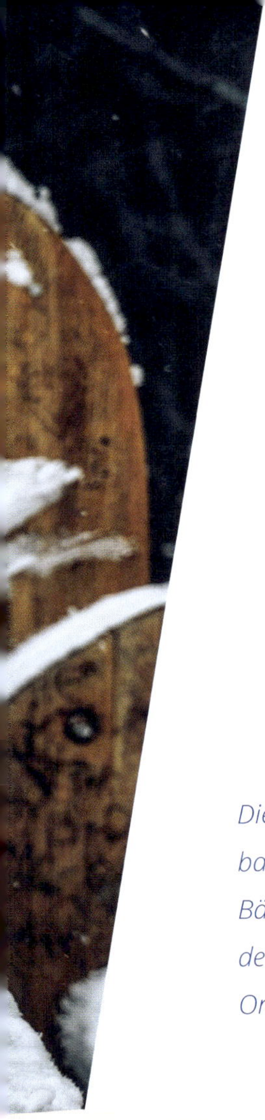

5

# IMMER DER LIEBE NACH

## Auf dem Liebesbankweg bei Hahnenklee

*Die Wege der Liebe sind im Harz ergründlich, und zwar auf dem Liebesbankweg. Der Themenweg lohnt sich nicht (nur) wegen der kunstvollen Bänke und Erlebnisstationen am Wegrand, sondern führt auch entlang der schönsten Teiche und zu den idyllischsten Ausblicken rund um die Ortschaft Hahnenklee.*

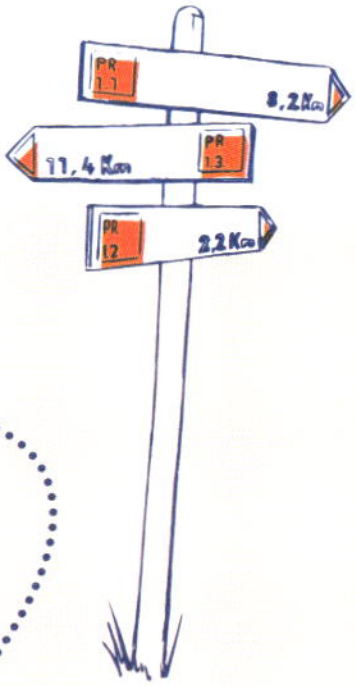

KM 5,1

4 Bocksberg-Seilbahn

**Runter geht's immer!**

KM 5,5

5 Verlobungsbank

**Nicht nur für Verlobte**

KM 7,1 » ZIEL

Parkplatz Auerhahn

# VERLIEBT, VERLOBT, VERHEIRATET ...

... muss man für diese Wanderung nicht sein. Man kann sie auch wunderbar alleine oder mit Freunden genießen. Dennoch dreht sich thematisch auf dieser Tour alles um die Liebe, und zwar auf 25 individuell gestalteten Holzbänken, die besonderen Ereignissen des Liebes- und Ehelebens gewidmet sind, sowie auf Ge(h)dichtsteinen und an weiteren Erlebnisstationen. Die beliebte Rundwanderung hat zu jeder Jahreszeit ihren Reiz, im Winter ist sie aber am schönsten und vor allem am einsamsten. Und mit ihren rund sieben Kilometern inklusive Abstecher ins Ortszentrum ist die Route selbst für eine Schneewanderung nicht zu lang und trotzdem lang genug, um mit roten Bäckchen und eingefrorenen Nasen wieder am Ausgangspunkt anzukommen.

*AUF DER WANDERUNG GIBT ES IMMER WIEDER NEUE BÄNKE UND ERLEBNISSTATIONEN*

Der Weg hat mehrere Start- und Endpunkte: Wer in Hahnenklee einkehren möchte, startet am besten am Parkplatz Auerhahn. Dann liegt das Ortszentrum quasi genau in der Mitte der Tour. So geht die Wanderung auch direkt mit dem wohl schönsten Teil los – nämlich der **Auerhahnkaskade,** einer Ansammlung von sechs Stauteichen, die den Grumbach aufstauen und einst für den Bergbau genutzt wurden. Dass sie nicht natürlich sind, sondern durch Menschenhand geschaffen wurden, stört heute die Tier- und Pflanzenwelt ebenso wenig wie die Wanderer. Ob mit glitzernder Sonne auf der Wasseroberfläche, mit wabernden Nebelschwaden, bei Windstille mit Tannen, die sich im Wasser spiegeln, oder bei knirschendem Schnee unter den Schuhen – an den **Grumbacher Teichen** ist es einfach immer besonders schön.

Nach rund dreieinhalb Kilometern taucht plötzlich die norwegisch anmutende **Gustav-Adolf-Stabkirche** aus dem Nichts auf und kündigt den Ort Hahnenklee an. Ein Blick hinein lohnt sich, dann geht's aber auch schon für einen Abstecher in den Ort zum **Bistro 1894.**

Irgendwann geht's weiter, und zwar ein Stück hinauf auf den Bocksberg. Keine Angst, nicht ganz bis auf den 727 Meter hohen Gipfel, sondern nur so weit, bis die Aussicht großartig ist und man vorbei an der **Verlobungsbank** quasi auf gleicher Höhe den Berg umrunden und den Ausgangspunkt wieder erreichen kann. «

*Im Winter unter verschneiten Tannen zu wandern, ist besonders schön.*

*Durch den Wald geht's zurück zum Auerhahn.*

*Mal kurz dem Wintertrubel am Burgberg Hallo sagen.*

# WANDERN & GENIESSEN

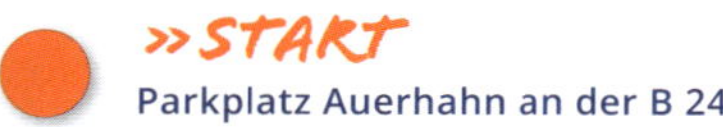


**Parkplatz Auerhahn an der B 241**

*Oberhalb des Auerhahnteichs auf dem Liebesbankweg entlang der Teiche der Auerhahnkaskade gehen: am südlichen Ufer des Neuen Grumbacher Teichs, dann am nördlichen Ufer des Oberen Grumbacher Teichs und wieder am südlichen Ufer des Mittleren Grumbacher Teichs.*

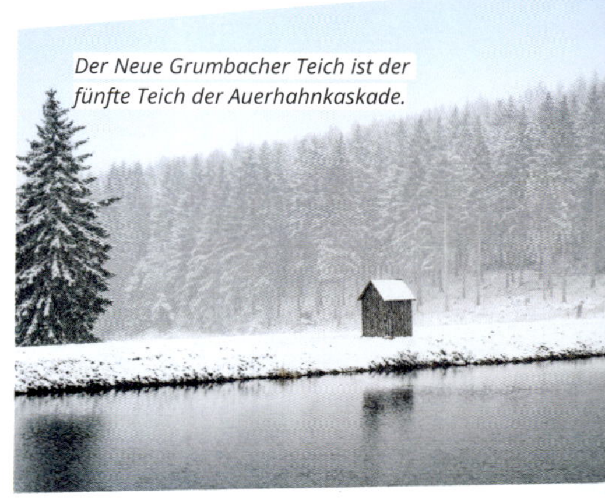

*Der Neue Grumbacher Teich ist der fünfte Teich der Auerhahnkaskade.*

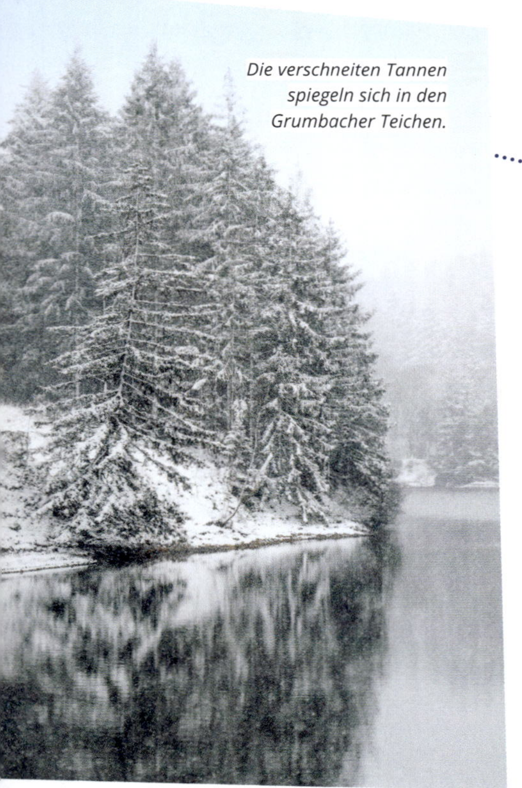

*Die verschneiten Tannen spiegeln sich in den Grumbacher Teichen.*

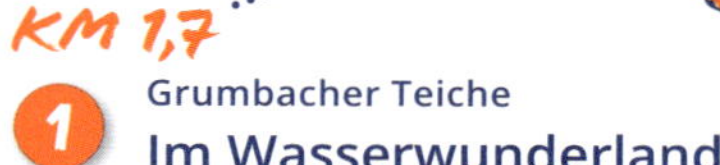


**1** Grumbacher Teiche

## Im Wasserwunderland

Die Grumbacher Teiche gehören zu insgesamt sechs Gewässern der Auerhahnkaskade, die den Grumbach anstauen. Der Liebesbankweg führt auf kleinen Pfaden mitten durch die Wasserlandschaft. Am schönsten ist der Blick von einem kleinen »Deichweg« zwischen dem Oberen und Mittleren Grumbacher Teich. Bei Windstille spiegeln sich Wolken und Tannen auf dem glasklaren Wasser, im Winter die schneebedeckte Landschaft. Beide Teiche sind heute Teil des Unesco-Weltkulturerbes Oberharzer Wasserregal und dienten zu Bergbauzeiten der Wasserkrafterzeugung. Im Sommer darf in diesen beiden Teichen sogar gebadet werden.

*Nach dem Oberen und Unteren Flößerteich die Teichkaskade hinter sich lassen und auf dem Märchenweg Richtung Hahnenklee weiterwandern.*

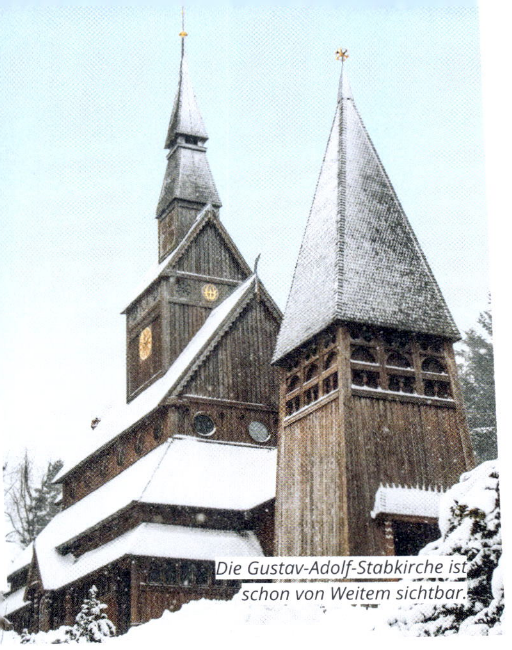

Die Gustav-Adolf-Stabkirche ist schon von Weitem sichtbar.

KM 3,8

## 2 Gustav-Adolf-Stabkirche
## Ein Stück Norwegen

Eine norwegische Holzkirche mitten im Harz klingt fast wie eine Fata Morgana. Die gibt's aber wirklich und der Liebesbankweg führt direkt daran vorbei. Die Gustav-Adolf-Stabkirche wurde in den Jahren 1907/08 nach dem Vorbild der Stabkirche im norwegischen Borgund gebaut und mit heidnischen Symbolen, Schlangen- und Drachenköpfen verziert. Wie klassische skandinavische Stabkirchen erinnert der Bau ein bisschen an ein Wikingerschiff – mit Bullaugen und einem Kronleuchter in Form eines Steuerrads. Ein Blick ins Innere, in dem bis zu 350 Personen Platz haben, lohnt sich also auf alle Fälle.

*An der Kirche den Liebesbankweg für einen Moment verlassen und der Rathausstraße ins Ortszentrum folgen.*

KM 4,1

## 3 1894 Bistro & Bar
## Punsch am Feuer

Im Herzen von Hahnenklee befindet sich in einem alten Fachwerkhaus die 1894 Bistro & Bar (www.1894-hahnenklee.de). In der gemütlichen Gaststube werden am Kamin regionale Gerichte und Snacks serviert, dazu eine Vielfalt an Bieren und Wein. Prasselndes Feuer und dazu ein heißer Punsch – was gibt's Besseres, um kalte Hände und Füße aufzuwärmen? Kaffee und Kuchen werden auch serviert – im Sommer draußen auf der Sonnenterrasse. Dann hat auch der angrenzende Minigolfplatz geöffnet. Hier spielt man auf 18 Bahnen zwischen echten Museumsstücken aus dem Rammelsberger Bergwerk durch Stollen oder an einem Wasserrad vorbei.

*Die Rathausstraße zurück zum Liebesbankweg gehen und durch den bald dichten Tannenwald ein Stück den Bocksberg hinaufsteigen.*

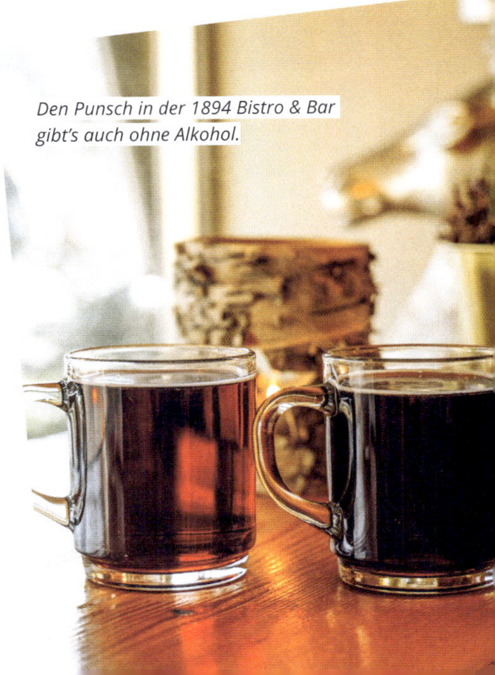

Den Punsch in der 1894 Bistro & Bar gibt's auch ohne Alkohol.

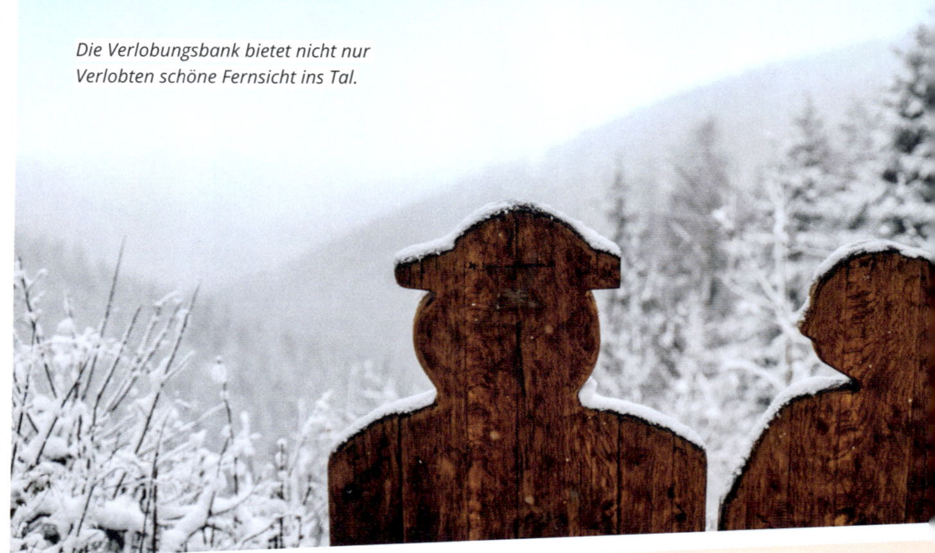
Die Verlobungsbank bietet nicht nur Verlobten schöne Fernsicht ins Tal.

KM 5,1

4

Bocksberg-Seilbahn

## Runter geht's immer!

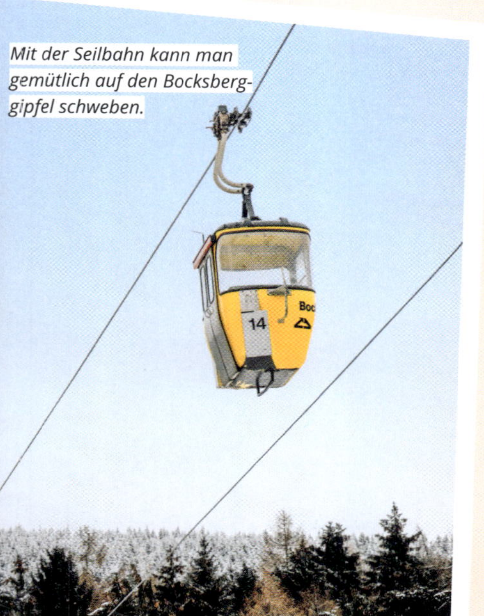

Mit der Seilbahn kann man gemütlich auf den Bocksberggipfel schweben.

Die Bocksberg-Seilbahn startet ihre zehnminütige Fahrt auf den 727 Meter hohen Gipfel aus dem Ortszentrum von Hahnenklee. Wer lieber die Füße baumeln lassen möchte, nimmt den Sessellift zum Bocksberg. Auch für den Weg bergab gibt's mehrere Wege: Ob zu Fuß, mit dem Rodel oder den Skiern, dem Mountainbike über den Bikepark oder ganzjährig mit dem »BocksBergBob« – runter geht's immer! Die 1250 Meter lange Strecke der Sommerrodelbahn (www.erlebnisbocksberg.de) beginnt direkt unterhalb der Bergstation und führt in sicher geführten Zweisitzerschlitten talwärts. Die Geschwindigkeit kann man dabei selbst bestimmen.

*Dem Liebesbankweg unter der Seilbahn hindurch weiter folgen. Wer mag, kann hier einen Abstecher zum Gipfel unternehmen.*

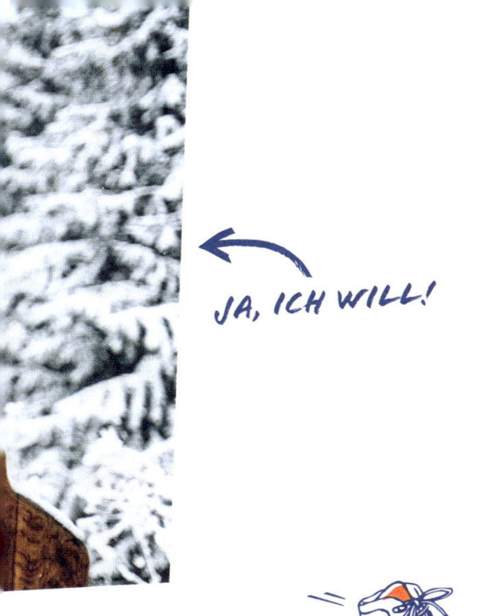

JA, ICH WILL!

**EXTRA INFOS:**

Mit dem ● **Café Egerland** (www.kaffeehaus-egerland.harz.de) hat man eine weitere Einkehrmöglichkeit am Wegrand.

Im ● **Ratsstuben Restaurant** (www.facebook.com/RatsstubenRestaurant) in Hahnenklee kann man sich abends regionales Slow Food schmecken lassen. Sonntags ist hier schon zur Mittagszeit geöffnet.

Am schönsten Punkt der Tour, direkt am Oberen Grumbacher Teich, befindet sich der ● **Campingplatz Kreuzeck** (www.camping-harz.com). Hier kann man auch im Winter in Ferienhäusern übernachten.

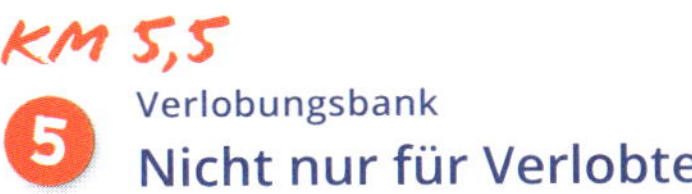

KM 7,1 » ZIEL

**Parkplatz Auerhahn an der B 241**

KM 5,5

5 Verlobungsbank

## Nicht nur für Verlobte

Hat man den Bocksberg-Trubel hinter sich gelassen, taucht aus dem Nichts am Wegrand plötzlich eine besondere Bank auf: die sogenannte Verlobungsbank. Sie ist eine von 25 liebevoll gestalteten Holzbänken entlang des Liebesbankwegs, die bestimmten Stationen des Liebes- und Ehelebens gewidmet sind. Aber von keiner ist die Aussicht schöner als von dieser. Hier sollte man eine Pause einlegen und den Blick auf Hahnenklee und die umliegenden Berge auf sich wirken lassen – auch als Single.

*Einmal den Berg auf immer der gleichen Höhe umrunden und dann parallel zur Alten Harzstraße zurück zum Ausgangspunkt wandern.*

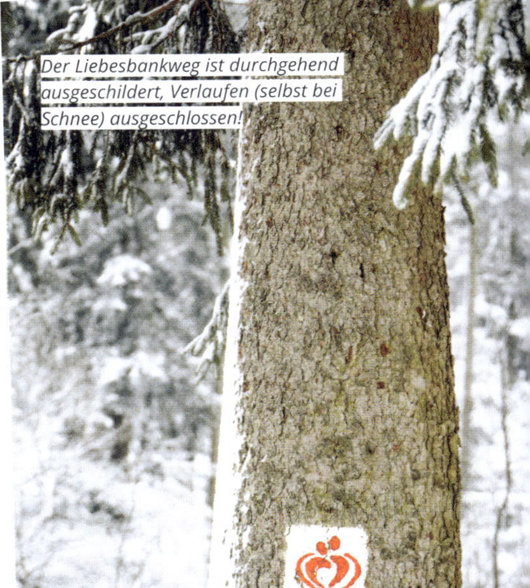

*Der Liebesbankweg ist durchgehend ausgeschildert, Verlaufen (selbst bei Schnee) ausgeschlossen!*

## AUF EINEN BLICK

- **Start/Ziel:** Parkplatz Auerhahn an der B 241
- **Strecke:** 7,1 km (Rundtour)
- **Reine Wanderzeit:** 2–2,5 Std.
- **Höhenmeter:** ↗ 146 m ↘ 146 m
- **Wegbeschaffenheit:** Waldweg, Schotter, wenig Asphalt.
- **Beste Zeit:** Ganzjährig, besonders idyllisch im Winter.
- **Ausrüstung:** Im Winter warme Kleidung und heißer Tee in der Thermoskanne, wer mag auch einen Schlitten.

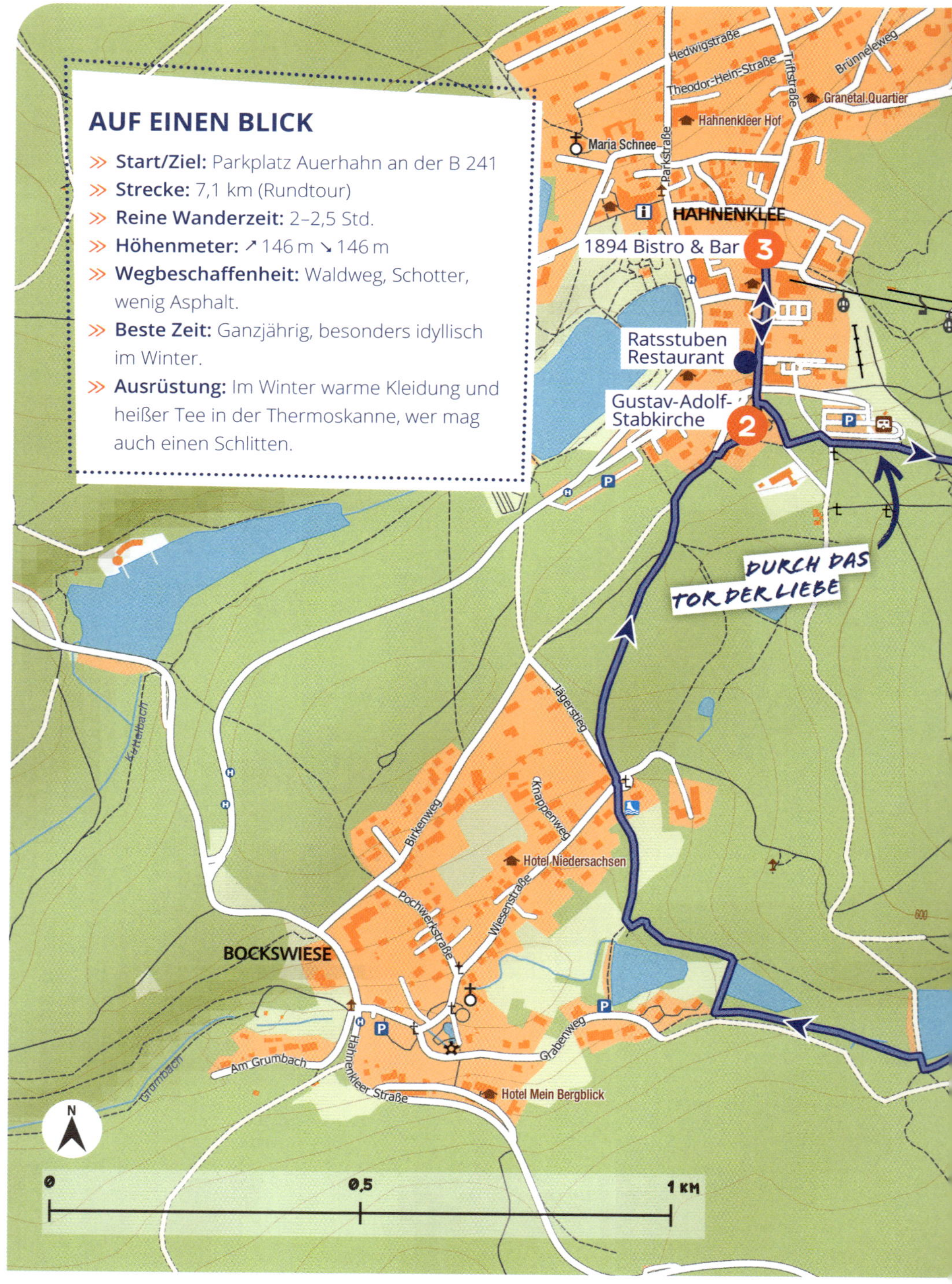

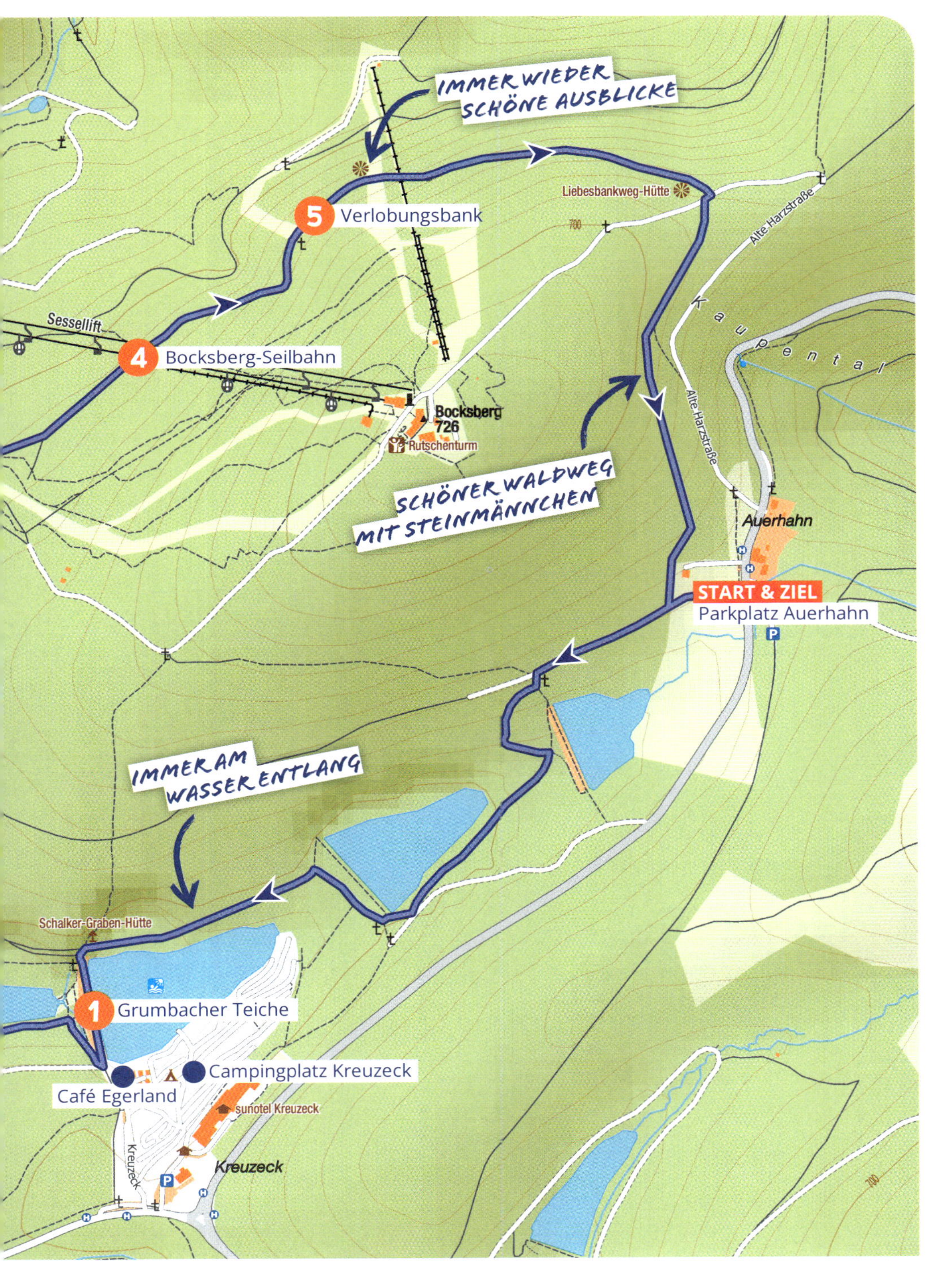

IMMER WIEDER SCHÖNE AUSBLICKE
Liebesbankweg-Hütte
700
5 Verlobungsbank
Alte Harzstraße
Kaupental
Sessellift
4 Bocksberg-Seilbahn
Bocksberg 726
Rutschenturm
Alte Harzstraße
SCHÖNER WALDWEG MIT STEINMÄNNCHEN
Auerhahn
START & ZIEL
Parkplatz Auerhahn
IMMER AM WASSER ENTLANG
Schalker-Graben-Hütte
1 Grumbacher Teiche
Campingplatz Kreuzeck
Café Egerland
sunotel Kreuzeck
Kreuzeck
Kreuzeck
700

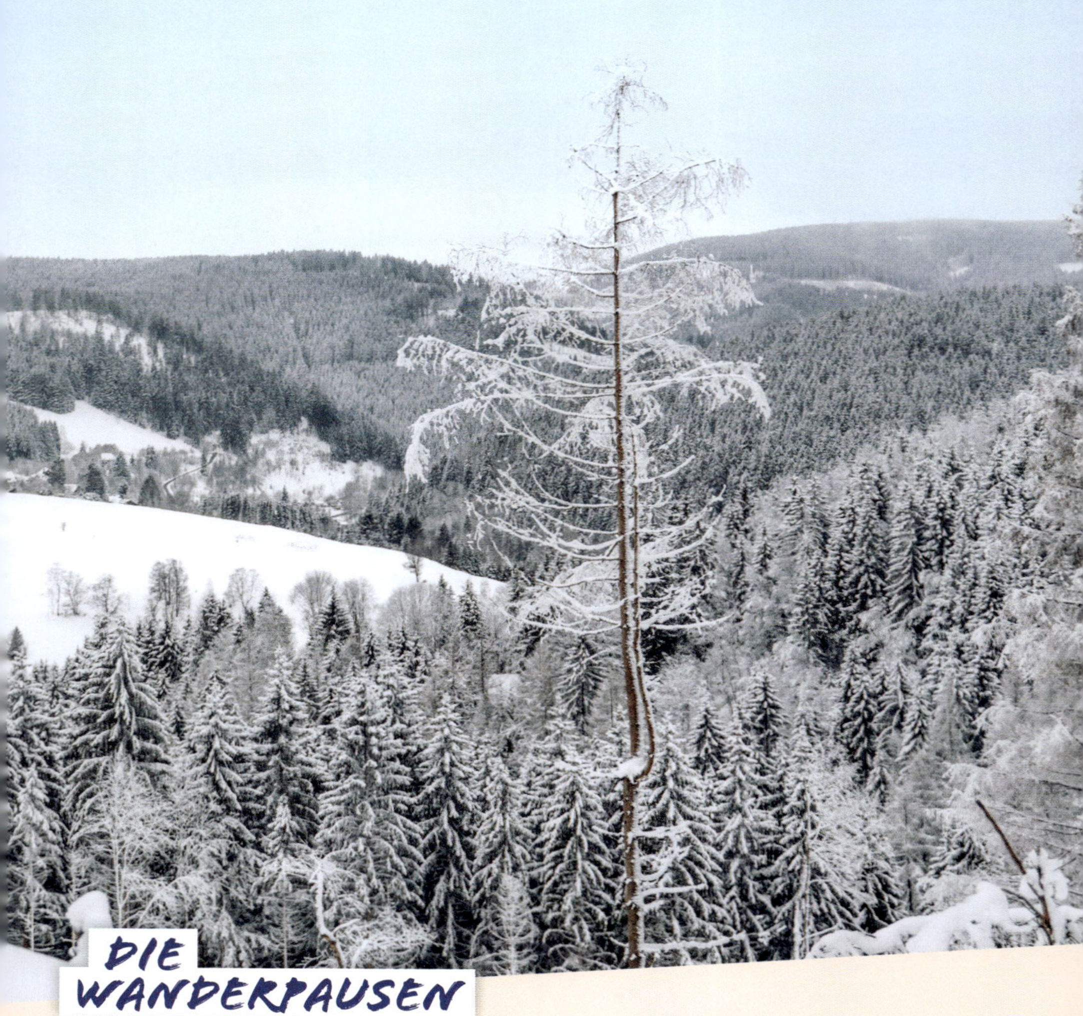

## DIE WANDERPAUSEN

» START
Parkplatz Hindenburgstraße

KM 0,5
1 Ernst-August-Stieg
**Im Zickzack den Berg hinauf**

KM 1,8
2 Prinzenlaube
**Fürstliches Panorama genießen**

KM 4
3 19-Lachter-Stollen
**Glück auf!**

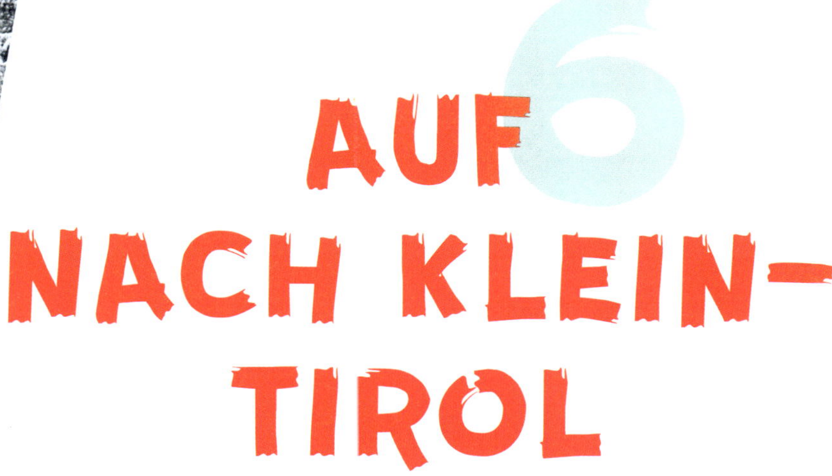

# AUF NACH KLEIN-TIROL

## Winterwanderung rund um Wildemann

*Hügelige Almwiesen, dahinter dichte Wälder und ein hübsches Örtchen eingebettet im Tal? Ja, in Wildemann kommt Alpenfeeling auf – und das mitten im Harz. Besonders während einer entspannten Wanderung über die Ernst-August-Höhe und den Gallenberg mit den wohl schönsten Panoramen auf die Bergstadt.*

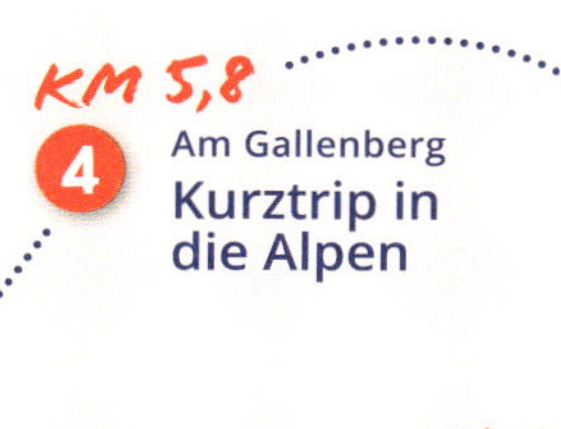

KM 5,8

4 Am Gallenberg

**Kurztrip in die Alpen**

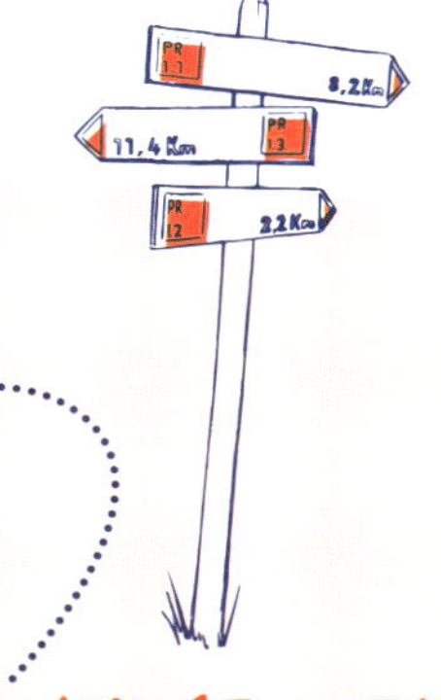

KM 6,2

5 Maria-Magdalenen-Kirche

**Italienische Kirchenkunst bestaunen**

KM 6,7 » ZIEL

Parkplatz Hindenburgstraße

# ÜBERALL WEITBLICKE

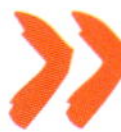

Eingebettet in zwei idyllische Täler – dem Innerstetal und dem Spiegeltal – wird der Ort Wildemann gerne auch als Klein-Tirol im Oberharz bezeichnet. Auf den Bergwiesen, die sich sanft die Hänge hinaufziehen, grasen im Sommer Kühe, direkt dahinter beginnen die Harzer Wälder. Es gibt hier sogar einen traditionellen Viehaustrieb, der jedes Jahr am Pfingstsonntag mit Pauken und Trompeten gefeiert wird. Ansonsten geht es in Wildemann eher beschaulich zu – vor allem im Winter. Skipisten gibt es anderswo im Harz, hier trifft man im verschneiten Winterwald höchstens mal den ein oder anderen Langläufer oder Rodler. Wandern lässt es sich in Wildemann aber zu jeder Jahreszeit wunderbar.

## AUF DEM ALMWIESENWEG ÜBER DIE WEITE DES GALLENBERGS WANDERN …

Diese Tour vereint die schönsten Panoramen rund um die Harzer Bergstadt. Sie beginnt direkt im Ort, führt dann aber ruckzuck über den steilen **Ernst-August-Stieg** aus dem Ort nach oben. Und das ist auch gut so, denn außer ein paar hübschen Häusern gibt es im Ortskern nicht so wahnsinnig viel zu sehen. Dafür dann aber schnell die ersten Panoramaausblicke, sobald man mal ein paar Höhenmeter überwunden hat.

Spätestens wenn man nach rund zwei Kilometern die **Prinzenlaube** erreicht hat, ist einem selbst im kältesten Winter warm. Ein kleines Päuschen kann man dort also gut vertragen. Wer mag, plündert schon sein Picknick, ansonsten geht's langsam bergab weiter über die Ernst-August-Höhe. Beim Abstieg über den breiten Wanderweg gibt es auch schon die nächste Portion Panorama.

Kurzer Zwischenstopp im Ort – wer mag, steigt während einer Führung im **19-Lachter-Stollen** noch tiefer hinab. Oder es geht direkt wieder hinauf, und zwar auf den **Gallenberg** beziehungsweise dessen Almplateau unterhalb des eigentlichen Gipfels. Zum Glück ist der Rest der Tour ein Kinderspiel und man kann sich hier alle Zeit der Welt lassen, bevor man vorbei an der **Maria-Magdalenen-Kirche** zurück in den Ort absteigt. «

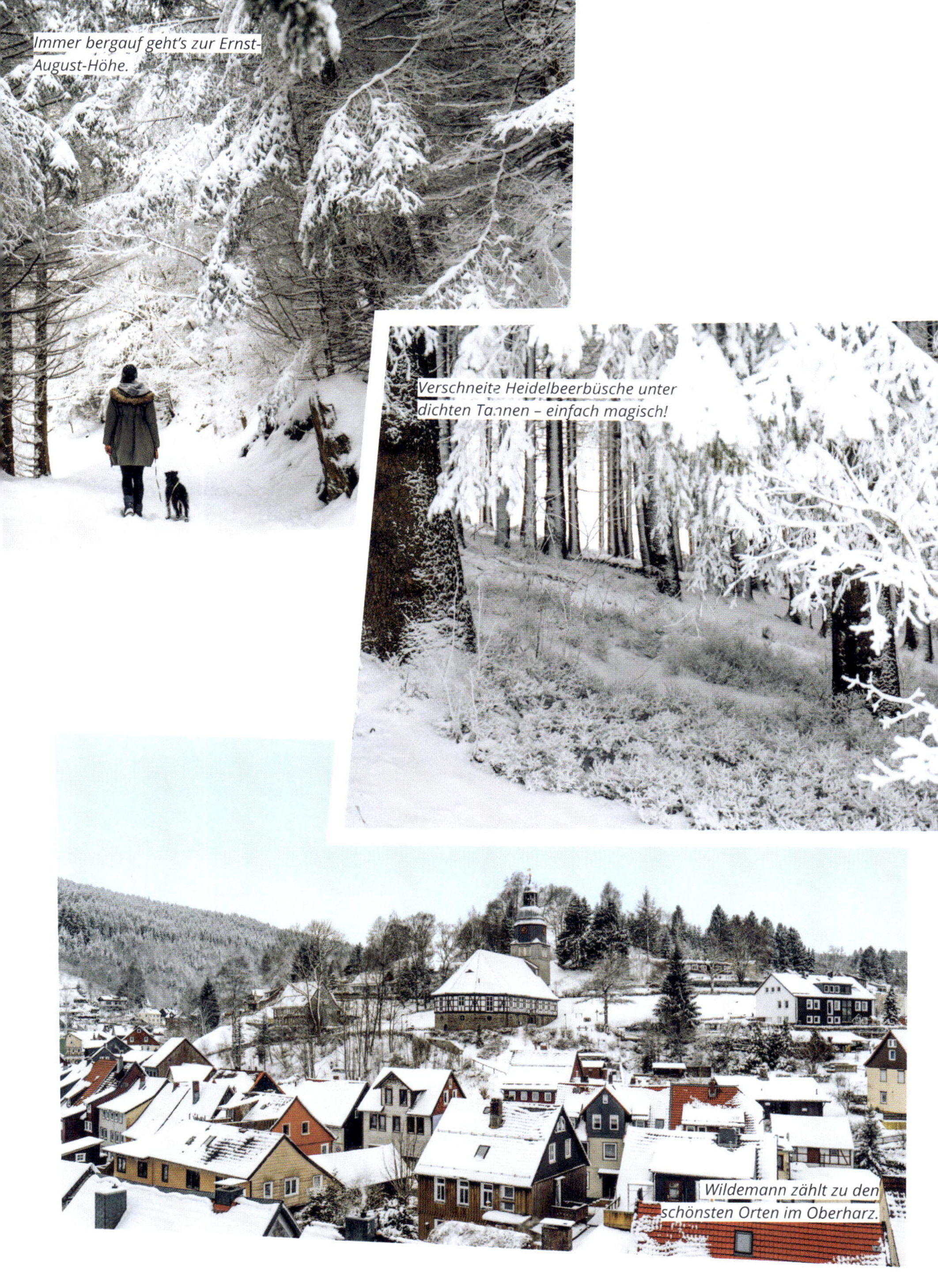

Immer bergauf geht's zur Ernst-August-Höhe.

Verschneite Heidelbeerbüsche unter dichten Tannen – einfach magisch!

Wildemann zählt zu den schönsten Orten im Oberharz.

# WANDERN & GENIESSEN

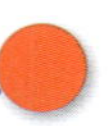

» START

**Parkplatz Hindenburgstraße, Wildemann**

*Vom Parkplatz der Hindenburgstraße ein Stück Richtung Ortszentrum folgen, dann vor der Touristinformation links die kleine Straße nehmen. Nach der Innerstebrücke rechts halten und dem Serpentinenweg den Berg hinauf folgen.*

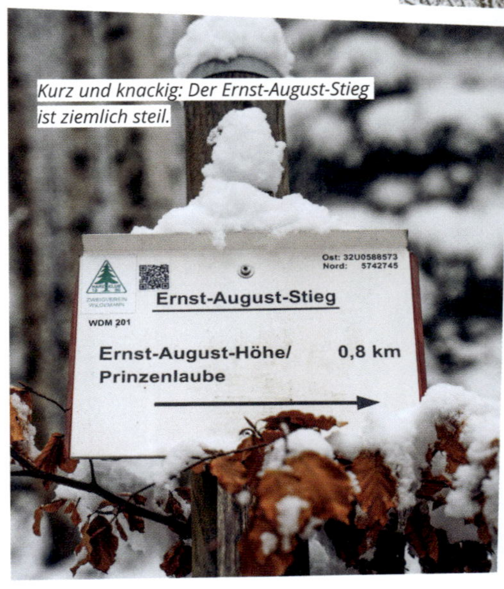


*Kurz und knackig: Der Ernst-August-Stieg ist ziemlich steil.*

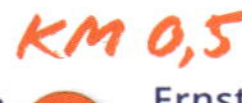

KM 0,5

1

Ernst-August-Stieg

## Im Zickzack den Berg hinauf

Der steile Ernst-August-Stieg führt auf die gleichnamige Ernst-August-Höhe. Schon nach wenigen Serpentinen kann man herrlich über die Dächer von Wildemann zur Maria-Magdalenen-Kirche und dem Gallenberg blicken. Es macht also rein gar nichts aus, wenn man öfter mal eine Verschnaufpause einlegen muss. Im oberen Teil führt der Weg durch einen Schulwald, bis man schließlich an der Prinzenlaube ankommt. Wer den Weg im Winter bei Schnee wandert, muss – insbesondere unterhalb des Panoramawegs Am Badstubenberg – äußerst vorsichtig sein, denn hier wird nicht gestreut. Am besten geht man die Tour im Winter nur bei frischem, griffigem Schnee.

*Dem Ernst-August-Stieg weiter folgen bis zur Prinzenlaube.*

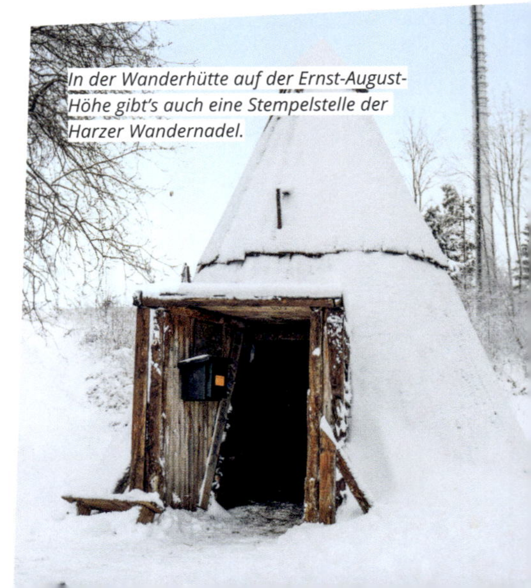

*In der Wanderhütte auf der Ernst-August-Höhe gibt's auch eine Stempelstelle der Harzer Wandernadel.*

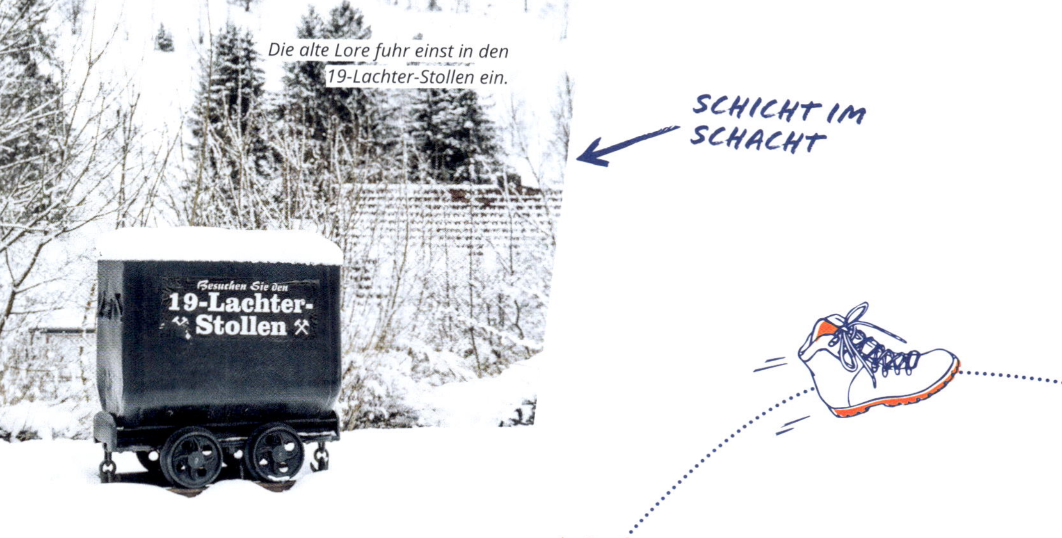

Die alte Lore fuhr einst in den 19-Lachter-Stollen ein.

SCHICHT IM SCHACHT

KM 1,8

## 2 Prinzenlaube

## Fürstliches Panorama genießen

Wenn man erst einmal die Prinzenlaube auf 558 Metern erreicht hat, dann hat man es zumindest vorerst geschafft mit den Höhenmetern. Einen Schluck trinken, sein Picknick verspeisen und dabei den Blick von der Ernst-August-Höhe über Wildemann und seine Täler schweifen lassen – das hat schon 1814 Prinz Adolph Friedrich von Hannover und Herzog von Cambridge bei seiner Harzreise getan und der damaligen Laube seinen Namen verliehen. Heute steht hier statt des ursprünglichen Gebäudes die einer Köhlerhütte nachempfundene Wanderhütte. Bewirten muss man sich leider selbst.

*Zurück auf den Hauptweg und dann rechts halten. Nach 200 Metern an der Weggabelung geradeaus weiterwandern und nach weiteren 500 Metern rechts abbiegen auf einen breiten Forstweg, der bergab führt. An einer scharfen Linkskurve rechts halten und auf einem schmalen Pfad zum Bahnhof absteigen.*

KM 4

## 3 19-Lachter-Stollen

## Glück auf!

Unweit des Bahnhofs liegt der 19-Lachter-Stollen (www.19-lachter-stollen.de) mit dem Ernst-August-Schacht, der unter Tage 260 Meter in die Tiefe führt. Das Besucherbergwerk liefert einen Einblick in die Arbeitsverhältnisse im Bergbau. Eine Führung durch den Stollen, der zum Unesco-Weltkulturerbe gehört, ist auch für große und kleine Geschichtsmuffel interessant. Der Name 19 Lachter kommt übrigens von einem alten Längenmaß im Bergbau. Ein Lachter entspricht 1,92 Meter und der Stollen lag 19 Lachter (rund 36 Meter) unter einem anderen.

*Von der Bahnhofstraße links in die Clausthaler Straße einbiegen, dann gleich rechts den Unteren Birkenweg nehmen. Nach etwa einem Kilometer an der Weggabelung ganz rechts halten.*

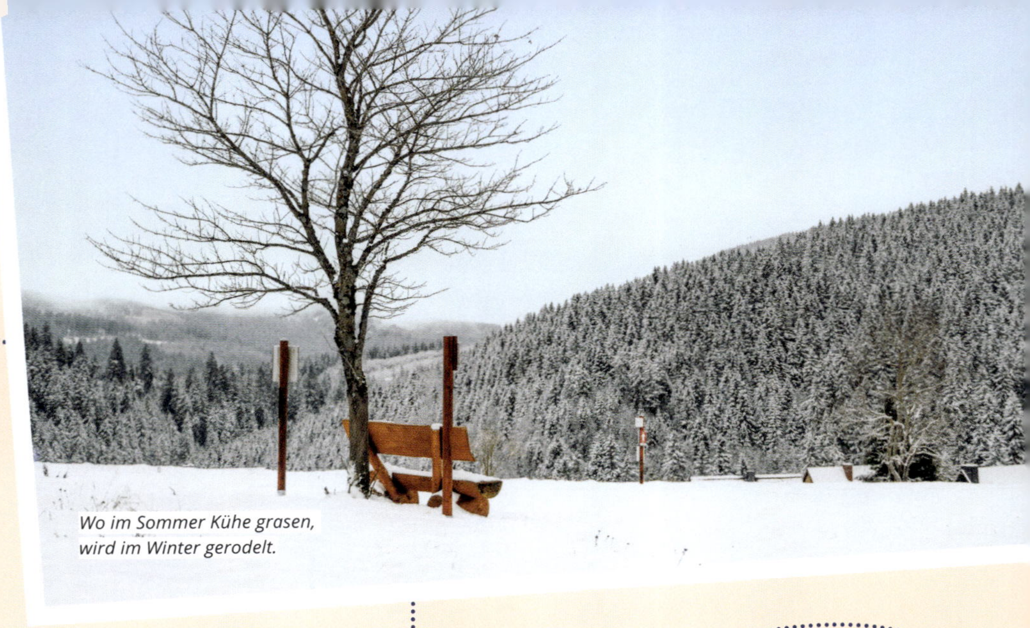

Wo im Sommer Kühe grasen, wird im Winter gerodelt.

KM 5,8

4

### Am Gallenberg

## Kurztrip in die Alpen

Unterhalb des Gallenbergs erstreckt sich ein weites Plateau. Mitten hindurch führt ein Panoramapfad, der sich ein bisschen so anfühlt, als sei man in den Alpen. Der Wald öffnet sich und gibt den Blick auf die Alm und Wildemann frei. In den Sommermonaten grasen die Rinder auf der Wiese. Über die Alm führt der Weg direkt zur Maria-Magdalenen-Kirche. Wem das zu schnell geht, kann die Idylle noch ein wenig auf einer Panoramabank genießen. Spätestens hier wäre auch (die letzte) Gelegenheit, das mitgebrachte Picknick zu verspeisen.

*Dem Almweg weiter folgen bis zur Maria-Magdalenen-Kirche in Wildemann.*

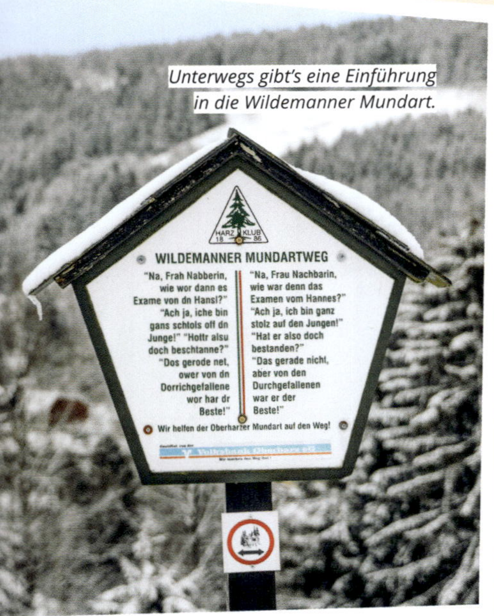


Unterwegs gibt's eine Einführung in die Wildemanner Mundart.

## EXTRA INFOS:

Ein Harzer Urgestein ist das Harzer Rote Höhenvieh, das die Geschichte Wildemanns geprägt hat und noch heute auf dem ● **Hof Herberger** (www.hof-herberger.de) anzutreffen ist. Der kleine Hofladen hat täglich geöffnet.

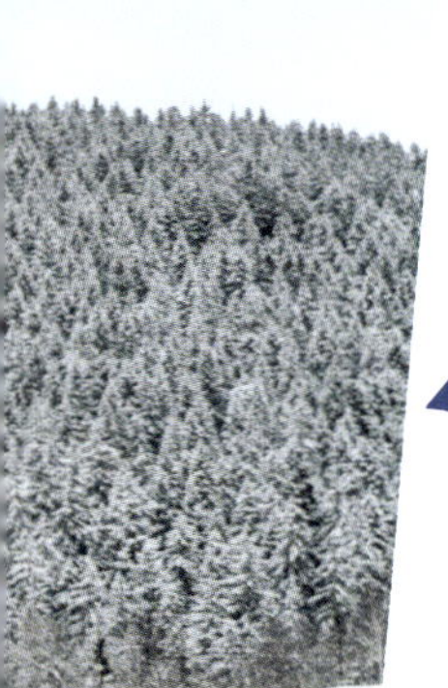

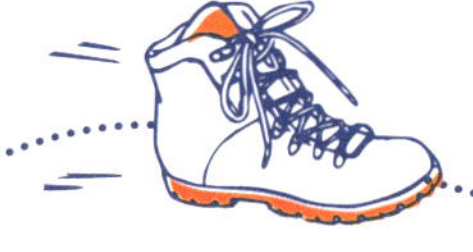

AUF DER ALM, DA GIBT'S KOA SÜND

KM 6,7 » ZIEL

**Parkplatz Hindenburgstraße, Wildemann**

KM 6,2

5 Maria-Magdalenen-Kirche

### Italienische Kirchenkunst bestaunen

Die Maria-Magdalenen-Kirche ist Wahrzeichen und Mittelpunkt von Wildemann. Sie ragt unterhalb des Gallenbergs hoch über das Innerste- und Grumbachtal hinaus. Mit ihrer Holzfassade ist sie so aus allen Himmelsrichtungen schon von Weitem sichtbar. Aber auch von innen kann sie sich sehen lassen: Ihr hölzerner Innenausbau mit feinen Schnitzereien und Deckenmalereien ist so gar nicht harztypisch, sondern an die italienische Barockkunst angelehnt. Das heutige Gebäude stammt von 1915 und ist bereits die dritte Version der Kirche.

*Den Treppenweg hinab zur Hindenburgstraße nehmen und dieser nach links zum Ausgangspunkt folgen.*

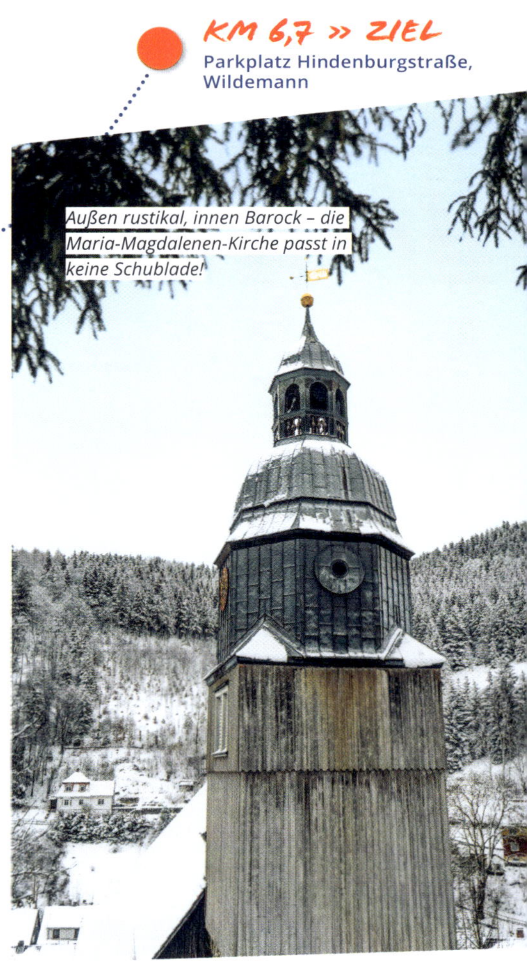

*Außen rustikal, innen Barock – die Maria-Magdalenen-Kirche passt in keine Schublade!*

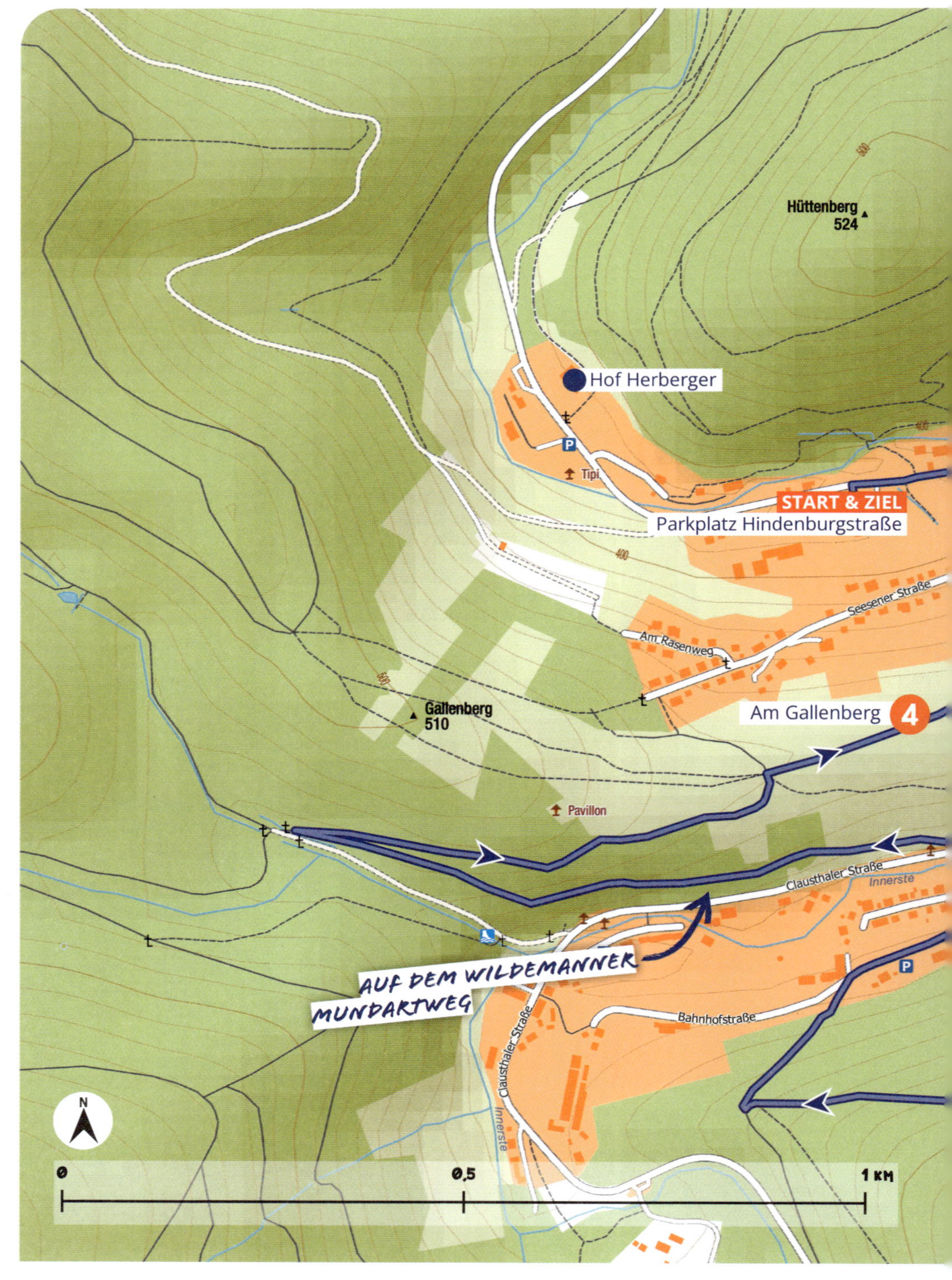

Hüttenberg
524
500
Hof Herberger
P
Tipi
START & ZIEL
Parkplatz Hindenburgstraße
400
Seesener Straße
Am Rasenweg
500
Gallenberg
510
Am Gallenberg
4
Pavillon
Clausthaler Straße
Innerste
P
AUF DEM WILDEMANNER
MUNDARTWEG
Bahnhofstraße
Clausthaler Straße
Innerste
N
0
0,5
1 KM

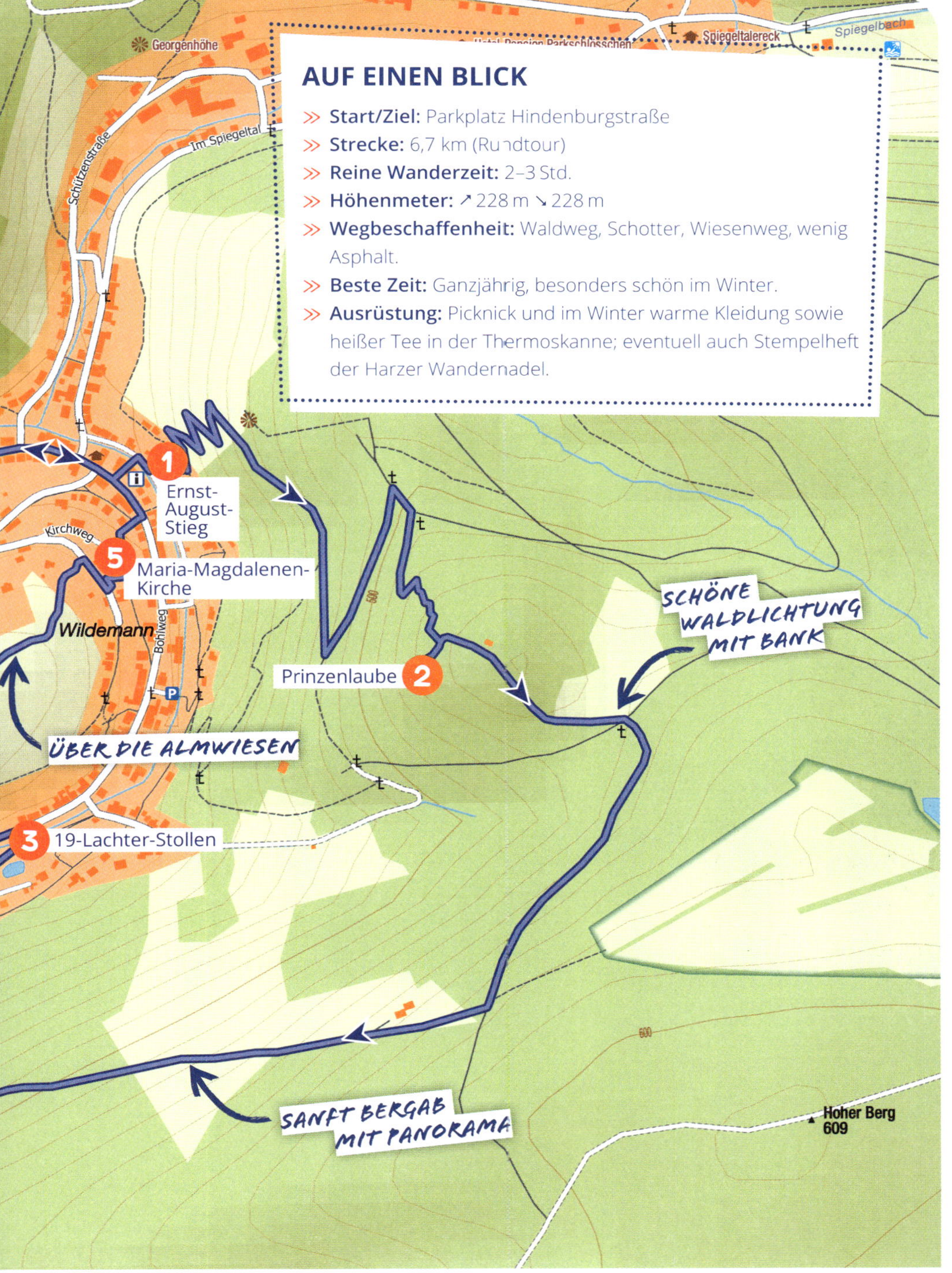


## AUF EINEN BLICK

- **Start/Ziel:** Parkplatz Hindenburgstraße
- **Strecke:** 6,7 km (Rundtour)
- **Reine Wanderzeit:** 2–3 Std.
- **Höhenmeter:** ↗ 228 m ↘ 228 m
- **Wegbeschaffenheit:** Waldweg, Schotter, Wiesenweg, wenig Asphalt.
- **Beste Zeit:** Ganzjährig, besonders schön im Winter.
- **Ausrüstung:** Picknick und im Winter warme Kleidung sowie heißer Tee in der Thermoskanne; eventuell auch Stempelheft der Harzer Wandernadel.

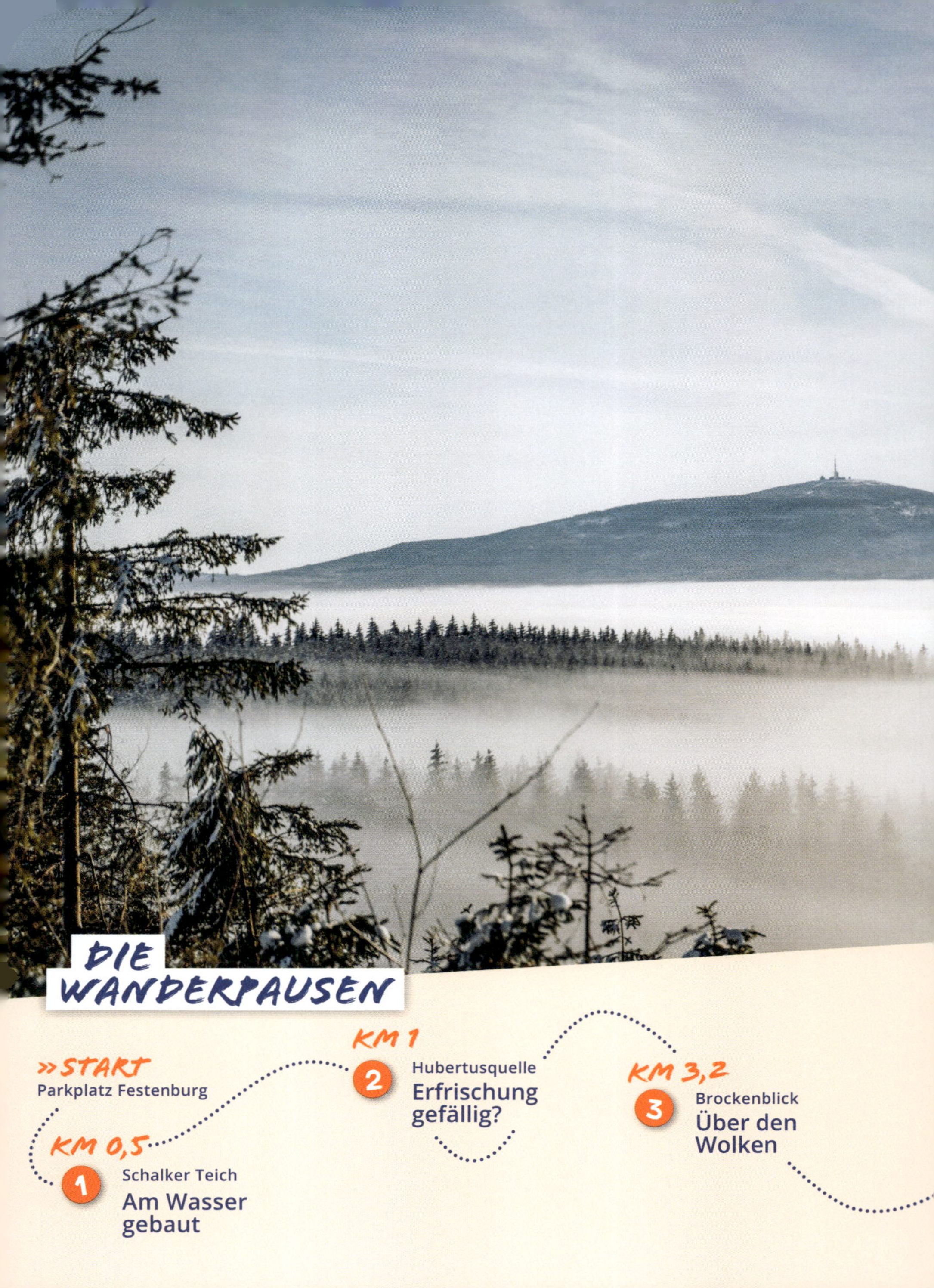

# DIE WANDERPAUSEN

» START
Parkplatz Festenburg

KM 0,5

1 Schalker Teich
**Am Wasser gebaut**

KM 1

2 Hubertusquelle
**Erfrischung gefällig?**

KM 3,2

3 Brockenblick
**Über den Wolken**

# 7 ÜBER DEN WOLKEN …

## Winterwanderung von Festenburg auf die Schalke

*… ist die Freiheit auf der Schalke mindestens ebenso grenzenlos wie der Blick zum Brockenmassiv, und zwar zu jeder Jahreszeit. Einfache, breite Wanderwege machen die Tour rund um Festenburg perfekt für ein Winterwanderabenteuer, im Sommer dagegen kann man im idyllischen Schalker Teich sogar baden.*

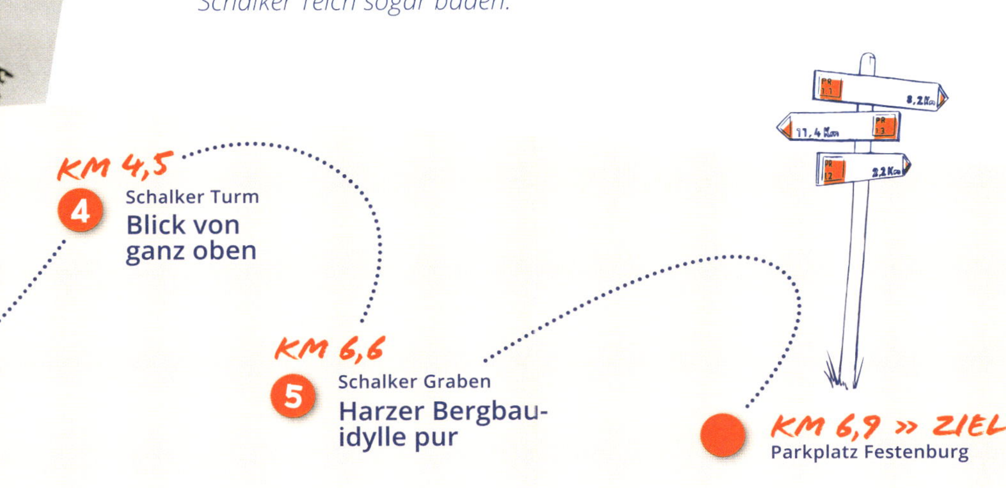

# NEBELMAGIE GENIESSEN

Ausgewiesene Wintertouren haben meistens eins gemeinsam: Sie sind gähnend langweilig und ohne Schnee überhaupt nicht zu empfehlen. Anders diese Rundwanderung von Festenburg auf die Schalke, die im Sommer und Winter gemacht werden kann. Aufgrund der breiten, einfach begehbaren Wege ist sie aber perfekt für eine Wintertour geeignet. Dann liegt eine dicke Puderzuckerschicht auf den Tannen und ein dicker Nebel macht sich im Tal breit.

Während der Wanderung steigt man Schritt für Schritt aus dem dichten Nebelmeer in die strahlende Sonne auf, ein winterliches Phänomen, das im Harz vor allem rund um das Brockenmassiv nicht selten vorkommt. Auf der **Schalke** dagegen kann man die magische Stimmung meist fast ganz für sich alleine genießen. Nur rund um den **Schalker Turm** verirrt sich der ein oder andere Winterurlauber.

**BEIM AUFSTIEG ZUR SCHALKE TAUCHT AUS DEM NEBELMEER PLÖTZLICH DAS BROCKENMASSIV AUF**

Doch man muss nicht auf die ersten Schneeflocken warten – die Wanderung hat zu jeder Jahreszeit ihren Reiz. Im Sommer kann man sie direkt mit einem erfrischenden Bad im **Schalker Teich** beginnen. Oder man dreht die Rundtour einfach um und erfrischt sich nach dem Gipfelsturm. Im Winter dagegen herrscht auf dem Weg zum Stauseeufer absolute Ruhe, nur der Schnee knirscht unter den Füßen.

Vom schneebedeckten Schalker Teich ist im Winter fast nichts zu sehen. Vorbei an der **Hubertusquelle** geht es auf dem breiten Goslarer Stadtweg nun von rund 500 Metern rauf auf 762 Meter. Der breite Weg ist zu jeder Jahreszeit gut begehbar und auch für Wanderanfänger kein Problem.

Unterwegs versüßen recht beeindruckende **Brockenblicke** die Verschnaufpausen. Der schönste kommt natürlich ganz am Ende, vom zehn Meter hohen Stahlturm auf der **Schalke.** Die letzten drei Kilometer zurück nach Festenburg gehen sich dann fast von allein. Es geht bergab, zunächst auf dem Schalker Stadtweg, dann steiler bergab über den **Schalker Graben** hinweg zum Ausgangspunkt.

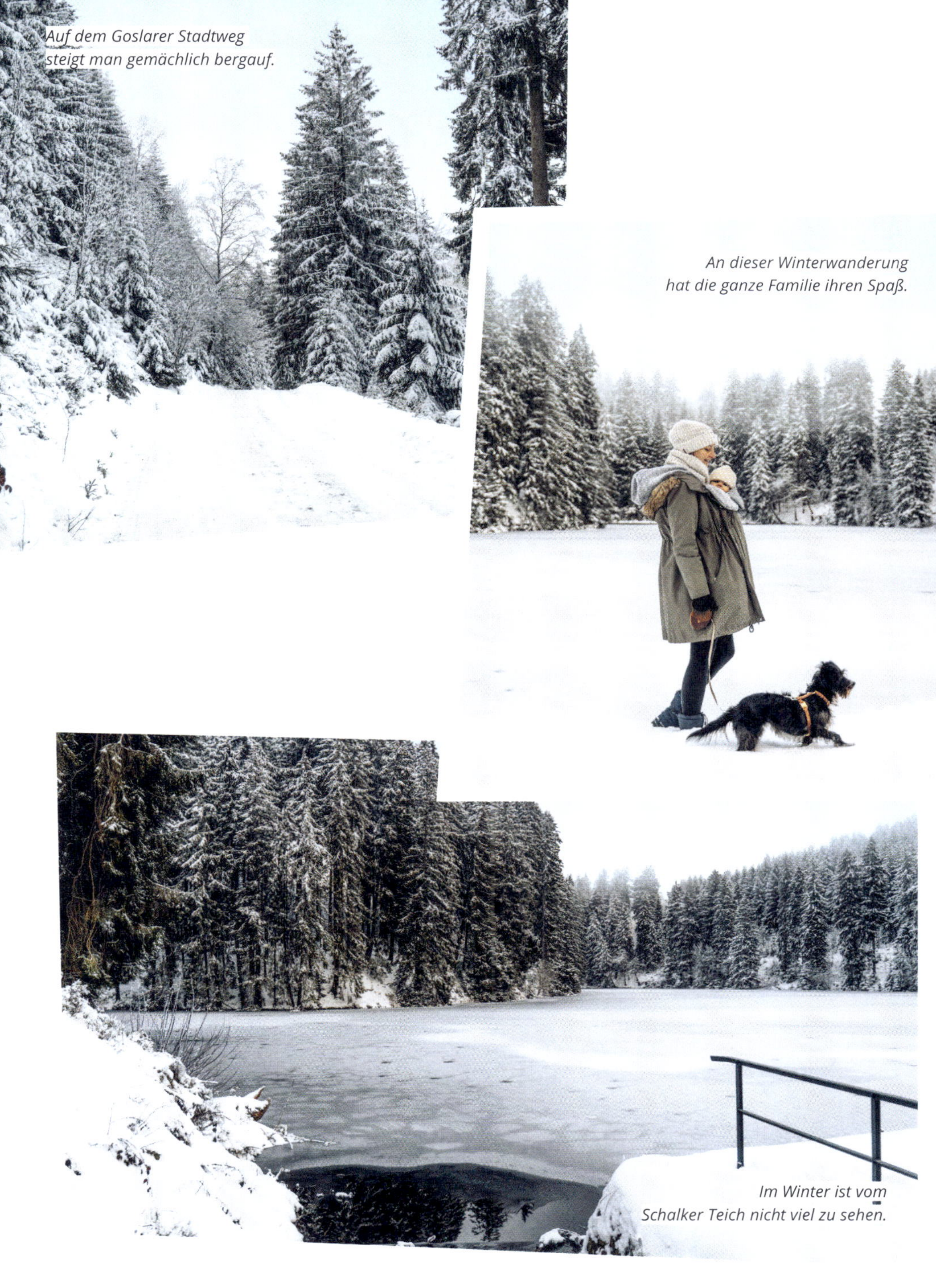

*Auf dem Goslarer Stadtweg steigt man gemächlich bergauf.*

*An dieser Winterwanderung hat die ganze Familie ihren Spaß.*

*Im Winter ist vom Schalker Teich nicht viel zu sehen.*

# WANDERN & GENIESSEN

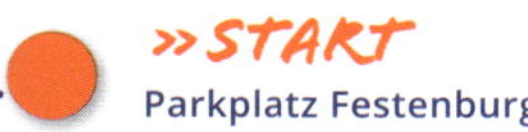


**Parkplatz Festenburg**

*Vom Parkplatz ein Stück Richtung Festenburg laufen, dann rechts den Abzweig bergab zum Schalker Teich nehmen.*

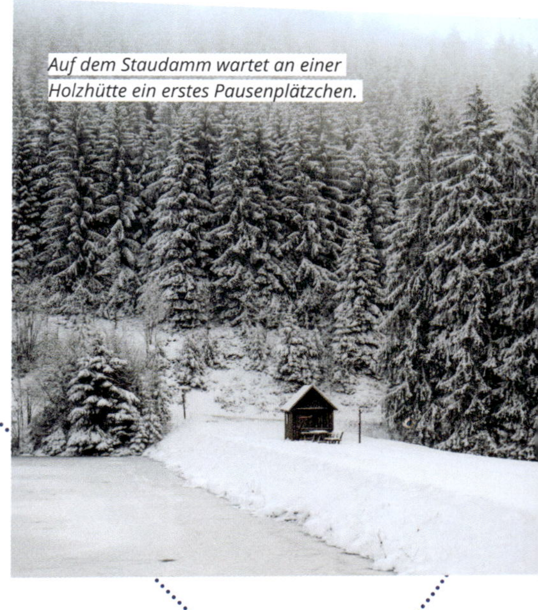
*Auf dem Staudamm wartet an einer Holzhütte ein erstes Pausenplätzchen.*

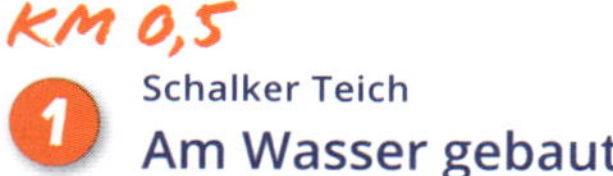


**Schalker Teich**

## Am Wasser gebaut

Der Schalker Teich ist der unterste von ursprünglich mal drei Teichen, die als kleine Talsperre zum sogenannten Oberharzer Wasserregal gehörte. Das System zur Umleitung und Speicherung von Wasser, das die Wasserräder in den Bergwerken antrieb, ist seit 2010 Unesco-Weltkulturerbe. Vor allem ist der Teich aber zu jeder Jahreszeit ein wunderschönes Naherholungsgebiet – zum Wandern, Picknicken und im Sommer sogar zum Baden. Seinen Namen verdankt der Stausee übrigens dem gleichnamigen Bach, der Schalke, die hier aufgestaut wird. Und diese wiederum hat ihren Namen vom gleichnamigen Berg, der Schalke, an der sie entspringt.

*Den Teich im Uhrzeigersinn halb umrunden und auf der Ostseite auf dem Goslarer Stadtweg nach Norden weiterwandern.*

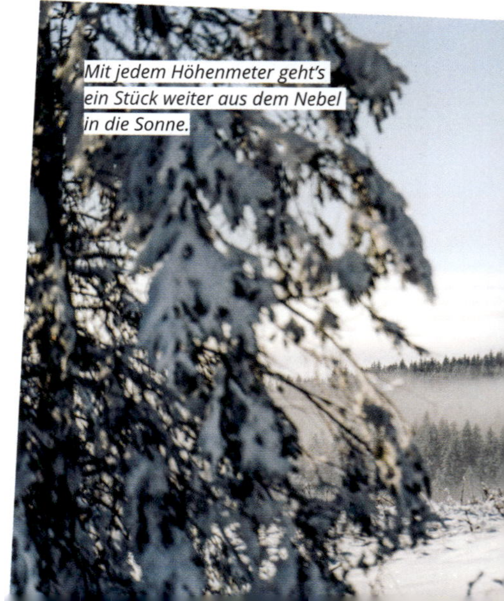
*Mit jedem Höhenmeter geht's ein Stück weiter aus dem Nebel in die Sonne.*

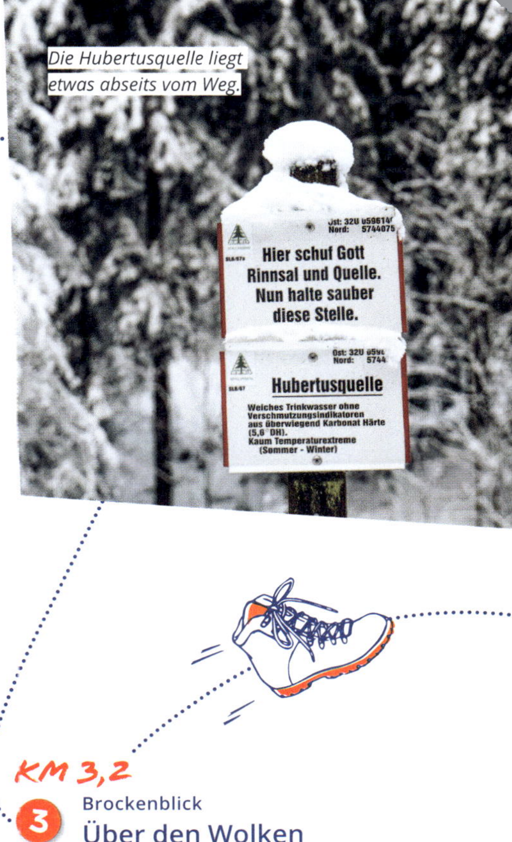


*Die Hubertusquelle liegt etwas abseits vom Weg.*

KM 1

## 2 Hubertusquelle
## Erfrischung gefällig?

Nördlich des Schalker Teichs befindet sich die Hubertusquelle. Sie liegt etwas unterhalb des Wegrands und kann daher leicht verpasst werden. In der warmen Jahreszeit erfrischt sie mit ihrem ganzjährig acht Grad kühlen und weichen Trinkwasser in bester Harzer Trinkwasserqualität. Es lohnt sich also, hier ein kleines Päuschen einzulegen, seine Trinkwasservorräte aufzufüllen und dem plätschernden Wasser zu lauschen. Nur in sehr heißen Sommermonaten kann die Quelle manchmal versiegen.

*Dem Goslarer Stadtweg noch für zwei Kilometer weiter folgen, bis dieser auf eine große Wegspinne mit Picknickbank trifft. Hier ganz links halten und der Ausschilderung »Schalke« folgen.*

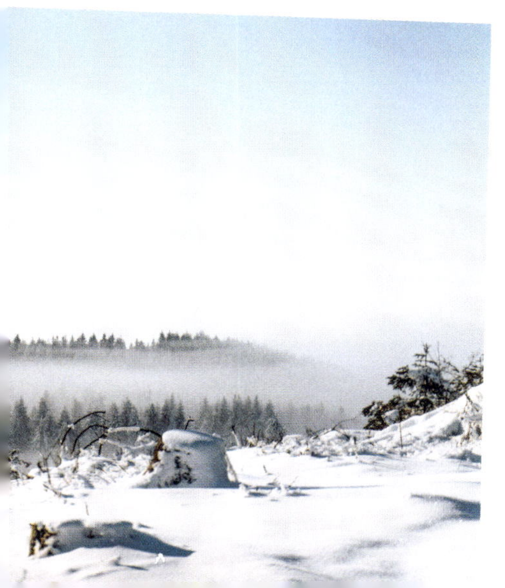

KM 3,2

## 3 Brockenblick
## Über den Wolken

Nur wenige Hundert Meter später wird der Blick nach Südosten plötzlich ganz weit und wenn er nicht gerade im Nebel versinkt, kann man von hier aus einen großartigen Blick auf den Brocken genießen. Leider passiert das nicht gerade oft. Denn mit 330 Tagen Nebel im Jahr 1958 hält der höchste Berg im Harz den unangefochten Rekord für die meisten Nebeltage in einem Jahr in Deutschland. Dann sollte man ein wenig Zeit mitbringen, denn mit etwas Glück lichtet sich der Dunst für einen Moment und gibt den Blick auf den Gipfel frei.

*Dem Weg weiter für rund 1,5 Kilometer folgen, dann nach rechts zum Schalker Turm abbiegen.*

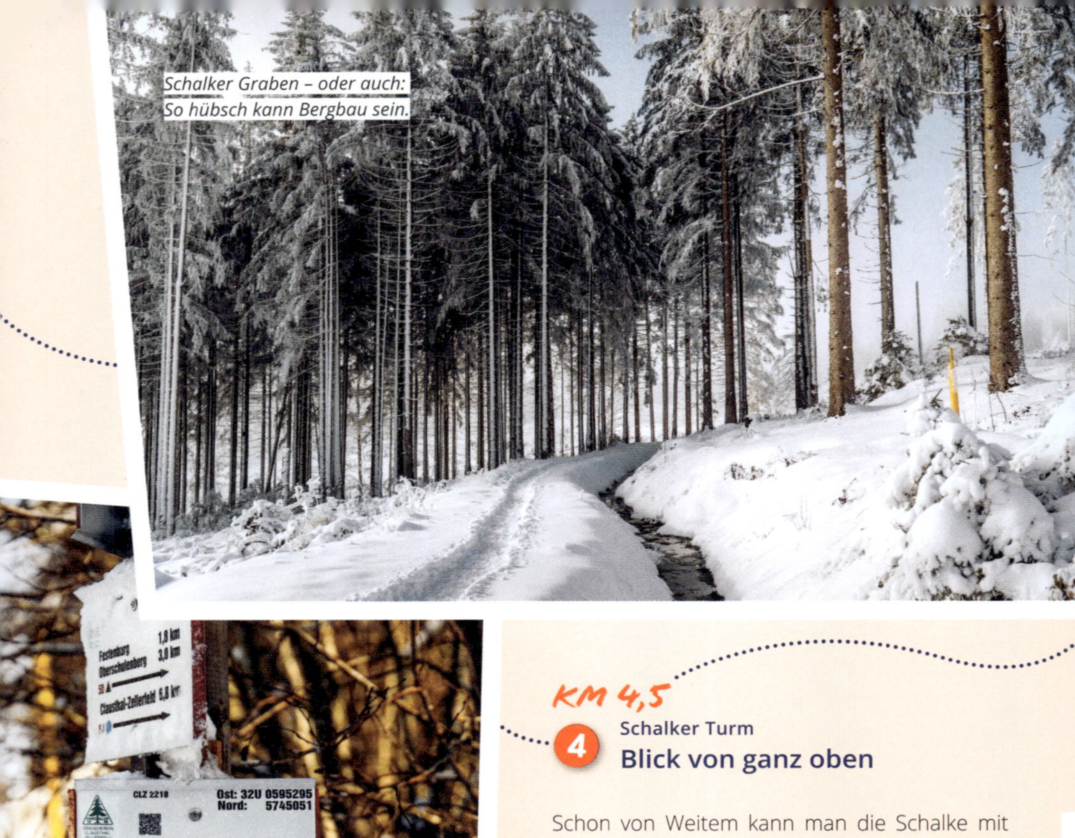


Schalker Graben – oder auch: So hübsch kann Bergbau sein.

Fast am Ziel: die Schalke.

HIER GIBT'S SCHALKE OHNE FC

KM 4,5

4

Schalker Turm

## Blick von ganz oben

Schon von Weitem kann man die Schalke mit ihrem Gipfelturm gut erkennen. Das Gipfelplateau liegt auf 762 Metern. Hier befindet sich auch die Pötzschner-Hütte, eine Schutzhütte mit rustikalem Rastplatz: ein perfekter Ort für ein Picknick bei jedem Wetter. Hier im Windschatten ist es sogar an einem sonnigen Wintertag warm genug für eine Teepause und ein Picknick. Der Turm ist mit seinen 10,5 Metern der kleinste und älteste noch existierende Aussichtsturm des Harzklubs. Nachdem er ein paar Jahre im Kalten Krieg einer Abhöranlage weichen musste, steht er heute wieder an seiner ursprünglichen Stelle und ermöglicht weite Blicke aufs Brockenmassiv.

*Zurück auf dem Schalker Stadtweg noch 600 Meter bis zu einer Weggabelung gehen. Hier den mittleren Weg wählen und diesem 900 Meter folgen. Dann nach links den steilen Weg bergab nach Festenburg nehmen.*

KM 6,6

Schalker Graben

## Harzer Bergbauidylle pur

Kurz vor dem Ende der Tour wartet noch ein besonders schöner Ort: der Obere Schalker Graben, den man auf einer kleinen Brücke überquert. Der kleine Kanal, von denen es im Harz unzählige gibt, wurde 1716 erbaut, um auf knapp neun Kilometern Länge das Bergwasser vom Südhang der Schalke bis nach Hahnenklee in die dortige Grube zu führen. Auf dem Schalker Grabenweg, einst ein Wartungsweg, kann man heute genussvoll dem plätschernden Wassergraben durch den Wald folgen. Über den Weg erreicht man auch die Harzer Wandernadel-Stempelstelle Nr. 126 Lochstein.

*Den Graben überqueren, um zur Straße abzusteigen. Hier dann links abbiegen und 100 Meter bis zum Ausgangspunkt laufen.*

EXTRA INFOS:

Direkt am Startpunkt der Tour kann man im ● **BSW-Erlebnishotel Festenburg** (www.stiftungsfamilie.de/urlaub/ferieneinrichtungen/bsw-erlebnishotel-festenburg) nicht nur gut und kinderfreundlich übernachten, sondern im Restaurant auch als Tagesgast einkehren. Bei gutem Wetter ist auch die Terrasse geöffnet.

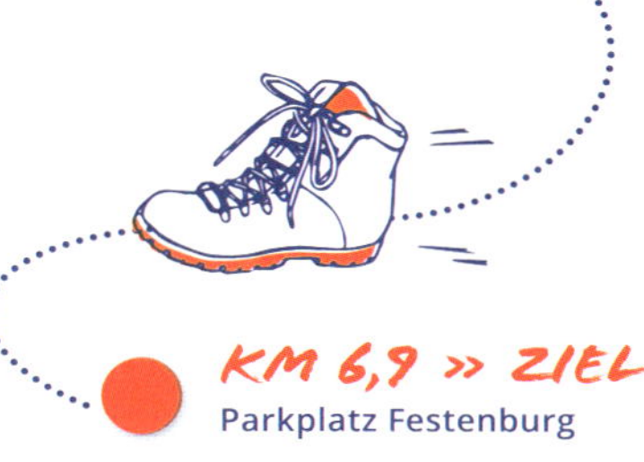

KM 6,9 » ZIEL

Parkplatz Festenburg

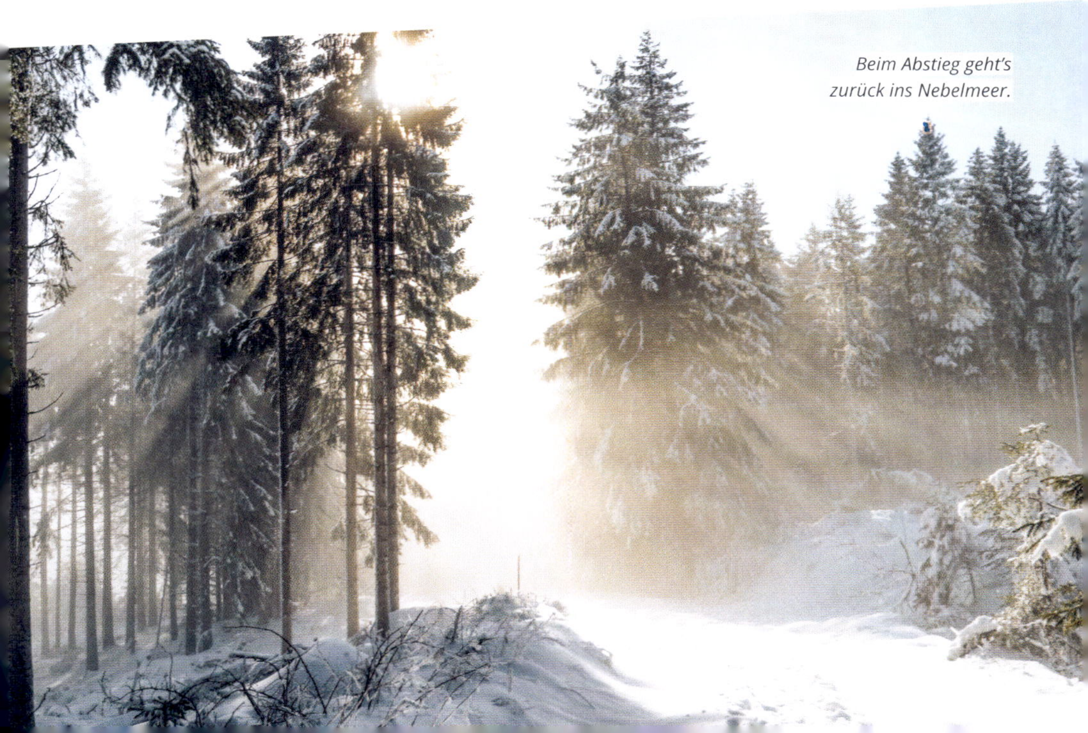

*Beim Abstieg geht's zurück ins Nebelmeer.*

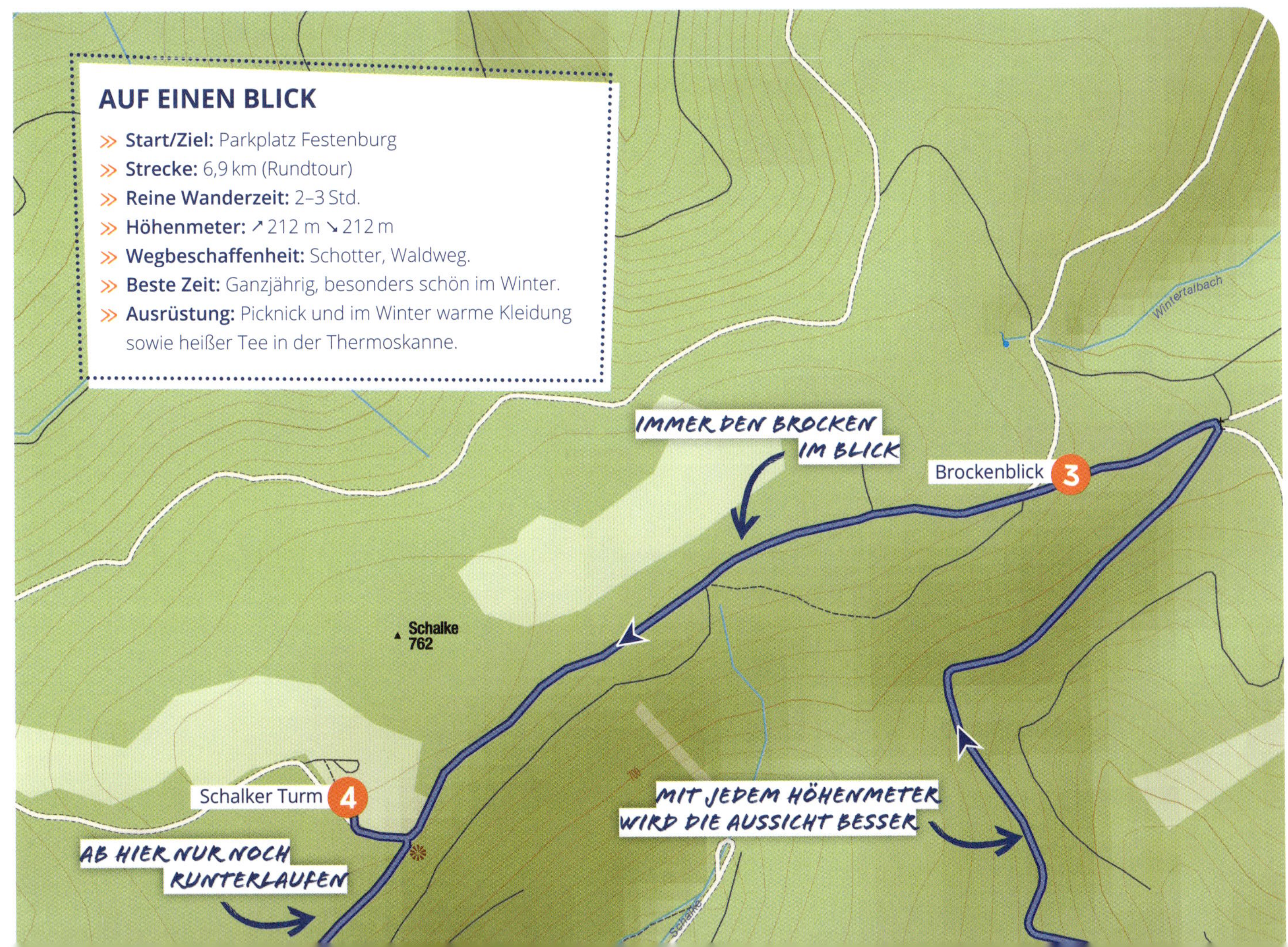


## AUF EINEN BLICK

- » **Start/Ziel:** Parkplatz Festenburg
- » **Strecke:** 6,9 km (Rundtour)
- » **Reine Wanderzeit:** 2–3 Std.
- » **Höhenmeter:** ↗212 m ↘212 m
- » **Wegbeschaffenheit:** Schotter, Waldweg.
- » **Beste Zeit:** Ganzjährig, besonders schön im Winter.
- » **Ausrüstung:** Picknick und im Winter warme Kleidung sowie heißer Tee in der Thermoskanne.

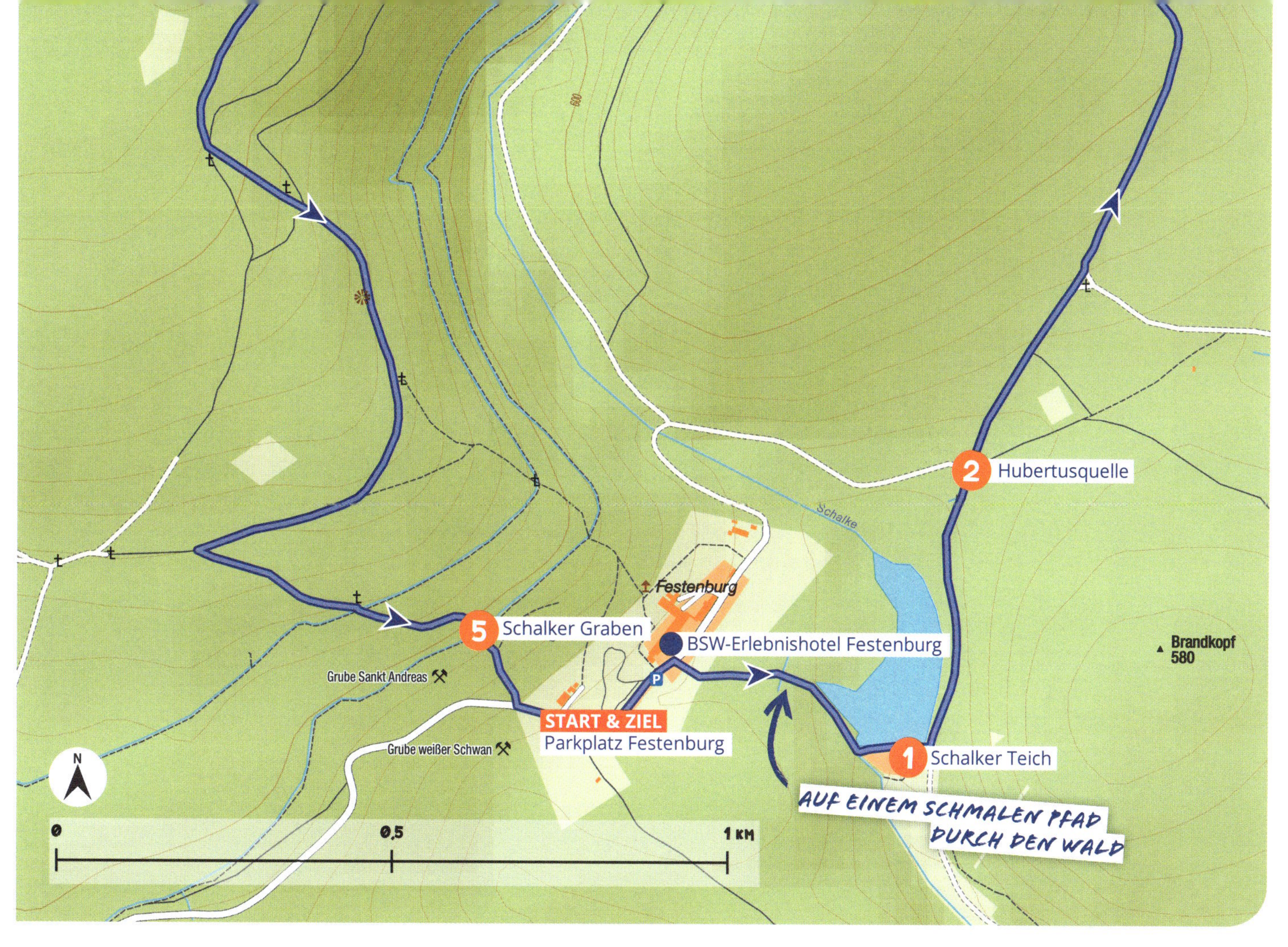
Hubertusquelle
Schalker Teich
Brandkopf
580
BSW-Erlebnishotel Festenburg
Festenburg
Schalke
Schalker Graben
START & ZIEL
Parkplatz Festenburg
Grube Sankt Andreas
Grube weißer Schwan
AUF EINEM SCHMALEN PFAD
DURCH DEN WALD
N
0
0,5
1 KM
600

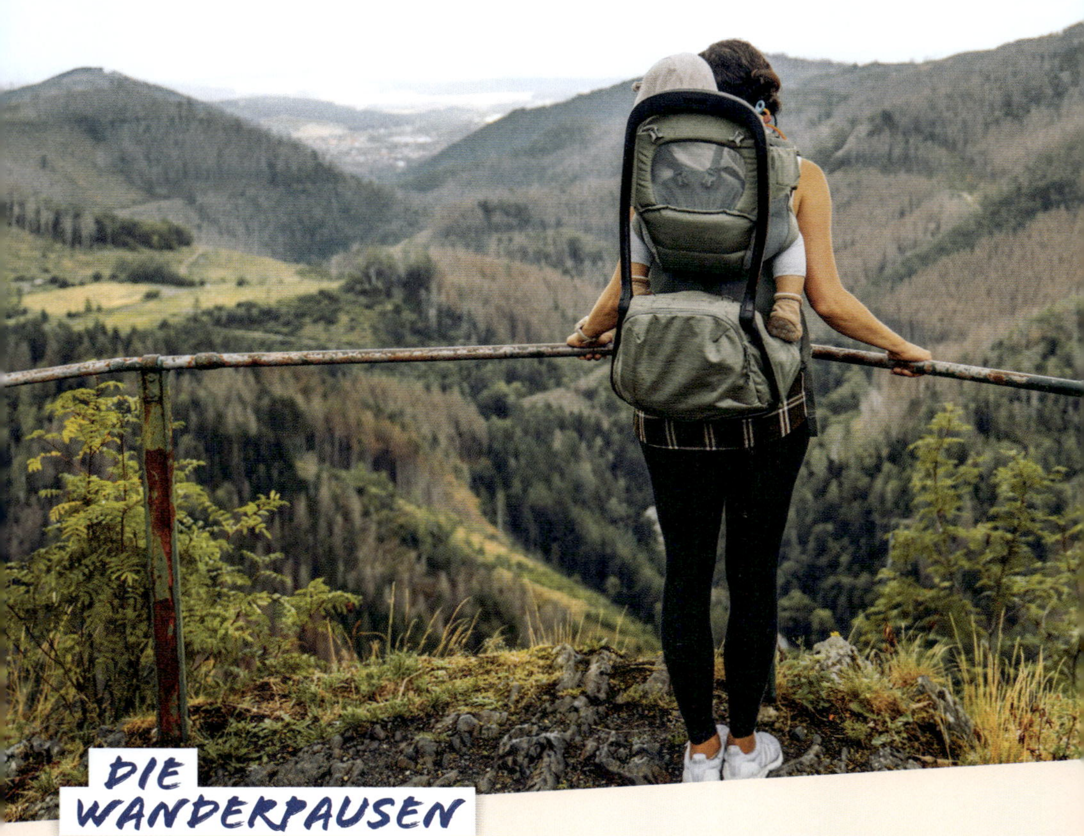

## DIE WANDERPAUSEN

**»START**
Parkplatz Okertal

**KM 0,2**

**1** Romkerhaller Wasserfall
**(Be-)Rauschende Schönheit**

**KM 2**

**2** Ahrendsberger Klippen
**Auf der K(l)ippe**

**KM 3,5**

**3** Über der Okertalsperre
**»3 … 2 … 1 … Cheese!«**

# 8 IM ZICKZACK BERGAUF

## Rund um die Ahrendsberger Klippen im Okertal

*Bei dieser Wanderung kommen Wasser- und Landratten gleichermaßen auf ihre Kosten. Erst geht es über den fast schon alpinen Jägerstieg auf die Ahrendsberger Klippen, dann ganz gemütlich hinab zur Okertalsperre. Und am Start und Ziel erfrischt der Romkerhaller Wasserfall mit seiner Gischt.*

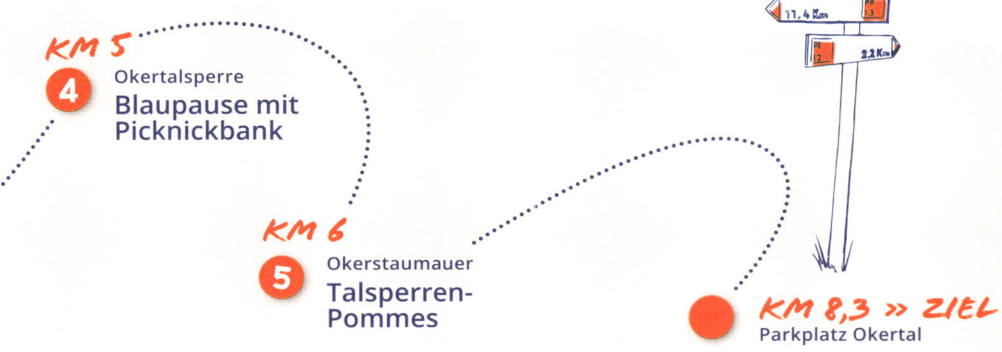

# VON STEILEN KLIPPEN HINAB ANS WASSER

Die Okertalsperre ist eine der größten Talsperren im Harz und erinnert wegen ihrer Verzweigungen und den Bergen und Klippen im Hintergrund fast ein wenig an einen norwegischen Fjord. Nordöstlich der Staumauer ragen die **Ahrendsberger Klippen** aus dem Okertal. Sie sind der (geografische) Höhepunkt dieser Wanderung. Unterwegs wird's öfter mal nass, wenn nicht von oben, dann aber definitiv von unten (oder der Seite). Und zwar gleich schon zu Beginn der Wanderung am **Romkerhaller Wasserfall.**

Hinter dem Wasserkraftwerk Romkerhalle noch ein kurzes Stück an der Großen Romke entlang, dann steigt der Jägerstieg stetig und steil zu den Klippen hinauf. Ein bisschen Trittsicherheit sollte man mitbringen, wenn man nach etwas mehr als einem halben Kilometer rechts den kurzen, sehr steilen Aufstieg wählt. Solche Pfade kennt man sonst eher aus den Alpen. Im Sommer wachsen rechts und links des Wegrandes saftigsüße Himbeeren. Einige für die Klippenrast zu pflücken, ist eine willkommene Verschnaufpause. Es gibt aber auch einen längeren, weniger anstrengenden Aufstieg. Schon von unterwegs hat man immer mal wieder schöne Ausblicke auf das umliegende Okertal, aber der Blick von der Halleschen Hütte hoch oben auf den Klippen ist nicht zu toppen.

AUF DEM STEILEN JÄGERSTIEG WIRD MAN MIT SCHÖNER AUSSICHT UND WALDHIMBEEREN BELOHNT

Ab jetzt kann man sich eigentlich entspannt zurücklehnen. Auf den ersten zwei Kilometern sind bereits die meisten Höhenmeter geschafft und es geht gemütlich weiter. Erst über einen Wiesenpfad, später geht es dann auf einem breiten Schotterweg hinab zur Okertalsperre. Hier läuft man fast wie von selbst, während der Blick über die bewaldeten Hügel und später auch über die **Okertalsperre** schweift.

Unten angekommen, folgt man dem Talsperrenrundweg, wo man nicht selten Inlineskater und Rollschuhfahrer trifft, denn der Weg um den östlichen Arm des Sees ist asphaltiert. Schon nach wenigen Hundert Metern am Wasser entlang wartet die erste **Pausenbank** mit herrlichem Blick über das Wasser. Bis zur **Staumauer** ist es nicht mehr weit, hier gibt's die obligatorische Portion »Talsperren-Pommes«, bevor es auf dem Mullstieg kurz noch mal anstrengend wird. Dann geht es mal sanfter, mal steiler bergab durch das Mulltal zum Ausgangspunkt. «

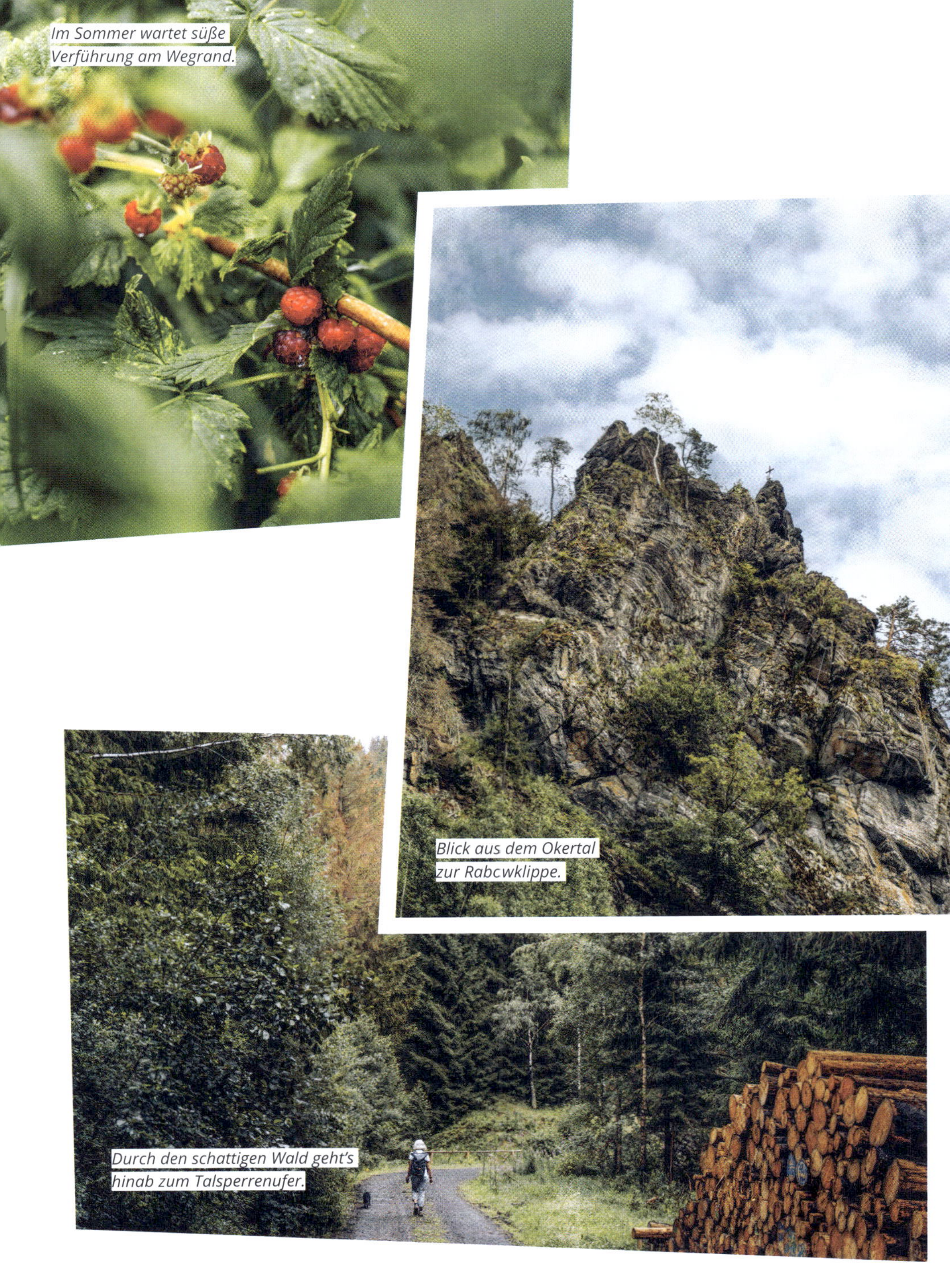

Im Sommer wartet süße Verführung am Wegrand.

Blick aus dem Okertal zur Rabcwklippe.

Durch den schattigen Wald geht's hinab zum Talsperrenufer.

# WANDERN & GENIESSEN

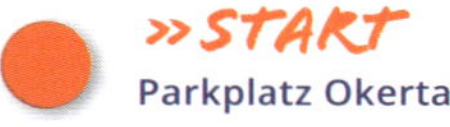

**Parkplatz Okertal**

*Vom Parkplatz ein paar Meter nach Norden an der Straße entlanglaufen.*

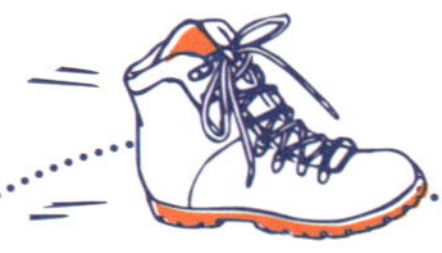

KM 0,2

Romkerhaller Wasserfall

## (Be-)Rauschende Schönheit

Der Romkerhaller Wasserfall ist der höchste Wasserfall im Harz. Wenn man das Wasser so gewaltig über 64 Meter in Schleierkaskaden in die Tiefe stürzen sieht, kann man sich kaum vorstellen, dass dieser Wasserfall nicht natürlich entstanden ist, sondern im Jahr 1862 unter König Georg V. von Hannover künstlich angelegt wurde, um seinem Jagdschloss mehr Glanz zu verleihen. Die Felsen, über die das Wasser des Flusses Romke rauscht, sind dagegen schon Jahrmillionen alt. Wer mag, kann den Wasserfall auch von oben anschauen: Ein steiler Wanderpfad links vom Wasserfall führt nach oben.

*Direkt hinter dem Wasserkraftwerk Romkerhalle startet der Jägerstieg, der in steilen Serpentinen auf die Ahrendsberger Klippen führt.*

*Geschafft! Wer den Jägerstieg gemeistert hat, wird mit einer großartigen Aussicht belohnt.*

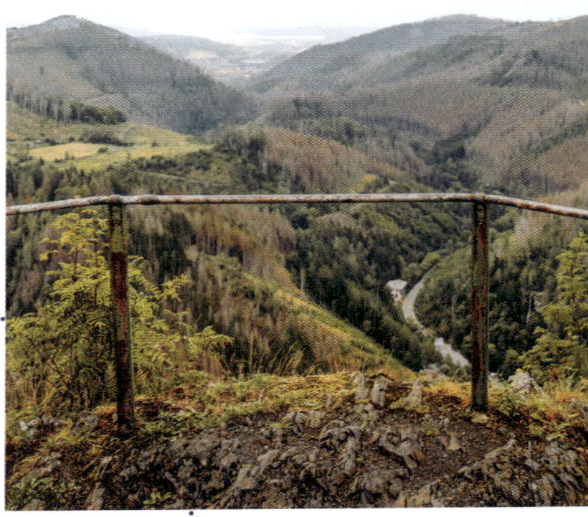

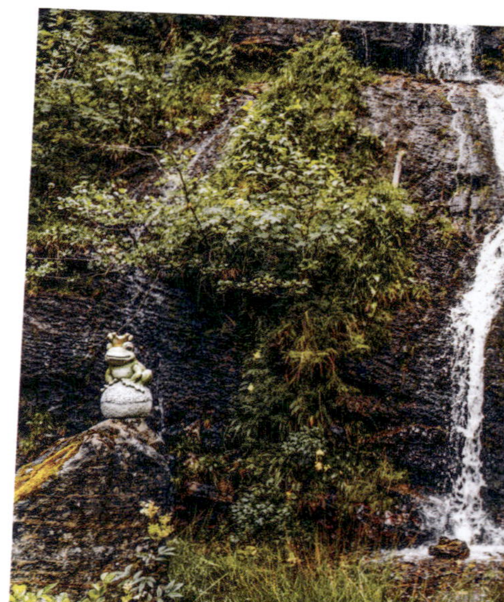

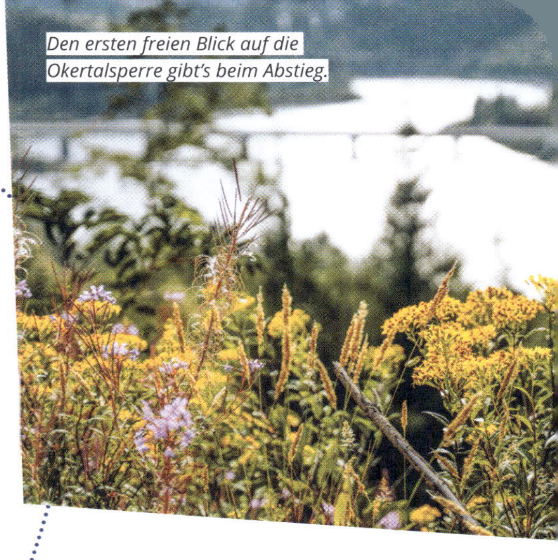
Den ersten freien Blick auf die Okertalsperre gibt's beim Abstieg.

KM 2

## 2 Ahrendsberger Klippen
## Auf der K(l)ippe

Die Granitfelsen der Ahrendsberger Klippen auf 586 Metern sind schon von Romkerhalle sichtbar. 200 Meter thronen sie über dem Okertal und ermöglichen eine grandiose Fernsicht über selbiges bis in das nördliche Harzvorland hinein. Außerdem blickt man hinüber zur Feigenbaumklippe, den Zieten, zum Mönch und dem Großen Kurfürst. Eine Pause an der Hallerschen Hütte hat man sich nach dem Aufstieg redlich verdient. Im Sommer gibt's zur Aussicht frisch gesammelte Waldhimbeeren vom Wegrand. An den wilden Steilhängen unterhalb der Klippen wachsen sie in großen Mengen.

*Dem breiten Weg über das Klippenplateau folgen und an der Weggabelung links Richtung Okertalsperre halten.*

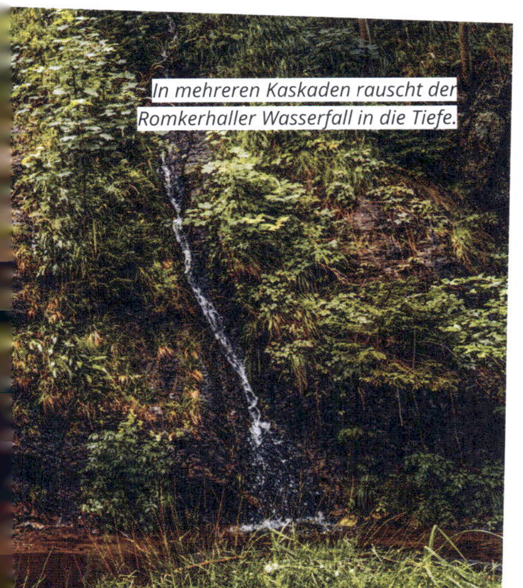
In mehreren Kaskaden rauscht der Romkerhaller Wasserfall in die Tiefe.

KM 3,5

## 3 Über der Okertalsperre
## »3 … 2 … 1 … Cheese!«

Während man sanft bergab auf dem breiten Weg wandert und die Tannen rechts und links an einem vorbeiziehen, stellt sich fast schon ein meditativer Zustand ein. Bis sich plötzlich der Wald lichtet und einen weiten Blick über die Okertalsperre freigibt. Was früher eine kleine Sichtschneise war, ist heute durch die Totholzrodung ein weiter Blick geworden – die Baumstümpfe sind bereits von wilden Blumen, Büschen und neuen, kleinen Bäumen überwuchert. Dahinter reicht der Blick weit über die Talsperre, die Brücke der B 498 und den Ort Schulenberg. Ein Fotostopp lohnt sich, schöner wird der Stauseeblick nicht.

*Dem Weg bergab bis hinein in das lange Tal folgen. Dann an der Weggabelung rechts halten und dem asphaltierten Talsperrenrundweg folgen.*

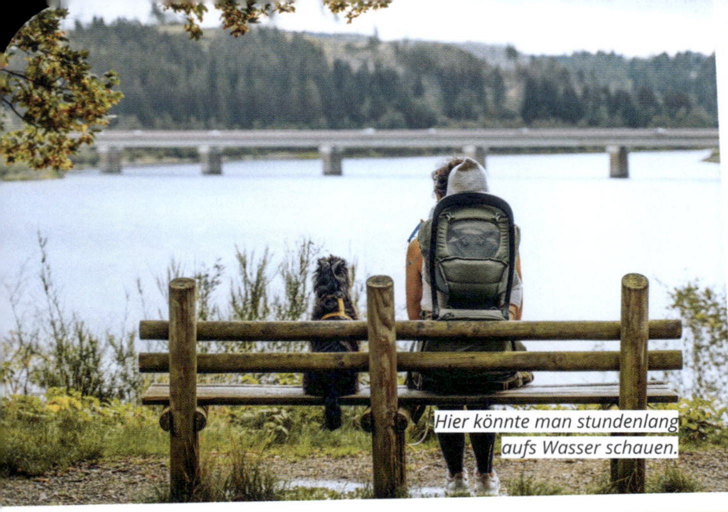

Hier könnte man stundenlang aufs Wasser schauen.

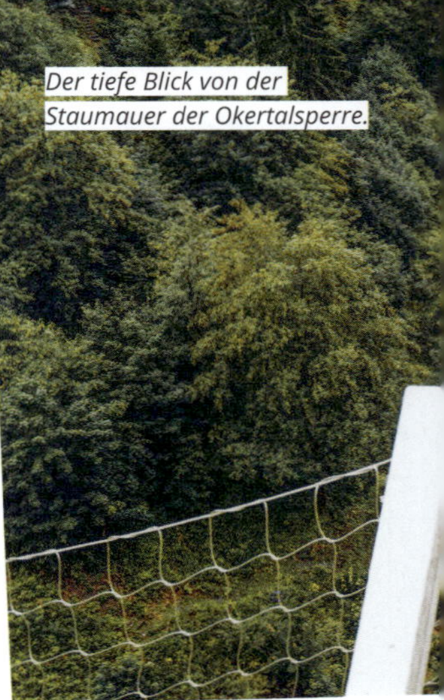

Der tiefe Blick von der Staumauer der Okertalsperre.

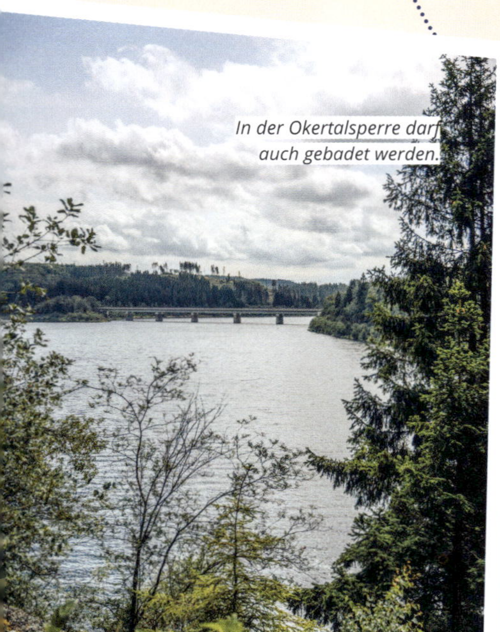

In der Okertalsperre darf auch gebadet werden.

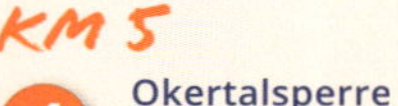


## 4 Okertalsperre
## Blaupause mit Picknickbank

Blaues Wasser zu allen Seiten, vielleicht ein Stückchen Schokolade und ein Schluck Getränk aus dem Rucksack – hier auf einer Picknickbank mit Blick auf die Okertalsperre lässt es sich aushalten. Bei all der Postkartenidylle kann man kaum glauben, dass es hier nicht schon immer so aussah. Bis 1956 lag da, wo sich heute das blaue Stauwasser ausbreitet, der Ort Schulenberg. Er wurde auf dem Berg neu aufgebaut, als der alte Ort durch den Stausee geflutet wurde. Dem Einsatz von Kriegsgefangenen beim Bau der Mauer in der Nazizeit gedenkt eine Infotafel direkt nebenan.

*Dem Talsperrenrundweg in Richtung Staumauer folgen.*

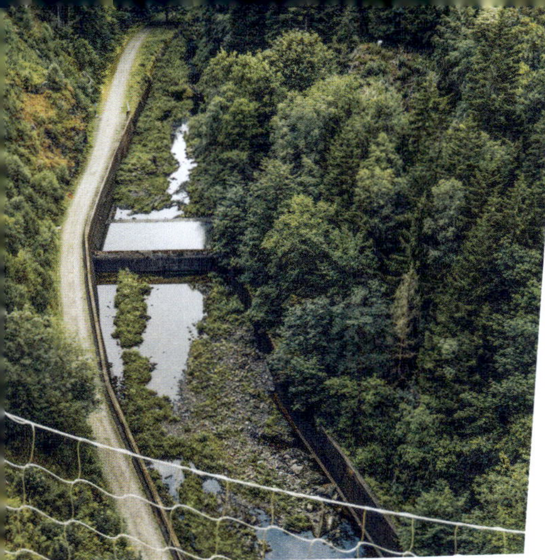

**EXTRA INFOS:**

Im ● **TU Bootshaus** (www.sport.tu-clausthal.de/aktuelles-hochschulsportprogramm/bootshaus) an der Okertalsperre kann man Segelboote, Kajaks, Ruder- oder Tretboote leihen. Überall darf auch gebadet werden.

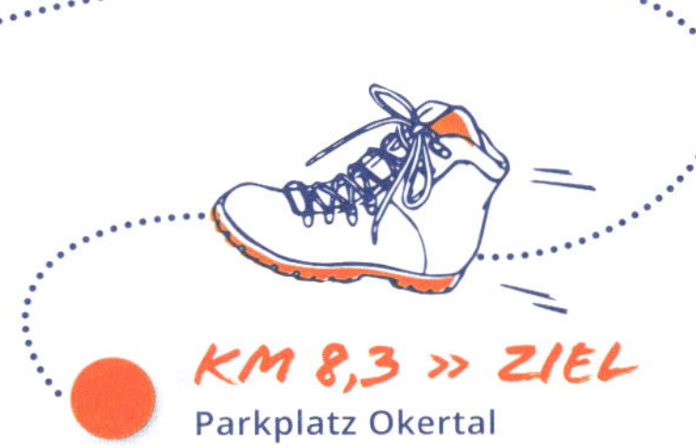

KM 8,3 » ZIEL

Parkplatz Okertal

KM 6

5 Okerstaumauer

## Talsperren-Pommes

260 Meter lang und 67 Meter hoch ist die Staumauer, die in der Okertalsperre bis zu 46,85 Millionen Kubikmeter Wasser staut. Hier befindet sich nicht nur ein Anleger der Okersee-Schifffahrt, sondern auch eine kleine Imbissbude (Bikertreff), die die besten Pommes weit und breit serviert. Zumindest schmecken sie nach sechs anstrengenden Wanderkilometern besser als manches Vier-Gänge-Menü, und zwar nicht nur Wanderern, sondern auch Bikern und Radfahrern, die sich hier ebenfalls tummeln. Gegen den Durst gibt's kalte Getränke.

*Durch das Mulltal steil bergauf und dann parallel zur B 498 zurück zum Ausgangspunkt wandern.*

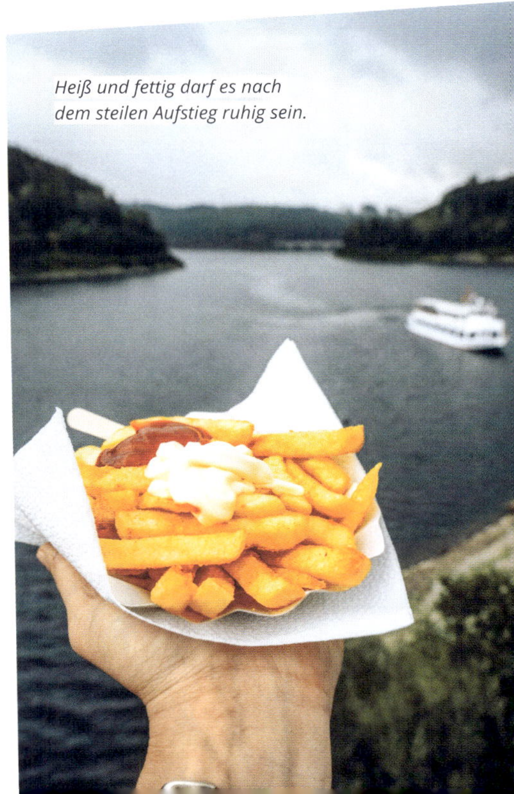

*Heiß und fettig darf es nach dem steilen Aufstieg ruhig sein.*

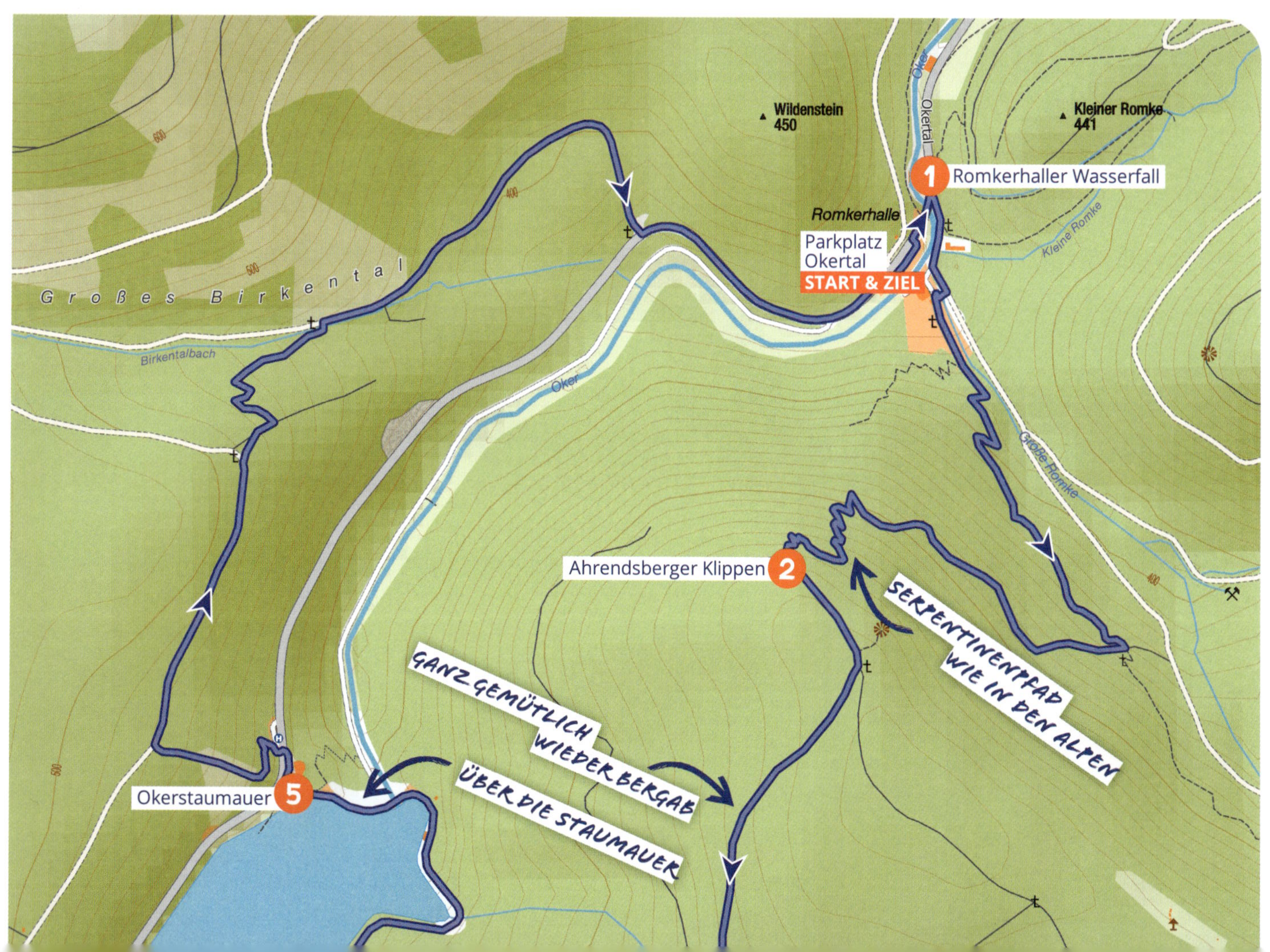

Wildenstein
450
Kleiner Romke
441
1 Romkerhaller Wasserfall
Romkerhalle
Parkplatz
Okertal
START & ZIEL
Okertal
Oker
Kleine Romke
Große Romke
Großes Birkental
Birkentalbach
400
500
600
Ahrendsberger Klippen 2
SERPENTINENPFAD WIE IN DEN ALPEN
GANZ GEMÜTLICH WIEDER BERGAB
ÜBER DIE STAUMAUER
Okerstaumauer 5

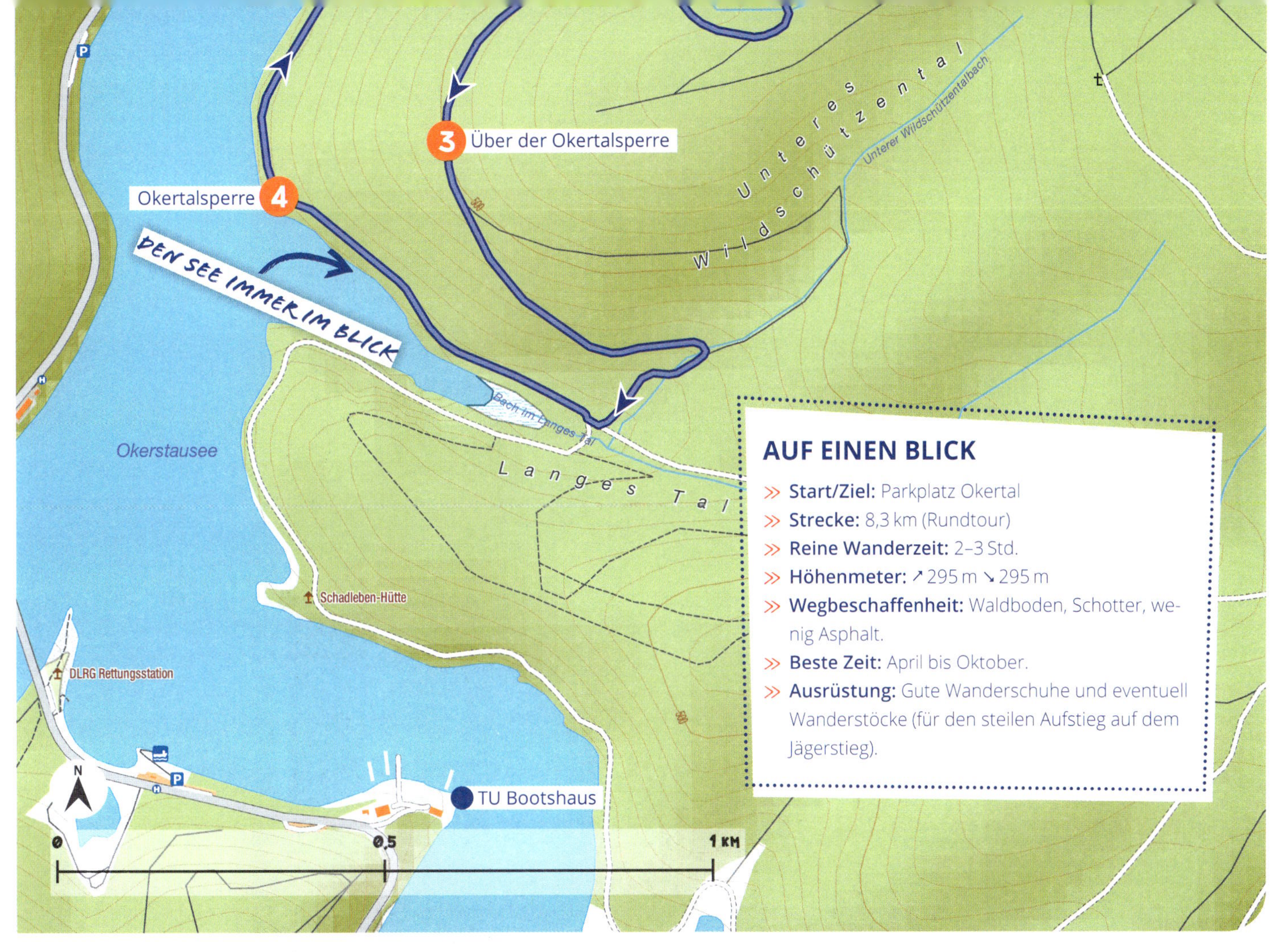


## AUF EINEN BLICK

» **Start/Ziel:** Parkplatz Okertal
» **Strecke:** 8,3 km (Rundtour)
» **Reine Wanderzeit:** 2–3 Std.
» **Höhenmeter:** ↗ 295 m ↘ 295 m
» **Wegbeschaffenheit:** Waldboden, Schotter, wenig Asphalt.
» **Beste Zeit:** April bis Oktober.
» **Ausrüstung:** Gute Wanderschuhe und eventuell Wanderstöcke (für den steilen Aufstieg auf dem Jägerstieg).

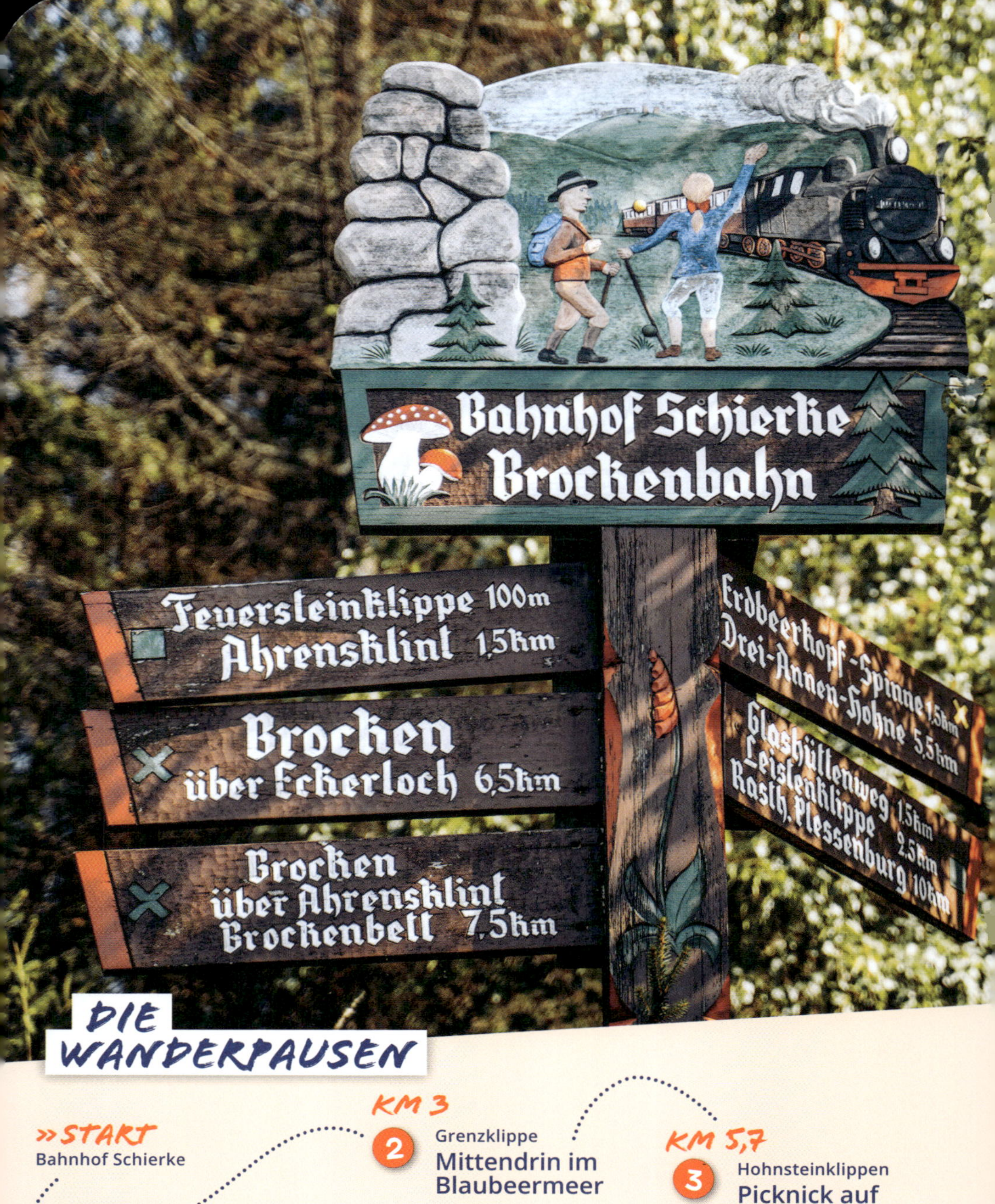


## DIE WANDERPAUSEN

» START
Bahnhof Schierke

KM 2,6
1 Leistenklippe
**Klippensturm am Hohnekamm**

KM 3
2 Grenzklippe
**Mittendrin im Blaubeermeer**

KM 5,7
3 Hohnsteinklippen
**Picknick auf Felsen**

9

# VON KLIPPE ZU KLIPPE

## Vom Bahnhof Schierke zum Bahnhof Wernigerode-Hasserode

*Unzählige markante Felsklippen, wie Leistenklippe, Hohnsteinklippen und Ottofelsen, verbindet diese Streckenwanderung am Brockenmassiv, die von Schierke größtenteils nur über schmale, steinige Pfade nach Hasserode führt. Zum Ausgangspunkt geht es stilecht mit der Brockenbahn – da wird schon die Anreise selbst zum Abenteuer.*

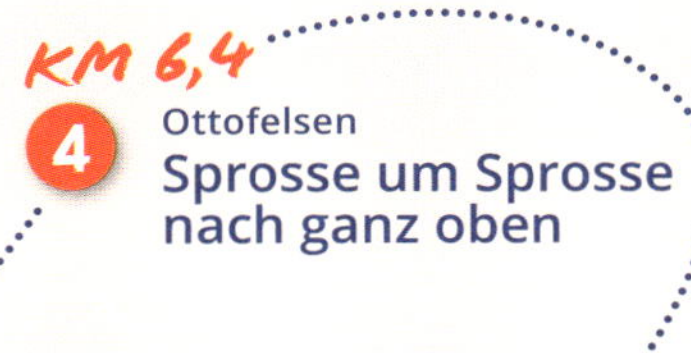

KM 6,4

4 Ottofelsen
**Sprosse um Sprosse nach ganz oben**

KM 8

5 Waldgasthaus Steinerne Renne
**Prost in der Wildnis**

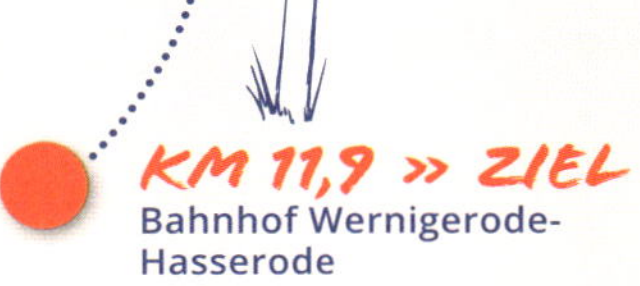

KM 11,9 » ZIEL
Bahnhof Wernigerode-Hasserode

# DAS LAUTE »TSCHU TSCHU« DER BROCKENBAHN …

… ist auf dieser Wanderung ein steter Begleiter, und zwar schon von Anfang an. Denn erst geht es mit dem Dampfzug vom Bahnhof Wernigerode-Hasserode, dem Ziel, zum Bahnhof Schierke, zum Ausgangspunkt. Bei gutem Wetter sichert man sich einen Platz draußen auf der Plattform. Unter lautem Schnaufen setzt sich der Zug in Bewegung. Während der Fahrt zieht die Harzlandschaft vorbei und der Zug rappelt und ächzt Kurve um Kurve den Berg hinauf. In Schierke ist man meist einer der wenigen Reisenden, die aussteigen. Die meisten Fahrgäste haben bis zum Brocken gelöst.

BEGLEITET VOM WASSERRAUSCHEN FÜHRT DER WEG DURCH DIE SCHLUCHT DER STEINERNEN RENNE INS TAL

Nun geht es zu Fuß weiter. Die Leistenklippe ist das erste Etappenziel. 2,5 Kilometer sind es bis dahin, es geht schnurstracks den Berg hinauf über den Pfarrstieg zur Spinne, einer Weggabelung unterhalb des Erdbeerkopfes. Auf dem ersten Kilometer säumen noch tote Bäume den Wegrand, dann wird es immer grüner. In ein paar Jahren soll es hier schon ganz anders aussehen. Überhaupt befindet sich der Oberharz in dieser Ecke in einem starken Wandel. Wo einst noch Tannen viel zu eng in Monokultur wuchsen, werden bald schon bunte Mischwälder die weite Hochebene übersäen.

Entlang des Moorstiegs und um die **Leistenklippe** ist der Wald noch grün und man kann sich ohne Navigation auf den schmalen steinigen Wegen leicht verirren. Vorsicht also, dass man den Hohnekammweg zur **Grenzklippe** nicht verpasst. Vom höchsten Punkt der Tour geht es jetzt (fast) nur noch bergab – zunächst über den Beerenstieg. Auch dieser Pfad ist schmal und steinig. Gerade beim Abstieg ist hier besondere Vorsicht geboten. Nach fünf Kilometern über steinige Pfade kommt das – wenn auch kurze – Stück auf der geschotterten Eschwegestraße sehr gelegen. Hier kann man endlich mal Dampf machen, denn das Picknick an den **Hohnsteinklippen** wird schon sehnlich erwartet. Von dort ist auch der **Ottofelsen** nicht weit. Schon von Weitem sieht man ihn einsam und majestätisch aus der Hochebene ragen. Aber damit noch nicht genug vom Klippensturm: Rupprechtsklippe, Gebohrter Stein und Brückenfelsen versüßen den Weg zum **Gasthaus Steinerne Renne.** Durch das eingeschnittene, schluchtartige Flusstal geht's danach immer an der Holtemme entlang talwärts – entweder auf direktem Weg auf der rechten Flussseite oder mit einem Abstecher zum Kleine-Renne-Wasserfall auf der linken Flussseite. «

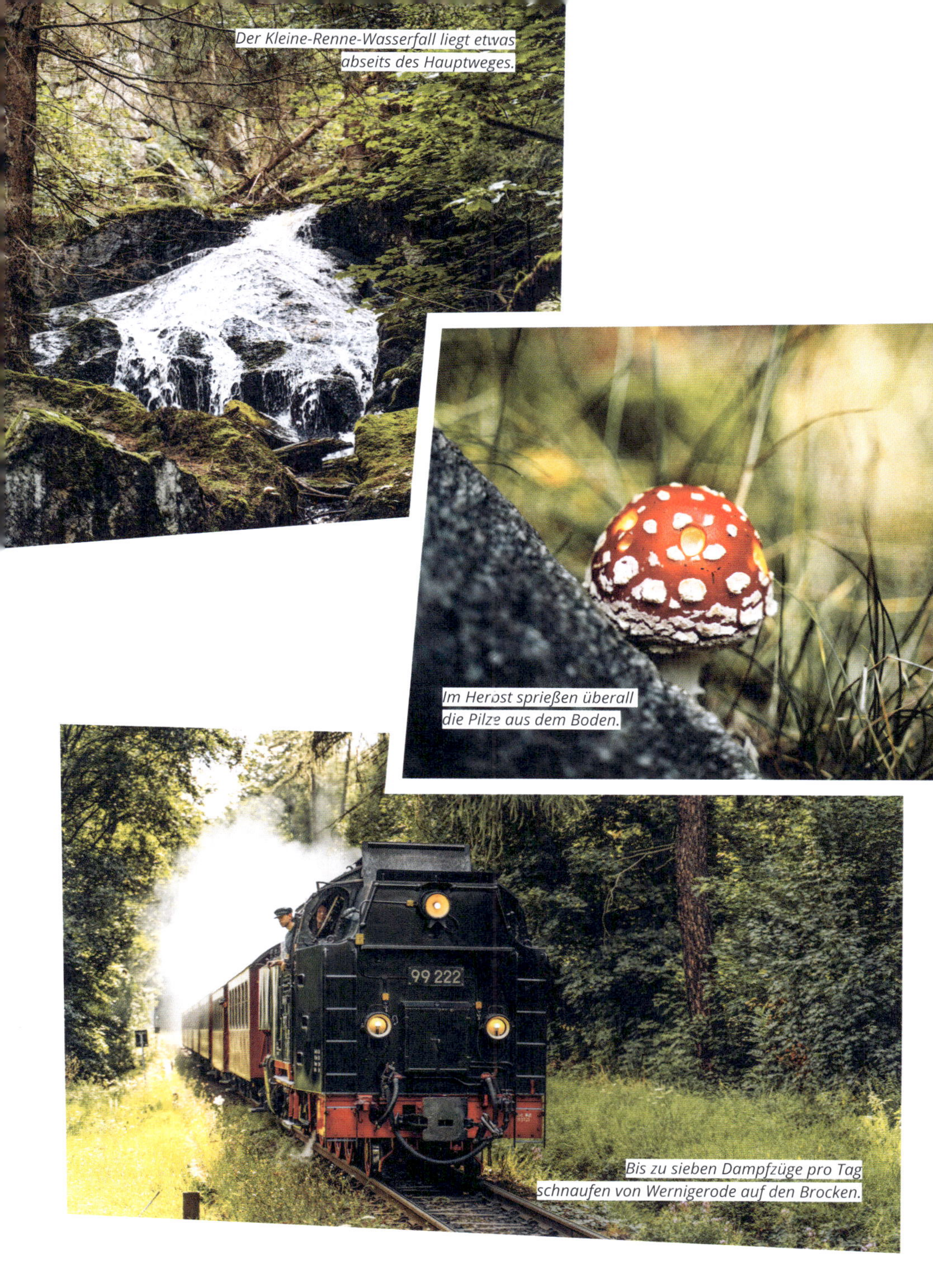


Der Kleine-Renne-Wasserfall liegt etwas abseits des Hauptweges.

Im Herbst sprießen überall die Pilze aus dem Boden.

Bis zu sieben Dampfzüge pro Tag schnaufen von Wernigerode auf den Brocken.

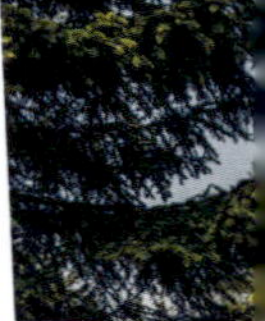

# WANDERN & GENIESSEN

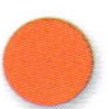

**» START**

**Bahnhof Schierke**

*Dem Pfarrstieg bergauf in Richtung Leistenklippen folgen. An der Spinne ein Stückchen auf dem Glashüttenweg wandern, bevor rechts die Abzweigung auf den Moorstieg kommt.*

AUF, AUF, HINAUF

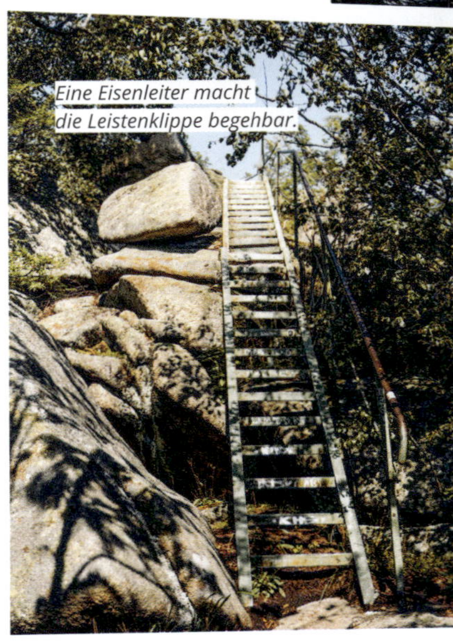

Eine Eisenleiter macht die Leistenklippe begehbar.

**KM 2,6**

**Leistenklippe**

## Klippensturm am Hohnekamm

Die Leistenklippe gehört zum Hohnekamm, einem lang gezogenen Höhenzug oberhalb von Schierke. Sie liegt auf etwa 900 Metern und ist über eine schmale Eisentreppe begehbar. Von der Aussichtskanzel bietet sich ein grandioser Blick zum Brocken, dem Wurmberg und sogar bis nach Wernigerode. Am schönsten ist es hier in den frühen Morgen- oder späten Abendstunden, aber auch sonst lohnt sich der kleine Nervenkitzel der Besteigung. Für alle Stempelsammler gibt es hier eine Stempelstelle der Harzer Wandernadel.

*Dem Hohnekamm knapp 500 Meter bis zur Grenzklippe folgen.*

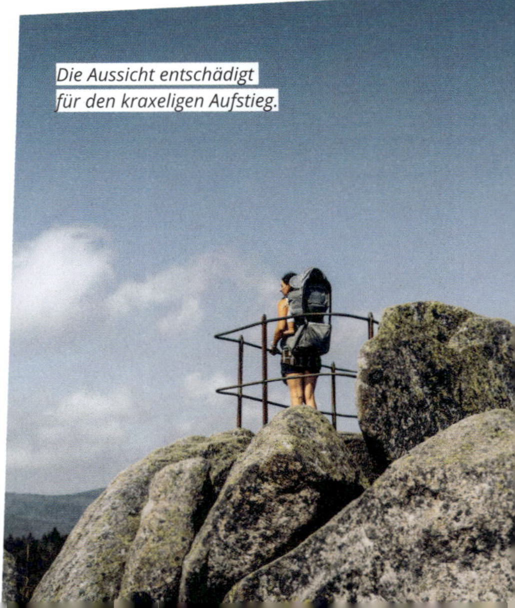

Die Aussicht entschädigt für den kraxeligen Aufstieg.

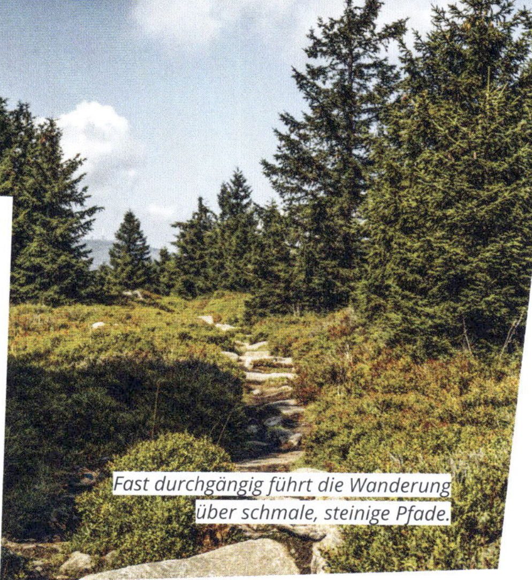

Fast durchgängig führt die Wanderung über schmale, steinige Pfade.

IM BLAUBEERMEER

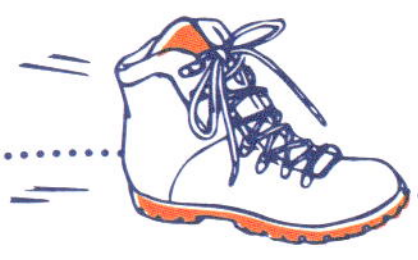

KM 5,7

## 3 Hohnsteinklippen
## Picknick auf Felsen

Etwas im Wald versteckt oberhalb vom Ottofelsen befinden sich die Hohnsteinklippen. Sie zählen neben dem Okertal und den Mäuseklippen zu den beliebtesten Boulderfelsen im Harz. Selbst wer kein großer Kletterer ist, findet hier zwischen den Granitblöcken ein lauschiges Picknickplätzchen. Just an warmen Sommertagen ist Schatten in diesem Bereich des Harzes Mangelware und so kommen die von Bäumen gesäumten Felsen gerade richtig. Zwei Abzweigungen führen vom Hauptweg zu unterschiedlichen Teilen der Klippenformation.

*Der Ausschilderung zum Ottofelsen ungefähr 700 Meter weiter folgen.*

KM 3

## 2 Grenzklippe
## Mittendrin im Blaubeermeer

Auch die Grenzklippe ist Teil der Hohneklippen und befindet sich am Hohnekammweg, einem schmalen, steinigen Bergpfad über den Bergrücken. Anders als die Leistenklippe ist sie nicht begehbar, gibt aber auch so ein schönes Fotomotiv ab. Der Kammweg ermöglicht an dieser Stelle nicht nur einen tollen Blick zu den Klippen und zum Brocken, sondern führt auch mitten durch ein Blaubeermeer. Im August und September darf also fleißig am Wegrand unterhalb der Klippe genascht werden.

*Zurück in Richtung Leistenklippe wandern, dann den Abstieg über den Beerenstieg (rund 1,7 Kilometer) nehmen. Anschließend 700 Meter der Eschwegestraße folgen, bis der Weg zum Ottofelsen nach rechts abgeht.*

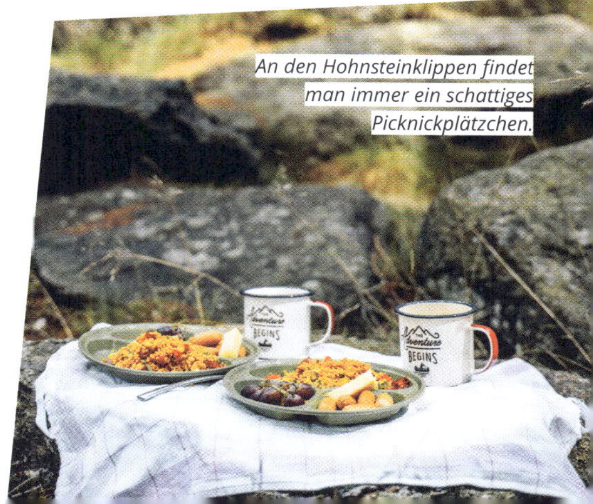


An den Hohnsteinklippen findet man immer ein schattiges Picknickplätzchen.

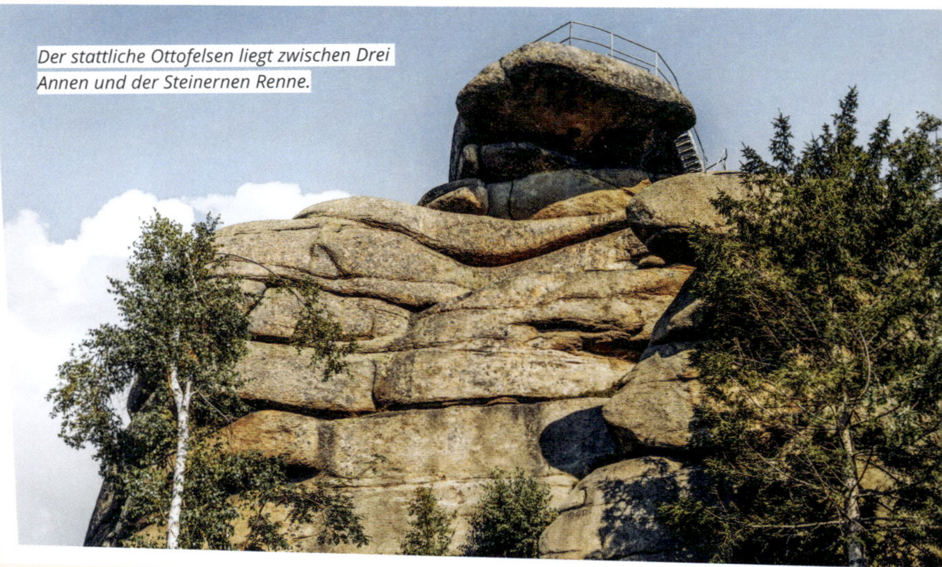
Der stattliche Ottofelsen liegt zwischen Drei Annen und der Steinernen Renne.

KM 6,4

4

Ottofelsen

## Sprosse um Sprosse nach ganz oben

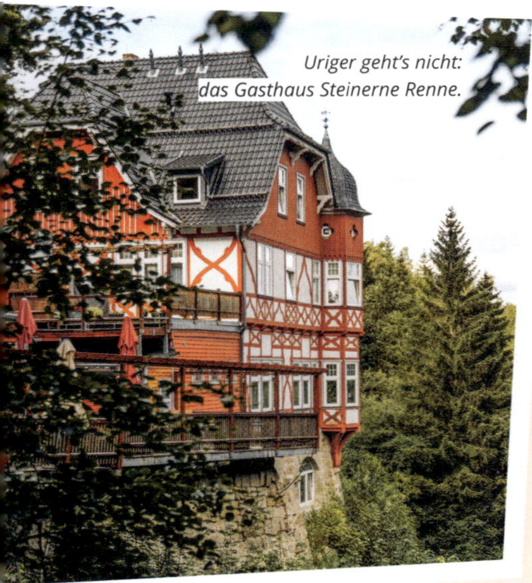
Uriger geht's nicht: das Gasthaus Steinerne Renne.

Der 36 Meter hohe Granitfelsen des Ottofelsens ragt praktisch senkrecht aus der Hochebene heraus. Solche Felsformationen kennt man sonst nur aus dem Elbsandsteingebirge. Die Klippe kann durch mehrere sehr steile Treppenleitern bestiegen werden, der Aufstieg erfordert aber schon eine Portion Mut und Konzentration. Die Mühe wird belohnt mit einem weiten Blick über das Brockenmassiv und bis nach Wernigerode. Typisch für den Harz – und am Ottofelsen gut erkennbar – ist die sogenannte Wollsackverwitterung, die an gestapelte Kissen oder Matratzen (oder eben Wollsäcke) erinnert. Unterhalb des Felsens gibt es auch eine Stempelstelle der Harzer Wandernadel.

*Den Hauptweg überqueren und geradeaus der Ausschilderung zur Steinernen Renne folgen. Nach 300 Metern rechts den Abzweig auf den schöneren Pfad vorbei am Gebohrten Stein nehmen und für etwa einen Kilometer folgen.*

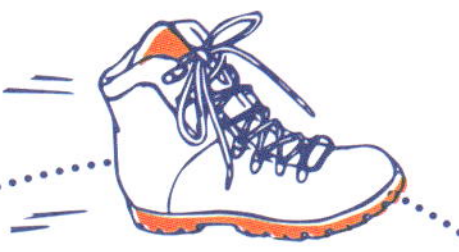

KM 8

## 5 Waldgasthaus Steinerne Renne
## Prost in der Wildnis

Die Steinerne Renne ist nicht nur der als Naturdenkmal ausgewiesene, etwa 2,5 Kilometer lange Talabschnitt der Holtemme südwestlich des Wernigeröder Stadtteils Hasserode, sondern auch der Name eines kleinen, urigen Waldgasthauses, das sich in einem roten Fachwerkhaus abgeschnitten von der Zivilisation mitten in der Natur direkt am Fluss befindet. Eine schönere Einkehr gibt es weit und breit nicht! Die Terrasse des Gasthauses befindet sich direkt oberhalb des rauschenden Flusses. Drum herum nichts als Wald. Hier schmeckt nach acht anstrengenden Wanderkilometern das (alkoholfreie) »Wegebier« besonders gut.

*Entlang der Holtemme talwärts vorbei am Bahnhof Steinerne Renne nach Hasserode wandern.*

### EXTRA INFOS:

Ganz in der Nähe des Bahnhofs Hasserode befindet sich das ● **Café Argenta** (www.cafe-genuss-momente.de), und zwar im Haupthaus der ehemaligen Schokoladenfabrik. Auf der schönen Außenterrasse kann man die Wanderung wunderbar ausklingen lassen, außerdem bekommt man hier noch einen Sonderstempel der Harzer Wandernadel.

Die Wanderung lässt sich auch gut mit einem Besuch des **Brockengipfels** verbinden. Dazu fährt man mit der Brockenbahn (www.hsb-wr.de) bis zum Endbahnhof weiter und steigt erst auf dem Rückweg in Schierke aus, um loszuwandern.

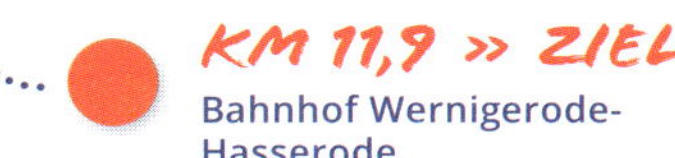

KM 11,9 » ZIEL

**Bahnhof Wernigerode-Hasserode**

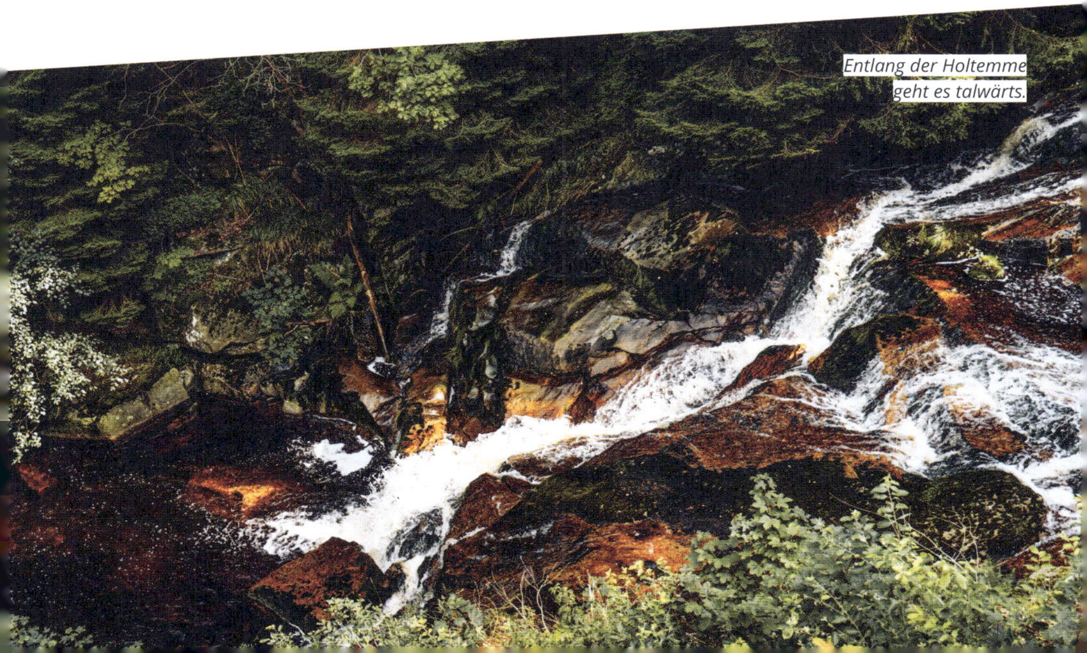

*Entlang der Holtemme geht es talwärts.*

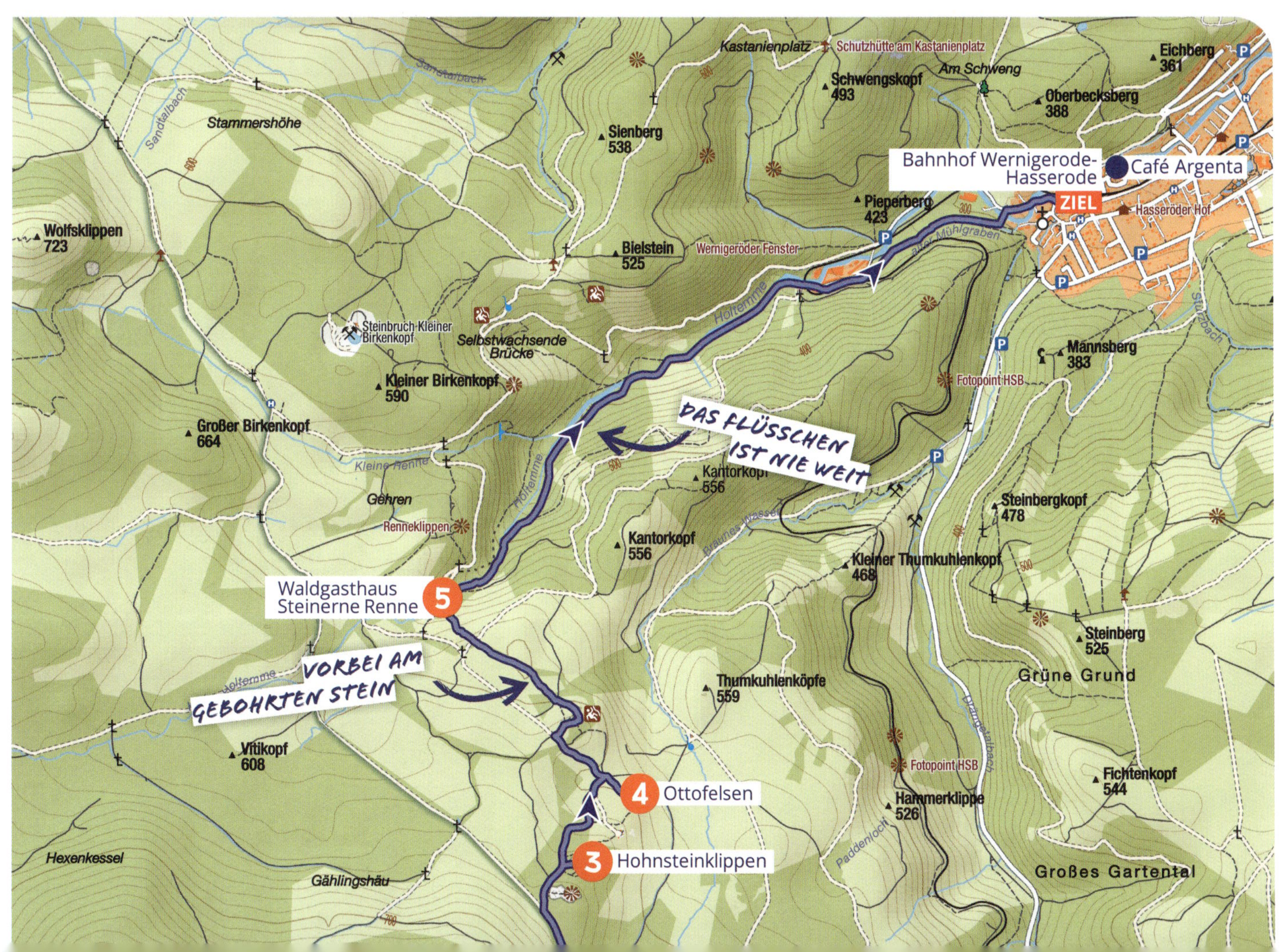

Kastanienplatz
Schutzhütte am Kastanienplatz
Am Schweng
Eichberg 361
Schwengskopf 493
Oberbecksberg 388
Stammershöhe
Sienberg 538
Bahnhof Wernigerode-Hasserode
Café Argenta
ZIEL
Hasseröder Hof
Pieperberg 423
Wolfsklippen 723
Bielstein 525
Wernigeröder Fenster
Steinbruch Kleiner Birkenkopf
Selbstwachsende Brücke
Holtemme
Mannsberg 383
Fotopoint HSB
Kleiner Birkenkopf 590
Großer Birkenkopf 664
DAS FLÜSSCHEN IST NIE WEIT
Kantorkopf 556
Kleine Renne
Gehren
Renneklippen
Steinbergkopf 478
Kantorkopf 556
Kleiner Thumkuhlenkopf 468
Waldgasthaus Steinerne Renne
5
Steinberg 525
Grüne Grund
VORBEI AM GEBOHRTEN STEIN
Thumkuhlenköpfe 559
Vitikopf 608
Fotopoint HSB
Fichtenkopf 544
4
Ottofelsen
Hammerklippe 526
Paddenloch
3
Hohnsteinklippen
Hexenkessel
Gählingshäu
Großes Gartental

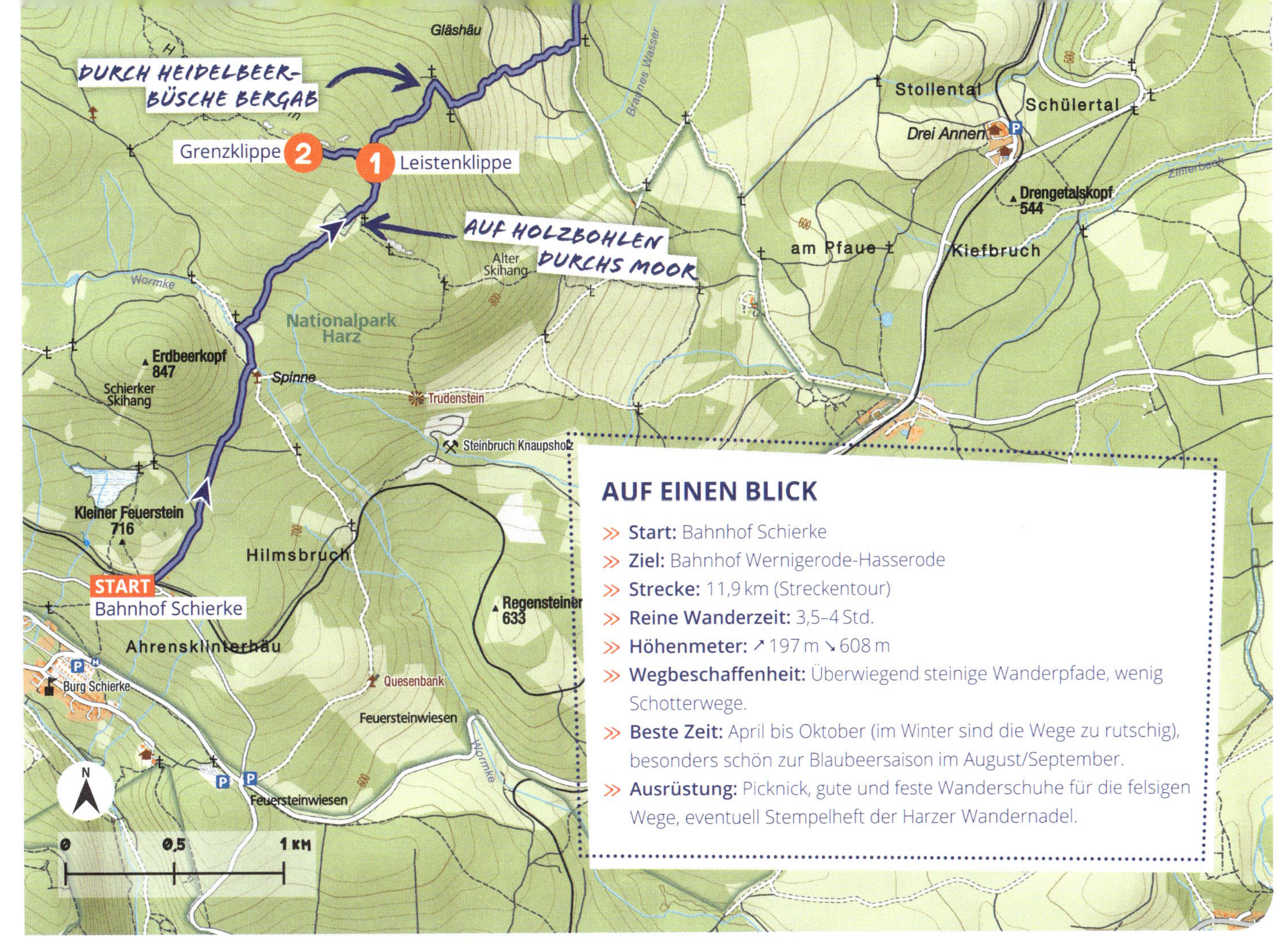


## AUF EINEN BLICK

» **Start:** Bahnhof Schierke
» **Ziel:** Bahnhof Wernigerode-Hasserode
» **Strecke:** 11,9 km (Streckentour)
» **Reine Wanderzeit:** 3,5–4 Std.
» **Höhenmeter:** ↗ 197 m ↘ 608 m
» **Wegbeschaffenheit:** Überwiegend steinige Wanderpfade, wenig Schotterwege.
» **Beste Zeit:** April bis Oktober (im Winter sind die Wege zu rutschig), besonders schön zur Blaubeersaison im August/September.
» **Ausrüstung:** Picknick, gute und feste Wanderschuhe für die felsigen Wege, eventuell Stempelheft der Harzer Wandernadel.

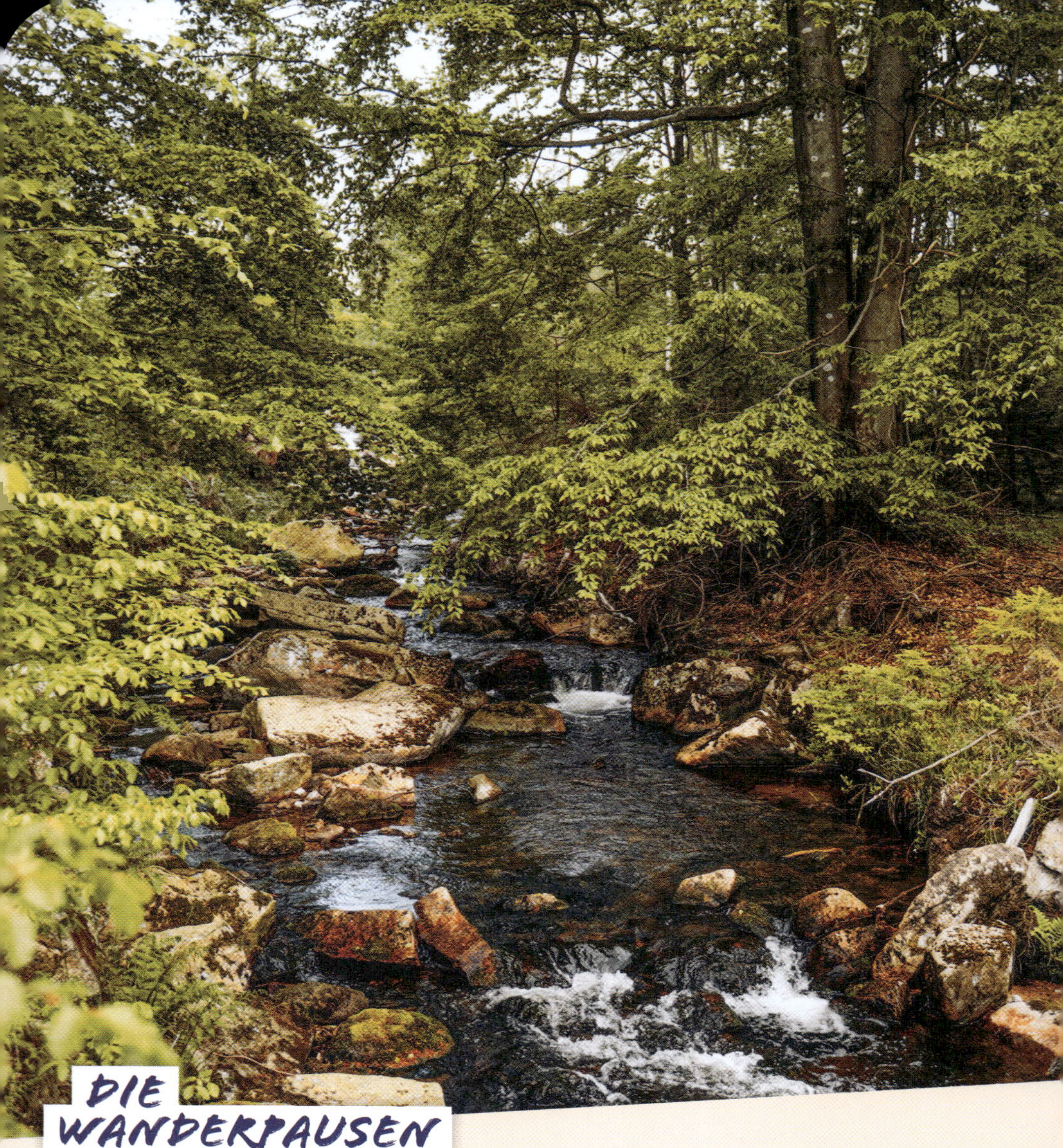

## DIE WANDERPAUSEN

» START
Parkplatz Wurmbergseilbahn in Braunlage

KM 2,6
1 Obere Bodefälle
**Bye-bye, Stress**

KM 5,1
2 Rodelhaus
**Slow Food à la Harz**

KM 5,8
3 Große Wurmbergklippe
**Versteckte Fernsicht**

# GIPFEL-STURM MAL ANDERS

## Entlang der Bode auf den Wurmberg

*Den höchsten Berg Niedersachsens mal ganz anders erklimmen, und zwar nach dem Motto: »Der Weg ist das Ziel«. Mit einer großen Schleife entlang der Bode und vorbei am Rodelhaus, wo schon vor dem Gipfel die Einkehr lockt. Dann geht's weiter hinauf über die Große Wurmbergklippe und Wurmbergschanze*

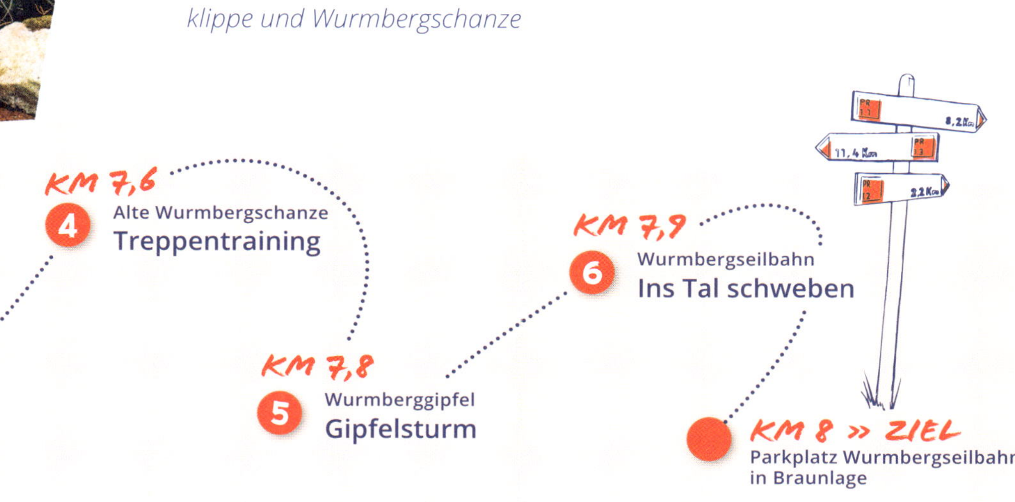

# DER WEG IST DAS ZIEL

Der Wurmberg ist nach dem Brocken der wohl beliebteste Gipfel im Harz. Er ist nämlich mit seinen 971 Metern nicht nur der höchste Berg Niedersachsens, sondern durch die Wurmbergseilbahn auch für Couchpotatoes völlig mühelos zu erreichen. Aber einfach nur hoch- und runterzufahren, wäre viel zu langweilig. Außerdem verpasst man dabei jede Menge Highlights am Wegrand, die – wenn man mal ehrlich ist – viel spannender sind als der Gipfel selbst. Deshalb gilt auf dieser Tour: »Der Weg ist das Ziel.« Statt auf direktem (langweiligem) Weg führt diese Wanderung in weitem Bogen auf den Gipfel.

Schon wenn man den Parkplatz im wahrsten Sinne des Wortes links liegen gelassen hat, wird es plötzlich ganz ruhig auf den Wegen. Man hört nur noch das Wasserrauschen der Warmen Bode, das seinen Höhepunkt an den **Bodefällen** hat. Nach knapp drei Kilometern sind diese erreicht und aus dem asphaltierten Weg ist mittlerweile ein schmaler Pfad geworden. Einen Kilometer weiter heißt es dann Abschied nehmen vom Fluss. Über die Bärenbrücke kommt man trockenen Fußes auf die andere Seite und folgt nun der Ausschilderung »Großes Rodelhaus« auf einem breiten Schotterweg, der auf direktem Wege zum Etappenziel, dem **Rodelhaus** an der Mittelstation der Seilbahn, führt. Wer einen der begehrten Plätze in der traditionsreichen Hüttenwirtschaft ergattert, ertappt sich vielleicht bei dem Gedanken, den Rest der Tour sausen zu lassen und nach dem gemütlichen Schmaus einfach direkt mit der Seilbahn ins Tal zu fahren.

BESONDERS IDYLLISCH IST ES, AUF DEM SCHMALEN PFAD DEM PLÄTSCHERN DES FLÜSSCHENS ZU FOLGEN

Dann entgeht einem aber die **Große Wurmbergklippe,** eine versteckte Felsformation direkt am steilen Gipfelweg, an der die meisten Wanderer einfach achtlos vorbeilaufen. Wer den eigentlichen Gipfel statt auf normalem Weg über die 300 Stufen der **alten Wurmbergschanze** erklimmen möchte, biegt nun nach rechts in den neuen Weg ein und wandert auf die Rückseite des Berges. Wer noch nicht genug Stufen hatte, kann noch 162 oben draufpacken und den Wurmbergturm besteigen. Psst! Es gibt auch einen Fahrstuhl. Aber auch vom **Wurmberggipfel** selbst ist der Blick schon weit genug. So oder so – der Aufstieg war anstrengend genug, ins Tal zurück geht's daher mit der **Seilbahn.** «

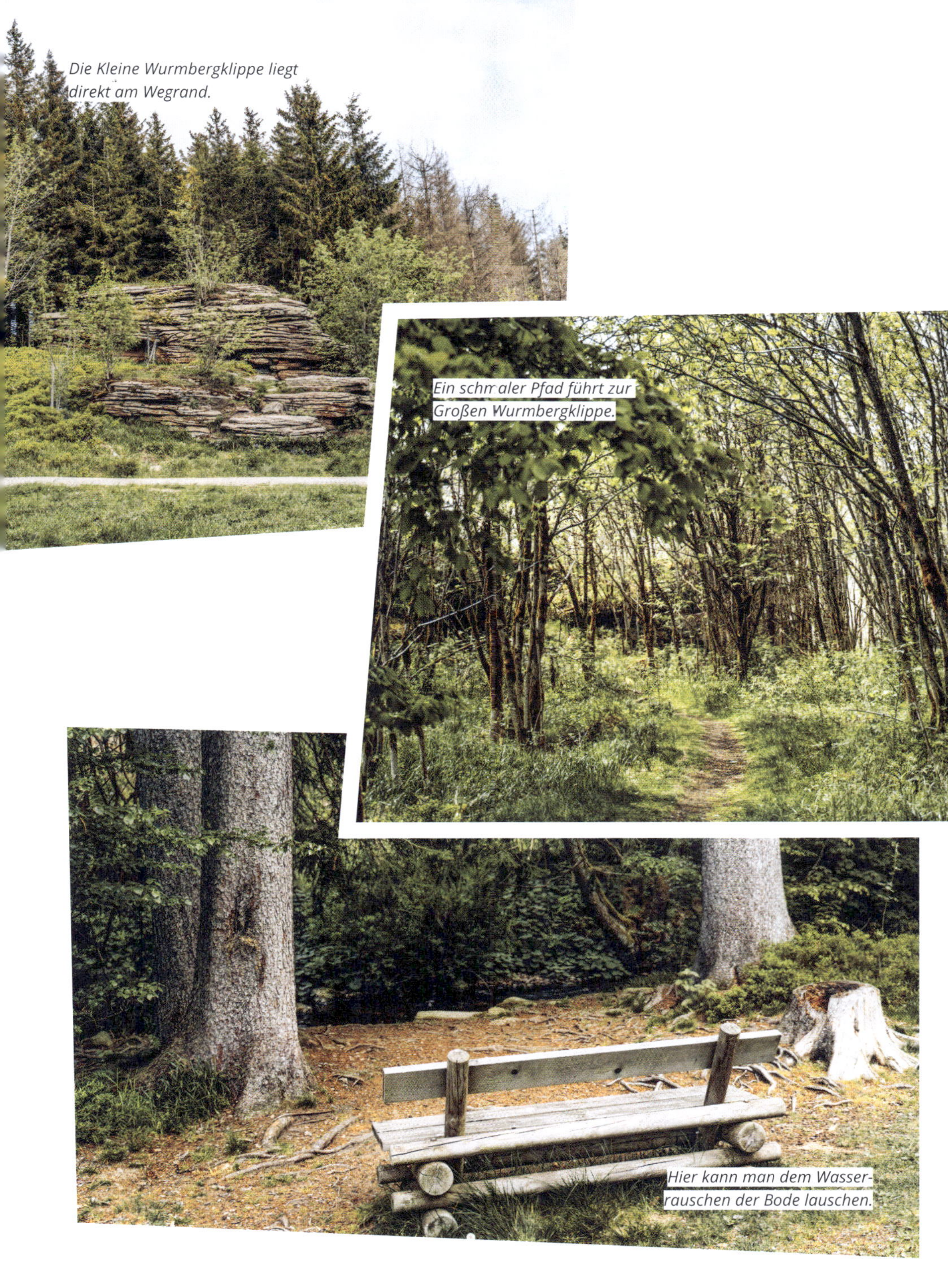

Die Kleine Wurmbergklippe liegt direkt am Wegrand.

Ein schmaler Pfad führt zur Großen Wurmbergklippe.

Hier kann man dem Wasserrauschen der Bode lauschen.

# WANDERN & GENIESSEN

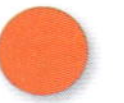

**» START**

**Parkplatz Wurmbergseilbahn in Braunlage**

*Rechts vorbei an der Talstation und dann gleich die erste Abzweigung nach links nehmen. Dem asphaltierten Weg parallel zur Warmen Bode folgen. An der ersten Brücke den Fluss überqueren und auf den schmalen Pfad links vom Wasser wechseln.*

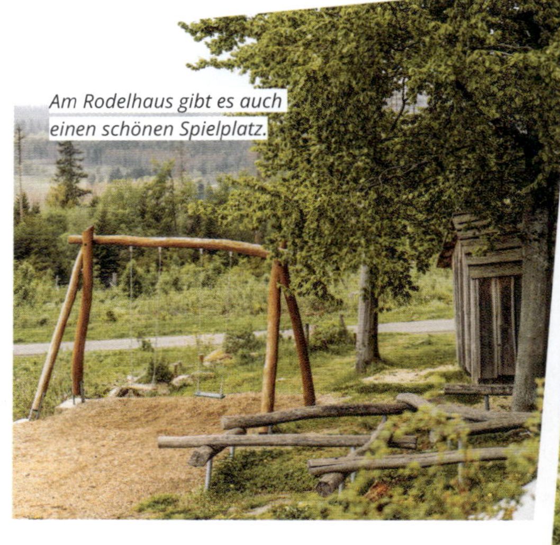

*Am Rodelhaus gibt es auch einen schönen Spielplatz.*

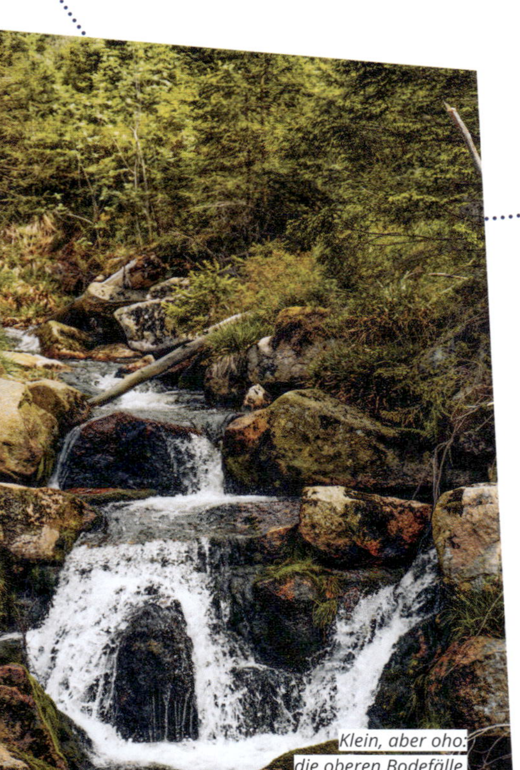

*Klein, aber oho: die oberen Bodefälle.*

**KM 2,6**

**1** Obere Bodefälle

## Bye-bye, Stress

Die Bodefälle sind eine der wenigen natürlich entstandenen Wasserfälle im Harz. Hier, am Fuße des Wurmbergs, rauscht das Wasser der Warmen Bode über mehrere Kaskaden in die Tiefe. Das insbesondere nach starken Regenfällen oder der Schneeschmelze im Frühjahr reißende Gewässer wird allerdings in trockenen Sommern zum eher sanften Flüsschen. Trotzdem lohnt sich auch im Sommer ein kleines Päuschen auf der Bank, um dem Wasserplätschern zu lauschen, das – so haben Zürcher Forscher sogar kürzlich in einer Studie festgestellt – Stress besser löst als Entspannungsmusik.

*Dem Pfad an der Bode noch für rund einen Kilometer weiter folgen. Über die Bärenbrücke den Fluss überqueren und der Ausschilderung »Gasthaus Rodelhaus« (35 D) für etwa 1,5 Kilometer folgen.*

Mit Rückenwind der Einkehr entgegen.

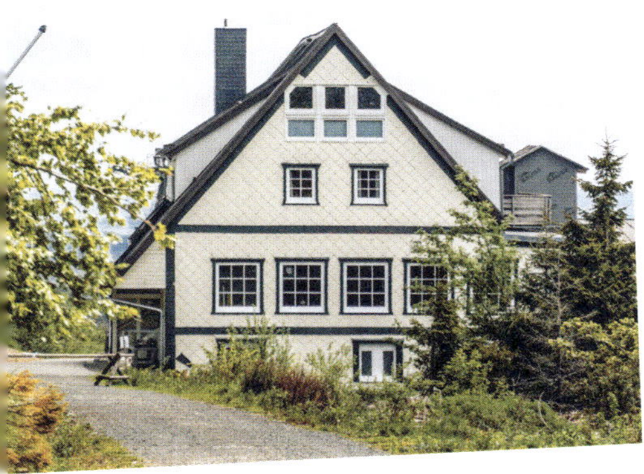

KM 5,8

## 3 Große Wurmbergklippe
## Versteckte Fernsicht

Die Große Wurmbergklippe liegt auf 824 Metern, gut 200 Meter westlich der Seilbahntrasse zwischen der Berg- und Mittelstation der Wurmbergseilbahn. Über einen kleinen Pfad kann das Naturdenkmal bestiegen werden – tolle Aussicht auf Braunlage und zum Achtermann inklusive. Hier eine kleine Pause vom Aufstieg einzulegen und einen Moment Gipfelglück zu genießen, ist fast noch schöner und garantiert einsamer, als auf dem eigentlichen Gipfel zu stehen. Übrigens wurde die Große Wurmbergklippe früher gelegentlich beklettert, das ist aber seit 1981 nicht mehr erlaubt.

*Zurück auf dem Hauptweg noch ein paar Hundert Meter den Berg hinaufsteigen, dann nach rechts in den Neuen Weg einbiegen.*

KM 5,1

## 2 Rodelhaus
## Slow Food à la Harz

Seit 1908 schreibt die Hüttenwirtschaft (www.rodelhaus.info) hier auf 720 Metern Höhe Geschichte. Schon immer wurde dabei auf Regionalität und Frische geachtet. Seit 2013 gingen die Inhaber noch einen Schritt weiter und folgen nun der Slow-Food-Philosophie. Das bedeutet, artgerechte Tierhaltung sowie umweltverträgliche Landwirtschaft und bodenständige, traditionelle Küche werden hier großgeschrieben. Inzwischen hat sich der Geheimtipp natürlich herumgesprochen. Deshalb gilt: Wer hier klassische Harzer Gerichte oder ihre veganen und vegetarischen Alternativen genießen möchte, kommt am besten früh, bringt Geduld mit oder hat einfach ganz großes Glück.

*An der Mittelstation den steilen Bergpfad unterhalb der Seilbahn bergauf nehmen.*

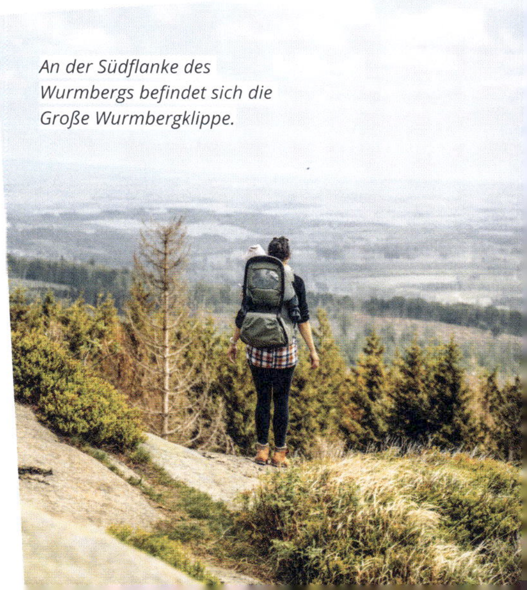

An der Südflanke des Wurmbergs befindet sich die Große Wurmbergklippe.

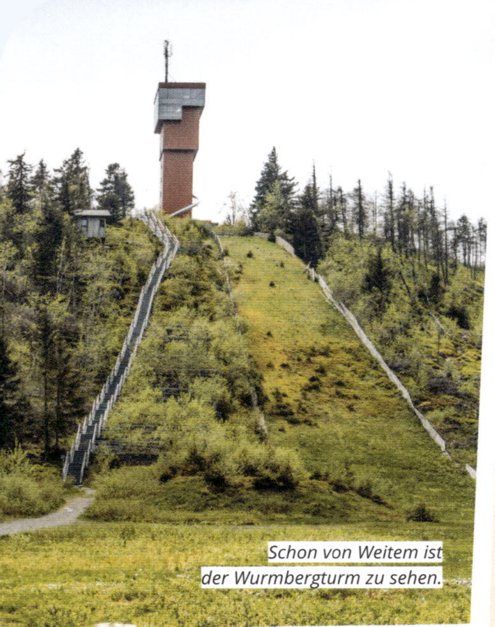
Schon von Weitem ist der Wurmbergturm zu sehen.

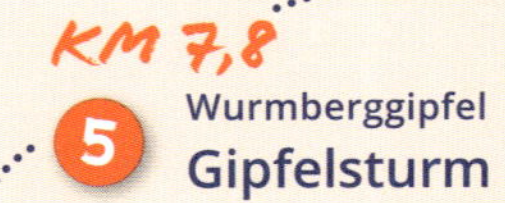

KM 7,8

5 Wurmberggipfel

## Gipfelsturm

Hier ist nicht nur der Brockengipfel zum Greifen nahe. Bei klarer Sicht reicht der Blick bis zur Wasserkuppe in der Rhön, zum Großen Inselsberg im Thüringer Wald, den Kasseler Bergen sowie zum Kyffhäuser. Noch besser als vom Gipfelkreuz, das am Fußweg von der Bergstation zur Wurmberg Alm liegt, ist der Blick vom Wurmbergturm, der mit seinen 32 Metern die 1000-Meter-Marke knackt. Die 162 Stufen können entweder zu Fuß zurückgelegt werden oder bequem per Fahrstuhl. Reicht ja nun auch mit der Anstrengung, oder? (Innere) Kinder können sich vor der Talfahrt noch ein wenig auf dem Wasserspielplatz austoben, der Teil der neuen Bergerlebniswelt Wurmberg ist.

*Vorbei am Wurmbergturm und der Wurmberg Alm zur Bergstation der Seilbahn gehen.*

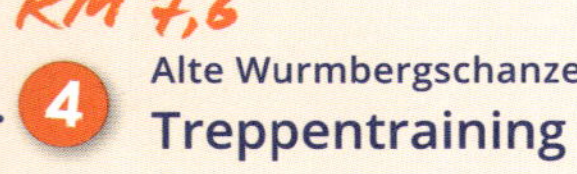

KM 7,6

4 Alte Wurmbergschanze

## Treppentraining

Die Wurmbergschanze war einmal die größte Sprungschanze im Harz. Bis 2011 fanden auf der 90 Meter hohen Schanze bei entsprechender Schneelage internationale Skispringen des FIS Continental-Cup statt. 2014 wurde sie aufgrund von Statikproblemen abgerissen. Was blieb, sind die rund 375 Stufen der Schanzentreppe. Beim Aufstieg brennen die Beine ganz schön. Auch wenn die Sprungschanze selbst nicht mehr vorhanden ist, spürt man hier oben, wie viel Mut notwendig war, um von so einer Höhe zu springen. Man hat nämlich einen guten Blick auf den Sprunghügel, dessen Gefälle beeindruckend ist.

*Den Treppenstufen oder dem parallel verlaufenden Serpentinenpfad bis auf den Gipfel folgen.*

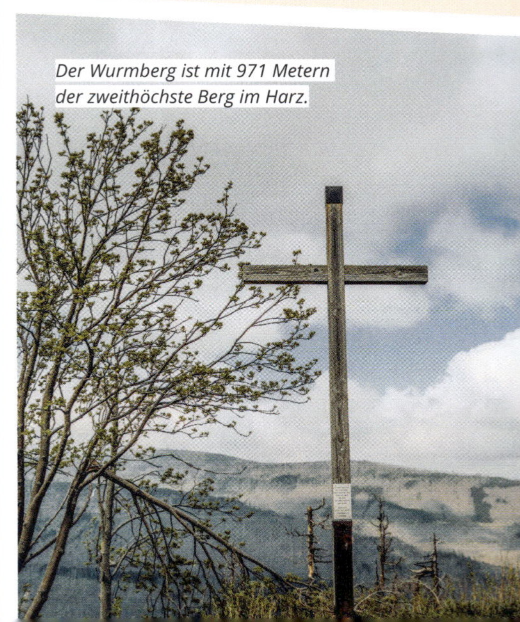
Der Wurmberg ist mit 971 Metern der zweithöchste Berg im Harz.

*Die Bergerlebniswelt Wurmberg ist vor allem für Kinder ein Highlight.*

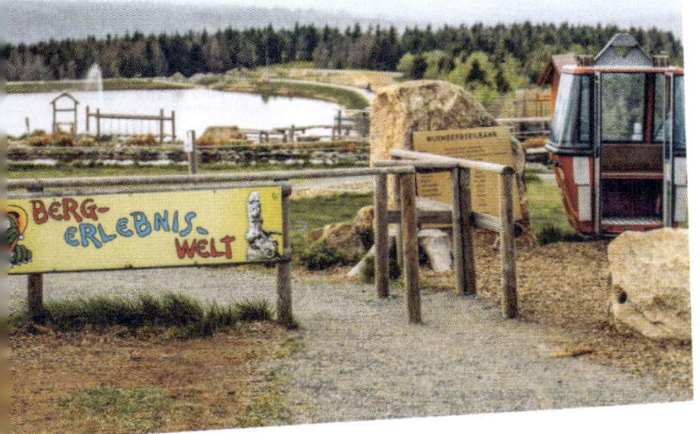


## EXTRA INFOS:

Wem ein Tagesausflug am Wurmberg nicht reicht, kann auch im **Rodelhaus** (www.rodelhaus.info) übernachten. Neun Zimmer mit insgesamt 39 Betten versprühen echtes Hüttenfeeling wie in den Alpen.

Wer mal Downhill-Luft schnuppern möchte, kann sich an der Talstation einen sogenannten ● **Monsterroller** (www.monsterroller.de) ausleihen und damit hinab ins Tal brettern. Dank hydraulischen Scheibenbremsen und 20 Zentimeter breiten Stollenreifen ist das auch für Ungeübte sowie Kinder ab zehn Jahren machbar.

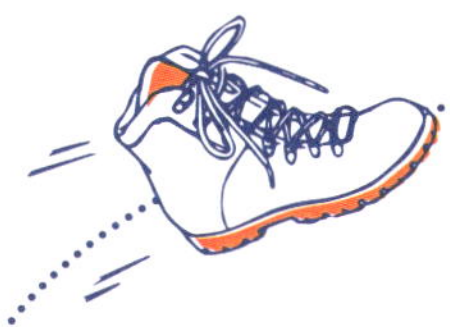

KM 7,9

6 Wurmbergseilbahn

## Ins Tal schweben

Die 2800 Meter lange Wurmbergseilbahn (www.wurmberg-seilbahn.de) ist die längste Luftseilbahn Norddeutschlands. Im Unterschied zu vielen anderen Seilbahnen ihres Kalibers hat sie auch eine Mittelstation, die mit und ohne Umsteigen durchfahren werden kann. Die Gondelbahn wurde 1963 in Betrieb genommen. Sie ist ganzjährig geöffnet und dient nicht nur Wintersportlern und Wanderern als Aufstiegshilfe, sondern wird auch gerne von Bikern (und Monsterrollerfahrern) benutzt, die im Bikepark den Wurmberg hinabsausen.

*Mit der Seilbahn die 2,8 Kilometer lange Fahrt von der Bergstation zur Talstation in zwölf Minuten zurücklegen.*

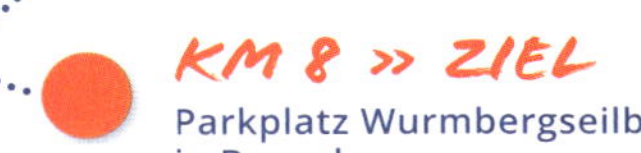

KM 8 » ZIEL

**Parkplatz Wurmbergseilbahn in Braunlage**

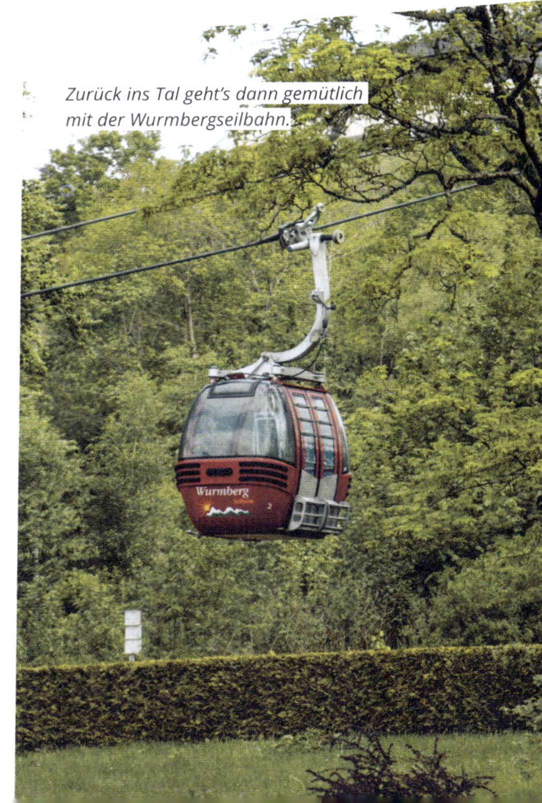


*Zurück ins Tal geht's dann gemütlich mit der Wurmbergseilbahn.*

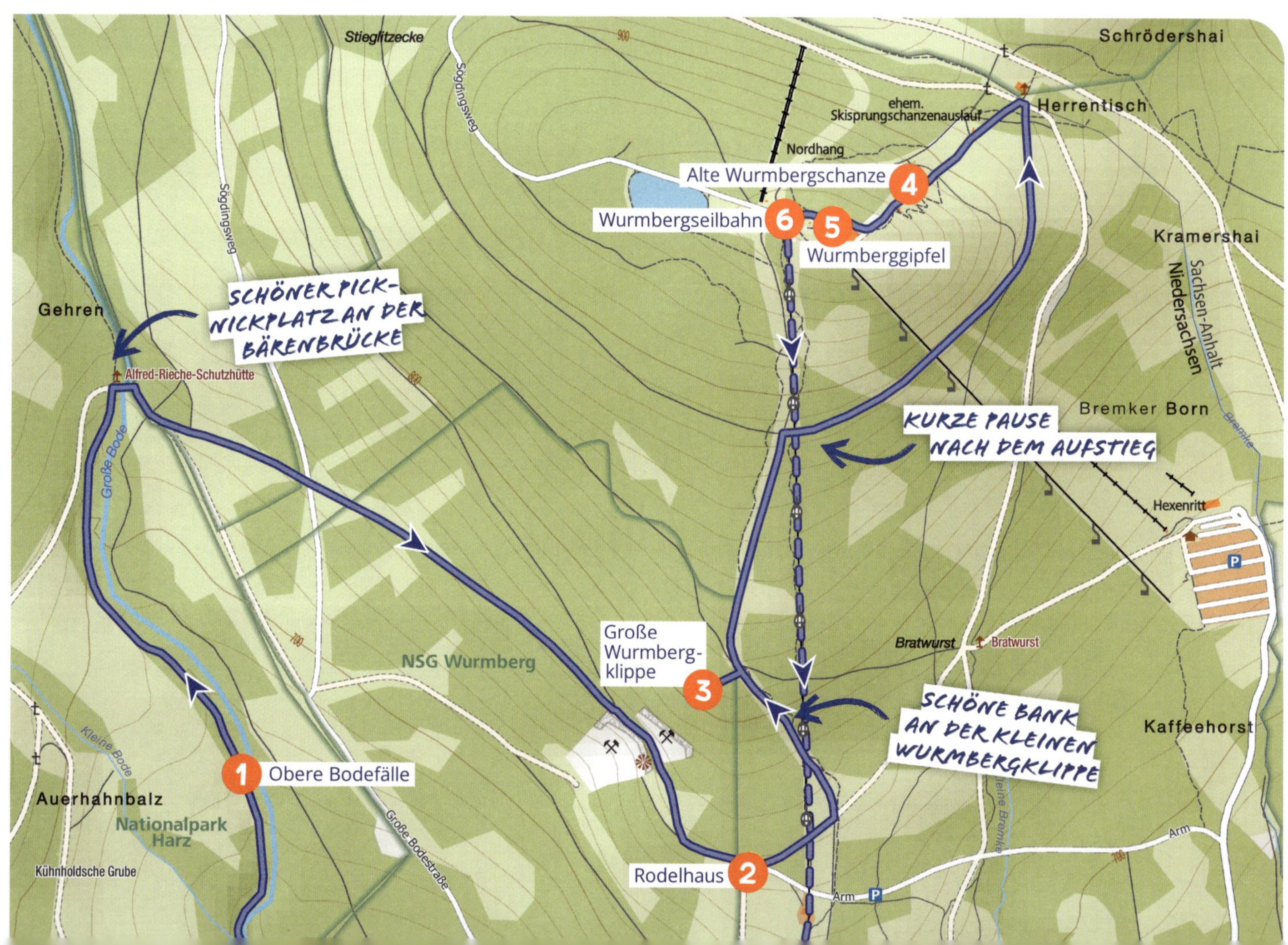
Stieglitzecke
Schrödershai
Herrentisch
ehem. Skisprungschanzenauslauf
Nordhang
Alte Wurmbergschanze
4
Wurmbergseilbahn
6
5
Wurmberggipfel
Kramershai
Sachsen-Anhalt
Niedersachsen
Bremke
Sögdingsweg
Gehren
SCHÖNER PICKNICKPLATZ AN DER BÄRENBRÜCKE
Alfred-Rieche-Schutzhütte
Große Bode
Bremker Born
KURZE PAUSE NACH DEM AUFSTIEG
Hexenritt
P
900
800
700
Bratwurst
NSG Wurmberg
Große Wurmbergklippe
3
SCHÖNE BANK AN DER KLEINEN WURMBERGKLIPPE
Kaffeehorst
Kleine Bode
1
Obere Bodefälle
Auerhahnbalz
Nationalpark Harz
Kühnholdsche Grube
Große Bodestraße
Kleine Bremke
Rodelhaus
2
Arm

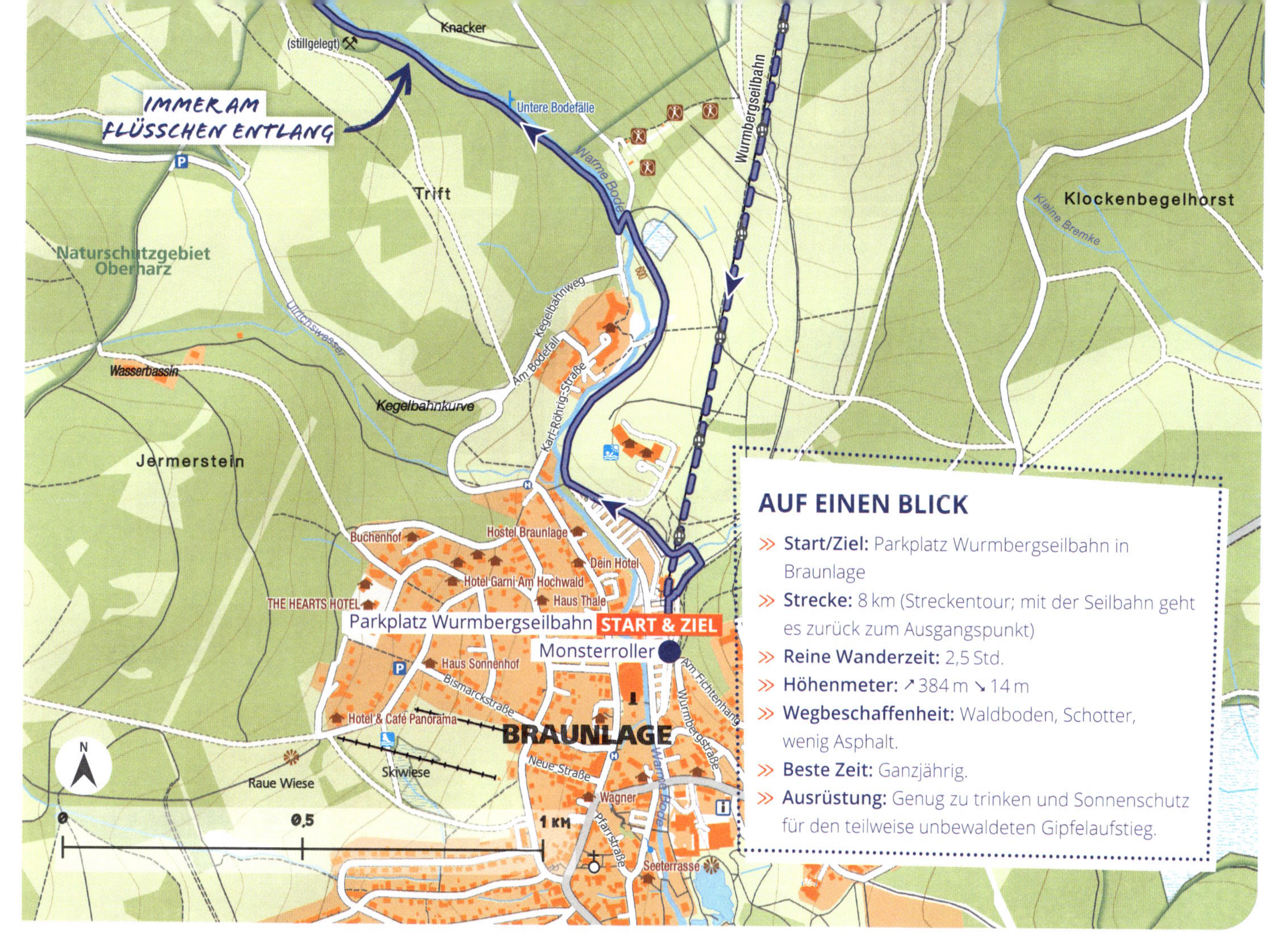


## AUF EINEN BLICK

» **Start/Ziel:** Parkplatz Wurmbergseilbahn in Braunlage

» **Strecke:** 8 km (Streckentour; mit der Seilbahn geht es zurück zum Ausgangspunkt)

» **Reine Wanderzeit:** 2,5 Std.

» **Höhenmeter:** ↗ 384 m ↘ 14 m

» **Wegbeschaffenheit:** Waldboden, Schotter, wenig Asphalt.

» **Beste Zeit:** Ganzjährig.

» **Ausrüstung:** Genug zu trinken und Sonnenschutz für den teilweise unbewaldeten Gipfelaufstieg.

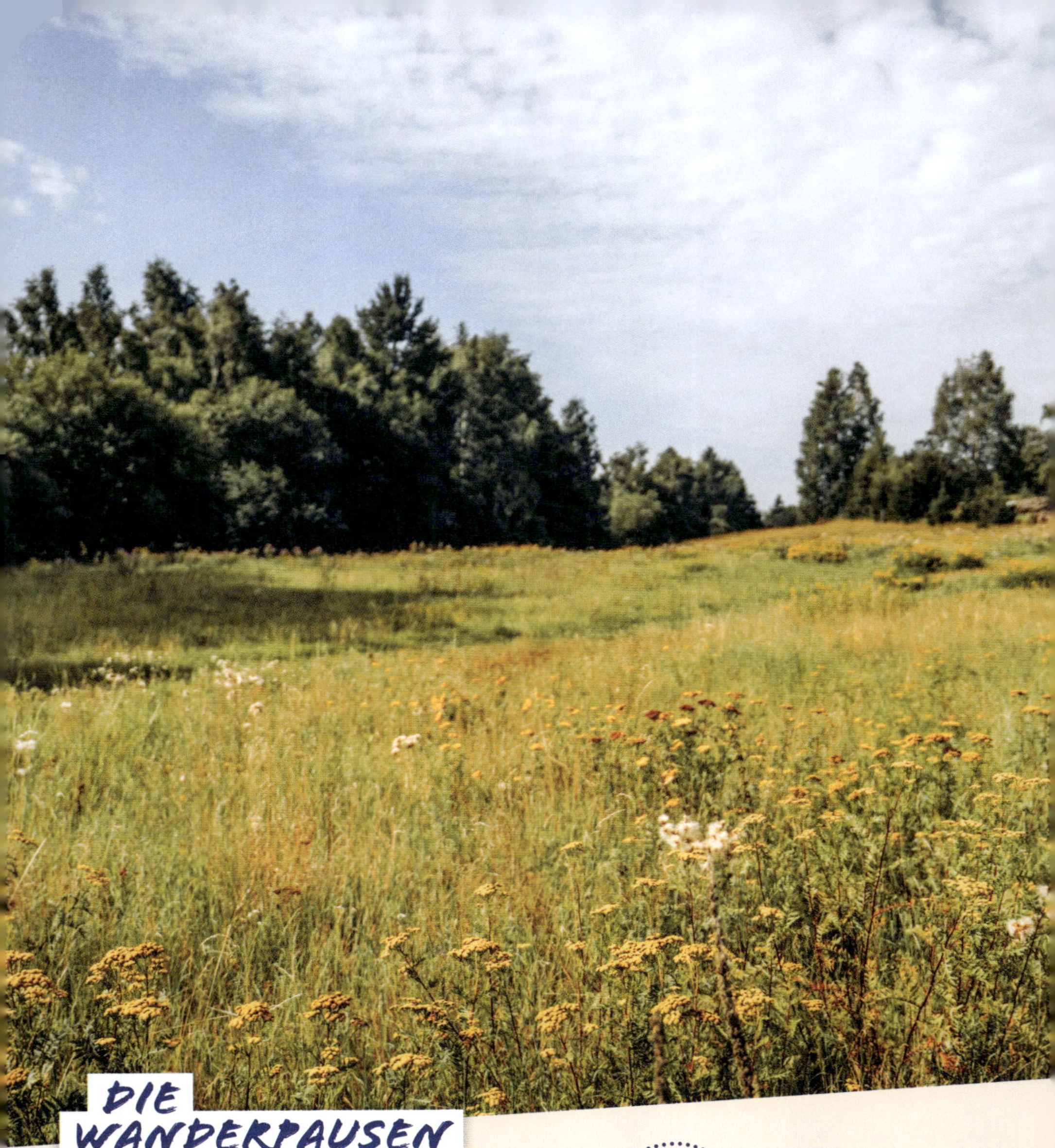

## DIE WANDERPAUSEN

»START
Bahnhof Benneckenstein

KM 4,5

Moserteich
Aufs Wasser schauen

KM 5

2 Walzenhütte
Stempel sammeln

KM 5,7

Dammbachtal
Augen auf am Wasserlauf

# 11

# AB AUF DIE ALM

## Von Benneckenstein über den Carlsturm nach Sophienhof

*Für eine Auszeit auf der Alm braucht man nicht bis in die Alpen fahren. Diese Wanderung im Harz führt von Benneckenstein ins Bergdorf Sophienhof mit seiner urigen Ziegenalm. Unterwegs gibt's idyllische Bachtäler, saftige Bergwiesen und Weitblicke vom Carlsturm. Zurück geht's mit der Brockenbahn.*

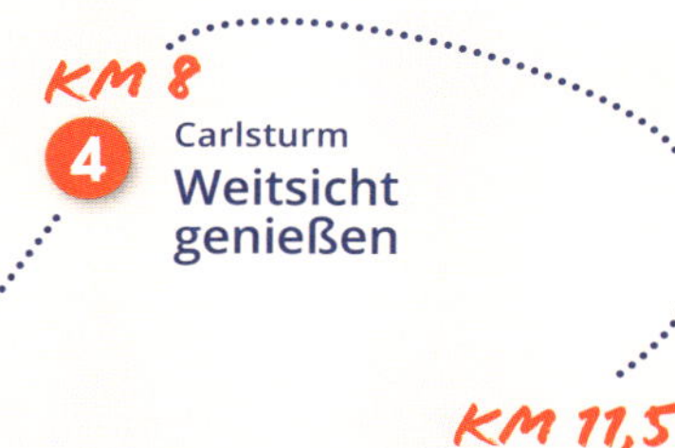

KM 8

4 Carlsturm
**Weitsicht genießen**

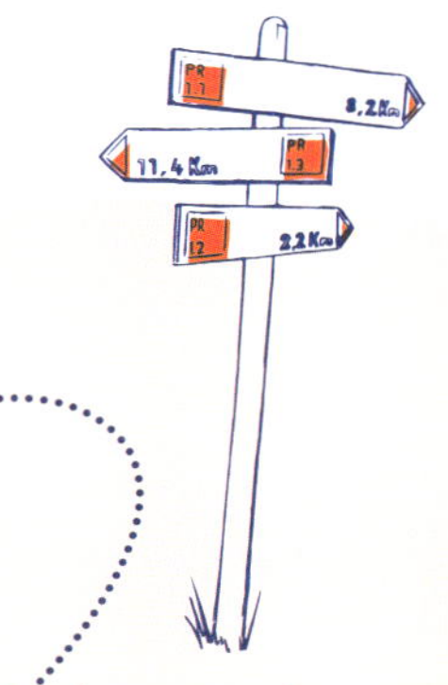

KM 11,5

5 Ziegenalm Sophienhof
**Einkehr auf der Alm**

KM 12,8 » ZIEL
Bahnhof Sophienhof

# ALMIDYLLE IM SÜDHARZ ...

... versprüht diese Wanderung, die von Benneckenstein nach Sophienhof führt. Schon auf den ersten Kilometern läuft man über blühende Bergwiesen und lässt das Stadtzentrum schnell hinter sich. Nicht ohne Grund gibt es hier auch den Bergwiesen-Lehrpfad, einen familienfreundlichen und kinderwagentauglichen Themenwanderweg von fünf Kilometern Länge. Verschiedene Schautafeln beschreiben die Vielfalt der Bergwiesen. Auf dieser Wanderung dagegen guckt man sich die Wiesen nur aus der Ferne an, während man immer weiter den Flussauen der Rappbode zum **Moserteich** folgt.

Für ein paar Hundert Meter führt der Weg durch den Wald, über die Schienen der Brockenbahn, bis man wieder in der weiten Ebene unterwegs ist. Rund um die **Walzenhütte** wurde in den letzten Jahren ganz schön viel Totholz entfernt. Früher lag die Schutzhütte mitten im Wald, heute ist sie schon von Weitem auf ihrem Plateau zu sehen. In ein paar Jahren wird das schon wieder ganz anders aussehen. Weiter geht es durch das **Dammbachtal** – zuerst auf einem breiten Wanderweg, dann weiter auf einem schmalen Pfad mit Stegen über den Fluss. Bereits hier hat man das nächste Etappenziel in Sicht: den **Carlsturm** auf der gleichnamigen Höhe.

DER WEG AUS BENNECKENSTEIN FÜHRT ÜBER BUNT BLÜHENDE BERGWIESEN

Nun ist es auch nicht mehr weit bis nach Sophienhof. Der gleichnamige Steig führt auf direktem Weg dorthin. Sophienhof selbst ist ein Harzer Bergdorf wie aus dem Bilderbuch. Es liegt einbettet in Wäldern auf einem Wiesenplateau. Hier scheinen die Uhren noch ein wenig langsamer zu ticken. Vor den süßen Fachwerkhäusern im Ortskern stehen üppig blühende Blumenkästen und auf den Wiesen grasen traditionelle Harzer Haustiere, die zur **Ziegenalm Sophienhof** gehören.

Bei aller Entschleunigung sollte man bloß nicht die Zeit vergessen. Denn um zurück zum Ausgangspunkt in Benneckenstein zu kommen, gibt es nur wenige Bus- oder Zugverbindungen. Am schönsten reist man natürlich mit der Brockenbahn ab. Da sie am Bahnhof Sophienhof nur auf Verlangen hält, sollte man sich nicht zu lange in dem Wartehäuschen verstecken. Während der Fahrt ziehen viele Teile der Wanderung noch einmal im Schnelldurchlauf an einem vorbei, bis man 18 Minuten später zurück in Benneckenstein ist.

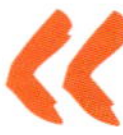

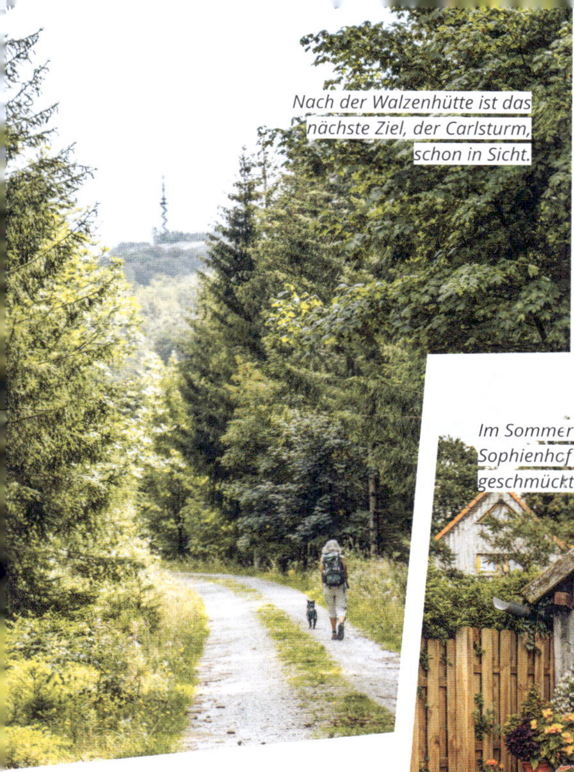

*Nach der Walzenhütte ist das nächste Ziel, der Carlsturm, schon in Sicht.*

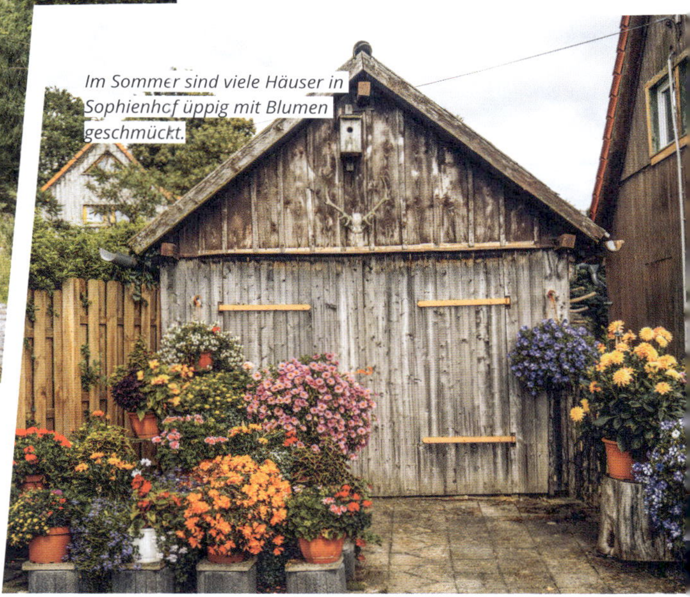

*Im Sommer sind viele Häuser in Sophienhof üppig mit Blumen geschmückt.*

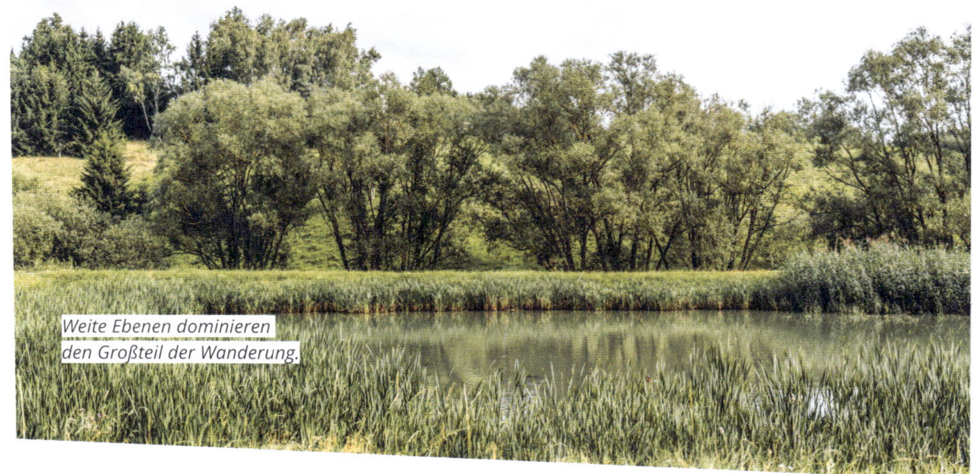

*Weite Ebenen dominieren den Großteil der Wanderung.*

# WANDERN & GENIESSEN

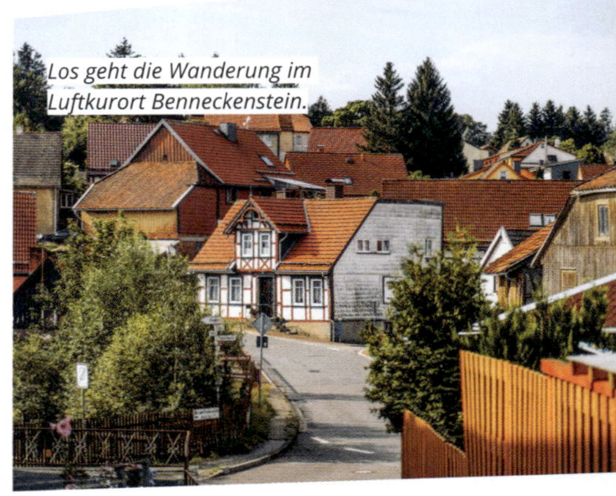
Los geht die Wanderung im Luftkurort Benneckenstein.

## »START

**Bahnhof Benneckenstein**

*Vorbei am Touristik-Informationszentrum auf den Brennereiweg einbiegen. Es geht durch den Wilhelm-Schmidt-Park und dann auf der Straße Teichdamm ortsauswärts. Die Gasse Unterstadt führt zum Fluss Rappbode, dem man für rund zwei Kilometer folgt (Ausschilderung »Carlshaus/Moserteich/Walzenhütte«).*

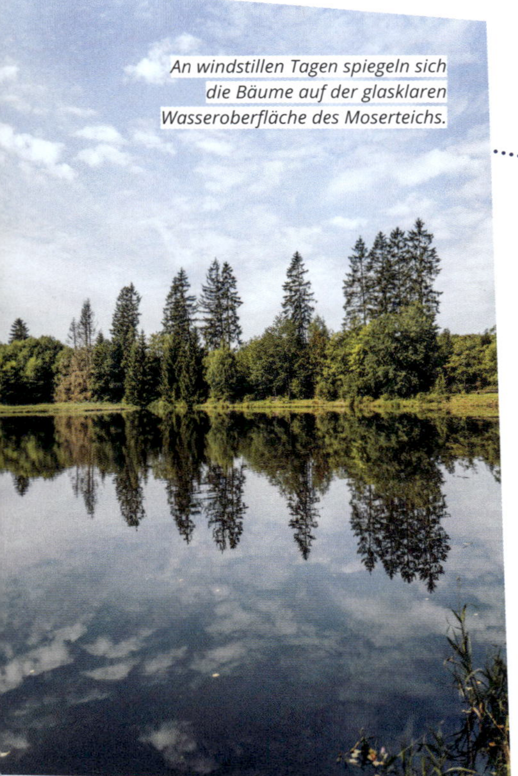
An windstillen Tagen spiegeln sich die Bäume auf der glasklaren Wasseroberfläche des Moserteichs.

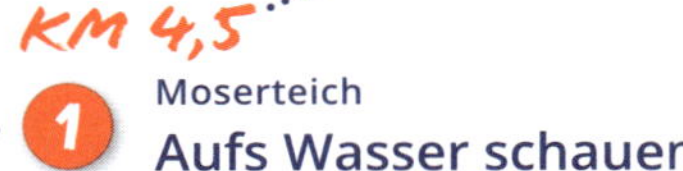

## KM 4,5

1 **Moserteich**

### Aufs Wasser schauen

Selbst an Wochenenden ist es hier, südöstlich von Benneckenstein, nicht überlaufen und oft kann man sogar ganz für sich alleine aufs Wasser schauen und seinen Gedanken nachgehen. Auf dem grasbewachsenen Staudamm und am Westufer gibt es gleich mehrere Bänke, die zu einer Pause einladen. Der Moserteich staut das Wasser des kleinen Bachs Krugbergwasser auf, der unterhalb des Damms in die Rappbode fließt. Über eine kleine Holzbrücke passiert man den Überlauf des Teiches, um die Wanderung fortzusetzen.

*Hinter der Brücke links halten, nach 500 Metern die Schienen überqueren und nach 200 Metern rechts abbiegen ins Laubhüttenbachtal.*

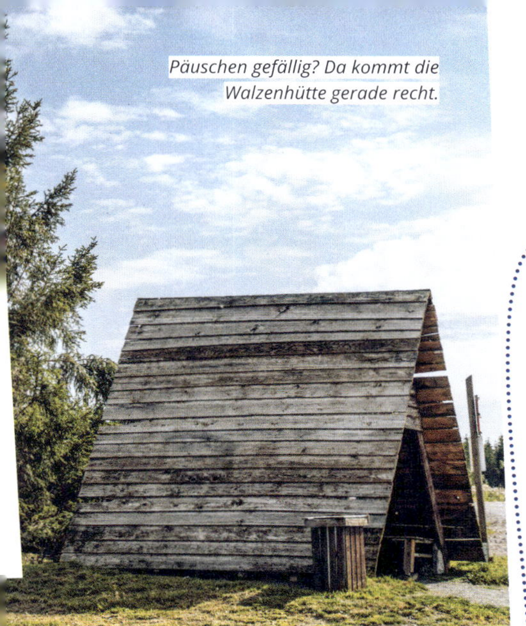

Päuschen gefällig? Da kommt die Walzenhütte gerade recht.

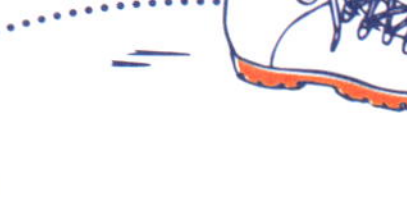

KM 5,7

## 3 Dammbachtal

## Augen auf am Wasserlauf

Das wilde Dammbachtal ist typisch für den Oberharz. Der Dammbach ist einer der Hauptnebenflüsse der Rappbode, in die er in Trautenstein mündet. Er gehört damit zum Naturschutzgebiet Harzer Bachtäler. Fünf lange Holzstege helfen Wanderern, trockenen Fußes über den mäandernden Fluss zu gelangen. Von hier aus kann man sehr gut die Flora und Fauna des Flusstals beobachten. Wer Glück hat, kann am oder im Wasser Bachforellen, Molche, Wasseramseln, Eisvögel, Neuntöter und Karmingimpel erblicken.

*Dem schmalen Pfad weiter folgen, bis er auf einen breiteren Weg führt. Hier in Richtung Carls(haus-)turm weiterwandern. Nach knapp zwei Kilometern bergauf die Abzweigung zum Carlsturm nehmen.*

KM 5

## 2 Walzenhütte

## Stempel sammeln

Die Walzenhütte liegt auf 521 Metern an einer Wegspinne zwischen Trautenstein und Benneckenstein. Sie befindet sich mitten im Gebiet der Harzer Bachtäler, einem weitverzweigten Naturschutzgebiet. Das Netz aus Bachläufen, Quellen, Sumpf- und Auenlandschaften steht seit 1998 unter Naturschutz. Hier befindet sich auch eine von insgesamt 222 Stempelstellen der Harzer Wandernadel, die mithilfe eines Wanderpasses erwandert werden können. Und mit ein wenig Glück kann man während eines kleinen Picknicks ganz in der Nähe die Brockenbahn vorbeifahren sehen.

*Dem Dammbachtalweg etwa 600 Meter folgen, dann auf einen schmalen Pfad abbiegen, der tiefer ins Tal zu einer Brücke führt.*

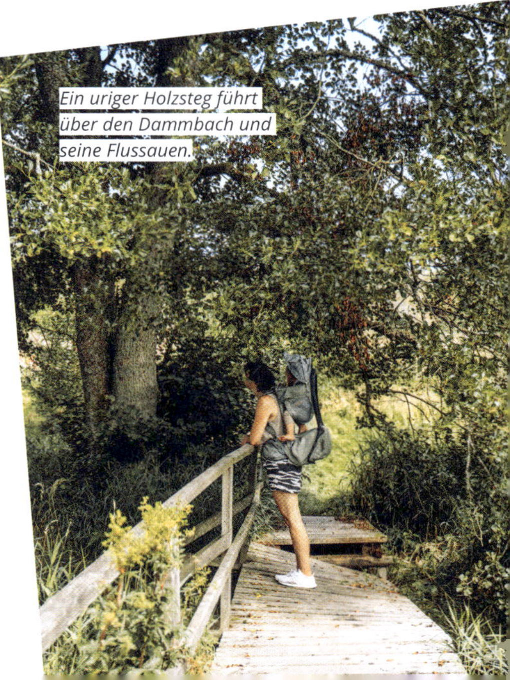

Ein uriger Holzsteg führt über den Dammbach und seine Flussauen.

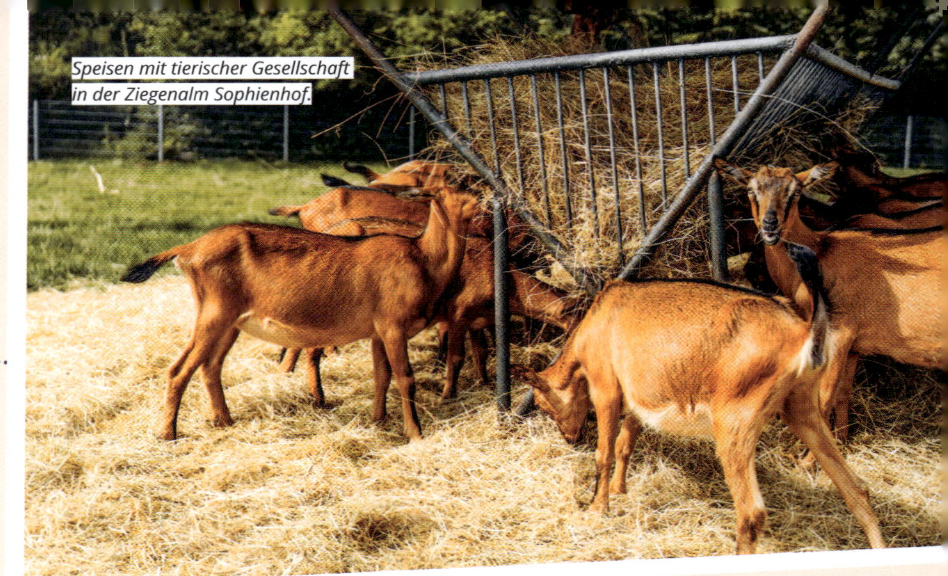
Speisen mit tierischer Gesellschaft in der Ziegenalm Sophienhof.

KM 8

4

Carlsturm

## Weitsicht genießen

Der ursprünglich von den Harzer Schmalspurbahnen genutzte Funkturm ist heute für Wanderer zugänglich. Er steht auf einem 626 Meter hohen Bergrücken, der Carlshaushöhe, zwischen Trautenstein und Sophienhof. 155 Stufen führen zu einer Aussichtsplattform in 30 Metern Höhe – nichts für Menschen mit Höhenangst. Wer sie aber überwunden hat, kann den ganzen Oberharz bis hin zum Kyffhäuser überblicken. Auf der Carlshaushöhe befinden sich neben dem Turm auch eine Schutzhütte, zwei Rastplätze sowie eine Stempelstelle der Harzer Wandernadel.

*Zurück an der Weggabelung den Schildern nach Sophienhof folgen und auf dem Sophienhof-Steig weiterwandern. Dieser führt über den Bahnhof Sophienhof auf direktem Weg in das Bergdorf. Im Ort rechts abbiegen zur Ziegenalm.*

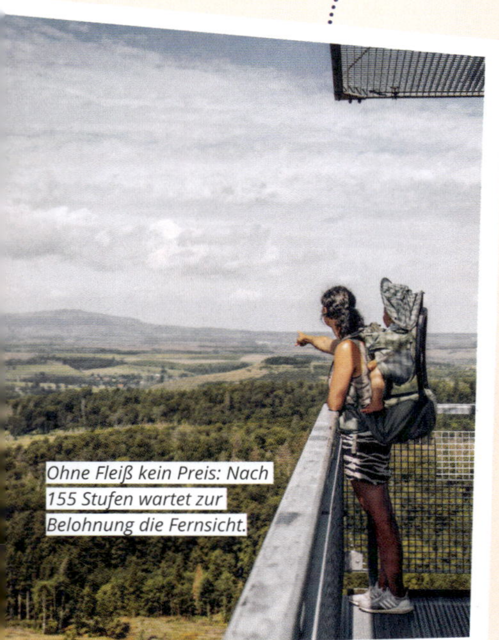
Ohne Fleiß kein Preis: Nach 155 Stufen wartet zur Belohnung die Fernsicht.

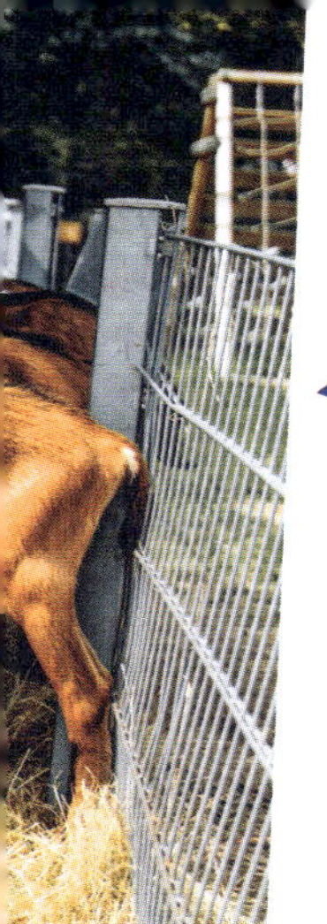

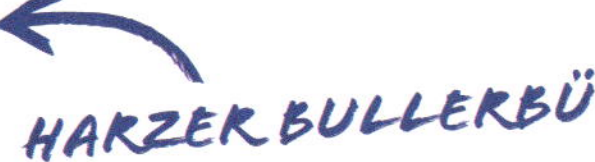


## EXTRA INFOS:

Wer ein Stück Almidylle mit nach Hause mitnehmen möchte, kann sich im **Hofladen der Ziegenalm Sophienhof** (www.ziegenalm.de) mit Ziegenkäsespezialitäten von Frisch- und Weichkäse über Camembert, Ziegenmünster, eingelegten Käse bis hin zu Räucher- und Schnittkäse eindecken. Fleischesser können auch Wurstwaren von Schwein, Ziege, Heidschnucke, Rind oder Damwild erwerben. Und wer sich gar nicht loseisen kann, verbringt »auf der Alm« gleich ein paar Nächte. Die Ziegenalm vermietet auch Ferienwohnungen und -häuser.

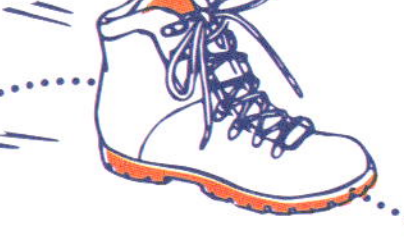

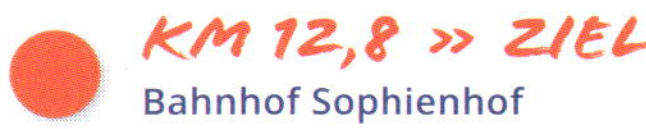


**Bahnhof Sophienhof**

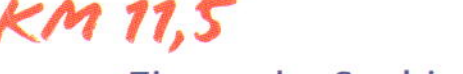


**5** Ziegenalm Sophienhof

## Einkehr auf der Alm

Mitten im urigen Harzer Bergdorf Sophienhof befindet sich die Ziegenalm (www.ziegenalm.de). Auf dem Bauernhof liefern 120 Harzziegen die Milch für die hofeigene Käserei. Es gibt aber auch 150 Heidschnucken, Tiroler Grauviehkühe, ein Damwildgatter und Sattelschweine sowie Hühner. In der gemütlichen Almstube und im Sommer auch draußen auf der Terrasse werden Speisen und Getränke aus hofeigener Produktion sowie frisch gebackene Kuchen serviert. Vegetarier sollten den hauseigenen Grillkäse probieren, der auf Salatbett serviert wird. Und zum Nachtisch gibt's hausgemachtes Ziegeneis. Mhmmmm!

*Auf dem gleichen Weg über den Sophienhof-Steig zurück zum Bahnhof wandern.*

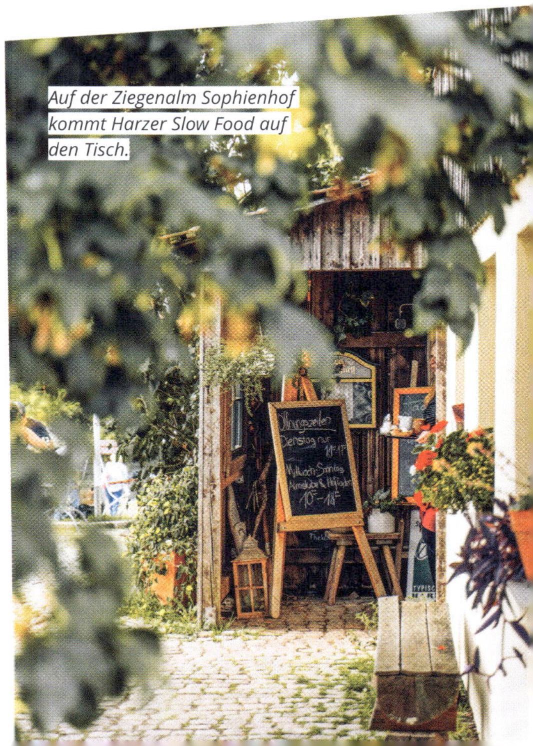

*Auf der Ziegenalm Sophienhof kommt Harzer Slow Food auf den Tisch.*

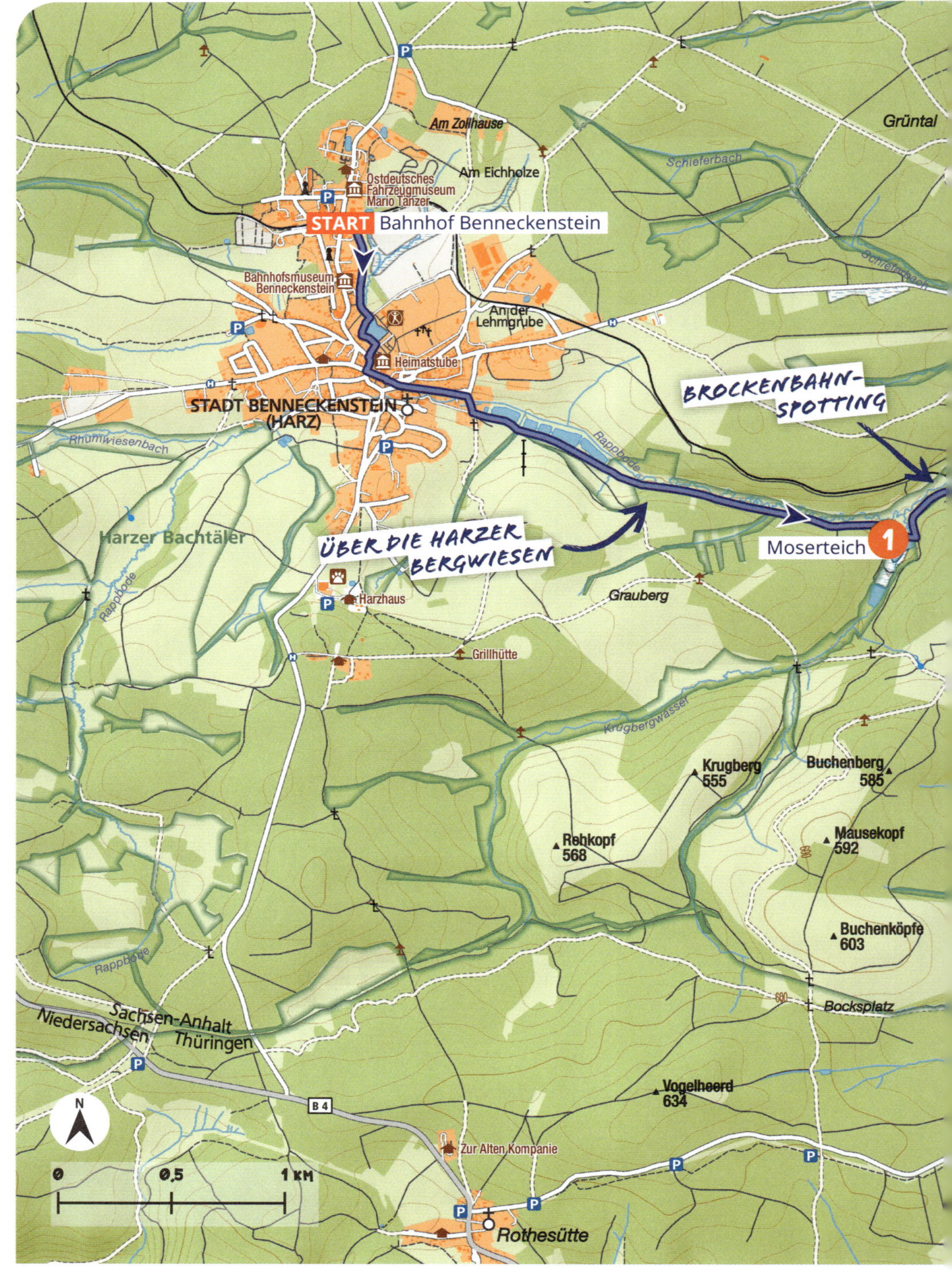

START Bahnhof Benneckenstein
Am Zollhause
Am Eichholze
Ostdeutsches Fahrzeugmuseum Mario Tänzer
Grüntal
Schieferbach
Bahnhofsmuseum Benneckenstein
An der Lehmgrube
Heimatstube
BROCKENBAHN-SPOTTING
STADT BENNECKENSTEIN (HARZ)
Rhumwiesenbach
Rappbode
Moserteich
1
ÜBER DIE HARZER BERGWIESEN
Harzer Bachtäler
Harzhaus
Grauberg
Grillhütte
Krugbergwasser
Krugberg 555
Buchenberg 585
Rehkopf 568
Mausekopf 592
Buchenköpfe 603
Bocksplatz
Sachsen-Anhalt
Niedersachsen
Thüringen
B 4
Vogelheerd 634
Zur Alten Kompanie
Rothesütte
0
0,5
1 KM

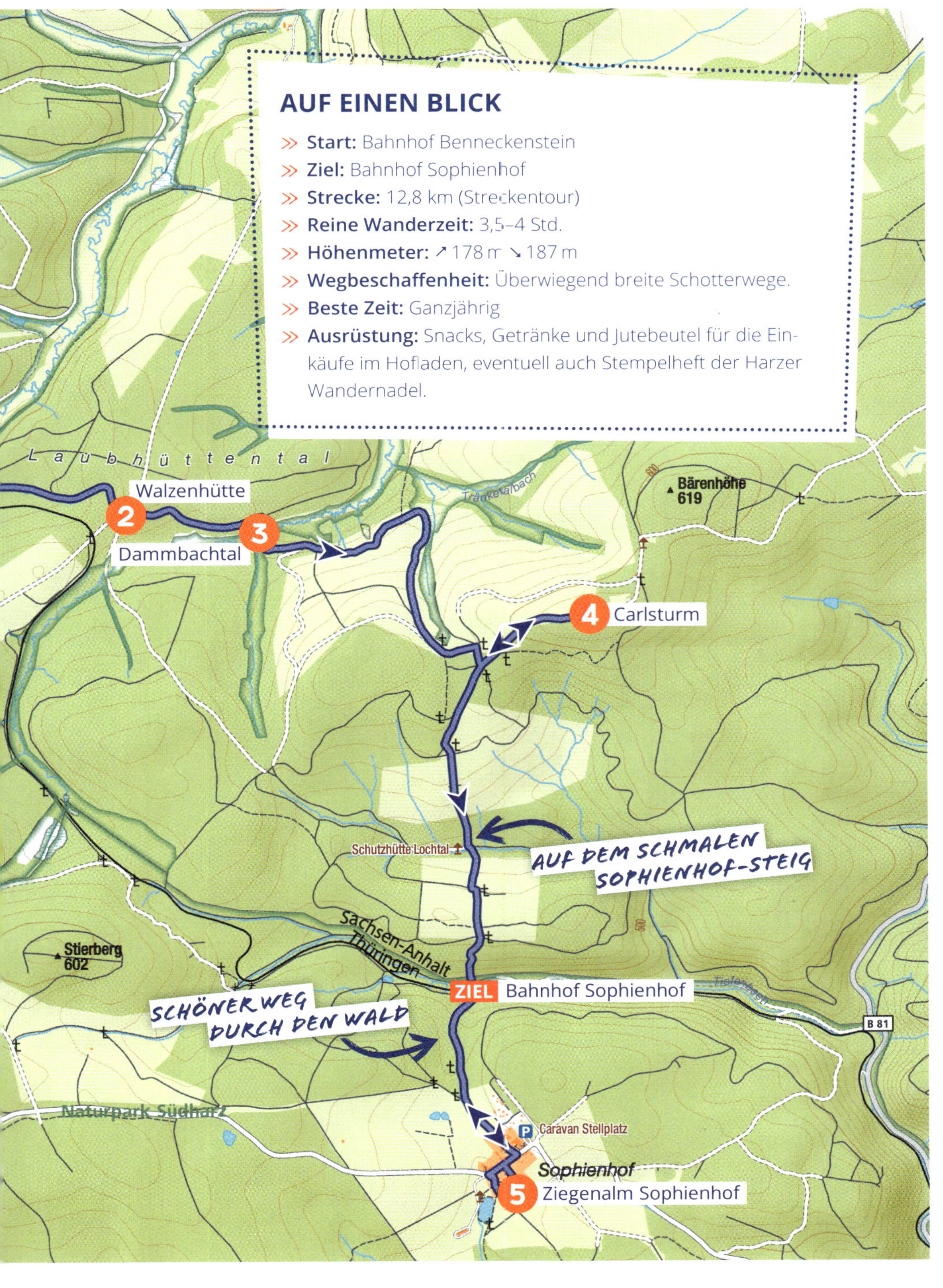


## AUF EINEN BLICK

- » **Start:** Bahnhof Benneckenstein
- » **Ziel:** Bahnhof Sophienhof
- » **Strecke:** 12,8 km (Streckentour)
- » **Reine Wanderzeit:** 3,5–4 Std.
- » **Höhenmeter:** ↗ 178 m ↘ 187 m
- » **Wegbeschaffenheit:** Überwiegend breite Schotterwege.
- » **Beste Zeit:** Ganzjährig
- » **Ausrüstung:** Snacks, Getränke und Jutebeutel für die Einkäufe im Hofladen, eventuell auch Stempelheft der Harzer Wandernadel.

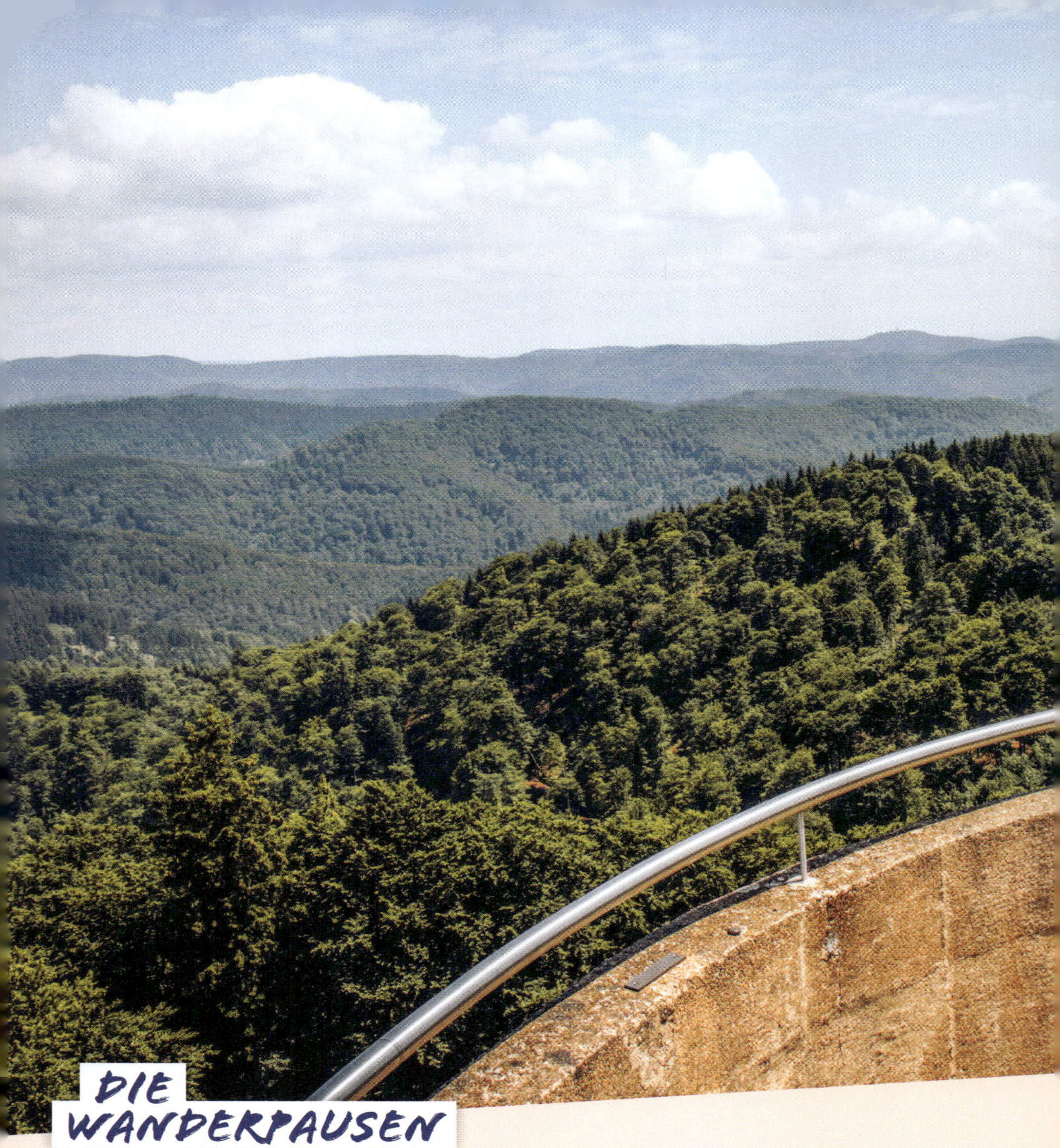

# DIE WANDERPAUSEN

» START
Parkplatz am Schwimmbad in Sieber

KM 2,8
1 Alwin-Holzapfel-Köte
**Lauschiges Päuschen**

KM 4,4
2 Knollenturm
**Blick von ganz oben**

KM 4,5

Waldgaststätte Großer Knollen
**Zünftige Brotzeit**

12

# TANZ AUF DEM VULKAN

## Von Sieber auf den Großen Knollen im Südharz

*Zugegebenermaßen erinnert bei der Gipfeltour auf den Großen Knollen nicht viel an den einstigen Vulkanismus. Stattdessen gibt's idyllische Flusstäler, saftig grüne Wälder und einen Fernblick vom Gipfel bis in den Thüringer Wald, der fast nicht zu toppen ist – außer mit der zünftigen Brotzeit in der Knollenbaude.*

KM 8,2

4 An der Sieber
**Natürliche Kneippkur**

KM 10,3

5 Freibad Sieber
**Sprung ins Nass**

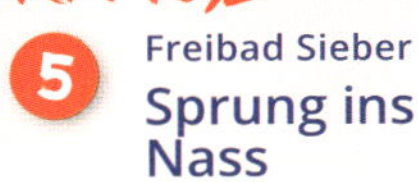

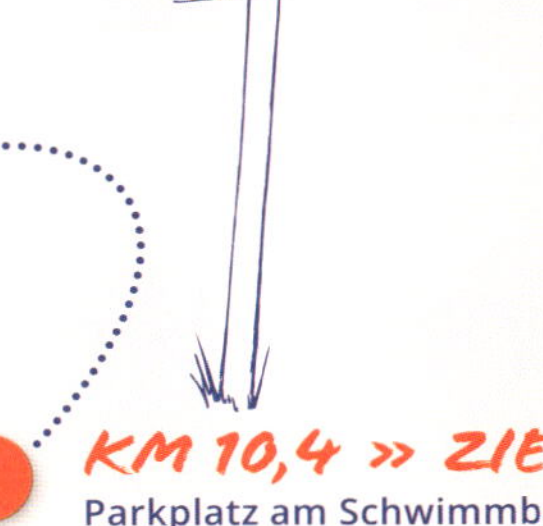

KM 10,4 » ZIEL
Parkplatz am Schwimmbad in Sieber

# GIPFELTOUR IM SÜDHARZ

Wenn man seinen Blick über die saftig grüne Waldlandschaft am Fuß des Großen Knollen schweifen lässt, kann man kaum glauben, dass dieser im Perm-Zeitalter ein Feuer speiender Vulkan gewesen ist. Heute erinnert nur noch wenig an die explosiven Zeiten. Statt brodelndem Magma begleitet das friedliche Plätschern des Breitentalbachs den ersten Kilometer der Wanderung durch das Tiefenbeek. Dann wird einem schnell auch ohne aktiven Vulkanismus ganz schön eingeheizt. Nämlich sobald man die Knollenstraße verlässt und über eine kleine Brücke dem steilen Baudensteig durch das Gatzemannstal folgt.

**AUF EINEM VERWUNSCHENEN WANDERPFAD FOLGT MAN DEM RAUSCHEN DER SIEBER**

Der kürzestmögliche Weg auf den **Großen Kollen** hat es streckenweise ganz schön in sich. Wer es gemütlicher mag, bleibt für einen sanfteren, aber zwei Kilometer längeren Aufstieg auf der breiten Schotterstraße. Landschaftlich ist der steile, schmale Pfad aber nicht zu überbieten. Mal schattig durch den Buchenwald, mal lichter zwischen Himbeerbüschen hindurch führt der Weg den Berg hinauf. Nach dem Motto »kurz und schmerzlos« ist der größte Anstieg schnell geschafft und an der Otto-Hermann-Hütte locken die ersten Bänke zur Rast.

Aber auch die nächsten zwei Wegkilometer sind nach dem steilen Anstieg eine Wohltat. Die letzten 700 Meter zum Gipfel sind noch einmal anstrengend, dann hat man es geschafft: Der Knollengipfel mit seinem **Aussichtsturm** und der gleichnamigen **Baude** liegt vor einem. Jetzt hat man sich eine ausgiebige Pause redlich verdient, bevor es an den Abstieg geht. Dieser folgt zunächst dem Baudensteig-Rundweg über einen schmalen Wurzelpfad auf der anderen Seite des Berges. Die Blicke reichen weit über die bewaldeten Hügel des Südharzes.

Vorbei an der Schutzhütte Jägerfleck geht es dann auf dem Invalidenweg bis tief hinab ins **Siebertal.** Wer mag, gönnt seinen Wanderfüßen ein kühlendes Bad im Fluss, bevor man den Baudensteig-Rundweg verlässt, um der Ausschilderung nach Sieber auf einem schönen Wiesenwanderweg zu folgen. Es geht für zwei Kilometer hoch am Hang oberhalb des Flusses zurück zum Ausgangspunkt. Wer Badesachen dabei hat, kann sich im **Freibad Sieber** von den Wanderstrapazen erholen. «

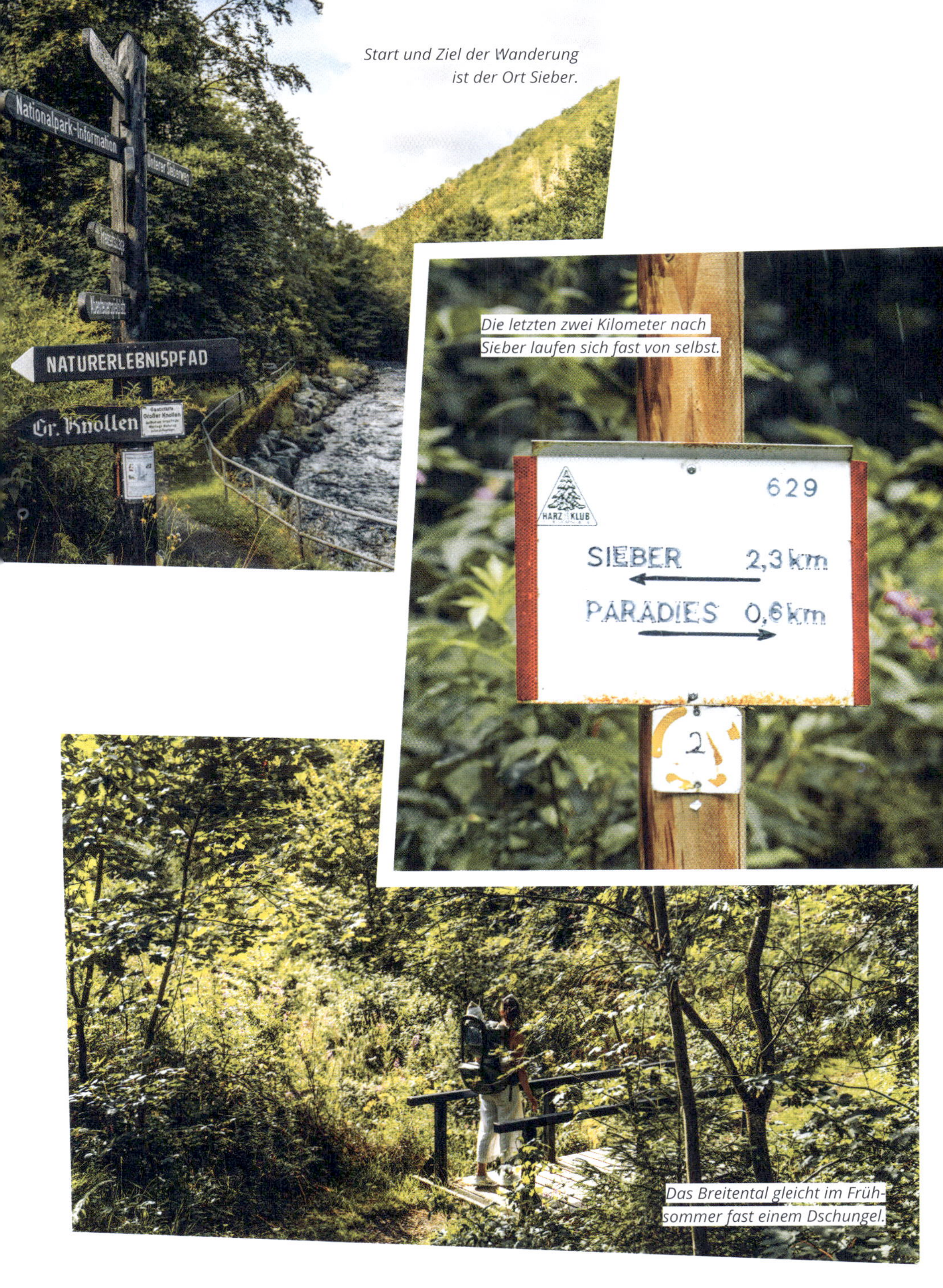


Start und Ziel der Wanderung ist der Ort Sieber.

Die letzten zwei Kilometer nach Sieber laufen sich fast von selbst.

Das Breitental gleicht im Frühsommer fast einem Dschungel.

# WANDERN & GENIESSEN

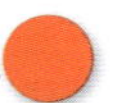

»START

**Parkplatz am Schwimmbad in Sieber**

*Über die Knollenstraße ins Tiefenbeektal dem Baudensteig-Rundweg folgen. Dann nach etwa 500 Metern rechts auf den steilen Pfad abbiegen.*

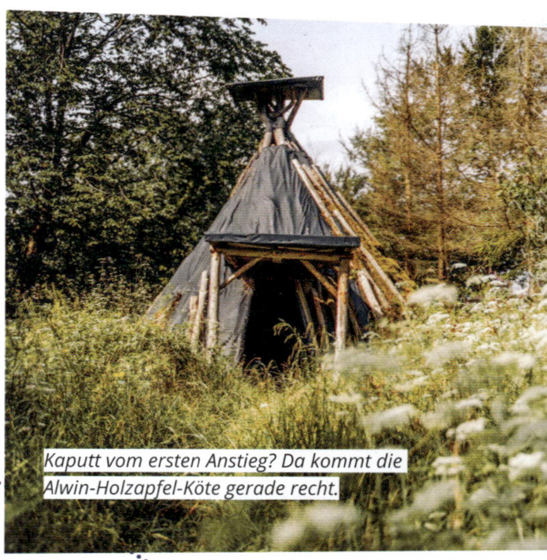

Kaputt vom ersten Anstieg? Da kommt die Alwin-Holzapfel-Köte gerade recht.

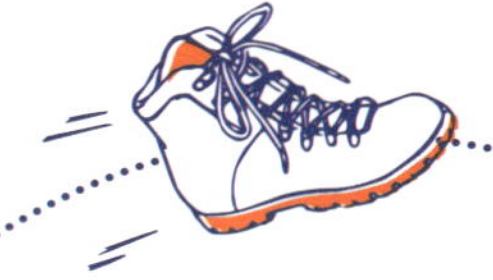

KM 2,8

1

Alwin-Holzapfel-Köte

## Lauschiges Päuschen

Wer nicht genau hinsieht, könnte dieses lauschige Plätzchen schnell übersehen, so versteckt liegt es im Unterholz zwischen Bäumen, Büschen und Wildblumen. Die kleine Hütte mit Feuerstelle war früher eine Köhlerhütte, die vom jeweiligen Köhler bewohnt wurde, um den Kohlenmeiler zu beaufsichtigen. Heute ist sie für Wanderer bei Regen ein willkommener Schutz. Bei schönem Wetter macht ein Päuschen auf der Picknickbank vor der Hütte natürlich noch mehr Spaß. Immerhin hat man bis hier bereits etwa zwei Drittel des Anstiegs zum Großen Knollen geschafft. Also kurz mal die Füße hochlegen!

*Der Knollenstraße weiter bis zum Gipfel folgen.*

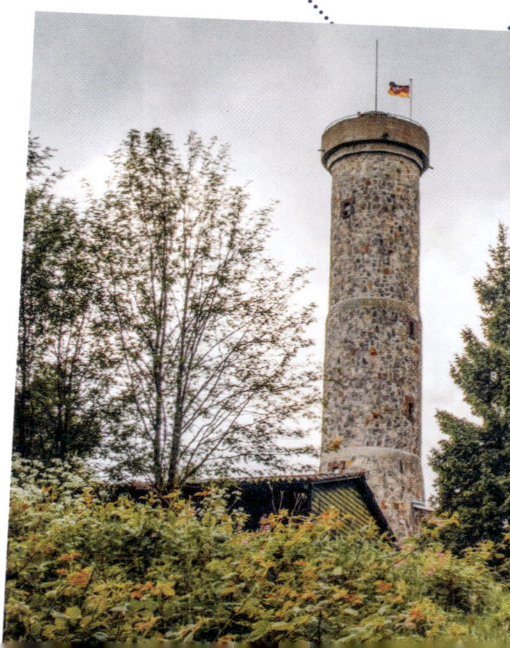

KM 4,4

2 Knollenturm

## Blick von ganz oben

Immerhin 687 Meter misst der ehemalige Vulkan. Wer gegen eine kleine Spende über eine Wendeltreppe den 20 Meter hohen Aussichtsturm (www.grosserknollen.de/dnturm.htm) erklimmt, macht die 700 komplett. Und das lohnt sich nicht nur für Erbsenzähler. Der Ausblick von der Aussichtsplattform reicht nicht nur weit über die Bergwelt des Harzes, sondern bei guter Fernsicht sogar bis zum Großen Inselsberg im Thüringer Wald sowie zum Weserbergland. Bereits 1890 stand hier der erste hölzerne Aussichtsturm, das aktuelle, steinerne Exemplar ist von 1904.

*Neben dem Turm befindet sich die gleichnamige Waldgaststätte.*

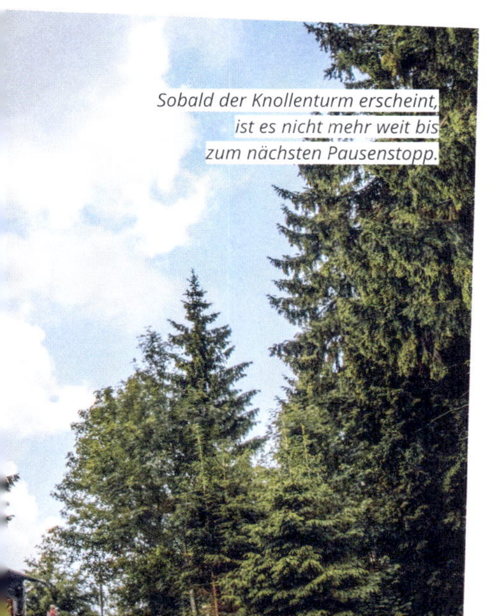

*Sobald der Knollenturm erscheint, ist es nicht mehr weit bis zum nächsten Pausenstopp.*

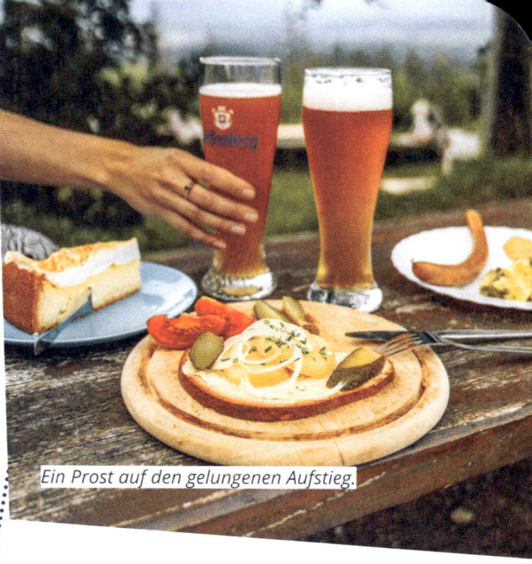

*Ein Prost auf den gelungenen Aufstieg.*

KM 4,5

3 Waldgaststätte Großer Knollen

## Zünftige Brotzeit

Die Waldgaststätte (www.grosserknollen.de) auf dem Großen Knollen ist eine Harzer Baude, wie sie im Buche steht. Die Speisekarte ist überschaubar, doch der hausgemachte Käsekuchen, die Erbsensuppe und die Brotzeit mit Harzer Käse sind überregional bekannt. Bei der Aussicht schmeckt aber auch alles noch tausendmal besser. Man sitzt entweder auf rustikalen Holzbänken draußen oder im kamingeheizten Innenraum. Die heutige Knollenbaude entstand übrigens nach dem Zweiten Weltkrieg, nachdem die Vorgängergaststätte in den 1930er-Jahren abgebrannt war.

*Abstieg auf dem Baudensteig-Rundweg Richtung Jägerfleck und weiter über den Invalidenweg ins Siebertal.*

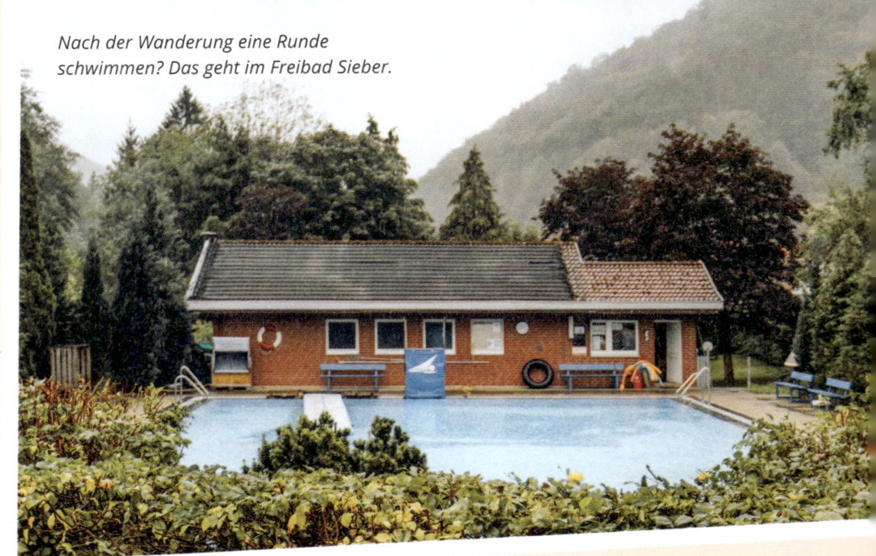

*Nach der Wanderung eine Runde schwimmen? Das geht im Freibad Sieber.*

KM 8,2

4

An der Sieber

## Natürliche Kneippkur

Die Sieber ist der letzte unterbaute Fluss im Westharz. Seit im Jahr 2020 zwei alte Wehranlagen zurückgebaut wurden, kann die Sieber wieder ökologisch durchgängig fließen. Und das ist auch gut so, denn als wichtige Lebensader vernetzt sie wichtige Biotope und bietet vielen bedrohten Arten Rückzug. Das freut nicht nur seltene Fischarten wie die Bachforellen oder Groppen, sondern auch die heißgelaufenen Wanderfüße, die man nach acht Wanderkilometern in dem kühlen Wasser erfrischen kann.

*Statt dem Baudensteig zu folgen, den kleinen Wiesenwanderweg am östlichen Flussufer nehmen.*

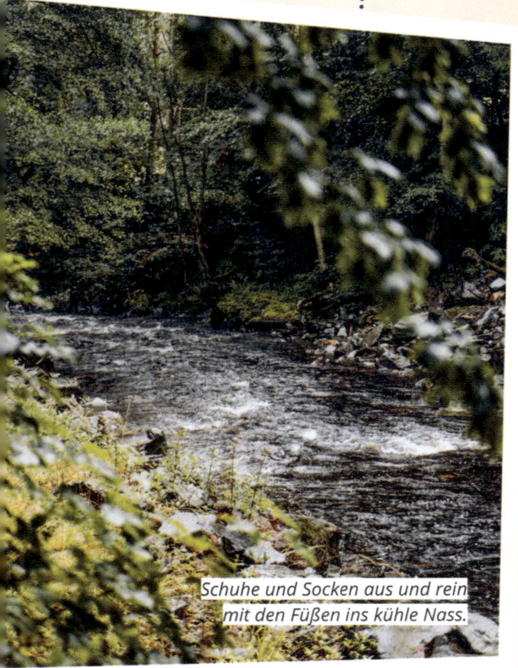

*Schuhe und Socken aus und rein mit den Füßen ins kühle Nass.*

**EXTRA INFOS:**

In Sieber bietet das ● **Café Dachstübchen** (www.cafe-dachstuebchen.de) Gelegenheit zur Einkehr im urigen Gastraum oder liebevoll gestalteten Biergarten.

Die mit Schiefer verkleidete, sehr gut restaurierte Holzkirche ● **St. Benedictus** (www.herzberg-kirche.de/st-benedictus-sieber) in Sieber ist ein echter Hingucker. Sie wurde im Jahre 1887 im damals zeitgemäßen nordischen Stil erbaut und ersetzte damit eine 200 Jahre alte, kleinere Vorgängerkirche.

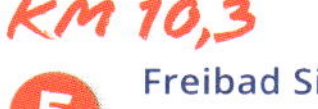

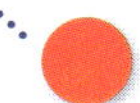

KM 10,4 » ZIEL

**Parkplatz am Schwimmbad in Sieber**

KM 10,3

5 **Freibad Sieber**

## Sprung ins Nass

Was gibt es Schöneres, als nach der Wanderung ins kühle Nass zu springen? Das geht – zumindest in den Sommermonaten – im Freibad Sieber. Das ehrenamtlich geführte Dorfschwimmbad liegt von Bäumen umgeben direkt an der Sieber und bietet alles, was das (große und kleine) Schwimmerherz begehrt: ein Planschbecken, ein kombiniertes Schwimmer-Nichtschwimmer-Becken mit kleinem Sprungturm, Liegen, Bänke, eine große Liegewiese und Spielmöglichkeiten. Einen Kiosk, der kleine Speisen und Getränke serviert, gibt es auch.

*Die Straße Tiefenbeek überqueren und am Wohnmobilstellplatz vorbei zurück zum Ausgangspunkt gehen.*

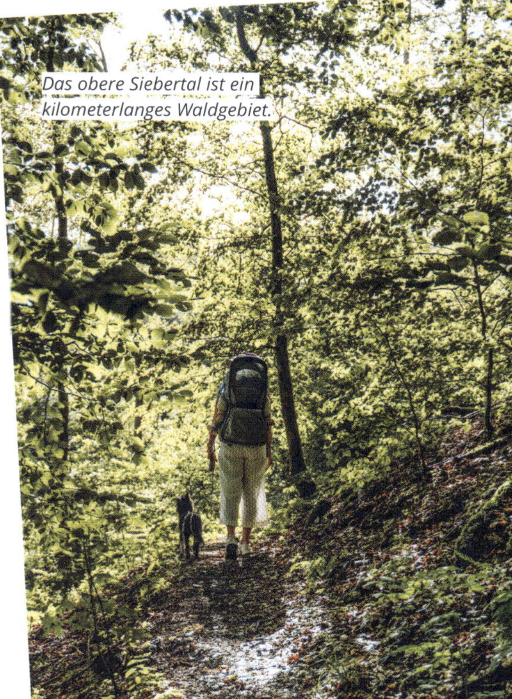

*Das obere Siebertal ist ein kilometerlanges Waldgebiet.*

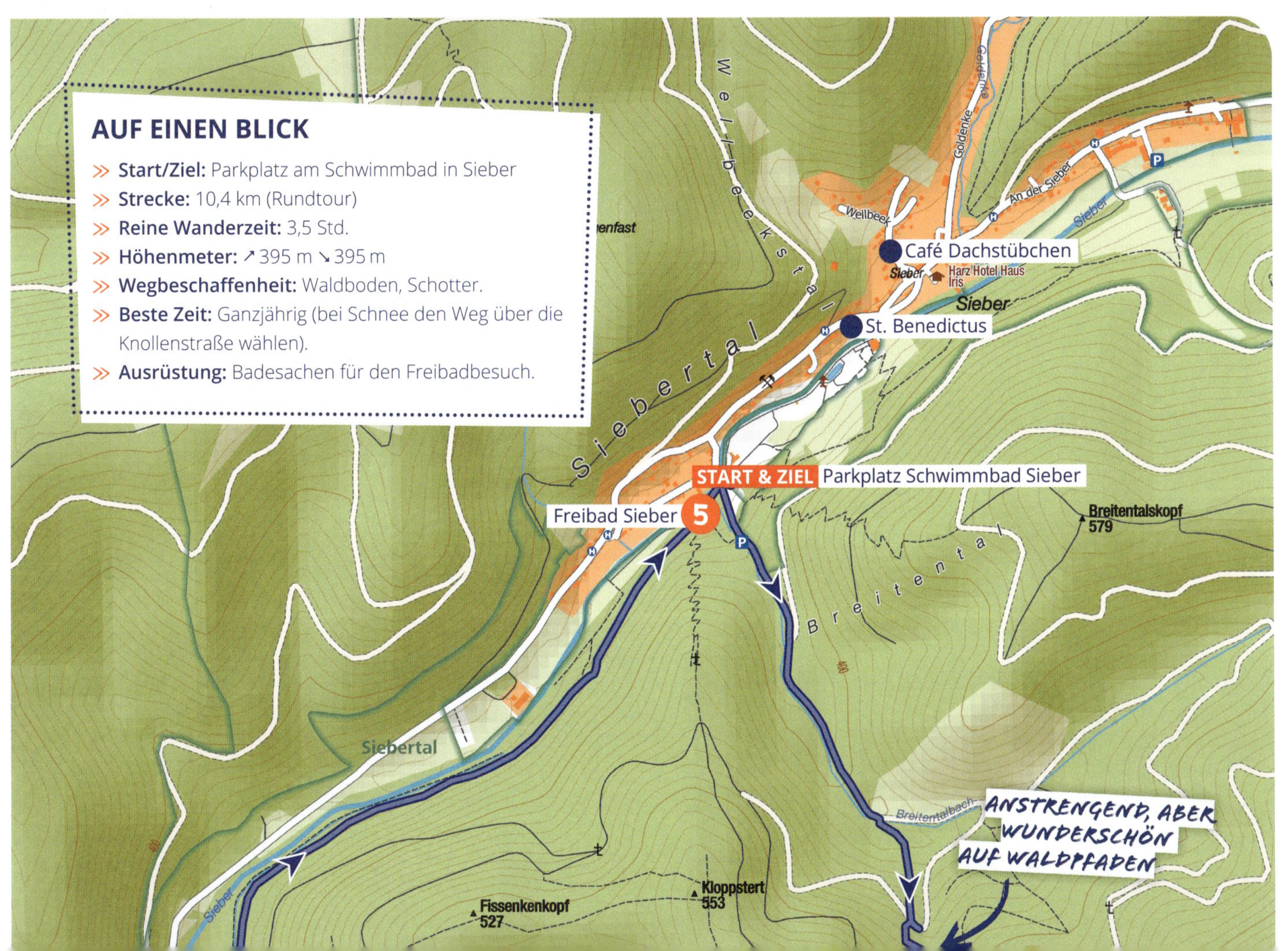


## AUF EINEN BLICK

- **Start/Ziel:** Parkplatz am Schwimmbad in Sieber
- **Strecke:** 10,4 km (Rundtour)
- **Reine Wanderzeit:** 3,5 Std.
- **Höhenmeter:** ↗395 m ↘395 m
- **Wegbeschaffenheit:** Waldboden, Schotter.
- **Beste Zeit:** Ganzjährig (bei Schnee den Weg über die Knollenstraße wählen).
- **Ausrüstung:** Badesachen für den Freibadbesuch.

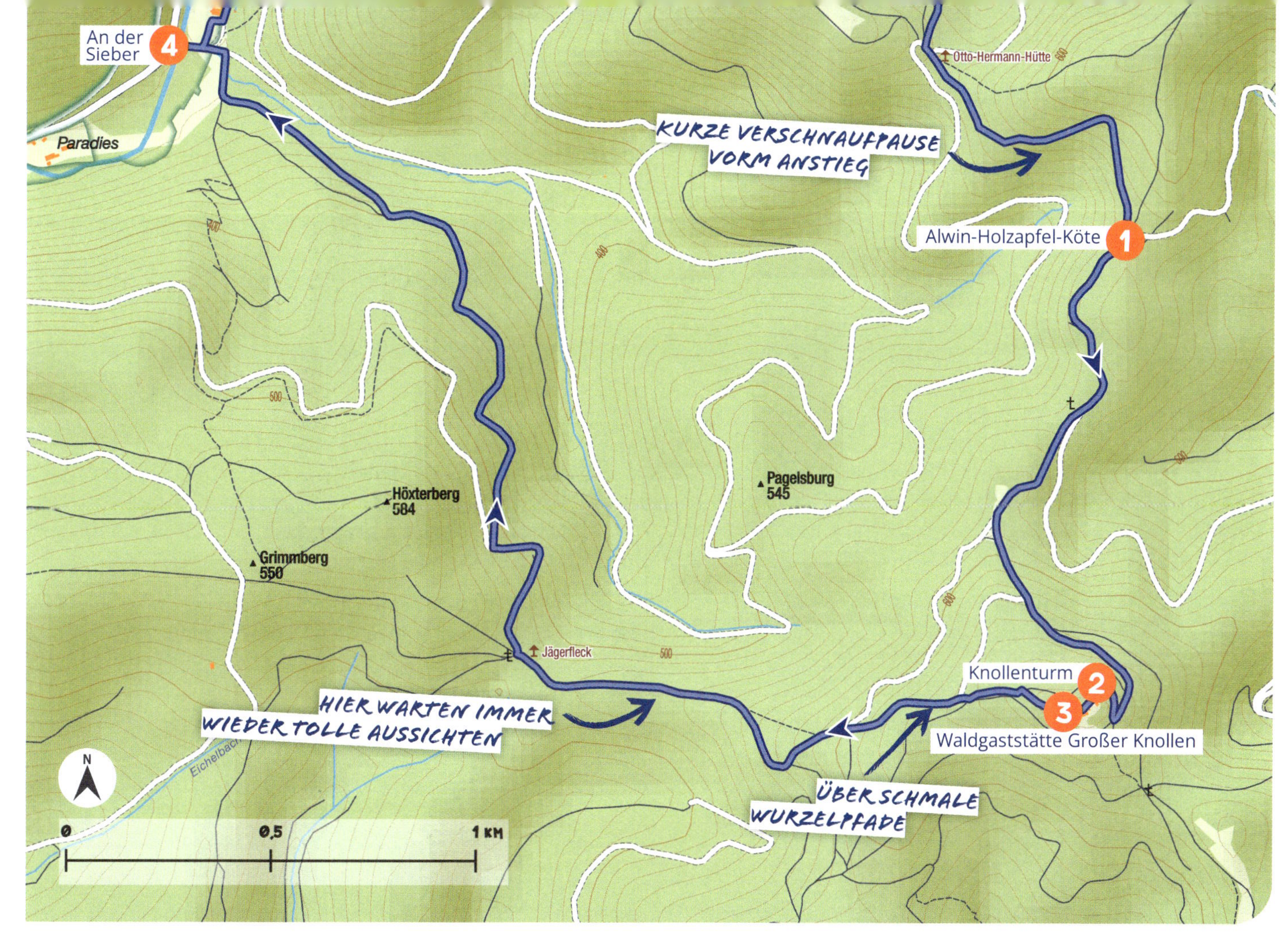

4 An der Sieber
Paradies
KURZE VERSCHNAUFPAUSE VORM ANSTIEG
Otto-Hermann-Hütte
1 Alwin-Holzapfel-Köte
Pagelsburg 545
Höxterberg 584
Grimmberg 550
Jägerfleck
2 Knollenturm
3 Waldgaststätte Großer Knollen
HIER WARTEN IMMER WIEDER TOLLE AUSSICHTEN
ÜBER SCHMALE WURZELPFADE
Eichelbach
N
0
0,5
1 KM

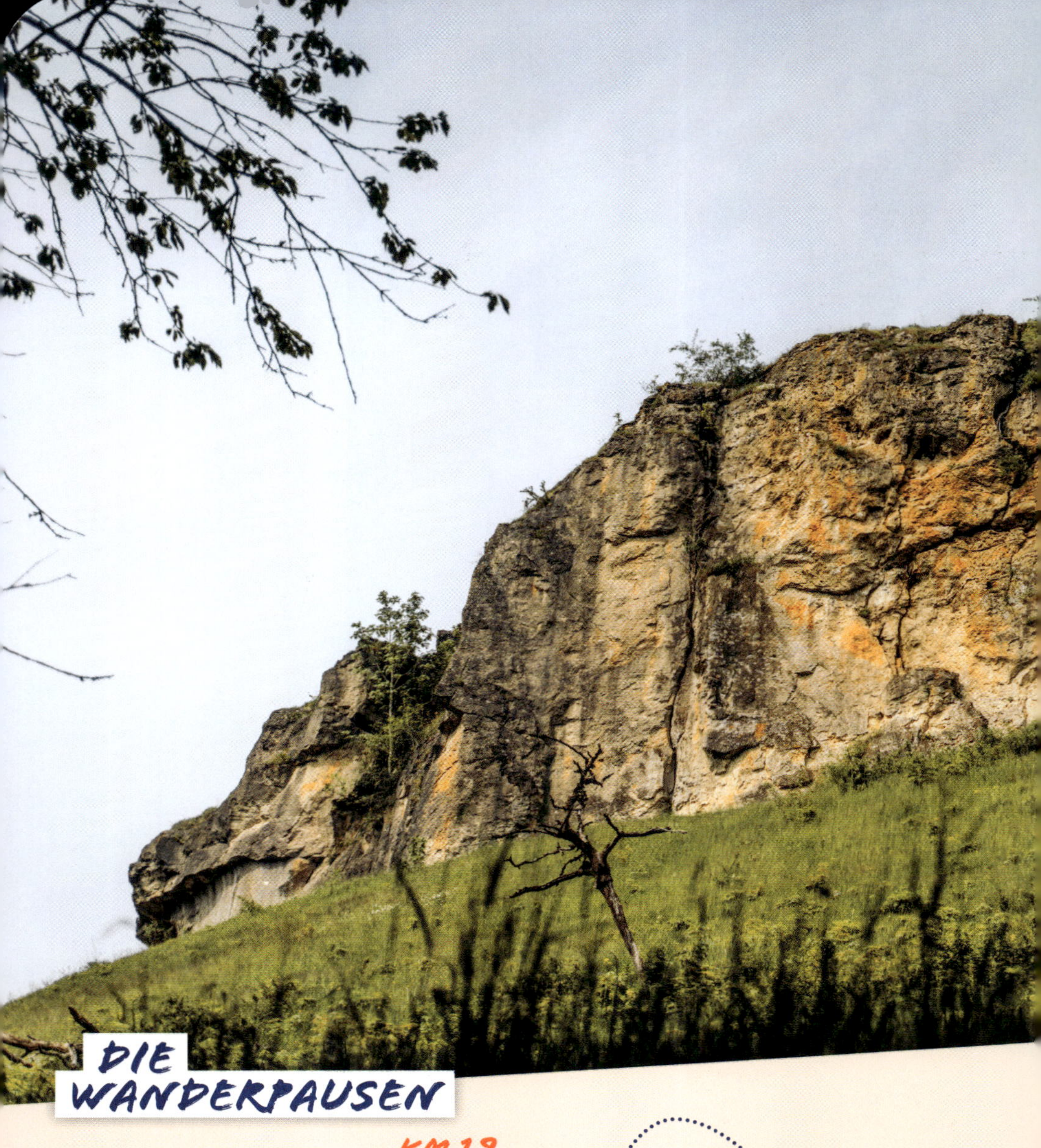

## DIE WANDERPAUSEN

» START
Parkplatz Welgengasse in Scharzfeld

KM 1,6
1 Steinkirche Scharzfeld
**Ab in die Steinzeit**

KM 1,9
2 Jahnklippe auf dem Steinberg
**»Turnen« mit Ausblick**

KM 5,5
3 Göttinger Hütte
**Picknick im Grünen**

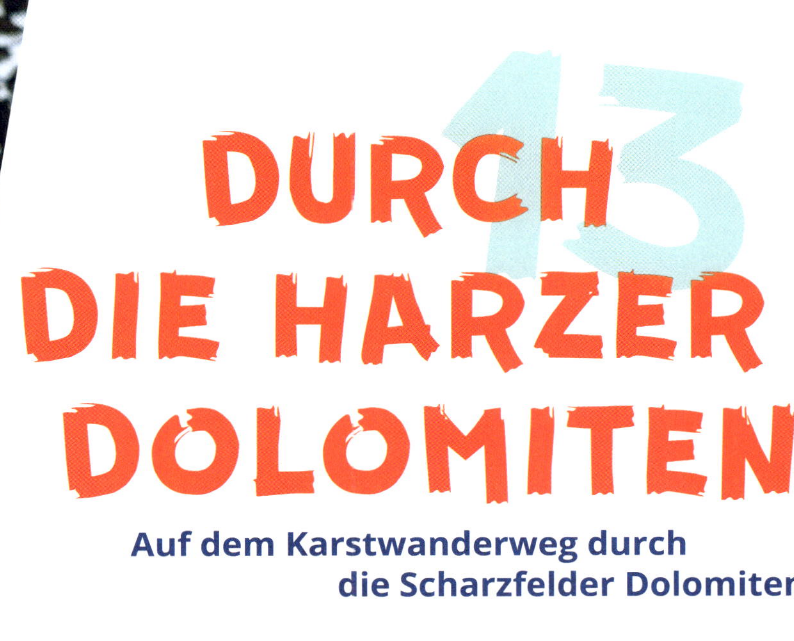

13

# DURCH DIE HARZER DOLOMITEN

## Auf dem Karstwanderweg durch die Scharzfelder Dolomiten

*Dolomiten gibt's nur in Südtirol? Nein, Höhlen, Felsen und Klippen aus Dolomitgestein finden sich auch bei Scharzfeld im Südharz. Und mitten hindurch führt der Karstwanderweg, dem diese Rundtour ein Stück folgt.*

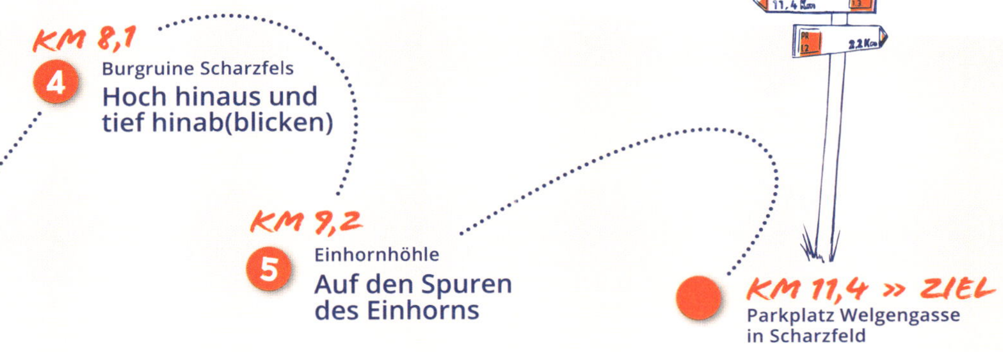

# ÜBER STOCK UND STEIN …

… führt nicht nur diese Rundwanderung, sondern auch der Karstwanderweg, der auf 265 Kilometern am südlichen Harzrand von Pölsfeld im Osten bis Förste im Westen führt. Immer wieder trifft man entlang des Weges auf spannende geologische Phänomene, die eines gemeinsam haben: ihre Entstehung durch die gesteinsauflösende Wirkung des Wassers. Höhlen, Erdfälle und Sinkhöhlen, Karstquellen, Karstkegel, Felsen und weiße Wände reihen sich entlang des Weges wie Perlen an einer Schnur.

Vielleicht nicht so populär, aber genauso schön wie die als Südtiroler Dolomiten bekannte Karstlandschaft sind die Scharzfelder Dolomiten, durch die ein gut zehn Kilometer langer Rundwanderweg führt. Er verbindet einen Teil des Karstwanderwegs zu einem Rundweg, bei dem man sich fragen könnte, ob das noch Wandern oder schon Sightseeing ist.

Schon zu Beginn der Wanderung kann man sich herrlich verzetteln, denn die Klippen auf dem **Steinberg** und die **Steinkirche Scharzfeld** passiert man schon auf den ersten zwei Kilometern. Es geht über saftig grüne Wiesen voller bunter Blumen, aus denen die Felsen und Klippen herausragen. Schaden kann ein längeres Päuschen hier nicht, denn die kommenden vier Kilometer des Weges sind zwar stets bewaldet und daher schattig, aber es geht bergauf, bis sich an der **Göttinger Hütte** das schönste Plätzchen für ein Picknick bietet.

*ÜBER SAFTIG GRÜNE BLUMENWIESEN GEHT ES ZU DEN FELSENKLIPPEN AUF DEM STEINBERG*

Gut gestärkt und entspannt bergab sind die folgenden Kilometer zum nächsten Highlight ganz einfach zu bewältigen: Mitten im Wald tauchen plötzlich aus dem Nichts die eindrucksvollen Felstürme der **Burgruine Scharzfels** auf.

Und wer glaubt, das waren schon genug Sehenswürdigkeiten für eine Tour, wird einen Kilometer später eines Besseren belehrt, dann nämlich passiert der Wanderweg die **Einhornhöhle.** Ob man bei einem Besuch der Höhle oder auf den letzten zwei Kilometern bis zum Ausgangspunkt das sagenumwobene Einhorn trifft, das der Höhle ihren Namen gab, ist nicht gewiss. Schön ist der Weg am sonnigen Waldrand aber auch ohne magische Begegnungen.

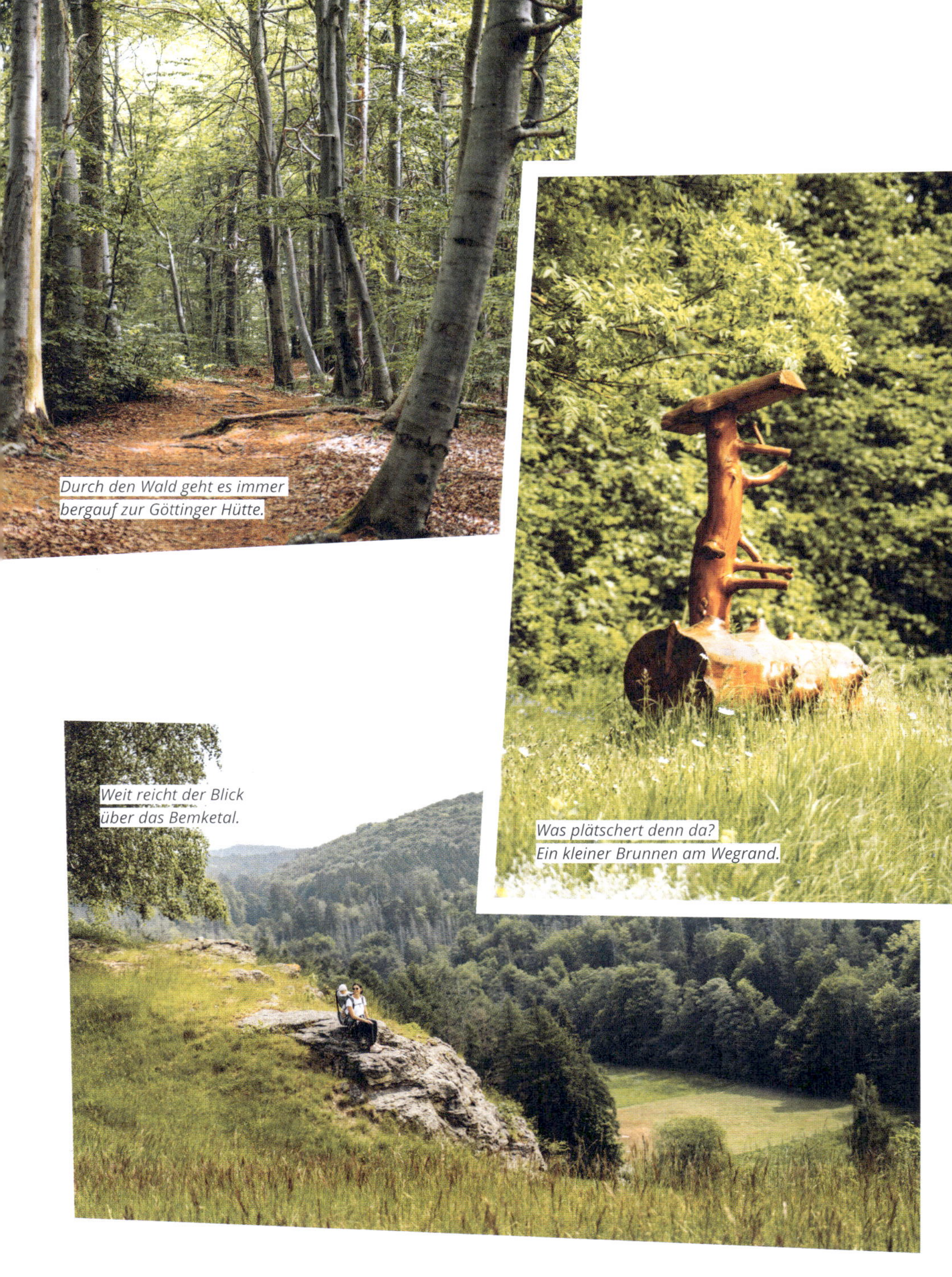

Durch den Wald geht es immer bergauf zur Göttinger Hütte.

Was plätschert denn da? Ein kleiner Brunnen am Wegrand.

Weit reicht der Blick über das Bemketal.

# WANDERN & GENIESSEN

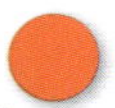

» START

**Parkplatz Welgengasse in Scharzfeld**

*Erst der Welgengasse, dann der Straße Im Rott 500 Meter bergauf folgen, bis man auf die Ausschilderung des Rundwegs trifft. Links abbiegen und am Fuß des Schulbergs vorbei zum Steinberg wandern – immer dem roten K folgend.*

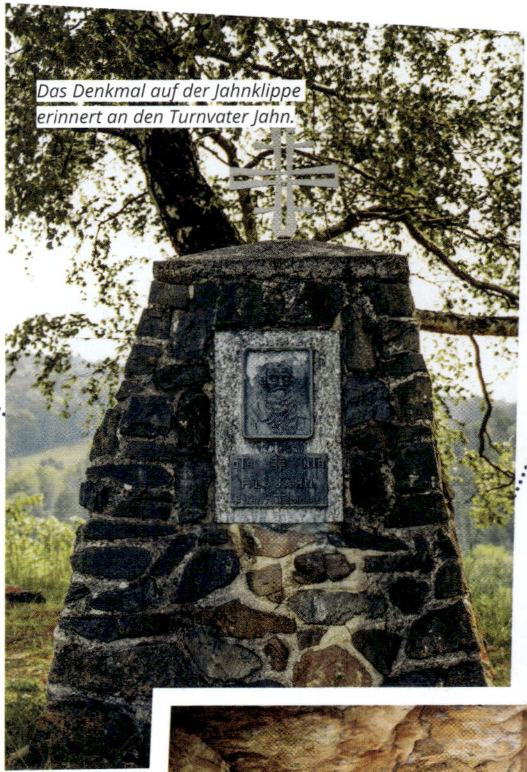

Das Denkmal auf der Jahnklippe erinnert an den Turnvater Jahn.

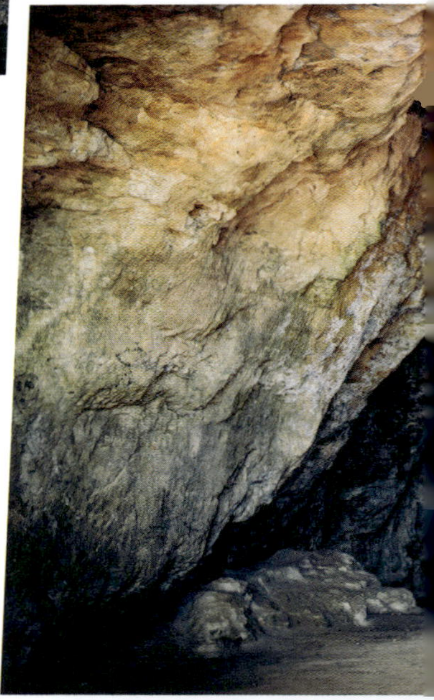

KM 1,6

1

**Steinkirche Scharzfeld**

## Ab in die Steinzeit

Am Südwesthang des Steinbergs steht man plötzlich unerwartet vor der riesigen Dolomitenfelswand der Steinkirche. Die natürliche Höhle mit Rundbogen ist rund 28 Meter lang, sechs bis acht Meter hoch sowie ebenso breit und diente im Mittelalter als Kirchenraum. Das kann man sogar heute noch sehen. Eine in den Fels geschlagene Kanzel am Höhleneingang sowie ein Altar, der aus einer Nische herausgehauen wurde, erinnern an die Zeit, in der die Höhle mit einem Vorbau verschlossen war. Tatsächlich geht die Geschichte des Baus aber bis in die Altsteinzeit zurück. Archäologische Funde sprechen für die Nutzung des Raums als Lagerplatz durch Rentierjäger. Im Mittelalter diente sie als Kirchenraum mit Friedhof auf dem Vorplatz und heute als spannender Wanderstopp, der an heißen Tagen eine kühle Erfrischung bietet. Links neben der Haupthöhle befindet sich eine begehbare Nische, deren Erkundung nicht nur Kindern Spaß macht.

*Dem Pfad rechts bergauf auf den Steinberg folgen. An der Weggabelung links halten.*

KM 1,9

2

## Jahnklippe auf dem Steinberg
# »Turnen« mit Ausblick

Die Jahnklippe ist nur eine von zahlreichen Felsformationen auf dem Steinberg, die zum Naturschutzgebiet Steinberg bei Scharzfeld gehören. Oberhalb der Klippe erinnert ein Denkmal an den Turnvater Jahn, der als Begründer der deutschen Turnbewegung im 19. Jahrhundert gilt. Bevor das Gebiet unter Naturschutz gestellt wurde, fanden hier bis in die späten 1980er-Jahre Leichtathletik-Kinderturnfeste statt. Wer sich mehr für Blumen als für Turngeschichte interessiert: Im Frühling und Sommer blühen hier Enzian und Skabiosen. Außerdem hat man einen weiten Blick über Scharzfeld und das Bremketal.

*Auf dem Willi-Hartung-Weg vorbei am Campingplatz ins Bremketal absteigen. Dann ein Stück parallel zum Fluss dem Dieter-Sauerbrey-Weg folgen, bis es auf einem schmalen Waldpfad bergauf zu den Rottsteinklippen geht. Nun den Rundweg kurz verlassen und etwa 300 Meter bergauf dem Göttinger Weg zur gleichnamigen Hütte folgen.*

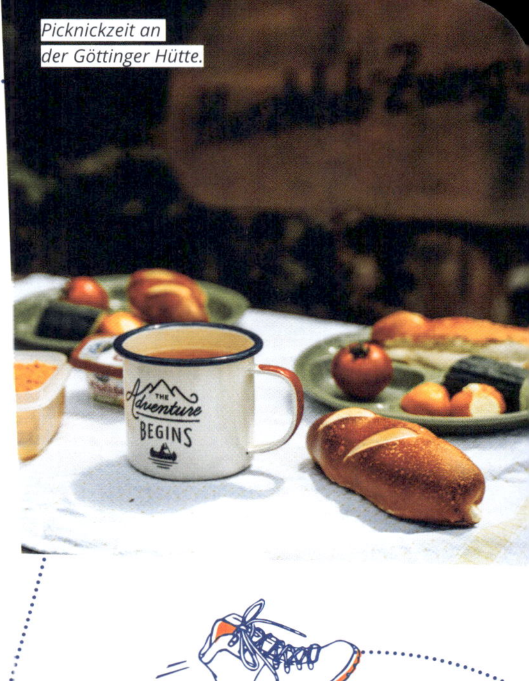

*Picknickzeit an der Göttinger Hütte.*

KM 5,5

3

## Göttinger Hütte
# Picknick im Grünen

Nach dem durchaus schweißtreibenden Aufstieg hat man sich das Picknick redlich verdient. Und einen besseren Platz dafür als auf der rustikalen Picknickbank vor der Göttinger Hütte gibt es weit und breit nicht. Das Pausenbrot schmeckt wunderbar mit nichts als Natur drum herum und – durch eine Schneise in den Bäumen – hat man Fernblick auf den Großen Knollen, mit 687 Metern einer der höchsten Berge im Südharz. Wenn das Wetter die Fernsicht »verhagelt«, spendet die Schutzhütte ein trockenes Dach über dem Kopf.

*Den Göttinger Weg nun nach Süden gehen und vorbei an der Burgruine Frauenstein (Abzweigung links vom Hauptweg) der Ausschilderung zur Burgruine Scharzfels folgen.*

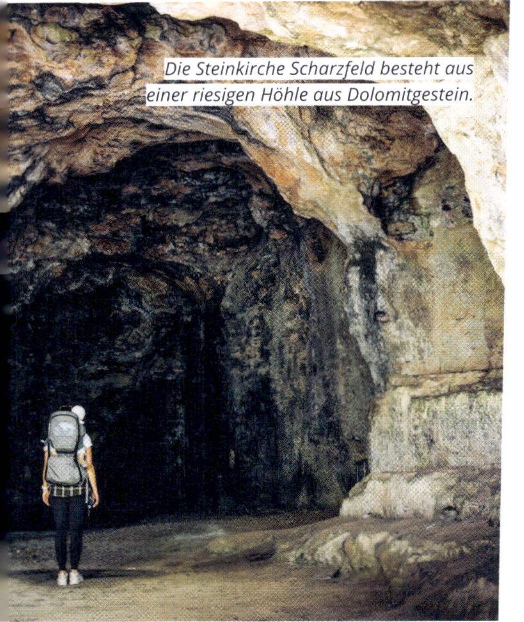
*Die Steinkirche Scharzfeld besteht aus einer riesigen Höhle aus Dolomitgestein.*

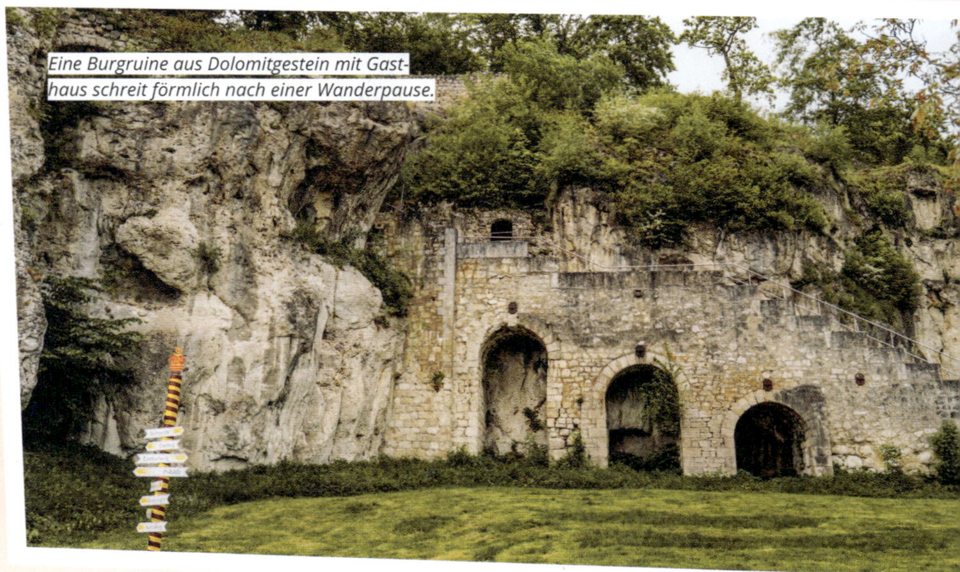
Eine Burgruine aus Dolomitgestein mit Gasthaus schreit förmlich nach einer Wanderpause.

KM 8,1

4

Burgruine Scharzfels

## Hoch hinaus und tief hinab(blicken)

Diese Burgruine (www.burgruine-scharzfels.de) auf dem etwa 150 Meter hohen Dolomitenfelsen ist garantiert auch für Geschichtsmuffel interessant: Sie wurde auf einer beeindruckenden Dolomitenfelsformation errichtet (um das Jahr 1000), bietet von seiner Spitze einen weiten Blick über das Odertal und wer mag, kann auf der Aussichtsterrasse des Gasthauses Burgruine Scharzfels etwas trinken. Und vielleicht lässt sich ja der ein oder andere dabei überzeugen, dass die Ruine mit ihren natürlichen und in den Fels gehauenen Hohlräumen sowie der Freitreppe, die über drei Torbögen zur Oberburg führt, doch ganz spannend ist. Der Blick vom einst zwölf Meter hohen Kirchturm war sicherlich noch besser, doch davon sind heute nur noch die Fundamente erhalten.

*Steil bergab zum Hasenwinkel absteigen und dann wieder bergauf der Ausschilderung »Einhornhöhle« folgen.*

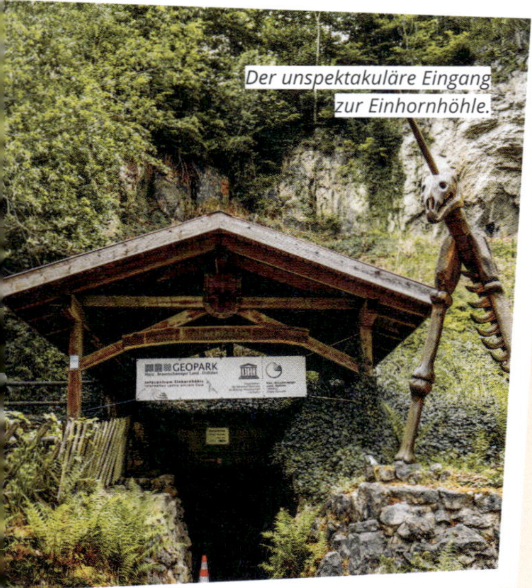

Der unspektakuläre Eingang zur Einhornhöhle.

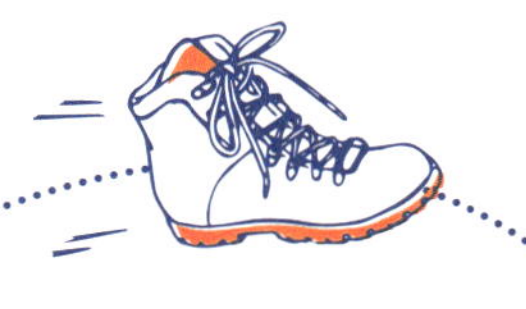

KM 9,2

5 Einhornhöhle

## Auf den Spuren des Einhorns

Auf die Spuren des sagenumwobenen Einhorns – oder zumindest des Höhlenbärs – kann man sich bei einer der stündlichen Führungen durch die Einhornhöhle (www.einhornhoehle.de) begeben. Sie besteht – wie könnte es anders sein – aus Dolomitgestein und ist die größte Besucherhöhle im Westharz. Tickets kann man online und vor Ort kaufen. Die Höhle hat eine Länge von nahezu 700 Metern, von denen etwa 300 Meter bei Führungen gezeigt werden. Laut neueren Untersuchungen soll die Höhle aber noch deutlich größer sein. Wem der Sinn mehr nach kulinarischen Erlebnissen steht, kehrt in der urigen Wanderbaude Haus Einhorn ein.

*Auf dem August-Großkopf-Weg immer am Waldrand zurück in die Straße Im Rott wandern. Der Straße bergab zurück zum Parkplatz folgen.*

**EXTRA INFOS:**

Auch ohne Zelt oder Wohnmobil kann man auf dem ● **Campingplatz am Blockhaus** im Bremketal mitten am Wanderweg übernachten, und zwar in einem gemütlichen, kleinen runden Podhaus. Ein Restaurant (www.restaurant-blockhaus.com) gibt es hier auch.

Und wem die zwölf Kilometer umfassende Tour nicht (lang) genug ist, wählt den 19 Kilometer langen **Baudensteig Rundweg Nr. 5: Scharzfeld,** der in Teilen auf der gleichen Strecke verläuft.

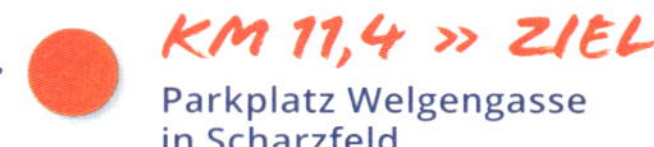

KM 11,4 » ZIEL

**Parkplatz Welgengasse in Scharzfeld**

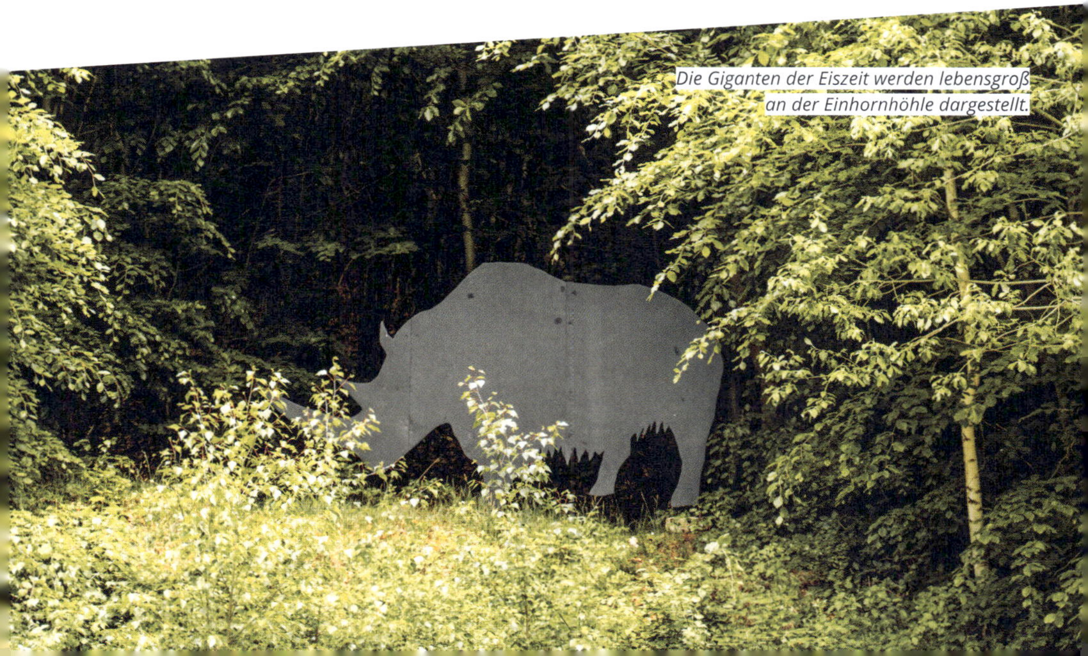

*Die Giganten der Eiszeit werden lebensgroß an der Einhornhöhle dargestellt.*

## AUF EINEN BLICK

- **Start/Ziel:** Parkplatz Welgengasse in Scharzfeld
- **Strecke:** 11,4 km (Rundtour)
- **Reine Wanderzeit:** 3–4 Std.
- **Höhenmeter:** ↗ 256 m ↘ 256 m
- **Wegbeschaffenheit:** Waldboden, Schotter, wenig Asphalt.
- **Beste Zeit:** Ganzjährig.
- **Ausrüstung:** Eventuell Picknick (unterwegs gibt es aber auch Einkehrmöglichkeiten) und viel Zeit zum Erkunden der vielen Sehenswürdigkeiten.

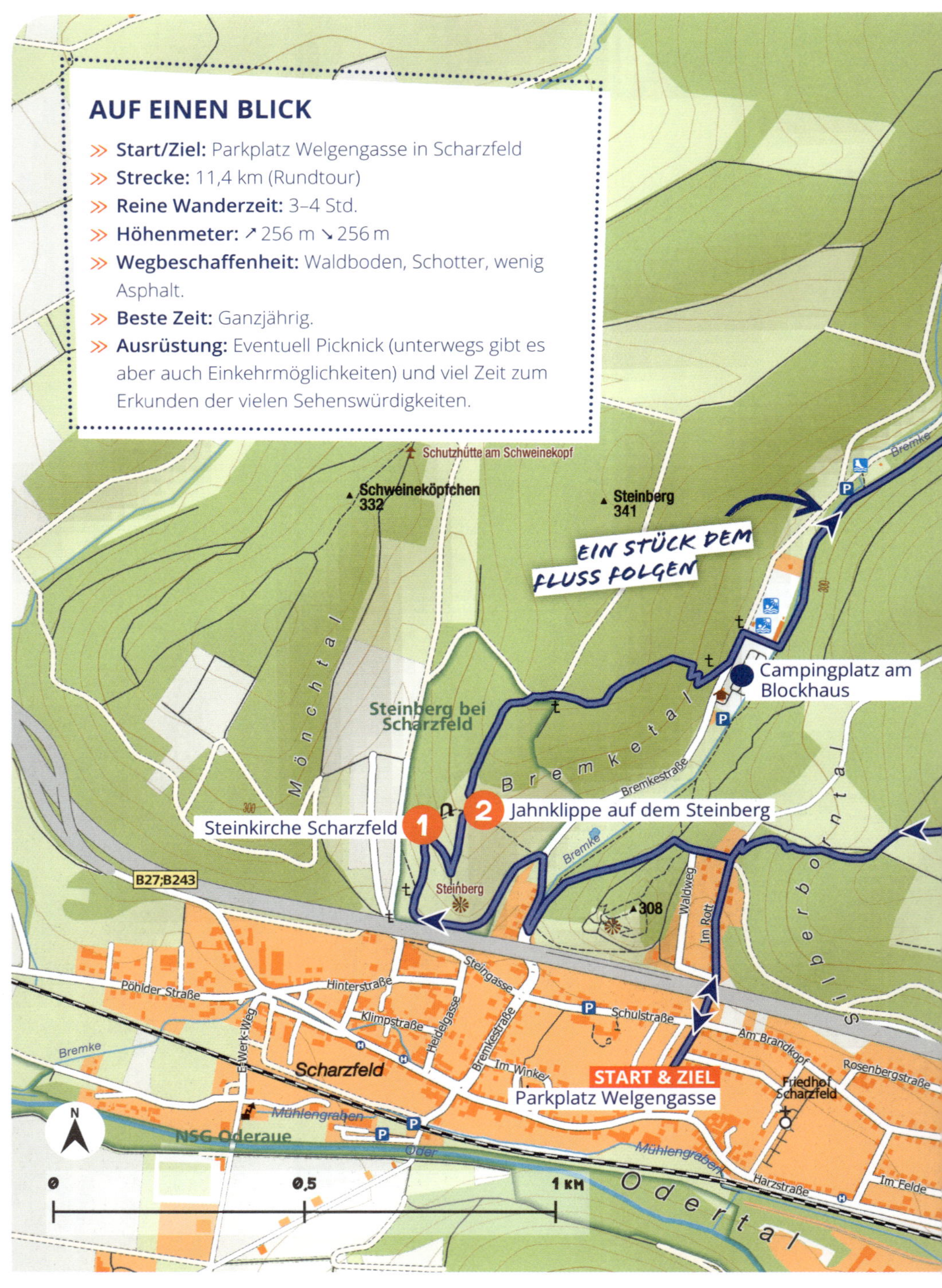

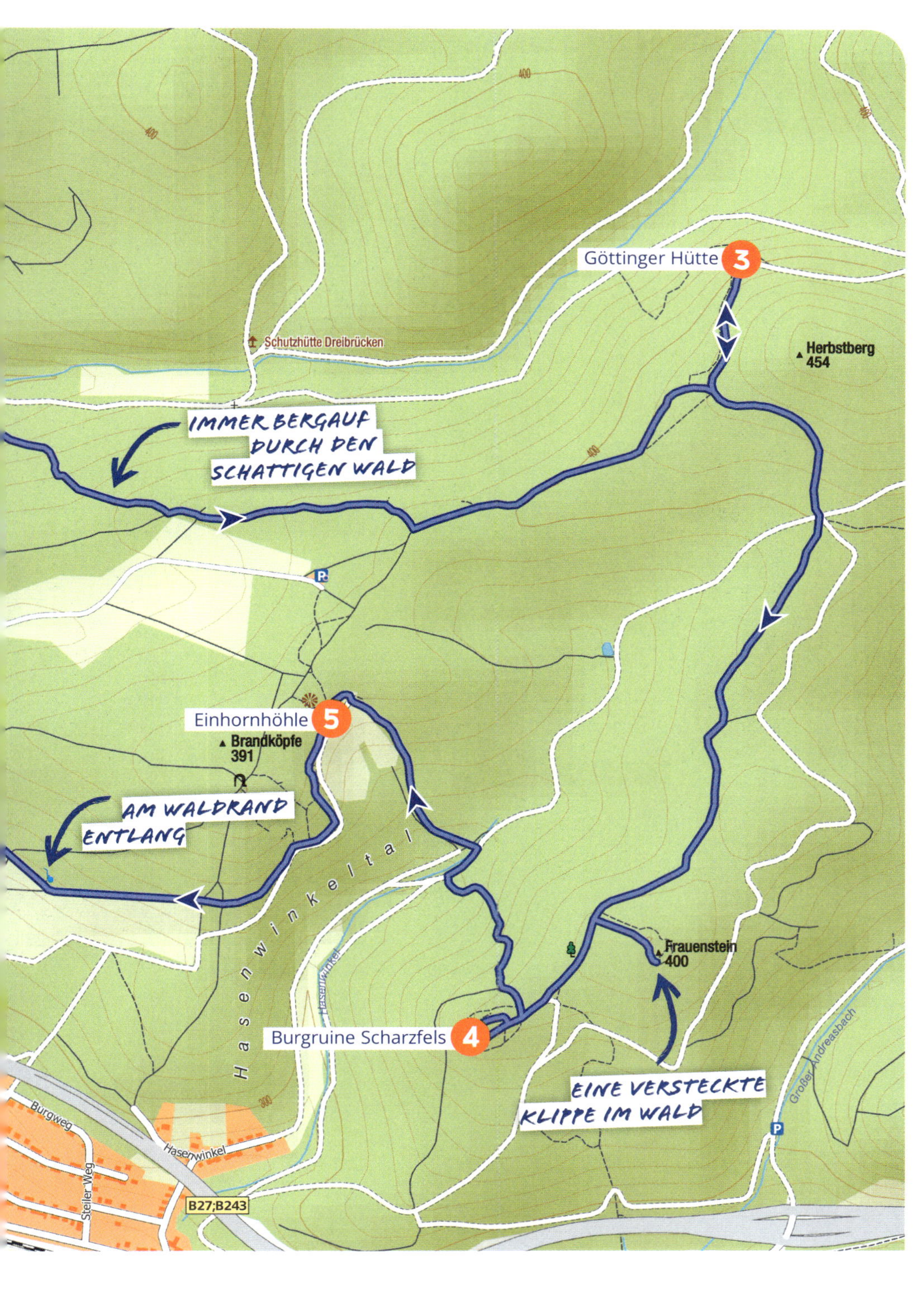

Göttinger Hütte 3
Schutzhütte Dreibrücken
Herbstberg 454
IMMER BERGAUF DURCH DEN SCHATTIGEN WALD
400
P
Einhornhöhle 5
Brandköpfe 391
AM WALDRAND ENTLANG
Hasenwinkeltal
Frauenstein 400
Burgruine Scharzfels 4
EINE VERSTECKTE KLIPPE IM WALD
Großer Andreasbach
Burgweg
Hasenwinkel
Steiler Weg
B27;B243
300

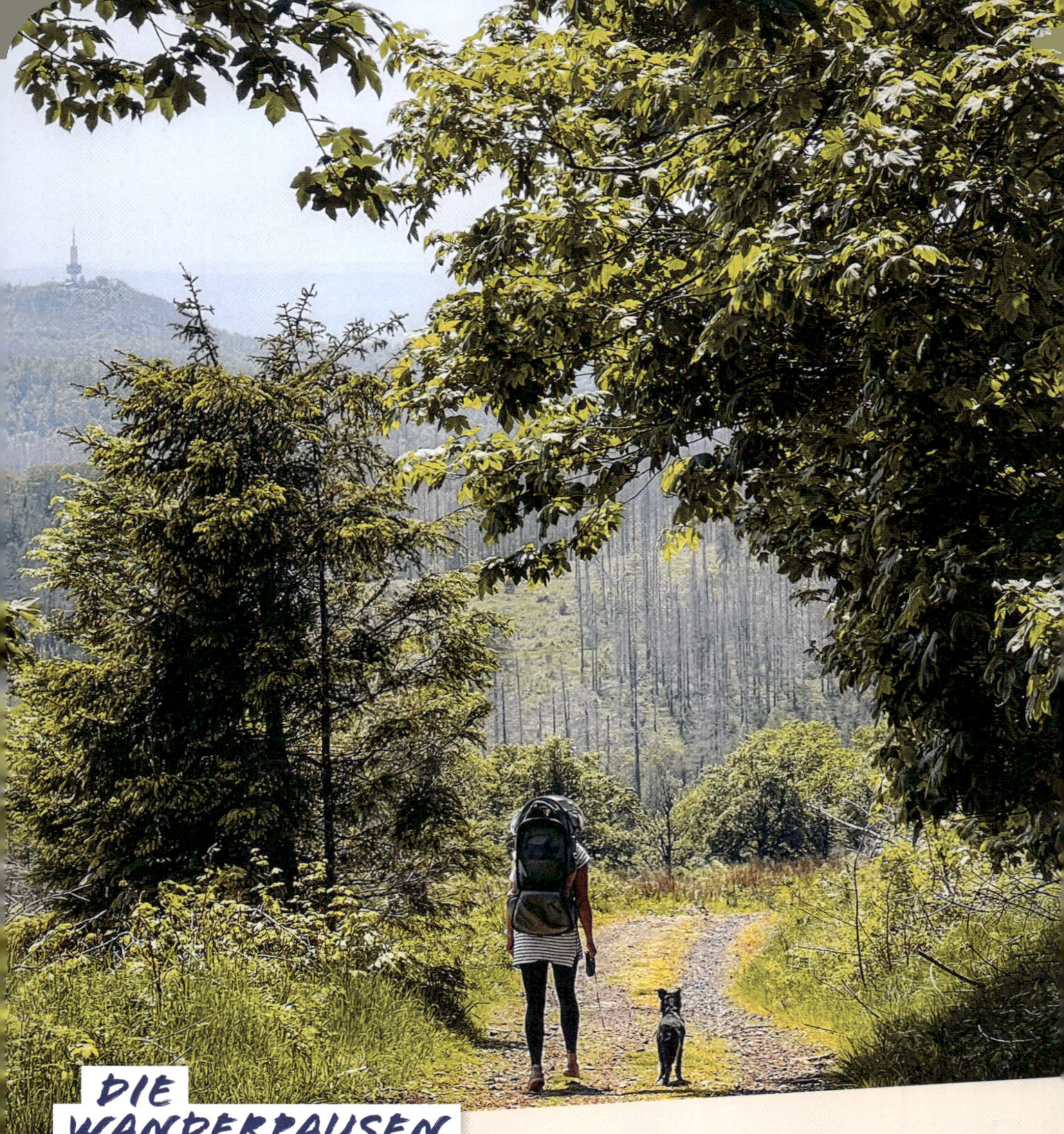

## DIE WANDERPAUSEN

» START
Parkplatz Waldstraße Wieda

KM 0,8
1 Café Wiedatal
Ein Stück »anno dazumal«

KM 1,3
2 Bienenlehrpfad
Auf summenden Spuren

KM 3
3 Gleisstück Südharzeisenbahn
Eisenbahn-geschichte

14

# HOCH, HOCH HINAUS

## Von Wieda auf den Stöberhai

*Beim Schlendern durch Wieda mit seinem traditionsreichen Café, dem höher gelegenen freistehenden Glockenturm, dem Bienenlehrpfad und dem Kurgarten an der Wieda könnte man fast vergessen, worum es eigentlich geht: um die gemütliche Gipfeltour zum Stöberhai mit zünftiger Einkehr im ehemaligen Bahnhofsgebäude mitten im Wald.*

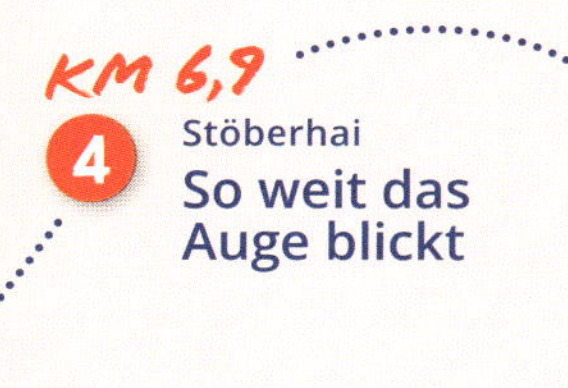

KM 6,9

4 Stöberhai

**So weit das Auge blickt**

KM 9,3

5 Waldgasthaus Bahnhof Stöberhai

**Dinner mit Wildtieren**

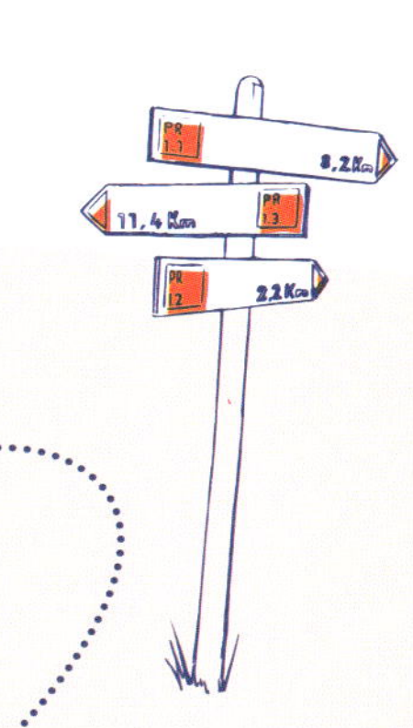

KM 12,5 » ZIEL

Parkplatz Waldstraße Wieda

# GIPFELTOUR FÜR ANFÄNGER

Ganz nach dem Motto »die Harzer Sonnenseite genießen« führt der Harzer Baudensteig auf 100 Kilometern von Bad Grund nach Walkenried und verbindet die schönsten Wald- und Berggasthöfe – im Harz »Bauden« genannt. Wem der komplette Weg zu lang ist, kann auf mehreren Baudensteig-Rundwegen Fernwanderluft schnuppern.

Eine eher gemütliche Tour beginnt als »Baudensteig Rundweg Nr. 6 Wieda-Stöberhai« in der Ortschaft Wieda im Südharz. Von dort geht es als waschechte Gipfeltour hinauf auf den Stöberhai, den mit 720 Metern höchsten Berg im Südharz. Der Weg führt durch grüne Bergwälder und Wiesentäler, doch stets auf sanft ansteigenden, breiten Schotterwegen und ist damit auch für Wanderanfänger gut geeignet. Und wie es sich für eine richtige Gipfeltour gehört, gibt es mit der **Waldgaststätte Bahnhof Stöberhai** auch eine urige Einkehrmöglichkeit. Doch bevor man zum Gipfelanstieg ansetzt, lohnen sich in Wieda selbst noch ein paar Stopps. Wer gut gestärkt loswandern möchte, stoppt gleich im **Café Wiedatal.** Vom Käsekuchen geht's zum Käseberg. Dort befinden sich nämlich der Glockenturm von Wieda und der liebevoll angelegte **Bienenlehrpfad.**

Hier kann man sich leicht verzetteln, aber es liegt ja noch die ganze Gipfeltour vor einem. Also nichts wie hopp, hopp – ab durch den Kurgarten und rauf auf den Berg. Aber halt, stopp, da will noch das alte Gleisstück der **Südharzeisenbahn** betrachtet werden. Da die Baude erst um 16 Uhr öffnet, lohnt es sich, den Rundweg umzudrehen und direkt durch das Frankental auf den Berg zu steigen. Unterwegs gibt es einen einmalig schönen Blick zum Ravensberg. Der markante, steil aufragende Berg entstand einst aus einem Vulkan des späten Erdaltertums vor rund 300 Millionen Jahren und ist durch seinen ungewöhnlichen, runden Turm schon von Weitem zu sehen. Dieser diente im Kalten Krieg als Abhörstation. Ein ähnliches Exemplar gab es auch auf dem **Stöberhai,** dieser wurde aber 2006 gesprengt. Doch auch ohne Turm ist der Blick von der Stöberhaihütte grandios.

*DER AUFSTIEG DURCH DAS FRANKENTAL WIRD MIT EINEM WEITEN BLICK BIS ZUM RAVENSBERG BELOHNT*

Der Abstieg zum alten **Bahnhof Stöberhai** ist dann recht einfach. Und schon kommt auch die Waldgaststätte in Sicht – mitten im Wald natürlich. Zum Glück sind es nach der Einkehr nur noch gut zwei Kilometer sanft bergab bis zum Ausgangspunkt.

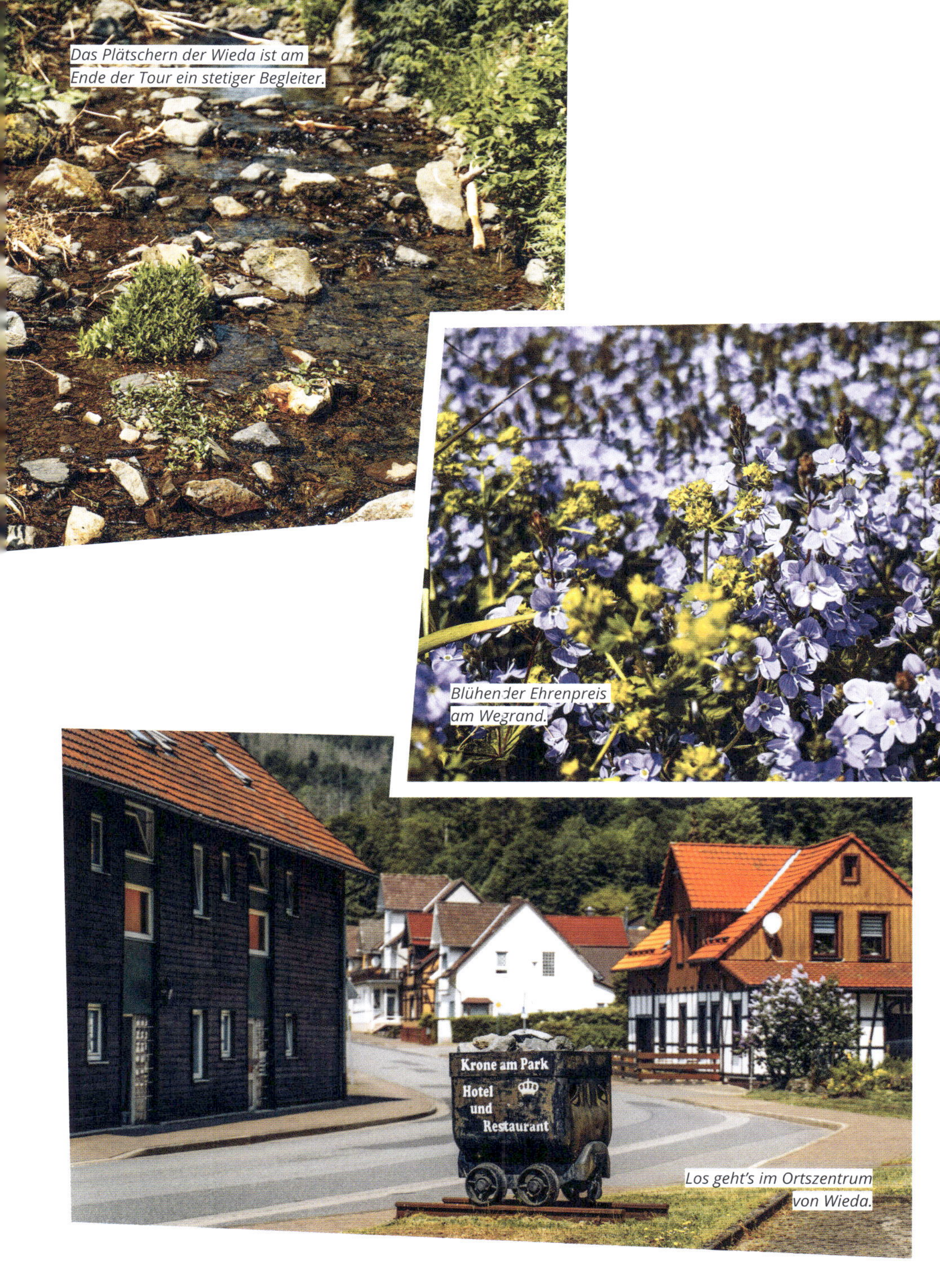


Das Plätschern der Wieda ist am Ende der Tour ein stetiger Begleiter.

Blühender Ehrenpreis am Wegrand.

Los geht's im Ortszentrum von Wieda.

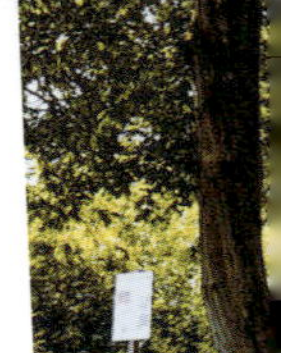

# WANDERN & GENIESSEN

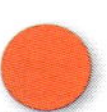

**»START**

**Parkplatz Waldstraße Wieda**

*Zunächst der Waldstraße nach Süden in Richtung Ortszentrum folgen.*

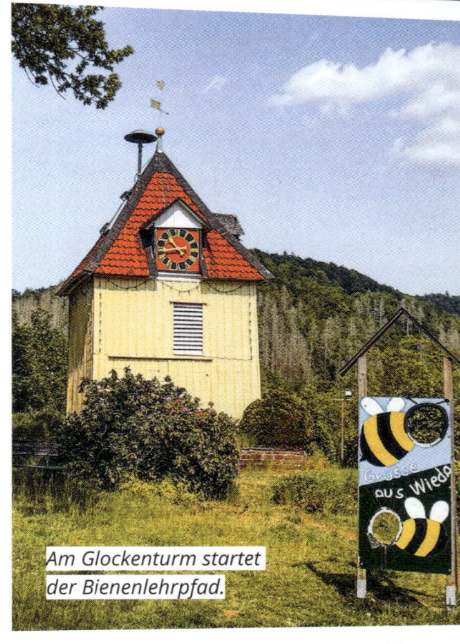

Am Glockenturm startet der Bienenlehrpfad.

**KM 0,8**

**Café Wiedatal**

## Ein Stück »anno dazumal«

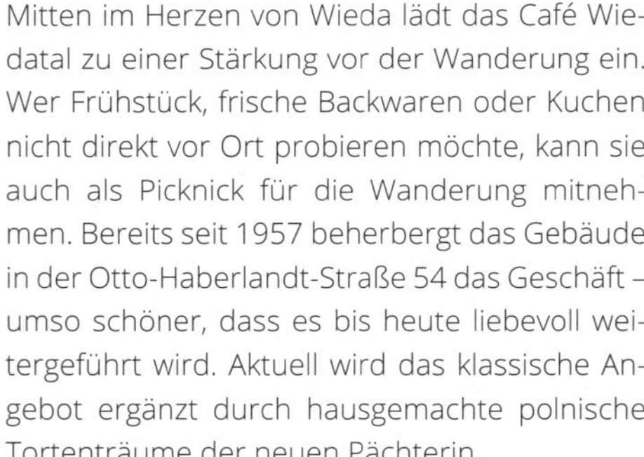

Mitten im Herzen von Wieda lädt das Café Wiedatal zu einer Stärkung vor der Wanderung ein. Wer Frühstück, frische Backwaren oder Kuchen nicht direkt vor Ort probieren möchte, kann sie auch als Picknick für die Wanderung mitnehmen. Bereits seit 1957 beherbergt das Gebäude in der Otto-Haberlandt-Straße 54 das Geschäft – umso schöner, dass es bis heute liebevoll weitergeführt wird. Aktuell wird das klassische Angebot ergänzt durch hausgemachte polnische Tortenträume der neuen Pächterin.

*Der Otto-Haberlandt-Straße weiter nach Süden folgen, dann rechts in die Straße Silberbach einbiegen und die zweite Abzweigung wieder nach rechts nehmen und der Ausschilderung »Bienenlehrpfad« folgen.*

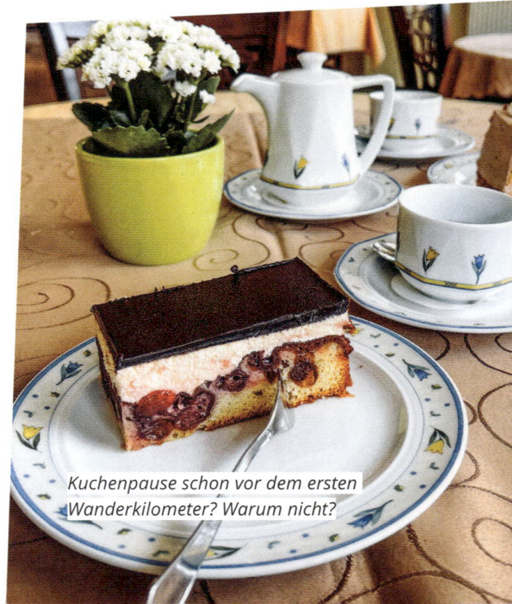

Kuchenpause schon vor dem ersten Wanderkilometer? Warum nicht?

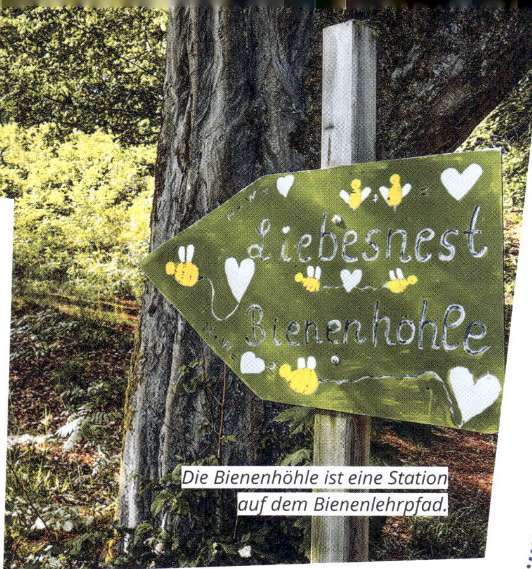

Die Bienenhöhle ist eine Station auf dem Bienenlehrpfad.

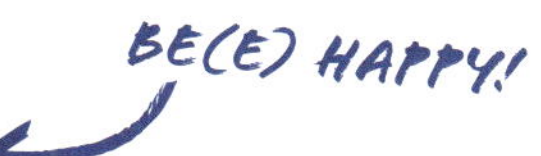


KM 1,3

## 2 Bienenlehrpfad
## Auf summenden Spuren

Der Glockenturm am Käseberg ist das Wahrzeichen von Wieda. Er wurde nicht an die Kirche angebaut, sondern kurzerhand auf dem gegenüberliegenden Käseberg errichtet, da man sonst aufgrund der Tallage des Ortes die Kirchenglocken nicht im ganzen Ort gehört hätte. Seit 2017 gibt es dort den Bienenlehrpfad. Er informiert unterhaltsam auf mehreren Infotafeln über Bienen, die Imkerei, Nutzpflanzen und die »Speise der Götter«. Mit etwas Glück trifft man hier auch Henning Illers, den »Bienenmann« und Initiator, der mit viel Idealismus nach dem Motto »Stirbt die Biene, stirbt der Mensch« nicht nur den Lehrpfad, sondern auch einen kleinen Laden im Ortskern aufgebaut hat.

*Die Straße Silberbach wieder zurücklaufen und links in den Bohlweg einbiegen. Dem Weg am Ufer der Wieda und durch den Kurgarten folgen.*

## 3 Gleisstück Südharzeisenbahn
## Eisenbahngeschichte

Durch den Kurgarten Wieda führt der Weg auf der ehemaligen Trasse der sogenannten Südharzeisenbahn. Sie verband von1899 bis 1963 Walkenried am Südrand des Harzes mit Braunlage und fuhr weiter zum Wurmberg sowie nach Tanne. Wieda selbst hatte drei Stationen und mehrere Industrieanschlüsse – immerhin gab es hier einst ein Hüttenwerk, eine Ofen- und eine Zündholzfabrik. In den 1960er-Jahren wurde aus der Trasse der heutige Promenadenweg durch den Kurgarten angelegt. Nur ein originales Gleisstück samt Infotafel erinnert noch an die Eisenbahngeschichte an diesem Ort.

*Am Ende des Kurgartens geradeaus weitergehen und zum Stöberhai der Ausschilderung »Harzer BaudenSteig« für etwa vier Kilometer folgen.*

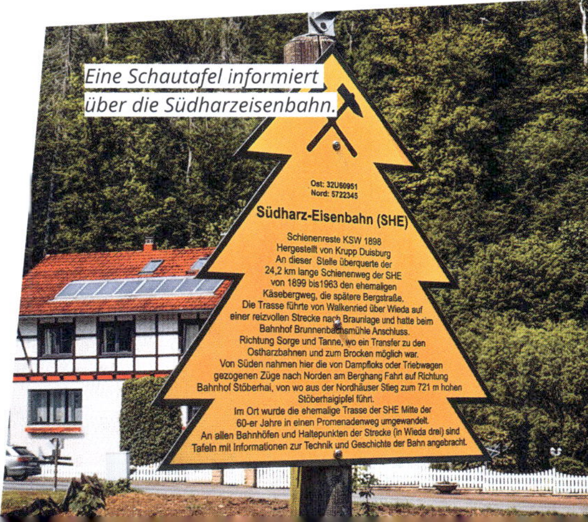

Eine Schautafel informiert über die Südharzeisenbahn.

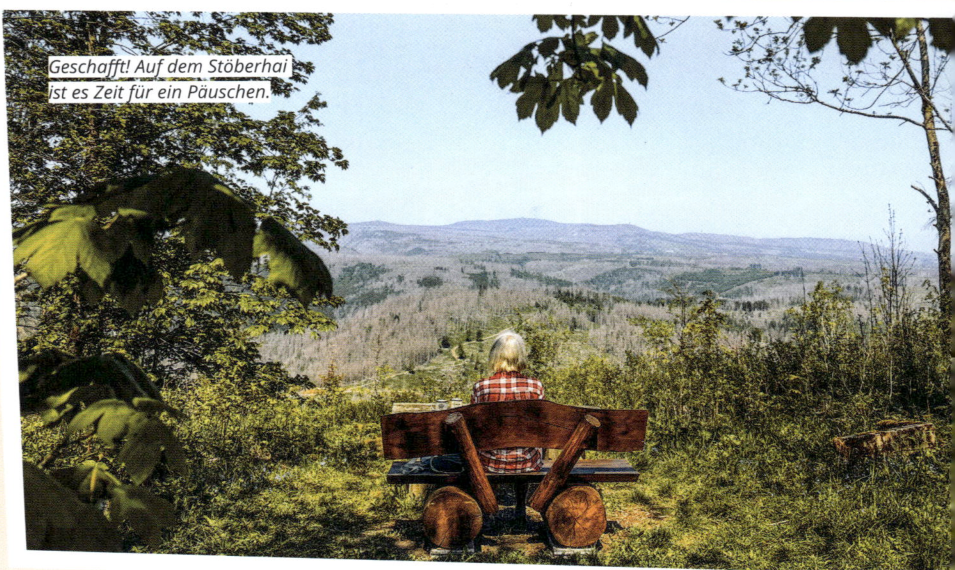

Geschafft! Auf dem Stöberhai ist es Zeit für ein Päuschen.

KM 6,9

4

Stöberhai

## So weit das Auge blickt

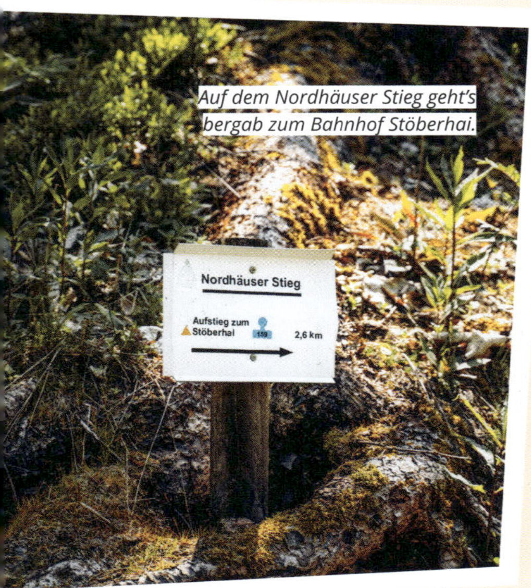


Auf dem Nordhäuser Stieg geht's bergab zum Bahnhof Stöberhai.

Der Stöberhai ist mit 720 Metern der höchste Berg im Südharz. Zugegeben, der Blick von der Stöberhaihütte über Nordhausen, die Hainleite und Bad Sachsa bis zum Wurmberg und Brocken war mal schöner, als man noch über bewaldete Hügel blickte. Borkenkäfer, Stürme und Trockenperioden haben dem Oberharz an dieser Stelle ganz schön zugesetzt, was aktuell auch den eigentlich grandiosen Blick vom Stöberhai trübt. In ein paar Jahren wird das aber wieder ganz anders aussehen. Auf einer Picknickbank kann man es sich jetzt schon gemütlich machen und das Gipfelglück genießen.

*Über den Nordhäuser Stieg etwa 2,5 Kilometer hinab zum Bahnhof Stöberhai wandern.*

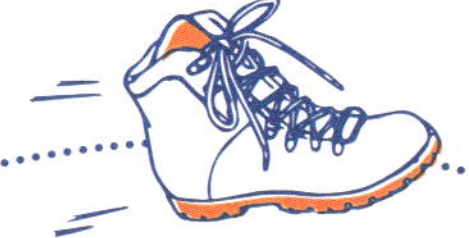

KM 9,3

5 Waldgasthaus Bahnhof Stöberhai

## Dinner mit Wildtieren

Im Waldgasthaus Bahnhof Stöberhai (www.facebook.com/bahnhof.stoeberhai) ist der Name Programm. Man speist nämlich im ehemaligen Bahnhofsgebäude der Südharzeisenbahn. Die Gaststube ist harztypisch eingerichtet und wird bei kühlem Wetter mit einem gemütlichen Holzofen beheizt. Die Speisekarte ist angenehm überschaubar. Aber nicht nur das: Man kann beim Essen Füchse, Wildschweine und Rotwild aus nächster Nähe beobachten. Die dortige Wildfütterung ist ein Muss für jeden Natur- und Tierliebhaber. Das Gasthaus ist von Mittwoch bis Sonntag ab 16 Uhr geöffnet und kann nur zu Fuß erreicht werden. Nach dem Gipfelsturm hat man sich die Einkehr redlich verdient.

*Für einen Kilometer der Wieda flussabwärts folgen bis zur Landstraße 601. Dann parallel zur Straße auf dem Wanderweg die letzten 1,5 Kilometer bis nach Wieda zurücklegen.*

**EXTRA INFOS:**

Noch mehr Geschichte gefällig? Im ● **Glas- und Hüttenmuseum Wieda** (Otto-Haberlandt-Straße 49) im ehemaligen Rathaus von Wieda geht es um den einstigen Bergbau und wie hier im 17. Jahrhundert Glas hergestellt wurde.

Wer auf dem Bienenlehrpfad auf den Geschmack gekommen ist, kann sich in der ● **Imkerei Illers** (Waldstraße 18) mit Honig, Bienenwachskerzen und weiteren Produkten aus eigener Herstellung eindecken.

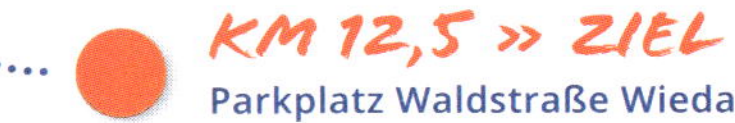


**Parkplatz Waldstraße Wieda**

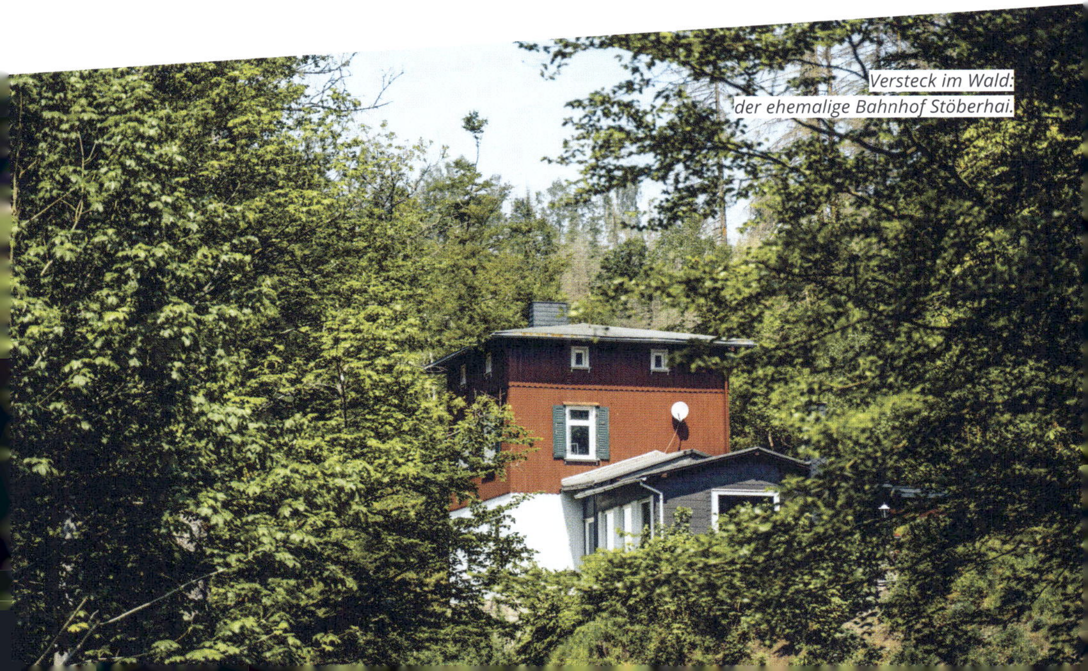

*Versteck im Wald: der ehemalige Bahnhof Stöberhai.*

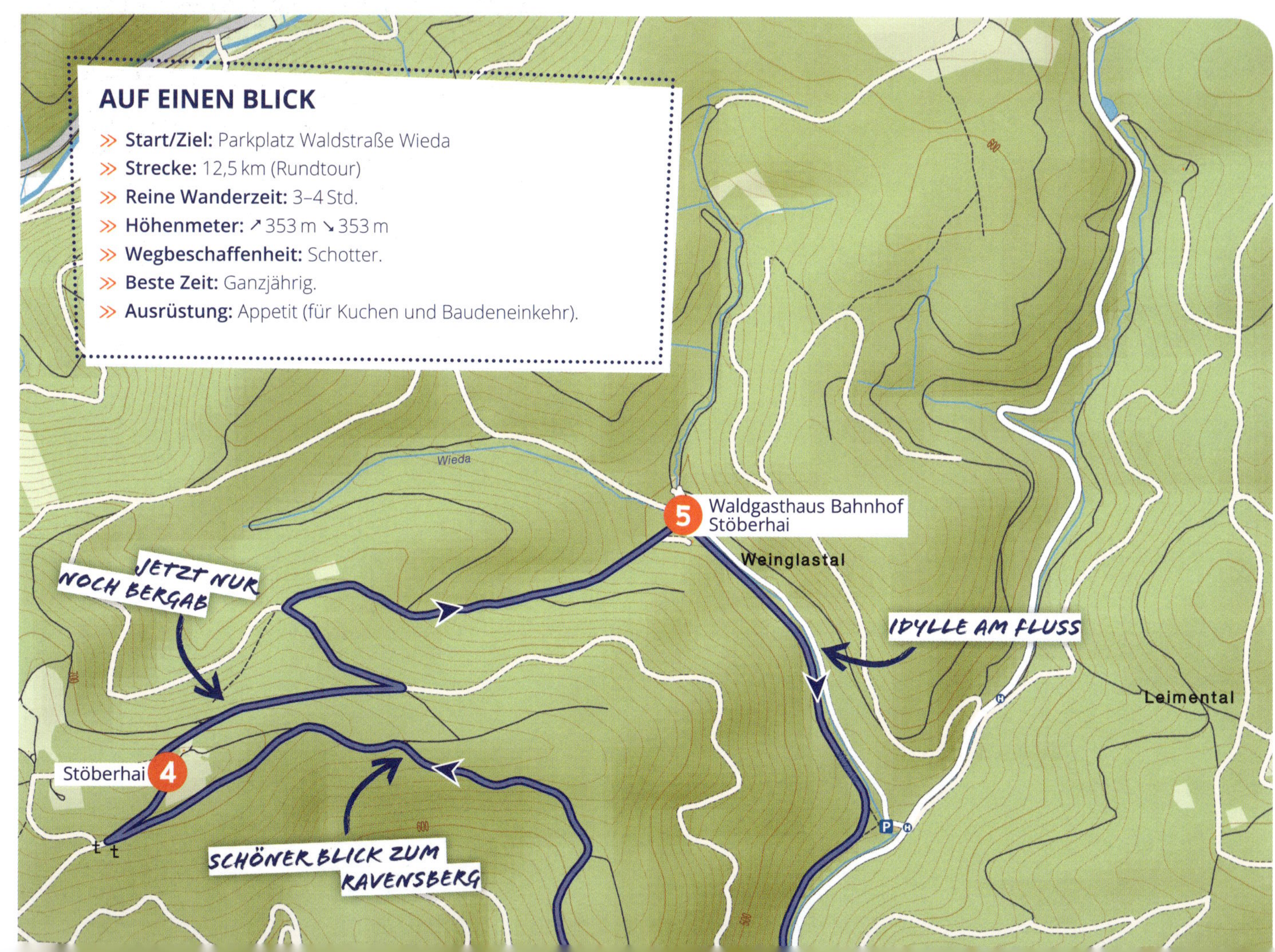
AUF EINEN BLICK
» Start/Ziel: Parkplatz Waldstraße Wieda
» Strecke: 12,5 km (Rundtour)
» Reine Wanderzeit: 3–4 Std.
» Höhenmeter: ↗ 353 m ↘ 353 m
» Wegbeschaffenheit: Schotter.
» Beste Zeit: Ganzjährig.
» Ausrüstung: Appetit (für Kuchen und Baudeneinkehr).
Wieda
5 Waldgasthaus Bahnhof Stöberhai
Weinglastal
JETZT NUR NOCH BERGAB
IDYLLE AM FLUSS
Leimental
Stöberhai 4
SCHÖNER BLICK ZUM RAVENSBERG

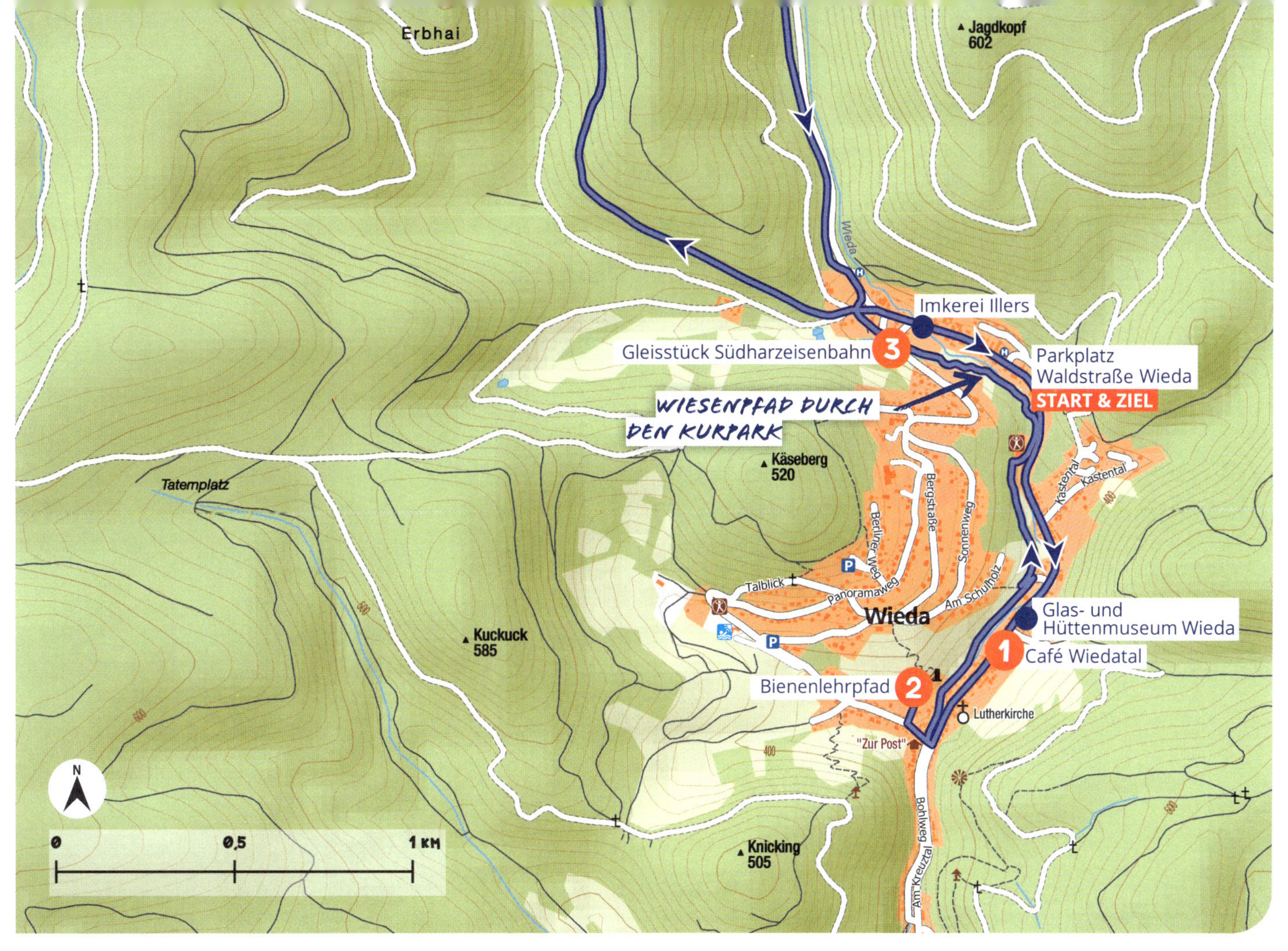

Erbhai
Jagdkopf
602
Wieda
Imkerei Illers
Parkplatz
Waldstraße Wieda
START & ZIEL
Gleisstück Südharzeisenbahn
3
WIESENPFAD DURCH
DEN KURPARK
Käseberg
520
Tatenplatz
Kastental
Bergstraße
Sonnenweg
Berliner Weg
Panoramaweg
Talblick
Am Schulholz
Wieda
Glas- und
Hüttenmuseum Wieda
1
Café Wiedatal
Kuckuck
585
Bienenlehrpfad
2
Lutherkirche
"Zur Post"
Bohlweg
Am Kreuztal
Knicking
505
N
0
0,5
1 KM

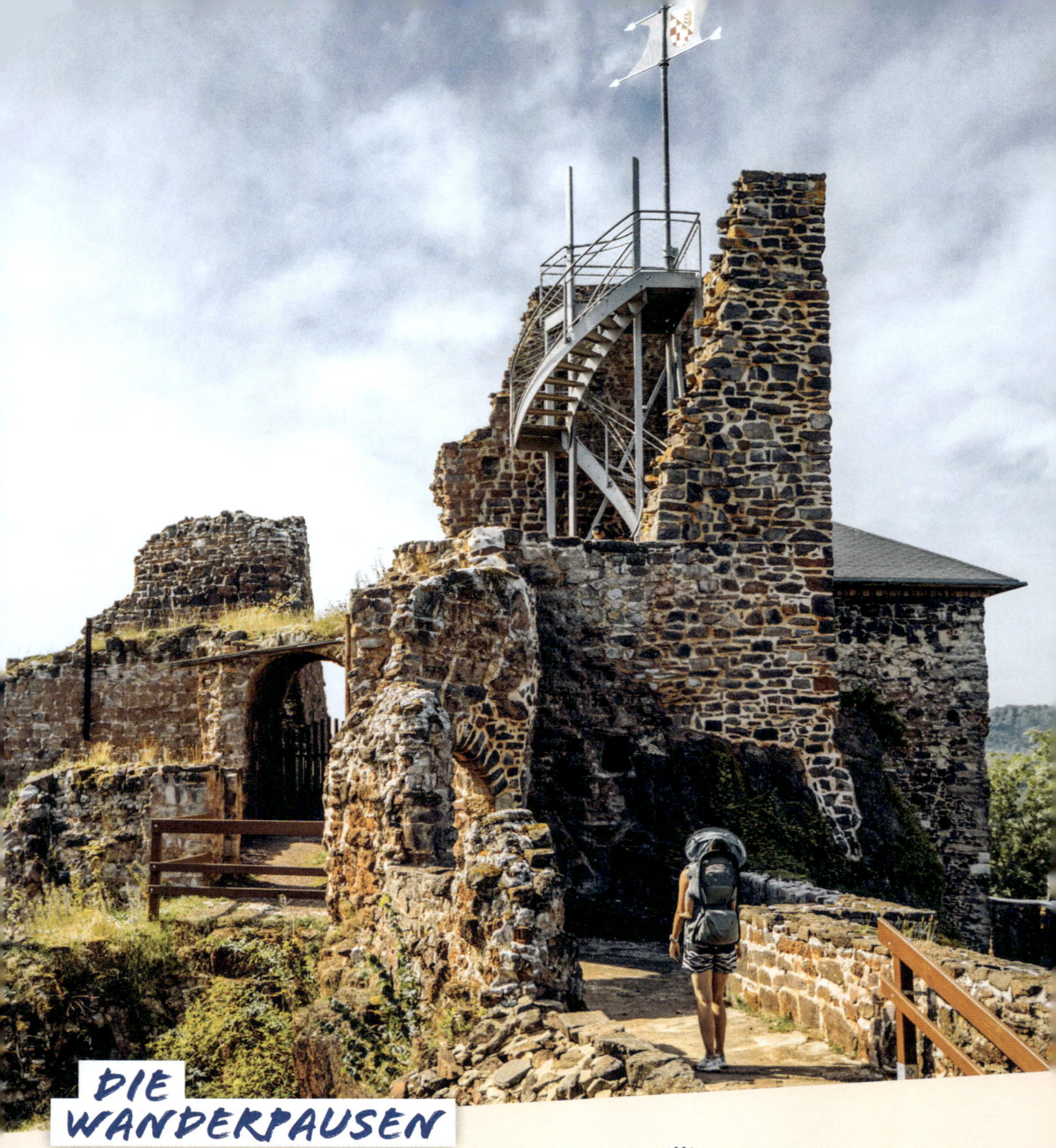

## DIE WANDERPAUSEN

» START
Parkplatz am Schwimmbad in Neustadt

KM 0,7
1 Gondelteich
**Entenwatching**

KM 2,1
2 Felsentor
**Auf Lavaboden laufen**

KM 8,2
3 Neustädter Talsperre
**Die schönste Staumauer im Harz**

15

# LAUFEN AUF LAVA

## Rund um die Burg Hohenstein und die Neustädter Talsperre

*Eine beeindruckende Burgruine mit Burggasthof, ein Felsentor aus versteinerter Lava und die schönste Staumauer im Harz sind schon mehr als genug für eine gelungene Wanderung. Es geht durch gesunde Mischwälder des heilklimatischen Kurorts Neustadt. Damit wäre dann diese Wanderung quasi auch ein Mini-Kururlaub.*

KM 9,2

4 Schutzhütte an der Alten Poststraße
**Auf der Schnellstraße des Mittelalters**

KM 11,1

5 Burgruine Hohnstein
**Durch Ruinen streifen**

KM 11,2

6 Burggasthof Hohnstein
**Mittelalterliche Speisen genießen**

KM 12,4 » ZIEL

Parkplatz am Schwimmbad in Neustadt

# DER BODEN IST LAVA

Seit 1890 ist Neustadt ein Luftkurort, seitdem prägt der Tourismus das Örtchen. Insbesondere Lungenkranke zieht es wegen der besonders guten Luftqualität in die Gegend, die Neustadt 2014 sogar das Prädikat »heilklimatischer Kurort« einbrachte. Mit dafür verantwortlich sind die vielen gesunden Mischwälder, die sich bis auf eine Höhe von 420 Metern ziehen. Saubere Luft und schöne Wälder machen sich auch beim Wandern gut. Und das Wanderwegenetz rund um Neustadt ist vielfältig. Der Harzer Dampflokstieg führt beispielsweise direkt durch den Ortskern und auch der Karstwanderweg ist nicht weit.

Diese Rundwanderung führt aber nicht auf den zwei bekannten Fernwanderwegen, sondern auf historischen Wegen zur Neustädter Talsperre. Vorbei am **Gondelteich** und dem **Felsentor** geht es immer bergauf. Nicht nur die alten Gebäude der Stadt Neustadt, auch die (Fels-)Landschaft ist geprägt vom rotbräunlichen Porphyrgestein. Im Prinzip wandert man also auf 280 Millionen Jahre alter, erkalteter Lava. Später verläuft die Tour ein Stück auf der Alten Poststraße, dem historischen Postweg zwischen Braunschweig und Nordhausen bis 1820.

WENN AUF DEM SCHMALEN WALDWEG DIE SONNENSTRAHLEN DURCH DAS BLÄTTERDACH FALLEN …

Da die **Neustädter Talsperre** der Trinkwasserversorgung dient, ist der Stausee vollständig umzäunt, um das Wasser vor Verunreinigungen zu schützen. Der Wanderweg führt einmal um das Staugewässer herum. Im Anschluss geht es auf dem Weg der deutschen Kaiser und Könige vorbei an der **Schutzhütte,** die an der **Alten Poststraße** liegt, dann weiter zur **Burgruine Hohnstein** und damit nicht nur geschichtlich zurück ins Mittelalter, sondern auch zurück in die Porphyrlandschaft.

Der Weg führt durch grüne Mischwälder, die vor allem von Buchen und Eichen geprägt sind. Ein natürliches Arboretum erklärt mithilfe von Hinweistafeln noch weitere Baumarten des Mischwaldes. Es gibt ständig etwas zum Entdecken. Aber warum eilen? Auf dieser Wanderung sind diejenigen »Gewinner«, die am meisten trödeln. Sie werden nämlich (zumindest bei gutem Wetter) mit einem Sonnenuntergang an der Burg Hohnstein belohnt, der weit und breit seinesgleichen sucht. Von dort sind es dann bis zum Ausgangspunkt nur noch ein paar Hundert Meter – das geht auch noch in der Dämmerung. «

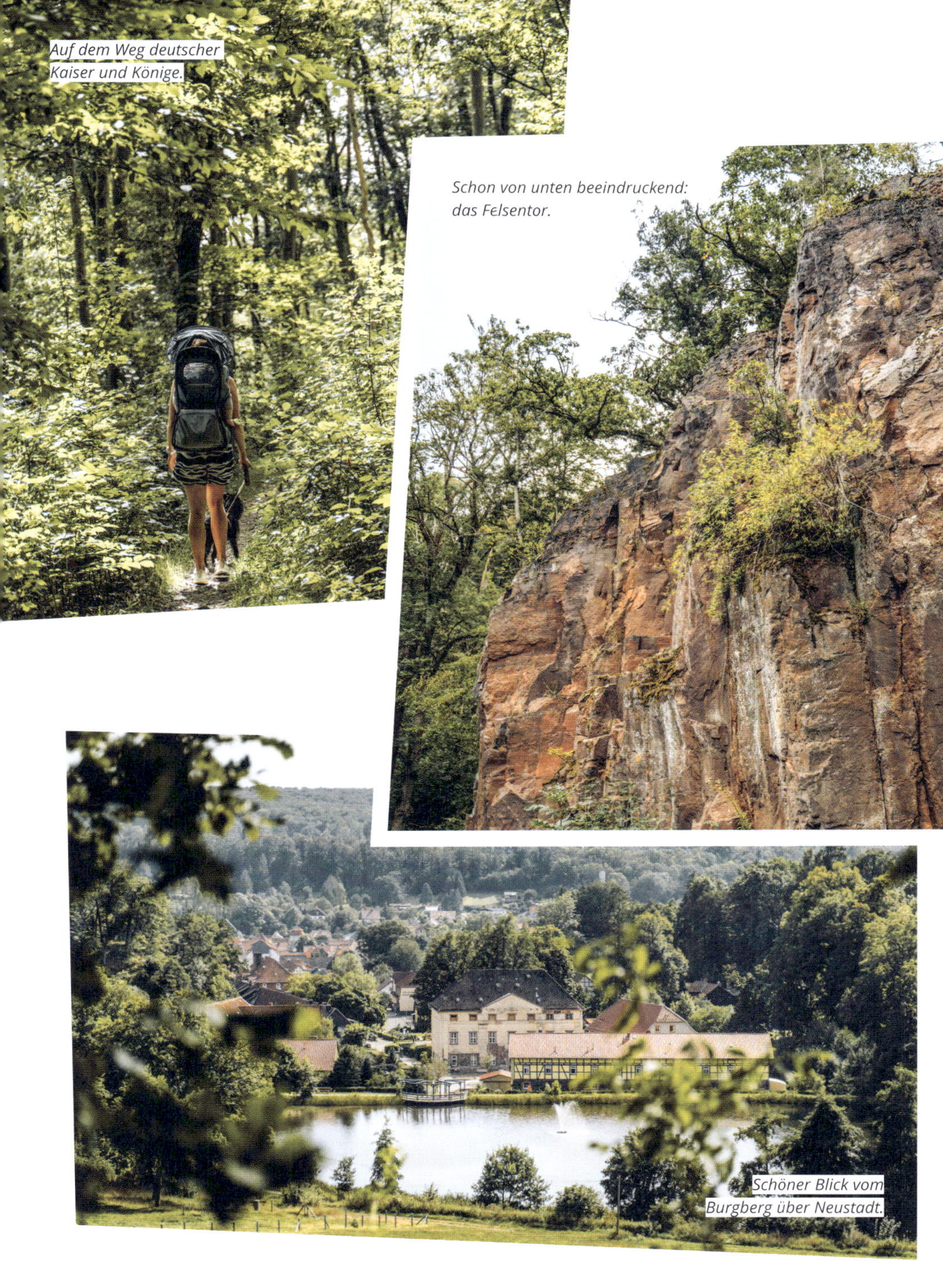

Auf dem Weg deutscher Kaiser und Könige.

Schon von unten beeindruckend: das Felsentor.

Schöner Blick vom Burgberg über Neustadt.

# WANDERN & GENIESSEN

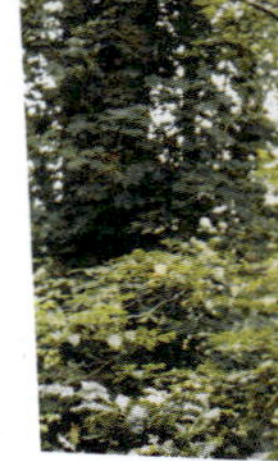

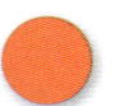

»START

**Parkplatz am Schwimmbad in Neustadt**

*Kurz dem Weg An der Burg folgen, dann gleich rechts auf einen Wiesenpfad einbiegen.*

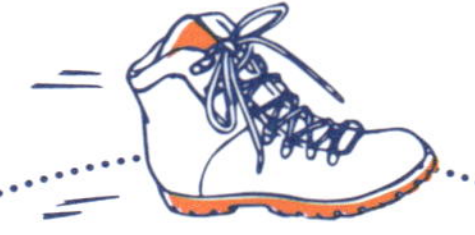

KM 0,7

1 Gondelteich

## Entenwatching

Umgeben von grünen Wiesen liegt unterhalb des Burgbergs der Gondelteich. Im 18. Jahrhundert wurde der kleine Stauteich als Wasserreservoir für den Steinkohlebergbau angelegt, avancierte aber schnell zu einem beliebten Ausflugsziel. Bei der Lage kein Wunder! Ein gepflegter Uferrundweg führt einmal um den Teich, es gibt jede Menge Bänke für ein Päuschen sowie einen Spielplatz und Trimm-dich-Geräte. Auf dem Teich schwimmen Enten und Rebhühner und auf der Wasseroberfläche tummeln sich Libellen und Wasserläufer. Ein kleiner Kiosk mit Biergarten sorgt an Sonntagen für das leibliche Wohl und verleiht Tret- und Ruderboote.

*Hinter dem Kiosk rechts in den Wald hineingehen und der Ausschilderung »Felsentor« für rund 1,3 Kilometer folgen.*

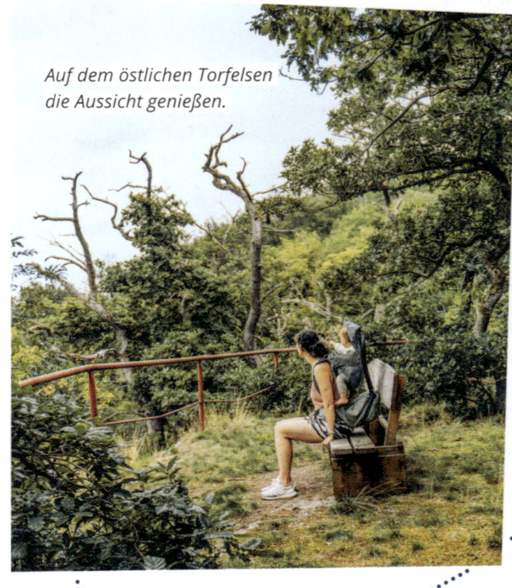

Auf dem östlichen Torfelsen die Aussicht genießen.

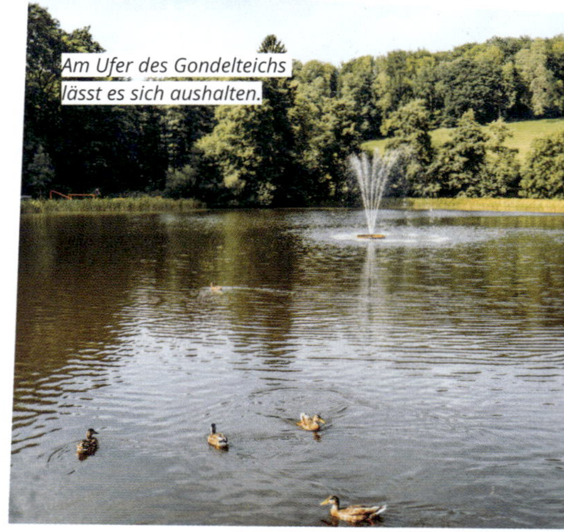

Am Ufer des Gondelteichs lässt es sich aushalten.

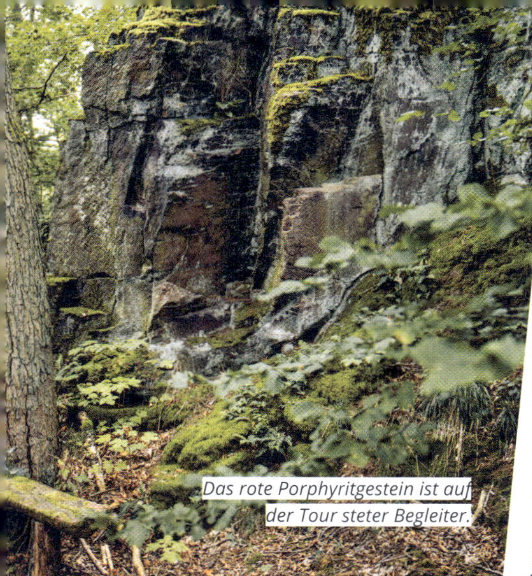

Das rote Porphyritgestein ist auf der Tour steter Begleiter.

KM 8,2

3

Neustädter Talsperre

## Die schönste Staumauer im Harz

Staumauern gibt es im Harz viele, aber keine ist so schön wie die der Neustädter Talsperre. Das Staugewässer, die Nordhäuser Talsperre, wurde Anfang des 20. Jahrhunderts gegen die Trinkwasserknappheit in Nordhausen errichtet. Dank einer umfangreichen Sanierung 1997 kann man heute die Talsperre samt ihrer Entnahmetürme wieder in ihrem ursprünglichen Glanz erleben. Die Staumauer selbst ist nicht begehbar. Es gibt einen drei Kilometer langen Talsperren-Rundwanderweg, der unterhalb der Staumauer entlangführt. Am westlichen Ende befindet sich eine Stempelstelle der Harzer Wandernadel.

*Auf dem Weg deutscher Kaiser und Könige für einen Kilometer in Richtung Burg Hohnstein wandern.*

KM 2,1

2

Felsentor

## Auf Lavaboden laufen

Hoch ragen die rot schillernden Felsen des Felsentors rechts und links des Wanderweges auf. Sie bestehen aus Porphyritgestein, also Vulkangestein, das unterschiedlich stark verwittert ist. In diesem Gebirgstal befindet sich das historische Neustädter Steinkohlenrevier. Ein schmaler Pfad führt auf den östlichen Torfelsen hinauf. Oben angekommen, wartet eine Bank, von der man unter knorrigen Eichen die Aussicht über Neustadt und das südliche Harzvorland genießen kann. Vom Aussichtspunkt kann man auch auf einem steilen, schmalen Pfad noch bis zur Burgruine Heinrichsburg wandern.

*Dem breiten Forstweg entlang des Petersbaches für rund 1,1 Kilometer weiter folgen, dann links auf die Alte Poststraße abbiegen. Nach einem weiteren Kilometer rechts auf einem schmalen Pfad weiterwandern, der auf die Talsperrenstraße führt. Dieser dann um die Talsperre folgen.*

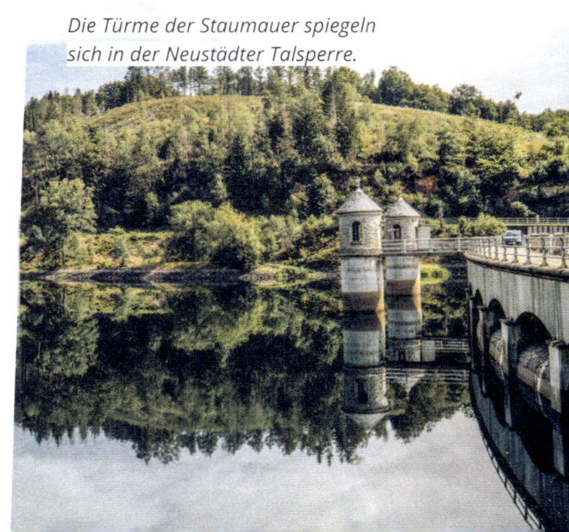

Die Türme der Staumauer spiegeln sich in der Neustädter Talsperre.

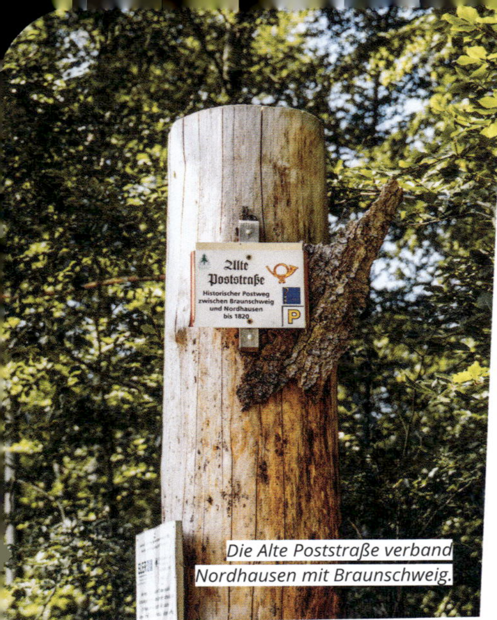

*Die Alte Poststraße verband Nordhausen mit Braunschweig.*

KM 9,2

4

**Schutzhütte an der Alten Poststraße**

## Auf der Schnellstraße des Mittelalters

Wo einst Pferdekutschen die Post von Nordhausen nach Braunschweig transportierten, kann man heute wandern, und zwar auf der Alten Poststraße zwischen Neustadt und der Neustädter Talsperre. Mitten im Wald, wo die Alte Poststraße den Weg deutscher Kaiser und Könige kreuzt, befindet sich heute eine Schutzhütte. Wer hier ein Päuschen einlegt, kann sich ausmalen, wie es an dieser Stelle wohl im Mittelalter ausgesehen hat. Sicher herrschte hier damals mehr Trubel als heute.

*Noch knapp zwei Kilometer weiter dem Weg deutscher Kaiser und Könige zur Burgruine Hohnstein folgen. Durch das Burgtor immer weiter hinauf zur Burgruine spazieren.*

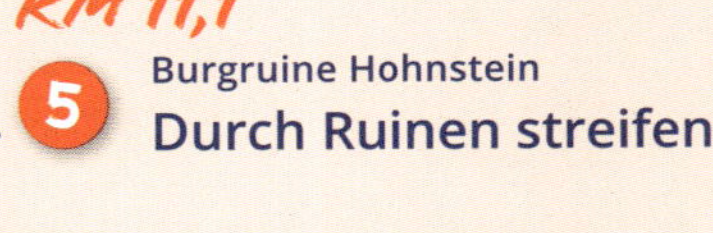

KM 11,1

5

**Burgruine Hohnstein**

## Durch Ruinen streifen

Eine Zeitreise ins Mittelalter erlebt man auch auf der Burgruine Hohnstein. Die Reste der ehemaligen Höhenburg aus dem 12. Jahrhundert thronen auf einem Bergrücken umgeben von Mischwald. Und das Beste: Sie sind jederzeit kostenlos zugänglich. Über eine Stahlwendeltreppe gelangt man auf den höchsten Punkt der Burgruine. Von dort hat man einen Überblick über die ganze Burgruine und eine grandiose Fernsicht über Neustadt und ins Harzvorland bis zum Kyffhäuser. Besonders schön ist es hier bei Sonnenuntergang.

*Von der Burgruine den Weg bergab zurück zum Burggasthof schlendern.*

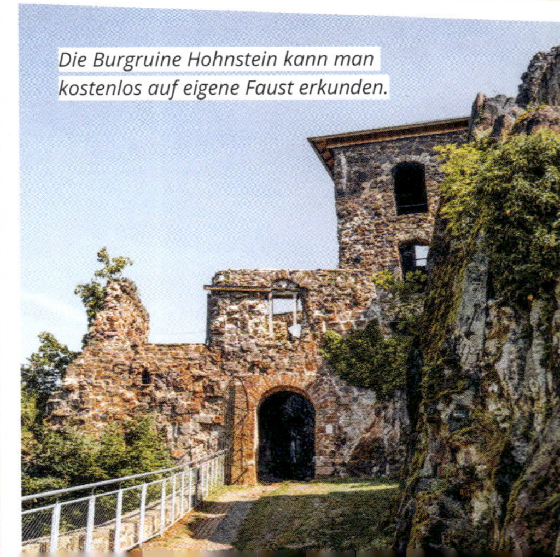
*Die Burgruine Hohnstein kann man kostenlos auf eigene Faust erkunden.*

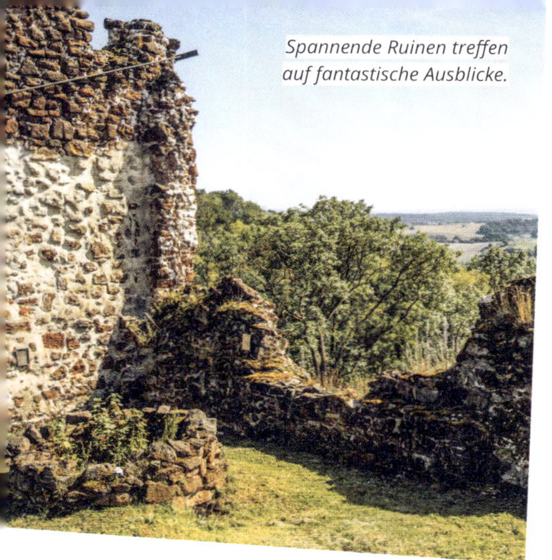
Spannende Ruinen treffen auf fantastische Ausblicke.

**EXTRA INFOS:**

Nach der Tour eine kleine Erfrischung gefällig? Direkt am Startpunkt der Wanderung liegt das beheizte ● **Neustädter Waldbad** (www.waldbad-neustadt.de). Fünf verschiedene Becken sorgen hier bereits seit 50 Jahren für Badespaß.

Abkühlung von innen gibt's in der ● **Konditorei & Café König** (www.stollen-koenig.de) in der Burgstraße in Neustadt – nur fünf Minuten abseits der Route – in Form von üppigen Eisbechern. Natürlich sind auch Kuchen und Torten erhältlich.

KM 11,2

6 Burggasthof Hohnstein

## Mittelalterliche Speisen genießen

Auch der historische Burggasthof Hohnstein unterhalb der Burgruine (www.burghohnstein.de) wurde umfassend restauriert. Während man im urigen Gastraum des Fachwerkhauses Gerichte wie Hirtenvesper oder Tagelöhnerteller genießt, ist auch hier das Mittelalter lebendig. Nur bei den Essmanieren sollte man sich besser an der Neuzeit orientieren. Noch schöner sitzt man an warmen Tagen auf der Terrasse – im Schatten der historischen Burgmauern mit weitem Blick über die Landschaft. Vor dem Gasthaus befindet sich ebenfalls eine Stempelstelle der Harzer Wandernadel.

*Dem Weg An der Burg bergab zurück zum Ausgangspunkt folgen.*

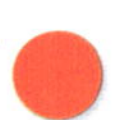

KM 12,4 » ZIEL

Parkplatz am Schwimmbad in Neustadt

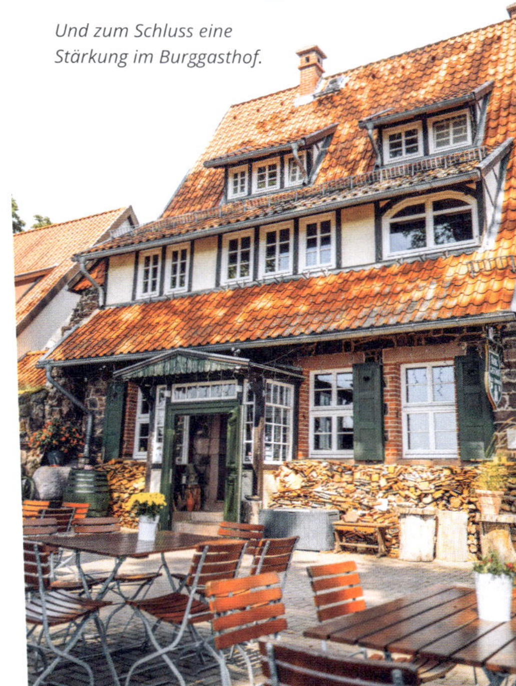
Und zum Schluss eine Stärkung im Burggasthof.

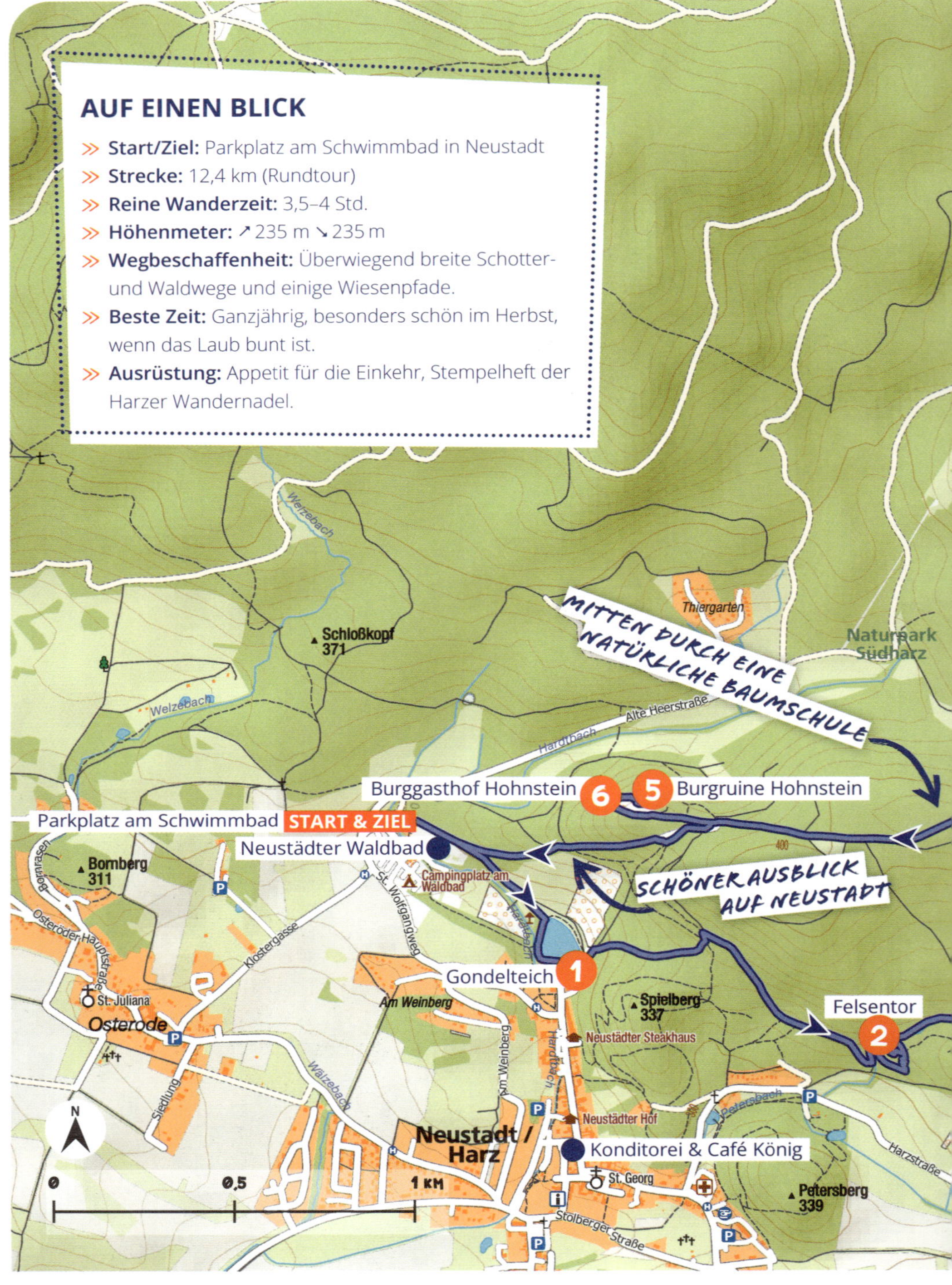

## AUF EINEN BLICK

- **Start/Ziel:** Parkplatz am Schwimmbad in Neustadt
- **Strecke:** 12,4 km (Rundtour)
- **Reine Wanderzeit:** 3,5–4 Std.
- **Höhenmeter:** ↗ 235 m ↘ 235 m
- **Wegbeschaffenheit:** Überwiegend breite Schotter- und Waldwege und einige Wiesenpfade.
- **Beste Zeit:** Ganzjährig, besonders schön im Herbst, wenn das Laub bunt ist.
- **Ausrüstung:** Appetit für die Einkehr, Stempelheft der Harzer Wandernadel.

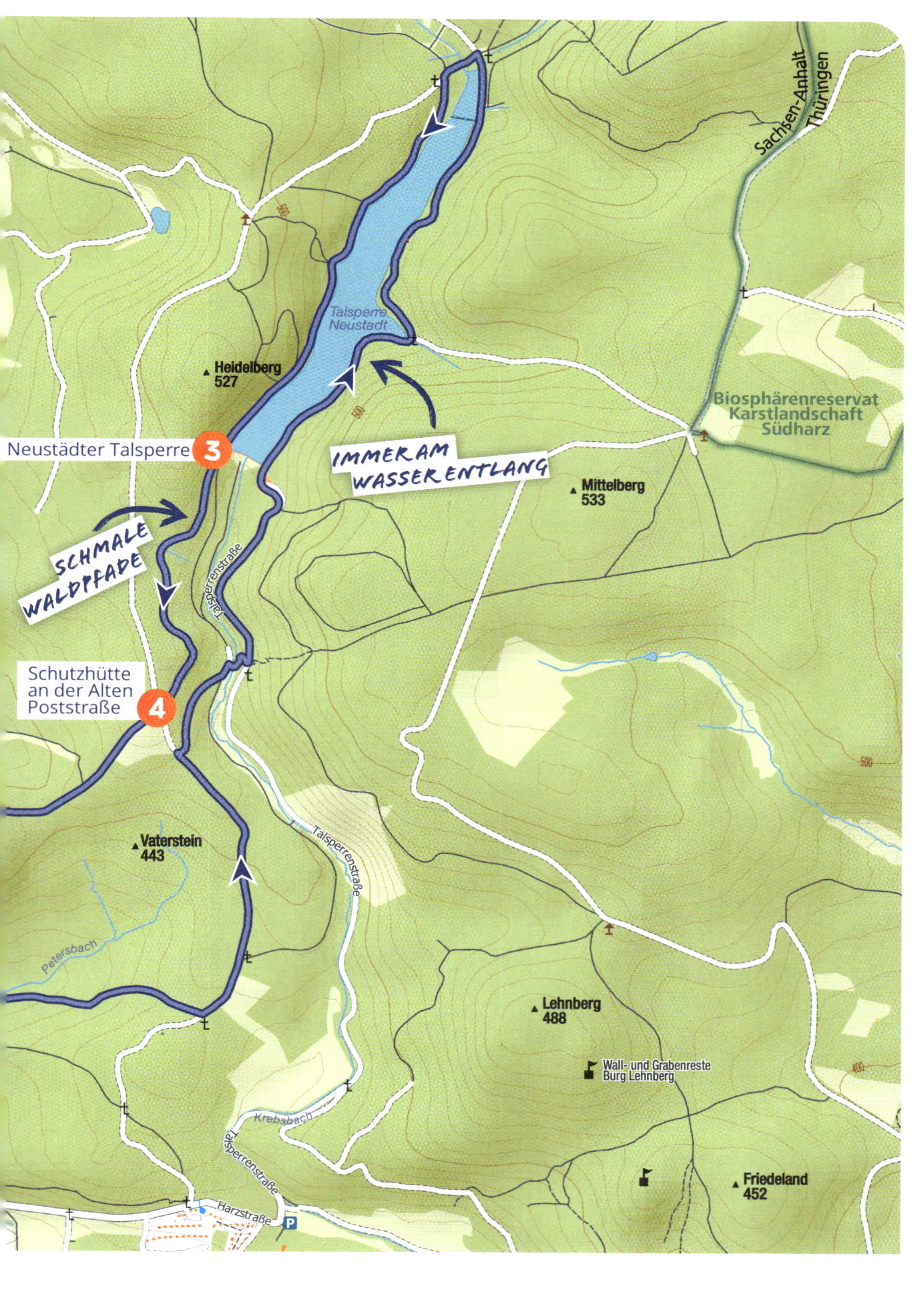

Sachsen-Anhalt
Thüringen
Talsperre Neustadt
Heidelberg 527
Neustädter Talsperre
3
IMMER AM WASSER ENTLANG
Biosphärenreservat Karstlandschaft Südharz
Mittelberg 533
SCHMALE WALDPFADE
Talsperrenstraße
Schutzhütte an der Alten Poststraße
4
Vaterstein 443
Talsperrenstraße
Petersbach
Lehnberg 488
Wall- und Grabenreste Burg Lehnberg
Krebsbach
Talsperrenstraße
Friedeland 452
Harzstraße
P
500
400

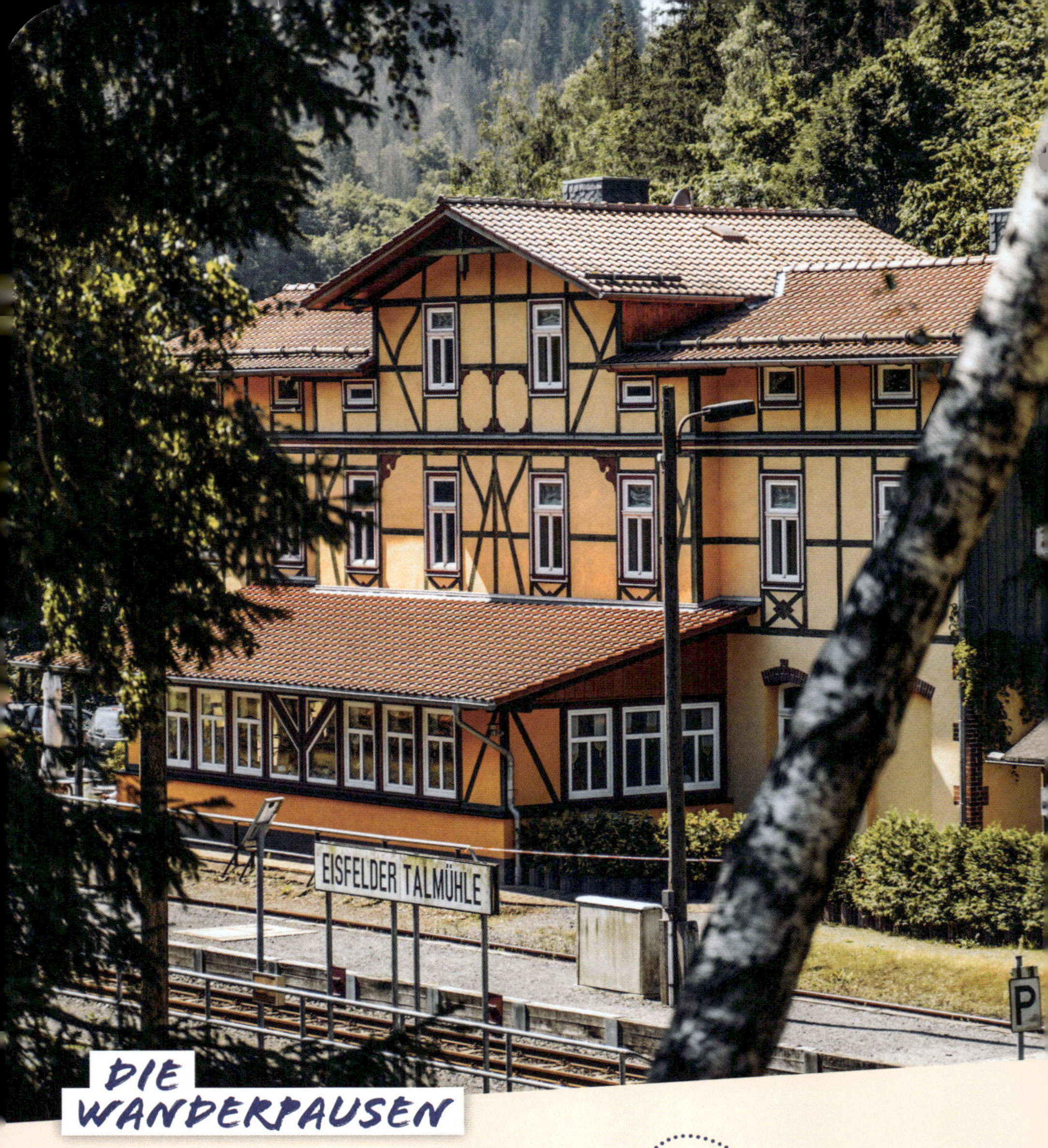


# DIE WANDERPAUSEN

**» START**
Bahnhof Stiege

**KM 1**
1 Bootssteg Stieger Teich
**Teichhopsing**

**KM 1,5**
2 Schlosscafé Stiege
**Kaffee mit Liebe zum Detail**

**KM 4,5**
3 Stabkirche Stiege
**Eine Kirche auf Wanderschaft**

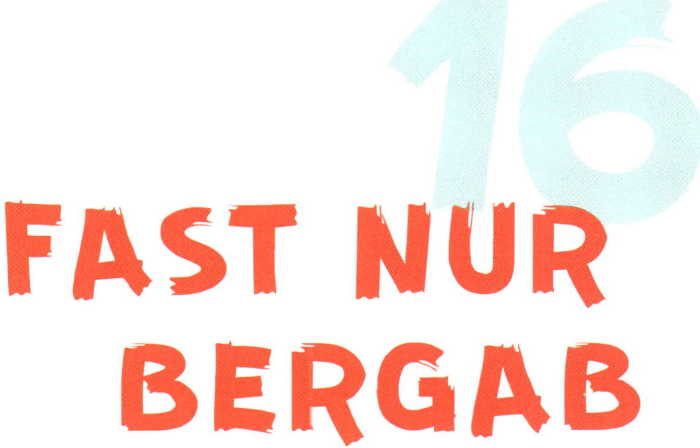

# 16 FAST NUR BERGAB

## Durchs Mosebachtal von Stiege zur Eisfelder Talmühle

*Ein Badesee, ein Schlosscafé, eine Stabkirche im norwegischen Stil und eine einfache Streckenwanderung durch herrlich kühlen Wald bilden den Rahmen für diese Wandertour, die perfekt ist für heiße Tage. Zum Ausgangspunkt geht's mit der Harzer Schmalspurbahn.*

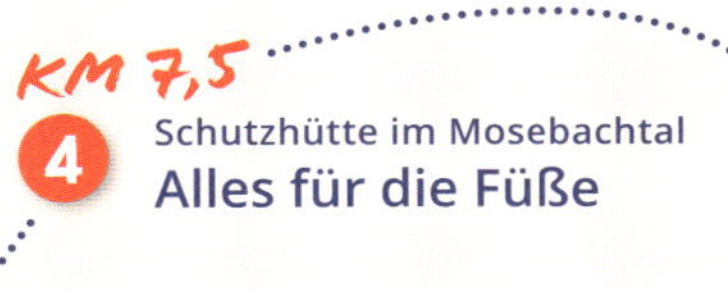

KM 7,5

4 Schutzhütte im Mosebachtal
**Alles für die Füße**

KM 8,2

5 Selketal-Bahnviadukt
**Auf der Mauer, auf der Lauer**

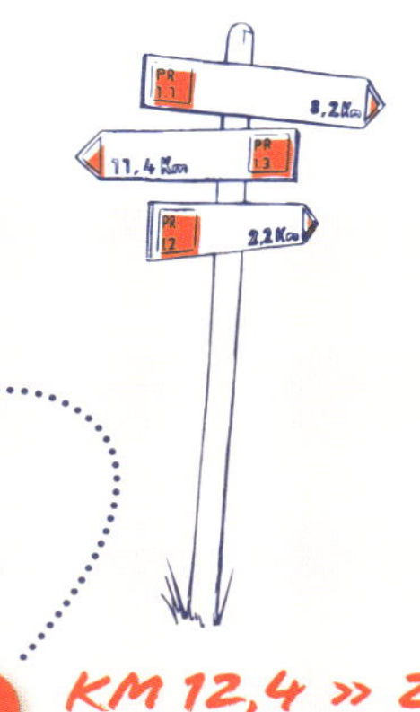


KM 12,4 » ZIEL
Bahnhof Eisfelder Talmühle

# DIE PERFEKTE WANDERUNG FÜR HEISSE TAGE ...

... ist diese Streckenwanderung von Stiege zur Eisfelder Talmühle. Es gibt die Möglichkeit, schon zu Beginn der Wanderung bei der Umrundung des Stieger Sees eine Runde schwimmen zu gehen. Später führt der Weg dann fast immer leicht bergab auf einfachen Wegen durch den kühlen, schattigen Wald. An vielen Stellen kann man im Fluss die Füße kühlen – das wissen vor allem vierbeinige Begleiter sehr zu schätzen.

Los geht die Tour am Bahnhof Stiege. Schon die Fahrt in dem kleinen Waggon durch das Beretal ist ein Highlight für sich und gibt einen Vorgeschmack auf das, was einen auf der Wanderung erwartet. Bevor die eigentliche Streckenwanderung beginnt, kann man den Stieger See umrunden. Dieser besteht eigentlich aus zwei Seen, die durch eine Sumpflandschaft verbunden sind. Am oberen Teich befindet sich der ehemalige **Bootssteg Stieger Teich** sowie das **Schloss Stiege** mit seinem hübschen Schlosscafé. Nach der Umrundung der Seen ist man zurück am Bahnhof und damit auch an der **Stabkirche Stiege.**

DER WEG DURCH DIE WÄLDER DES BERETALS WIRD STETS VOM RAUSCHEN DES FLUSSES BEGLEITET

Nun fängt die eigentliche Wanderung an – zunächst entlang der wenig befahrenen Kreisstraße, bevor der Weg dann tief im Wald verschwindet und einen erst wieder am Ziel ausspuckt. Die Tour führt durch abwechslungsreiche Mischwälder rund um die **Schutzhütte Mosebachtal,** eine Wald- und Wiesenlandschaft, die an die Alpen erinnert, und nach dem **Selketal-Bahnviadukt** im Beretal dann fast schon durch dschungelartige Wälder mit großen Blättern und kleinen Wasserfällen rechts und links des Wegrands.

Auf den letzten Metern bis zur Eisfelder Talmühle verläuft der Weg parallel zu den Bahnschienen. Wer Glück hat, kann hier eine Dampflok sehen, denn dieser Streckenabschnitt wird von der Brockenbahn genutzt.

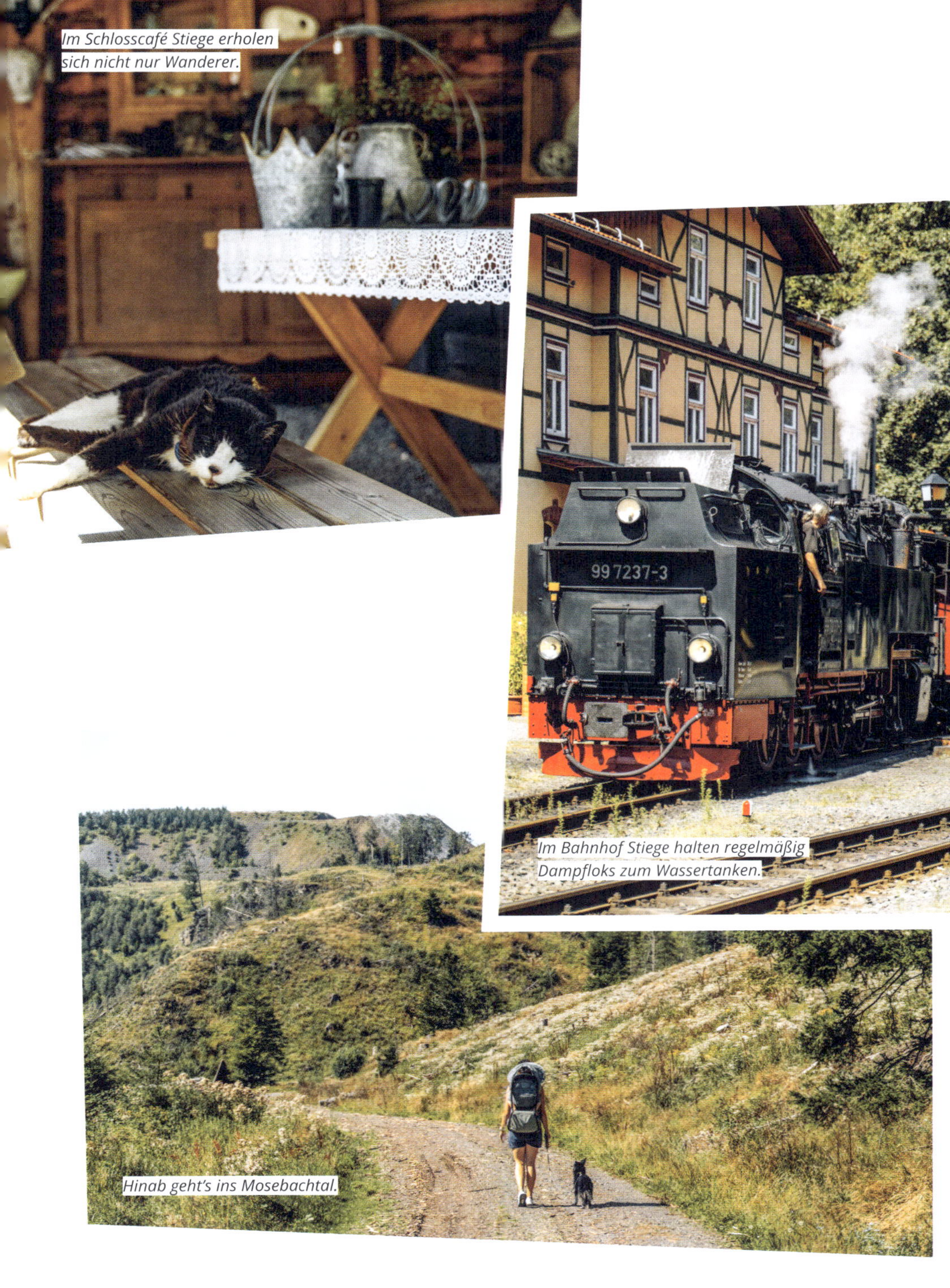


Im Schlosscafé Stiege erholen sich nicht nur Wanderer.

Im Bahnhof Stiege halten regelmäßig Dampfloks zum Wassertanken.

Hinab geht's ins Mosebachtal.

# WANDERN & GENIESSEN

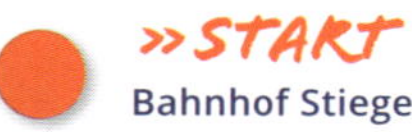

»START

**Bahnhof Stiege**

*Das Auto parkt man am besten am Zielort, dem Bahnhof Eisfelder Talmühle. Hier gibt es rechts vom Gasthaus auch einen Wanderparkplatz. Mit dem Zug fährt man dann zum Startpunkt. Wer direkt loswanden möchte, kann natürlich auch in Stiege parken und am Ende mit dem Zug zum Ausgangspunkt zurückfahren. Vom Bahnhof geradeaus den schmalen Weg durch den Wald nehmen, dann weiter der Oberteich- beziehungsweise Teichstraße zum sogenannten Unteren Teich folgen.*

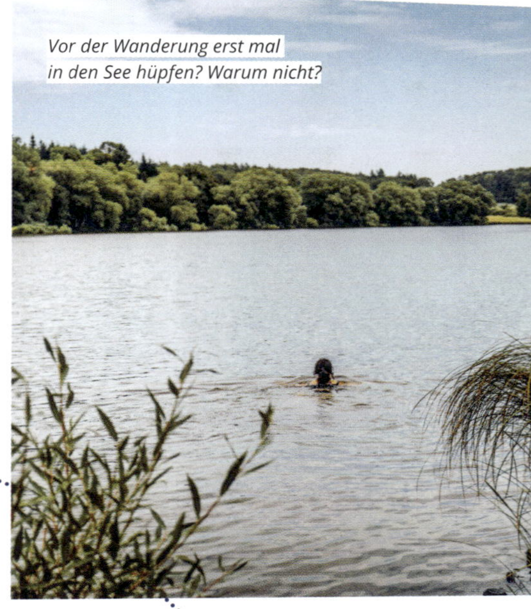

*Vor der Wanderung erst mal in den See hüpfen? Warum nicht?*

KM 1

1 **Bootssteg Stieger Teich**

## Teichhopsing

Wo man früher mit Tret- und Ruderbooten in (den Stieger) See stechen konnte, sieht man heute nur noch Reste des ehemaligen Bootsstegs. Ein paar Bänke gibt es aber noch. Sie gewähren einen Blick über den See bis zum Schloss, das sich bei Windstille eindrucksvoll im Wasser spiegelt. Wenn das Wetter es zulässt, kann man den Steg für einen Sprung ins kühle Nass nutzen. Der Stieger Teich besteht eigentlich aus zwei Teichen, die durch einen Flusslauf verbunden sind. Gespeist wird er von der Hassel, einem Nebenfluss der Rappbode.

*Den Teich weiter umrunden, bis links der Abzweig zum Stieger Schloss kommt. Dem Weg bergauf folgen.*

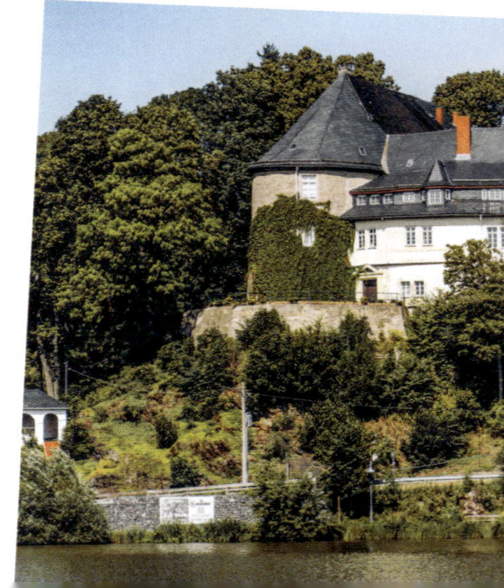

KM 1,5

2 Schlosscafé Stiege

## Kaffee mit Liebe zum Detail

Die einen nennen es Tinnef, die anderen Liebe zum Detail. Fest steht: Im Café des Schlosses Stiege (www.schloss-stiege.de) kann man an den Wochenenden in liebevoll dekoriertem Ambiente Kaffee trinken und hausgemachten Kuchen verspeisen. Auch der Außenbereich ist gemütlich gestaltet. Man sitzt unter einem kleinen Holzdach an rustikalen Tischen und Bänken, die mit Blumentöpfen, Spitzendeckchen und Deko-Objekten geschmückt sind. Das Schloss selbst geht übrigens auf das Hochmittelalter zurück. Es wurde vermutlich als Jagdschloss oder Rastplatz für Harzdurchquerungen zur Zeit Heinrich I. um 919 errichtet, später dann umgebaut, befestigt und erweitert.

*Zurück an den Teich wandern und dem Uferweg weiter folgen. Im Anschluss den Oberteich umrunden und parallel zu den Bahnschienen zur Stabkirche in der Langen Straße wandern.*

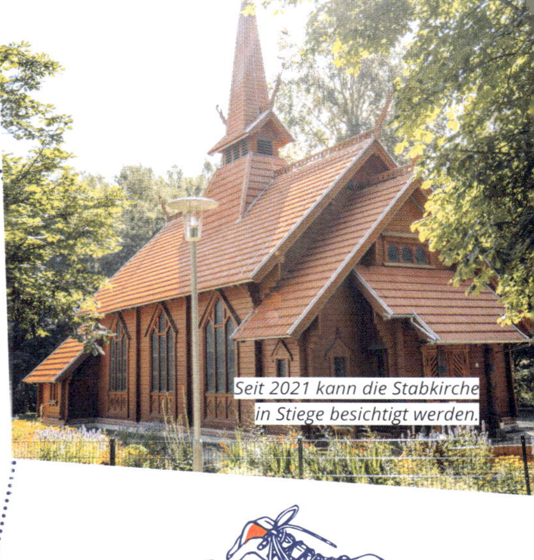

Seit 2021 kann die Stabkirche in Stiege besichtigt werden.

KM 4,5

3 Stabkirche Stiege

## Eine Kirche auf Wanderschaft

Es ist gar nicht so lange her, da stand die Stabkirche (www.stabkirche-stiege.de) einsam und verlassen in einem Harzer Wäldchen auf dem Gelände einer ehemaligen TBC- und Lungenheilstätte im Selketal. Bevor sie endgültig dem Vandalismus zum Opfer fiel, wurde die Holzkirche dank eines Vereins und vielen Förderern und Spendern gerettet und kurzerhand versetzt – und zwar an ihren jetzigen Standort in der Nähe des Bahnhofs Stiege. Seit 2021 kann der Sakralbau im norwegischen Drachenstil aus dem Jahr 1905 an ihrem neuen Ort besichtigt werden – mittwochs und sonntags auch von innen.

*Rund einen Kilometer der wenig befahrenen Kreisstraße folgen, bis der Weg links in den Wald hinein führt (Ausschilderung Eisfelder Talmühle). Diesem für weitere zwei Kilometer folgen.*

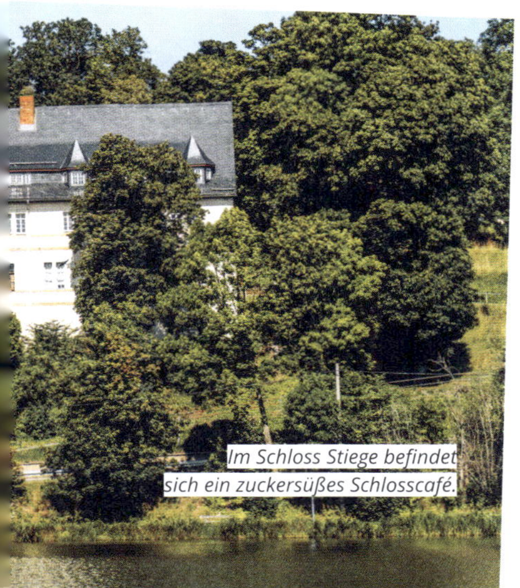

Im Schloss Stiege befindet sich ein zuckersüßes Schlosscafé.

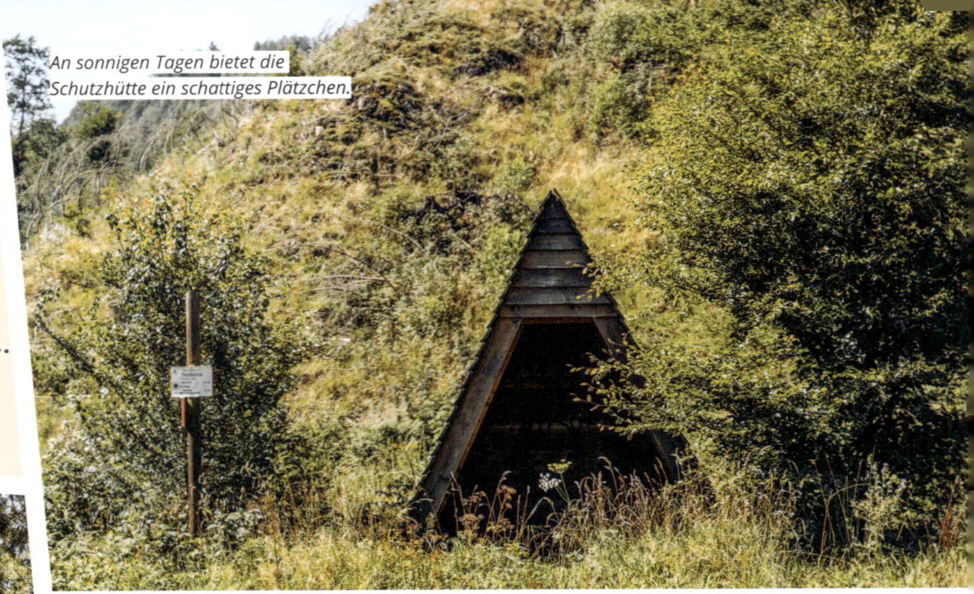

*An sonnigen Tagen bietet die Schutzhütte ein schattiges Plätzchen.*

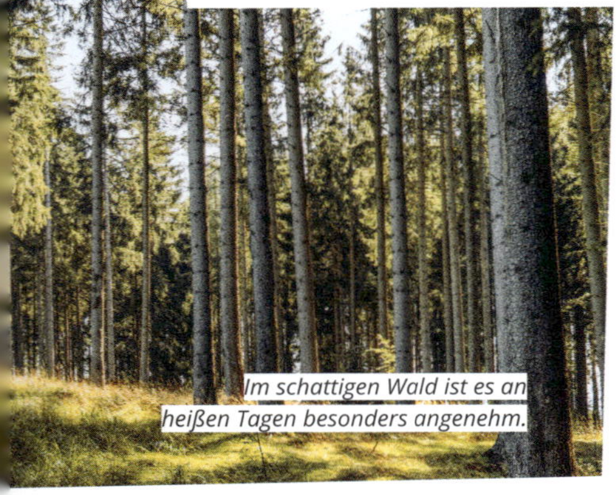

*Im schattigen Wald ist es an heißen Tagen besonders angenehm.*

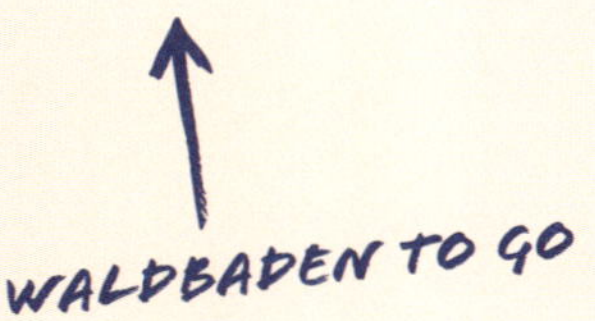


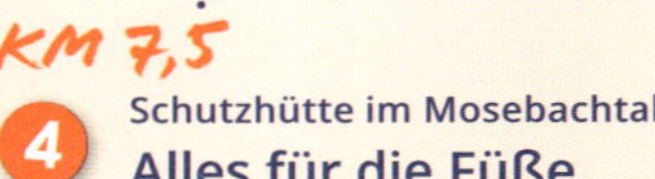


4

### Schutzhütte im Mosebachtal

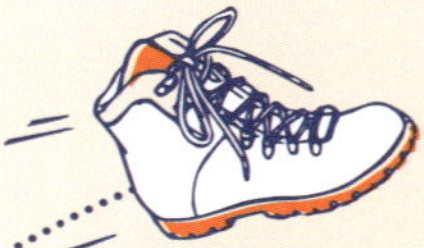

## Alles für die Füße

An der kleinen Finnhütte trifft der Wanderweg auf das Mosebachtal. An heißen Tagen spendet die Schutzhütte herrlichen Schatten, Bänke sind auf dem Wanderweg eh Mangelware. Wer mag, kühlt sich bei einem Päuschen im plätschernden Wasser gleich noch die Füße. Zumindest vierbeinigen Mitwanderern muss man das nicht zweimal sagen. Aber auch für Zweibeiner ist so ein Fußbad ein erfrischender Kick, wenn die Wanderfüße langsam müde werden. Direkt hinter der Hütte ragt die Felswand auf und erinnert ein wenig an die Alpen – was für ein idyllisches Fleckchen Erde!

*Dem Weg entlang des Mosebachs weiter folgen.*

KM 8,2

5 Selketal-Bahnviadukt

## Auf der Mauer, auf der Lauer

Mitten im Wald trifft man plötzlich auf die steinernen Mauern eines Viadukts. Wer mit dem Zug zum Ausgangspunkt in Stiege gefahren ist, hat dieses bereits passiert. Es wird von Zügen genutzt, die auf einer Nebenstrecke der Selketalbahn fahren. Diese verbindet die Selketalbahn mit der Harzquerbahn und bedient die Strecke von der Eisfelder Talmühle über Hasselfelde nach Harzgerode oder Quedlinburg. Hier verkehren leider keine historischen Dampfloks, sondern nur kleine Dieselwagons. Echte Schmalspurbahnfans wird das aber nicht davon abhalten, den Fahrplan zu checken, um hier, im idyllischen Beretal, eine Zugdurchfahrt zu erleben.

*Nach 200 Metern rechts halten und leicht bergab durch das Beretal wandern. Parallel zu den Bahnschienen und der Bere bis zum Ziel laufen.*

### EXTRA INFOS:

Wer zu Beginn der Wanderung lieber Herzhaftes essen möchte, kann im historischen Gasthof ● **Zum Burgstieg** (www.burgstieg.de) einkehren.

Für Eisenbahnfans ist die Einkehr in den Bahnhofsgasthof ● **Eisfelder Talmühle** (www.jaegerhof-ellrich.de/de/16948-Eisfelder-Talmuehle) am Ende der Wanderung ein absolutes Muss. Hier hat man nicht nur einen schönen Blick auf den Wald und die Bere, sondern ist – direkt am Gleis – hautnah dabei, wenn eine Dampflok zum Wassertanken hier haltmacht.

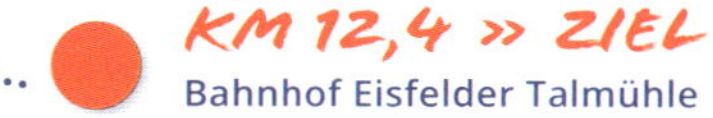


Bahnhof Eisfelder Talmühle

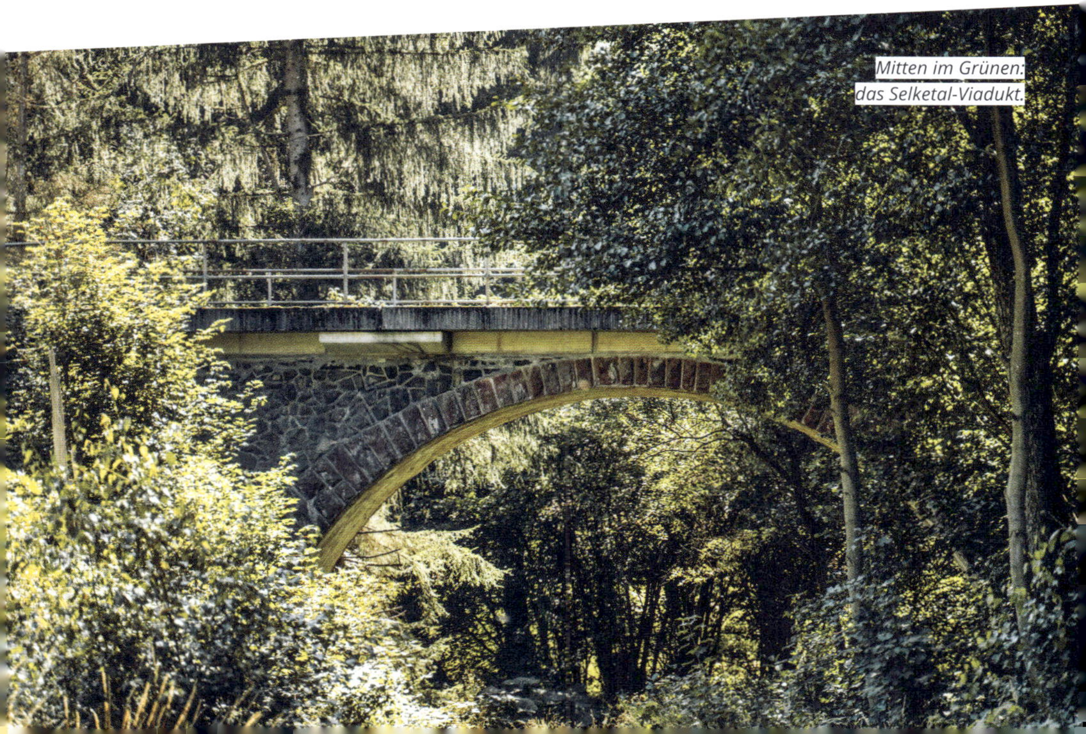

*Mitten im Grünen: das Selketal-Viadukt.*

## AUF EINEN BLICK

- **Start:** Bahnhof Stiege
- **Ziel:** Bahnhof Eisfelder Talmühle
- **Strecke:** 12,4 km (Streckentour)
- **Reine Wanderzeit:** 3,5 Std.
- **Höhenmeter:** ↗ 96 m ↘ 208 m
- **Wegbeschaffenheit:** Überwiegend breite Schotterwege, etwas Asphalt.
- **Beste Zeit:** Ganzjährig, auch schön an heißen Sommertagen.
- **Ausrüstung:** Badesachen zum Schwimmen im Stieger Teich.

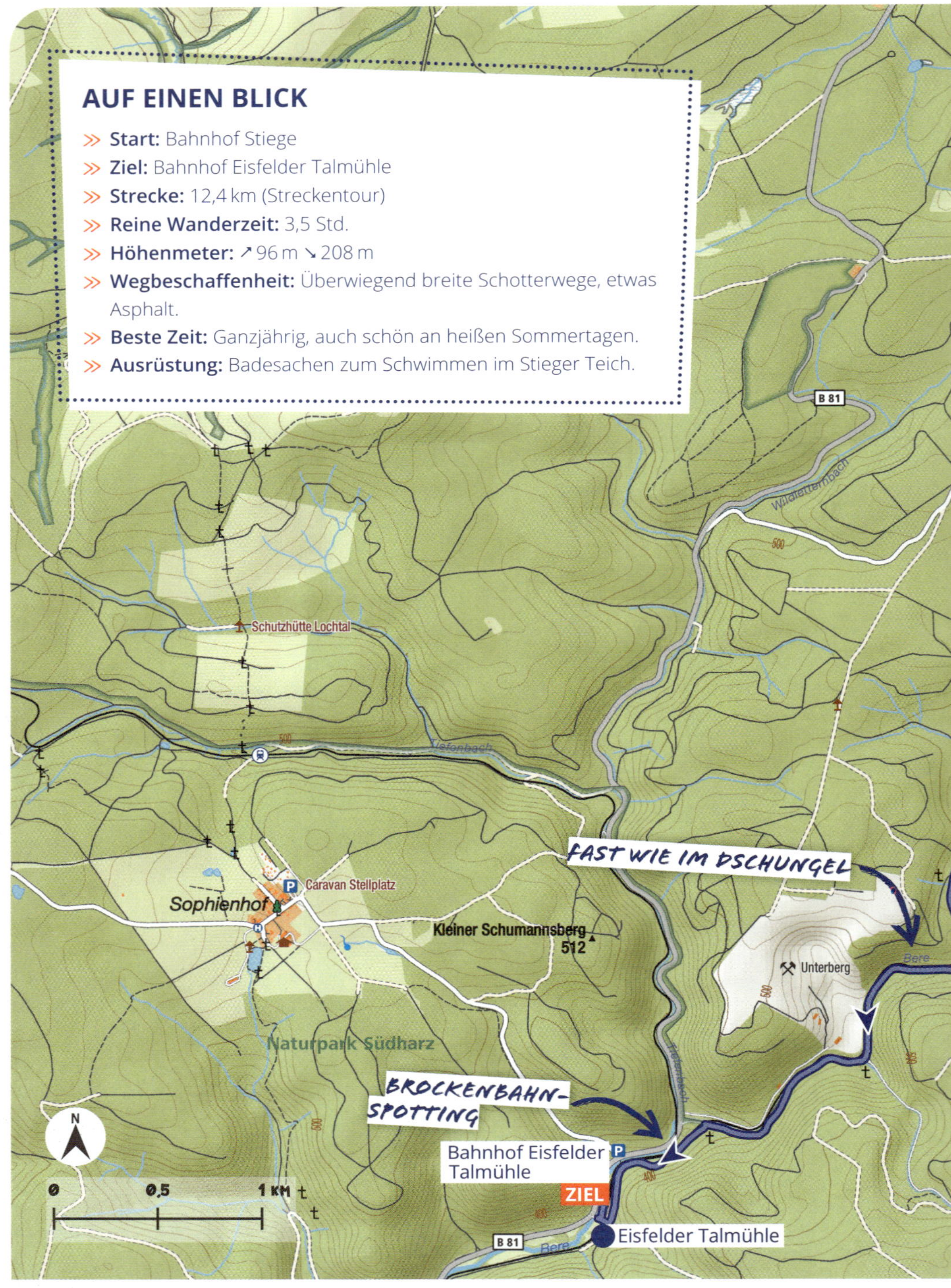

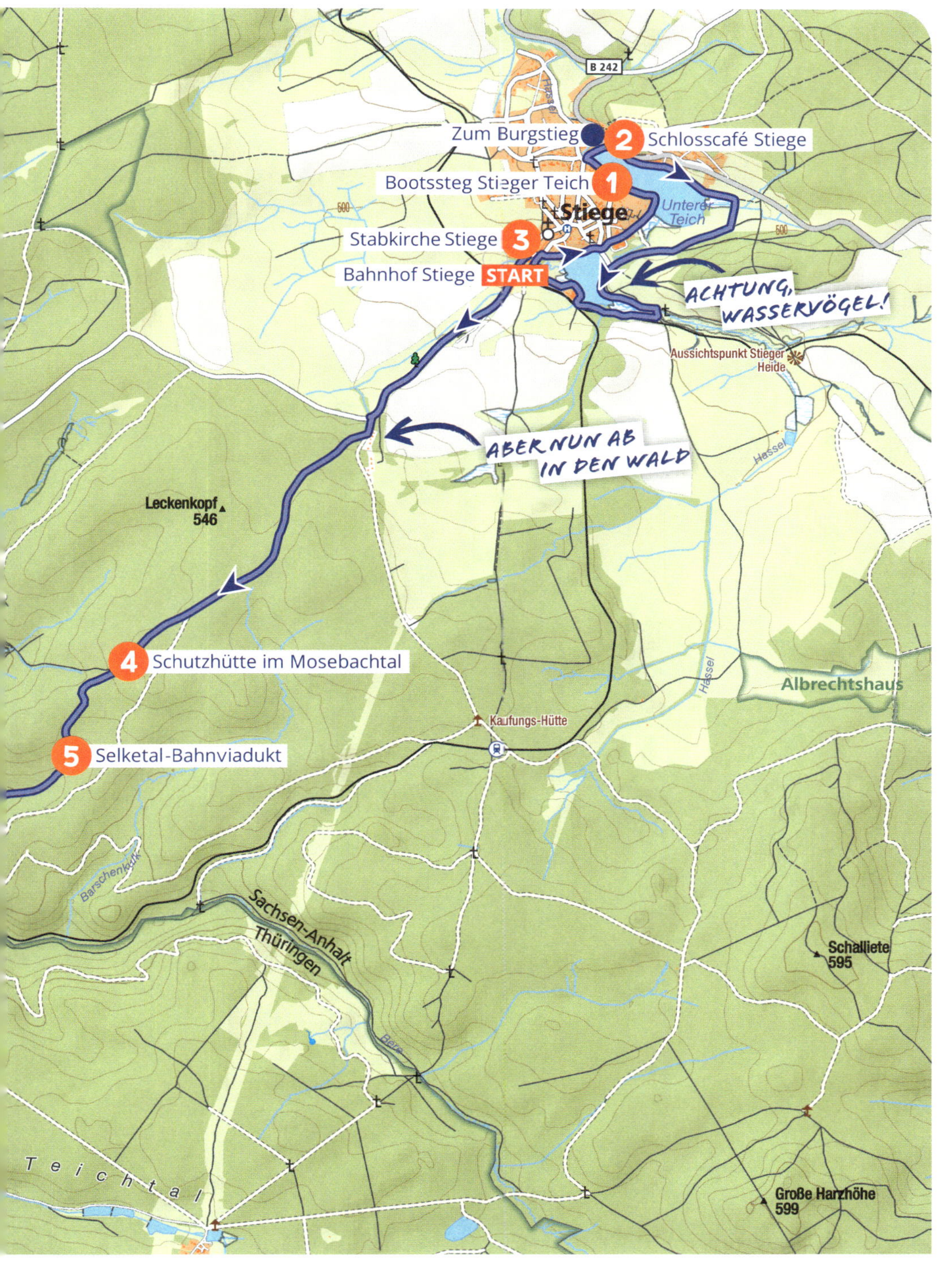
Zum Burgstieg
2 Schlosscafé Stiege
1 Bootssteg Stieger Teich
Stiege
Unterer Teich
3 Stabkirche Stiege
Bahnhof Stiege START
ACHTUNG, WASSERVÖGEL!
Aussichtspunkt Stieger Heide
ABER NUN AB IN DEN WALD
Leckenkopf 546
4 Schutzhütte im Mosebachtal
5 Selketal-Bahnviadukt
Kaufungs-Hütte
Albrechtshaus
Hassel
B 242
Sachsen-Anhalt
Thüringen
Barschenkulk
Schalliete 595
Teichtal
Große Harzhöhe 599

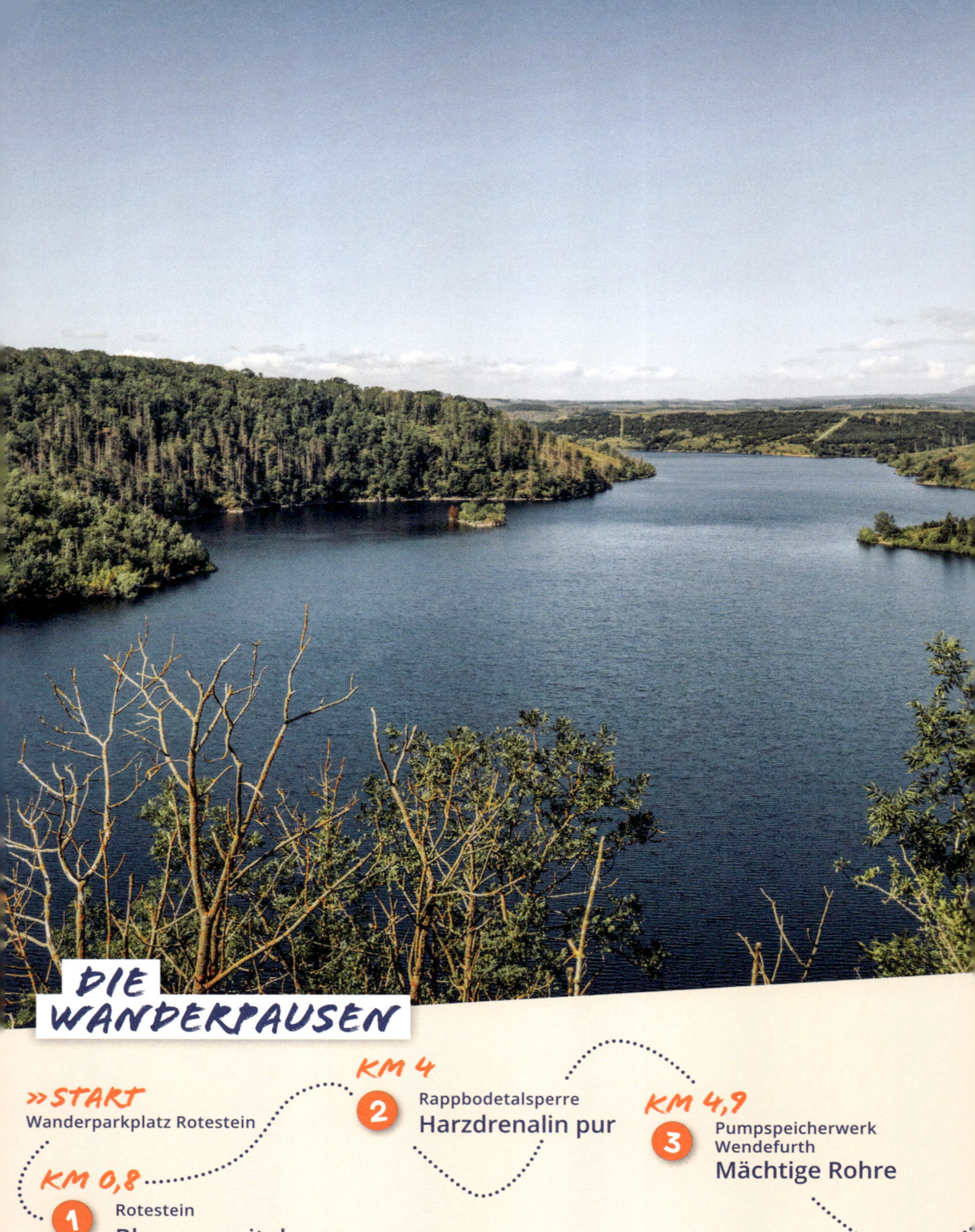

# DIE WANDERPAUSEN

**» START**
Wanderparkplatz Rotestein

**KM 0,8**
1 Rotestein
**Blau, so weit das Auge reicht**

**KM 4**
2 Rappbodetalsperre
**Harzdrenalin pur**

**KM 4,9**
3 Pumpspeicherwerk Wendefurth
**Mächtige Rohre**

17

# OST-HARZER FJORDE

## Rund um die Rappbodetalsperre bei Hasselfelde

*Einer der schönsten Aussichtspunkte im Harz hoch über den »Fjorden« der Rappbodetalsperre, die zweitlängste Hängeseilbrücke Deutschlands und das hierzulande einzige Köhlereimuseum sind auf dieser Wanderung mit einsamen Waldpfaden vereint und sorgen für eine gelungene und abwechslungsreiche Mischung aus Action und Ruhe.*

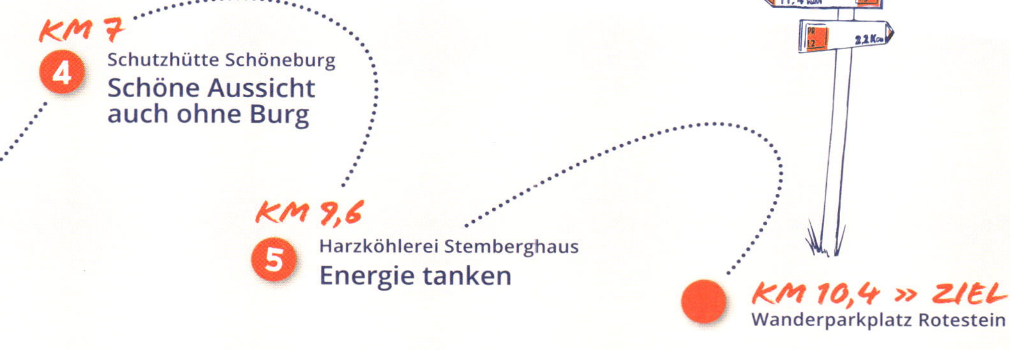

# DIE GRÖSSTE HARZER TALSPERRE …

… bricht so einige Rekorde: Sie ist nicht nur die größte Talsperre Deutschlands mit der höchsten Staumauer, sondern sie wird auch von der zweitlängsten Hängeseilbrücke Deutschlands überspannt und verfügt über die größte Doppelseilrutsche Europas. Diese Wanderung vereint Trubel und Einsamkeit, Adrenalin und Entspannung, Weitblick und Liebe zum Detail.

AUF EINEM SCHMALEN PFAD WANDERT MAN DURCH DIE GRÜNEN WALDSCHLUCHTEN AM STEMBERG

Los geht's am Wanderparkplatz **Rotestein,** von dem aus der gleichnamige Aussichtspunkt nur etwa einen Kilometer entfernt ist. Hat man sich am Blau sattgesehen – falls das je passiert –, geht's weiter, mal durch den grünen Mischwald, durch dessen Blätterdach nur wenige Sonnenstrahlen bis auf den Waldboden gelangen, mal über sonnige Hochebenen voller Sträucher, kleiner Bäume und Wildblumen. Wo einst tote Tannen standen, blüht heute im wahrsten Sinne des Wortes das Leben. Es geht bergauf, einmal rund um den Kohlenberg, dann ist man ganz plötzlich mittendrin im Getümmel. An der einst einsamen Landstraße pulsiert heute das Leben, schließlich will fast jeder Harzbesucher einmal über die zweitlängste Hängeseilbrücke gegangen sein oder sie zumindest von der Staumauer der **Rappbodetalsperre** aus gesehen haben.

Genug vom Trubel? Es geht vorbei am **Pumpspeicherwerk Wendefurth,** von dem nicht viel zu sehen ist außer ein paar Wartungstreppen am steilen Wiesenhang. Dann noch ein wenig die Straße entlang, bis der Weg wieder im Wald verschwindet. Jetzt erst mal durchatmen. Schon wenige Meter später: Stille. Nur das Singen der Vögel und das Rascheln der Blätter im Wind sind zu hören. Herrlich! Der Pfad durch den Wald ist schmal und schmiegt sich an den Berg an. Der Abzweig zur **Schutzhütte Schöneburg** ist fast schon zu schnell erreicht. Es geht rauf auf einen Ausläufer des Großen Stembergs, bis es nicht mehr weitergeht und sich der weite Blick über die Wälder des Bodetals vor einem auftut. Jetzt ist Zeit für ein kleines Päuschen.

Die letzten drei Kilometer bis zur **Harzköhlerei** gehen sich fast von selbst. Der Weg ist einfach und breit, der Wald rauscht quasi nur so vorbei. Hier kann man sich dann alle Zeit der Welt lassen, denn bis zum Ausgangspunkt sind es jetzt nur noch ein paar Hundert Meter.

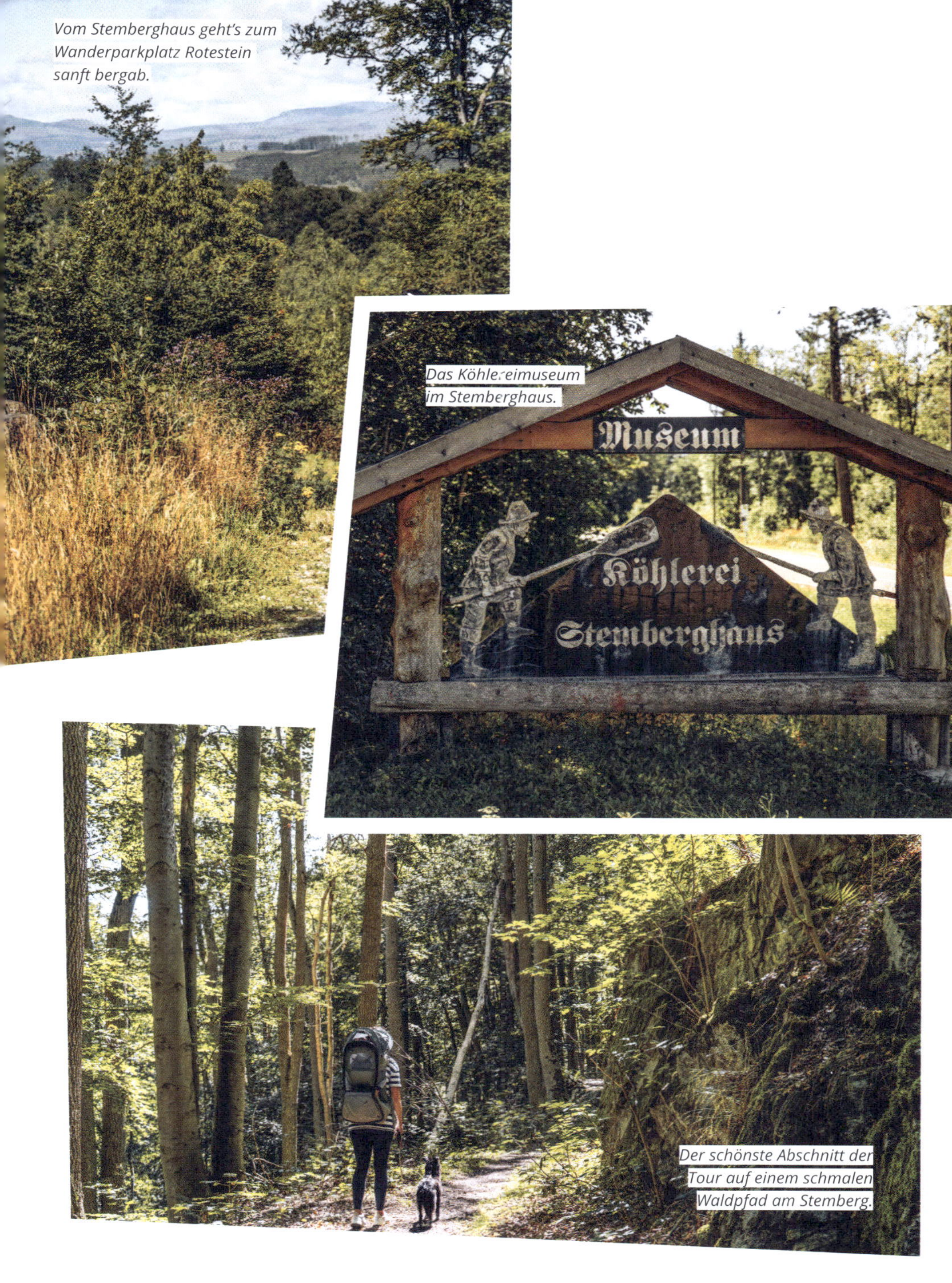


Vom Stemberghaus geht's zum Wanderparkplatz Rotestein sanft bergab.

Das Köhlereimuseum im Stemberghaus.

Der schönste Abschnitt der Tour auf einem schmalen Waldpfad am Stemberg.

# WANDERN & GENIESSEN

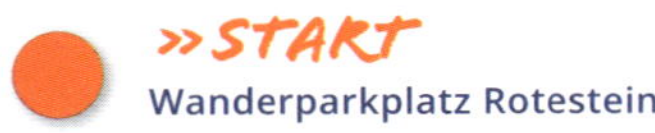


**Wanderparkplatz Rotestein**

*Vom Parkplatz geradeaus der Ausschilderung zum Rotestein folgen.*

AUF STEMPELJAGD

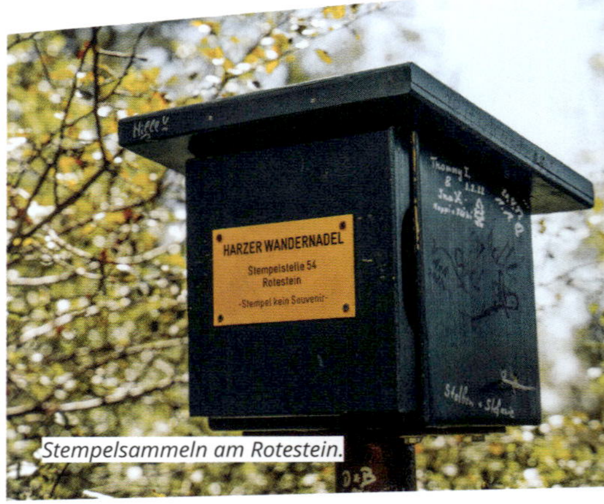


Stempelsammeln am Rotestein.

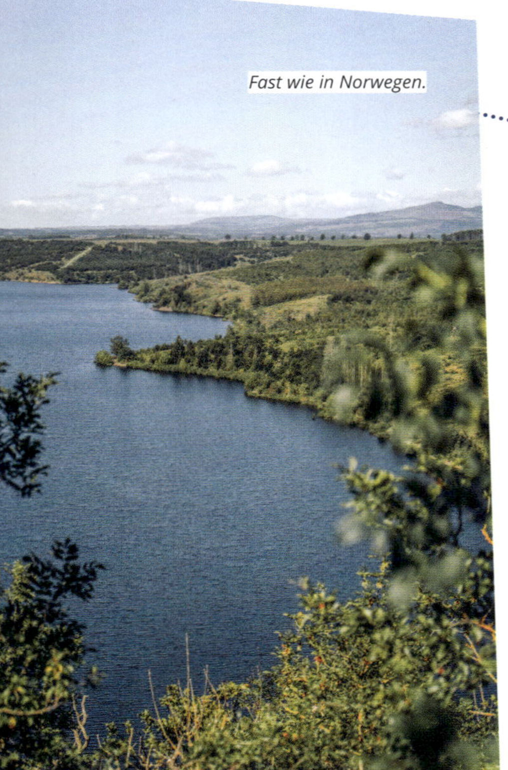

Fast wie in Norwegen.

KM 0,8

**Rotestein**

## Blau, so weit das Auge reicht

Die größte Talsperre im Harz – eigentlich sogar ganz Deutschlands – erinnert hier fast schon an einen norwegischen Fjord. Nur die Gipfel des Wurmbergs und Brockens verraten seine tatsächliche Lage. Der Aussichtspunkt hoch über der Talsperre gefällt aber nicht nur Wanderern – immerhin wurde die dortige Stempelstelle im Jahr 2010 zur schönsten gekürt –, sondern auch den Wanderfalken, die in den Steilhängen darunter ihre Nester bauen. Hier könnte man stundenlang auf der Mauer sitzen und den Blick über den Harz und die Talsperre schweifen lassen.

*Etwa 500 Meter den Weg zurückwandern, dann links auf einen etwas verwilderten Wanderweg einbiegen und diesem folgen, bis er wieder auf den Hauptweg trifft. Der Ausschilderung »Rappbodetalsperre Staumauer & Hängeseilbrücke« 1,5 Kilometer folgen. Die letzten 500 Meter bis zum nächsten Stopp verlaufen parallel zur Landstraße.*

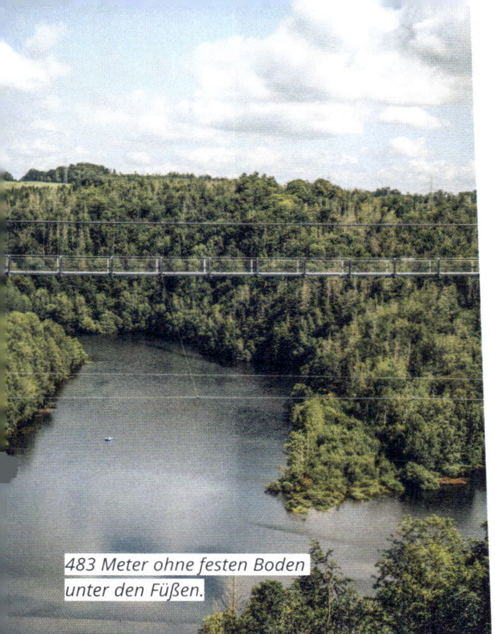

*483 Meter ohne festen Boden unter den Füßen.*

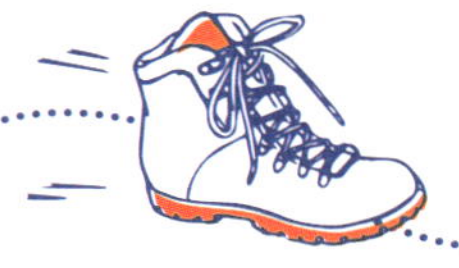

KM 4

## 2 Rappbodetalsperre
## Harzdrenalin pur

Deutlich mehr los ist an der Staumauer. Denn hier befindet sich der Hotspot für alle, die Action und Adrenalin mögen. Als wäre der Blick von der 106 Meter hohen Staumauer auf die mehr als 109 Millionen Kubikmeter Wasser nicht genug, kann man sich hier gleich auf mehrfache Weise ins Abenteuer stürzen: Der Spaziergang über die mit 483 Metern zweitlängste Hängeseilbrücke Deutschlands ist da noch die harmloseste Variante. Ob beim Wallrunning, Megaziplining oder Gigaswinging oder als menschliches Katapult im Ultrashoot (www.harzdrenalin.de) – hier ist der Adrenalinkick garantiert!

*Knapp einen Kilometer dem Weg parallel zur Landstraße in östlicher Richtung folgen.*

KM 4,9

## 3 Pumpspeicherwerk Wendefurth
## Mächtige Rohre

Was aussieht wie zwei gigantische Wasserrutschen, ist in Wirklichkeit das Pumpspeicherwerk Wendefurth. Das einzige Pumpspeicherkraftwerk in Sachsen-Anhalt ist ein idealer Stromspeicher und seit 1967 in Betrieb. Es nutzt das oberhalb der Talsperre gelegene Oberbecken zur Erzeugung von elektrischem Strom. Die Fallrohre sind unglaubliche 383 Meter lang und haben einen Durchmesser von je 3,4 Metern. Das beeindruckt nicht nur Kinder und Techniknerds. Zwischen den Rohren liegt ein Schrägaufzug und das Maschinenhaus des Kraftwerks.

*Der Landstraße noch 500 Meter weiter folgen, dann hinter der Straßenkreuzung dem schmalen Weg in den Wald und der Ausschilderung »Schöneburg« folgen. Nach einem Kilometer den Abzweig links nehmen.*

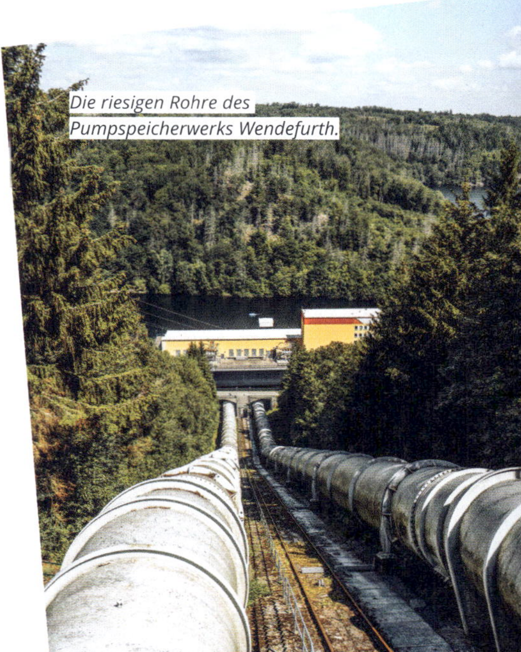

*Die riesigen Rohre des Pumpspeicherwerks Wendefurth.*

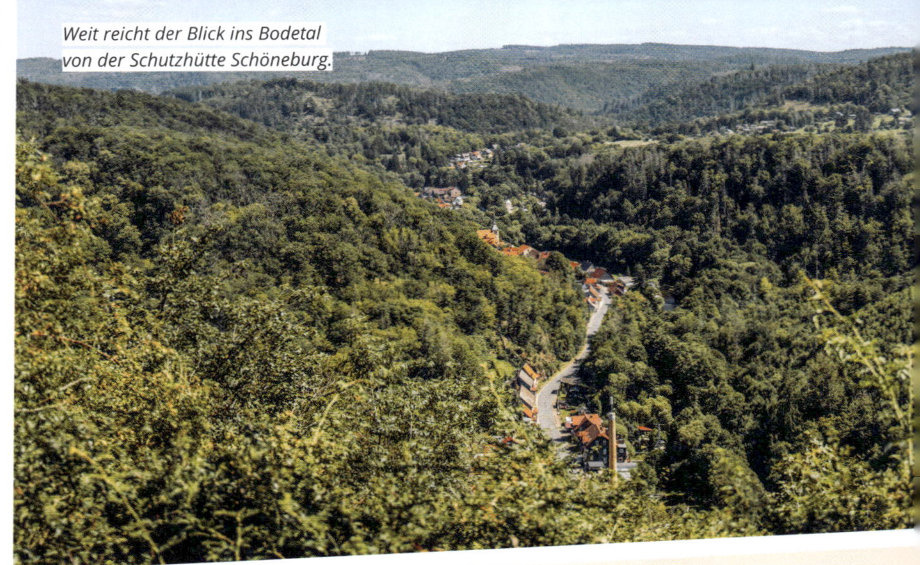

Weit reicht der Blick ins Bodetal von der Schutzhütte Schöneburg.

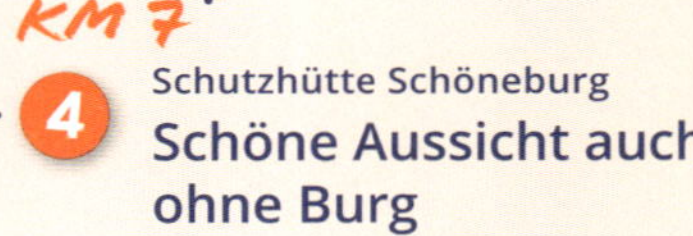


4 Schutzhütte Schöneburg

## Schöne Aussicht auch ohne Burg

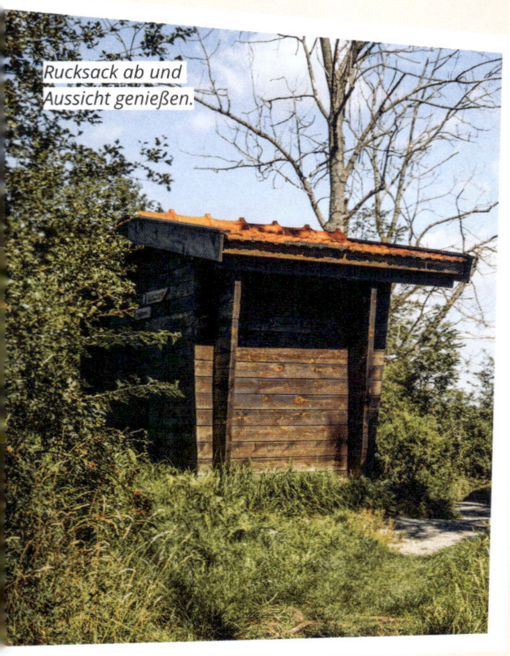

Rucksack ab und Aussicht genießen.

Mehr als 130 Meter über dem Bodetal auf einem schmalen Bergkamm thront der Aussichtspunkt Schöneburg. Ob sich hier im Mittelalter tatsächlich eine Burganlage befunden hat, ist nicht gesichert. In der Harzer Sagenwelt gibt es Hinweise auf eine Burgruine und ein Kloster an dieser Stelle. Fakt ist: Die Aussicht von diesem Ausläufer des Großen Stembergs ist grandios. Von der Schutzhütte kann man den Blick über das Bodetal und den Ort Altenbrak schweifen lassen. Eine Stempelstelle der Harzer Wandernadel gibt es hier auch.

*Zurück zum Hauptweg wandern und rund drei Kilometer der Ausschilderung »Stemberghaus« folgen.*

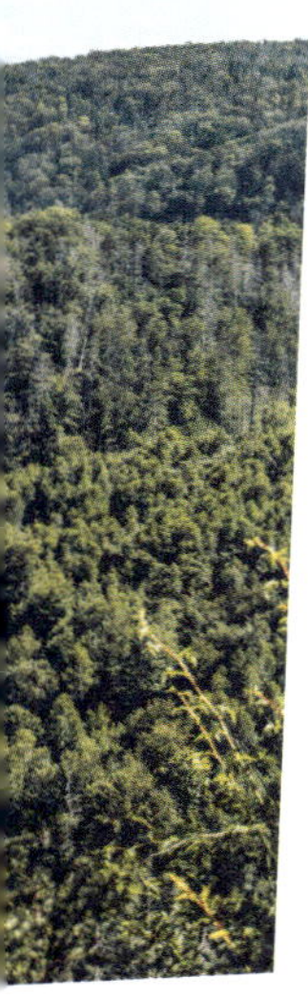

HÖHER WIRD'S NICHT!

## EXTRA INFOS:

● **Escaperoom** in einem Lost Place? Wer sich ins Abenteuer der anderen Art stürzen und das Rätsel um Steffen und Conni im Erholungsheim Wendefurth knacken möchte, folgt an der Staumauer dem Talsperrenweg nach unten (www.scen.ar/io/originals/wo-sind-steffen-und-conni-teil-1-erholungsheim-wendefurth).

Einen anderen Blick auf die Staumauer und Hängeseilbrücke genießt, wer sich am ● **Wendefurther Bootsverleih** (www.erlebnis-talsperre-harz.de) ein Tret- oder Ruderboot leiht und vom Wasser aus zum anderen Ende der Talsperre aufbricht.

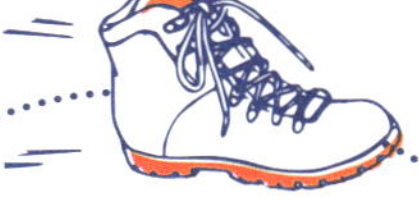

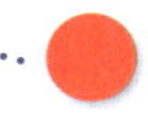

KM 9,6

5 Harzköhlerei Stemberghaus

## Energie tanken

Das Köhlerhandwerk hat im Harz eine lange Tradition. Es etablierte sich zu Zeiten des Bergbaus, um die dafür nötige Energie zu produzieren – in Form von Holzkohle. In der Harzköhlerei Stemberghaus wird diese Tradition in Deutschlands einzigem Köhlereimuseum erlebbar. Von April bis Oktober werden hier tatsächlich noch nach alter Tradition sogenannte Erdmeiler errichtet, abgekohlt und geerntet. Zugleich kann man auch selbst Energie tanken in der Köhlerhütte, die täglich geöffnet hat, und zwar in Form von einfachen Harzer Gerichten.

*Hinter dem Parkplatz die Bundesstraße überqueren und dem Weg Richtung Rotestein folgen. An der Weggabelung rechts halten.*

KM 10,4 » ZIEL

Wanderparkplatz Rotestein

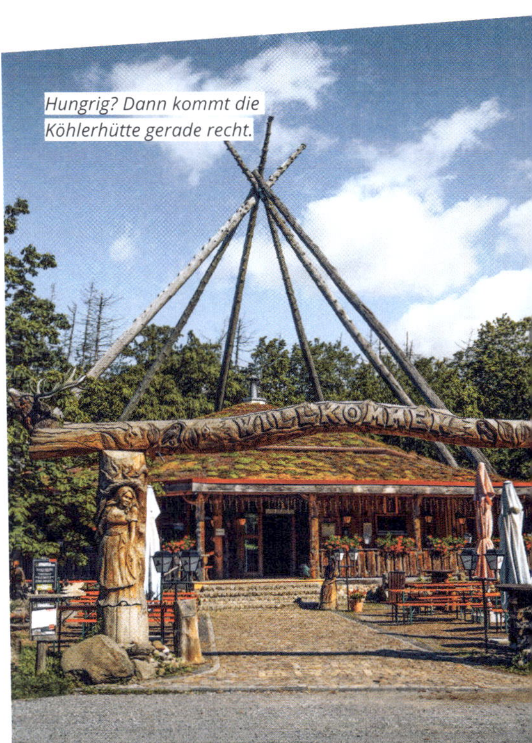


*Hungrig? Dann kommt die Köhlerhütte gerade recht.*

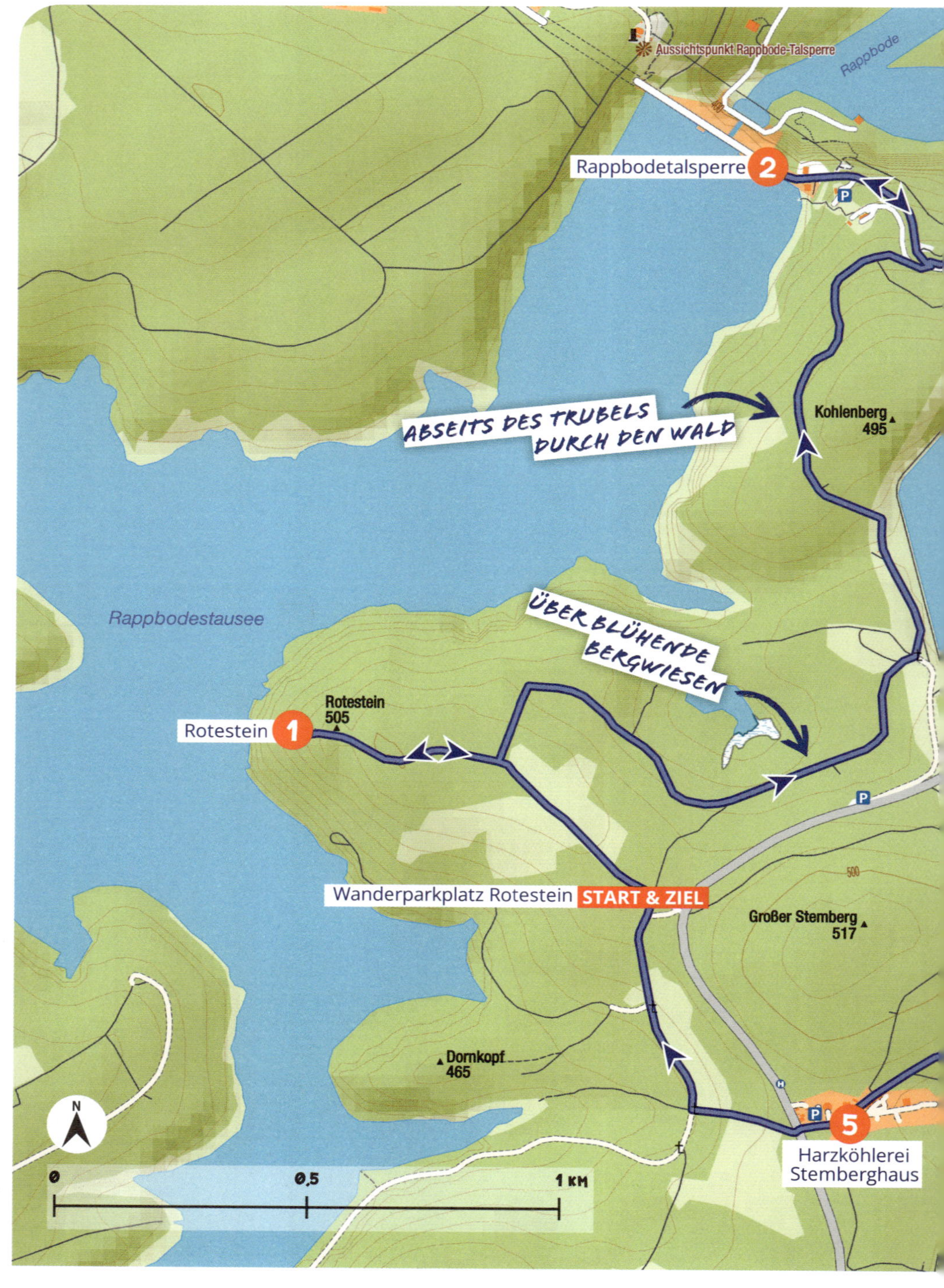

Aussichtspunkt Rappbode-Talsperre
Rappbode
Rappbodetalsperre
2
Kohlenberg
495
ABSEITS DES TRUBELS
DURCH DEN WALD
Rappbodestausee
ÜBER BLÜHENDE
BERGWIESEN
Rotestein
505
Rotestein
1
Wanderparkplatz Rotestein
START & ZIEL
Großer Stemberg
517
Dornkopf
465
N
0
0,5
1 KM
5
Harzköhlerei
Stemberghaus

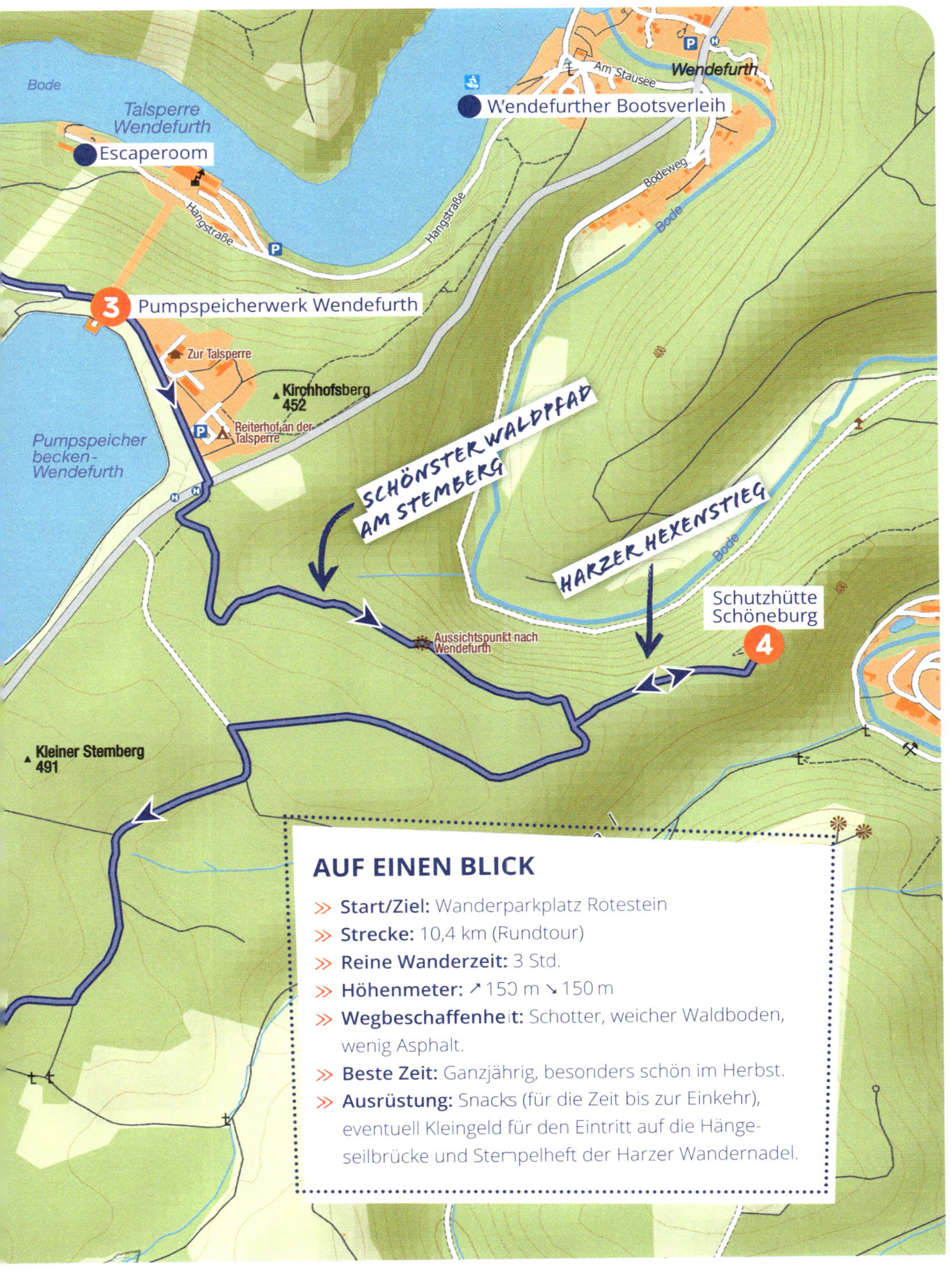


## AUF EINEN BLICK

- **Start/Ziel:** Wanderparkplatz Rotestein
- **Strecke:** 10,4 km (Rundtour)
- **Reine Wanderzeit:** 3 Std.
- **Höhenmeter:** ↗ 150 m ↘ 150 m
- **Wegbeschaffenheit:** Schotter, weicher Waldboden, wenig Asphalt.
- **Beste Zeit:** Ganzjährig, besonders schön im Herbst.
- **Ausrüstung:** Snacks (für die Zeit bis zur Einkehr), eventuell Kleingeld für den Eintritt auf die Hängeseilbrücke und Stempelheft der Harzer Wandernadel.

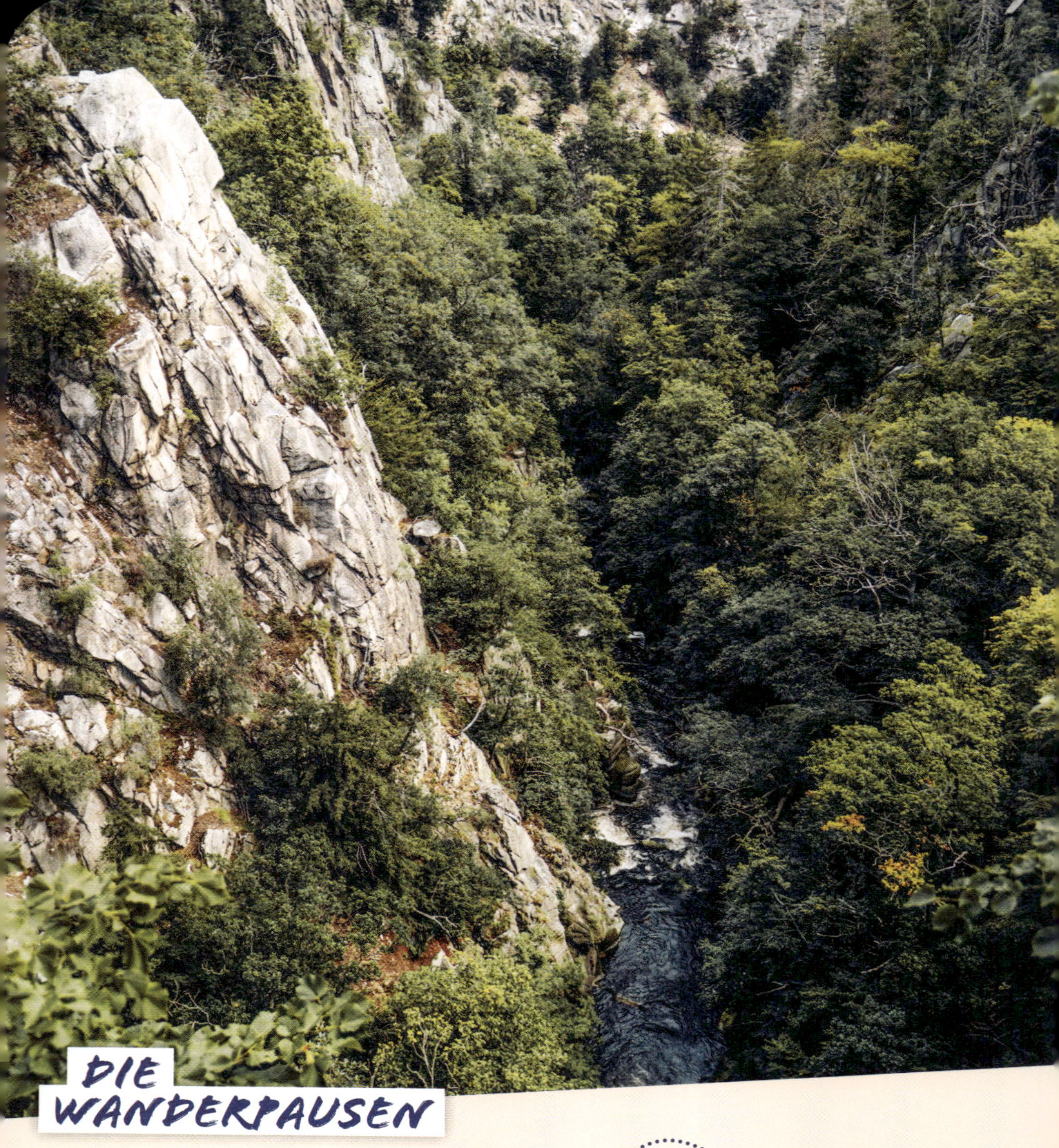

## DIE WANDERPAUSEN

» START
Bushaltestelle Treseburg, Rübezahl

KM 1
1 Sonnenklippe
**Auf der Sonnenseite**

KM 5,2
2 Langer Hals
**Picknick am Fluss**

KM 7
3 Bodekessel und Teufelsbrücke
**Wo das Bodetal am schönsten ist**

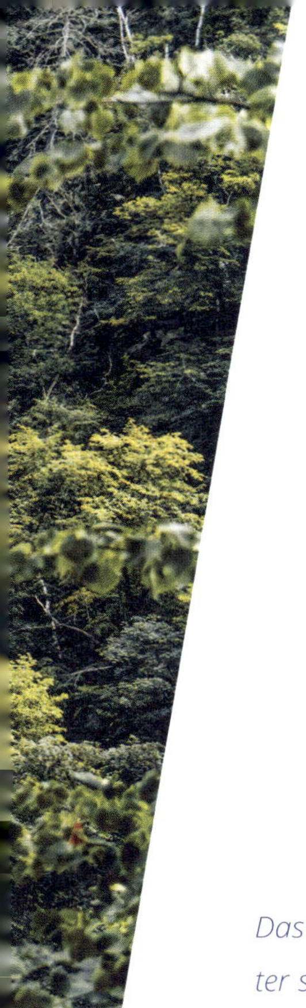

# HARZER GRAND CANYON

18

## Durch das Bodetal von Treseburg nach Thale

*Das Bodetal gilt auch als der Grand Canyon des Harzes. Bis zu 230 Meter steigen schroffe Felswände rechts und links des engen Flusstals fast senkrecht auf. Mitten durch diese einmalige Landschaft führt der Harzer Hexenstieg. Den schönsten Abschnitt zwischen Treseburg und Thale erkundet diese Wanderung.*

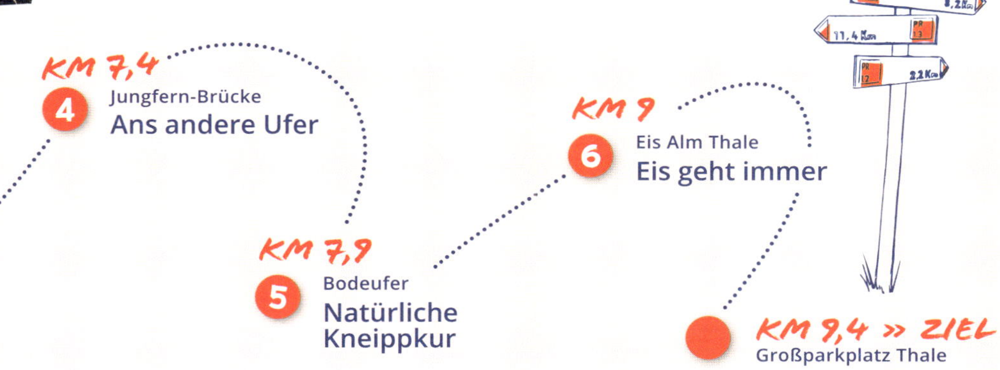

# IMMER DEM WASSER NACH

Zwischen Treseburg und Thale ist das Bodetal am schönsten. Hier gleicht das idyllische Flusstal einem waschechten Canyon. Rechts und links ragen steil die Felsen bis zu 230 Meter auf, dazwischen rauscht der Fluss. Und mitten durch diese alpine Landschaft führt der Harzer Hexenstieg. In den Steilhängen fühlen sich sogar Mufflons, wilde Schafe, pudelwohl, die sonst auf Sardinien oder Korsika beheimatet sind. Die meisten Wanderer nehmen die Tour von Thale nach Treseburg in Angriff. Wer gegen den Strom – also in umgekehrter Richtung – wandert, hat gleich mehrere Vorteile: Zum einen umgeht man so besonders an Wochenenden das Gänsemarschlaufen mit anderen Wanderern. Zum anderen hebt man sich den spannendsten Teil der Wanderung für das Ende auf. Noch dazu spart man sich so den ein oder anderen Höhenmeter. Absolute Win-Win-Situation also!

RECHTS AUFRAGENDE FELSEN, LINKS TIEF IM TAL DER TOSENDE FLUSS UND MAN SELBST MITTENDRIN

Am besten steigt man gleich morgens in Thale in den Bus zum Ausgangspunkt (Treseburg, Rübezahl), dann ist man am Ende nicht von den spärlichen Busfahrten abhängig. Das kleine Städtchen, eigentlich ein Ortsteil von Thale, hat man zügig hinter sich gelassen und ist sofort mitten in der Natur. Schnell ragen rechts die Felsen auf und die Bode braust tief unten im Abgrund. Gerade in den kühlen Morgenstunden lockt die **Sonnenklippe** zu einer ersten kleinen Rast. Weiter geht es immer sanft bergab. Mal ist die Bode ganz nah dran, mal ist sie weit unten im Tal. Mal ist man umringt von schroffen Felsen, mal wandert man durch saftig grünen Wald, der fast schon ein wenig an einen Dschungel erinnert.

Am **Langen Hals** hat man die Hälfte des Flusstals bereits hinter sich – höchste Zeit für ein Picknick. Danach folgt der schönste Abschnitt der Wanderung. Der Bode-Canyon ist hier tief eingeschnitten und der Weg ein schmaler, steiniger Pfad. In Serpentinen geht es am **Bodekessel** tiefer hinab in den Canyon. Über die Teufelsbrücke überquert man den Fluss und es geht auf der anderen Seite weiter. Dann kommt auch schon das Gasthaus Königsruhe und die steinerne **Jungfern-Brücke** in Sicht. Ab hier ist das Bodetal auch Rollstuhl- und Kinderwagen-geeignet – entsprechend voll ist es auf den Wegen. Noch ein erfrischendes **Fußbad in der Bode,** dann ist auch schon die Stadt Thale nicht weit. Für die letzten Meter bis zum Parkplatz gibt's noch ein Eis von der **Eis Alm Thale.** «

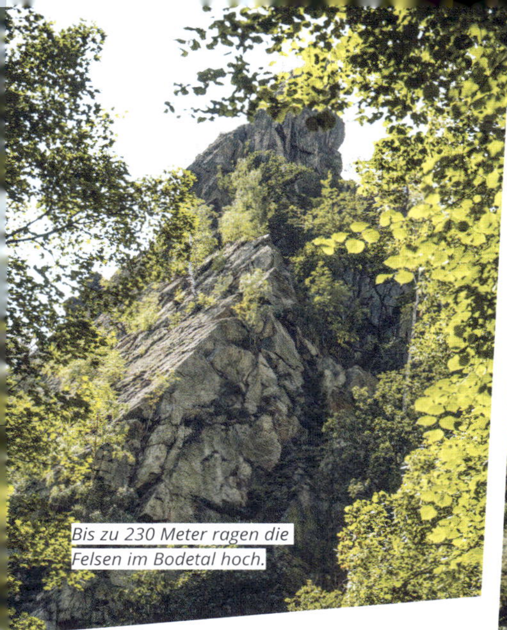

*Bis zu 230 Meter ragen die Felsen im Bodetal hoch.*

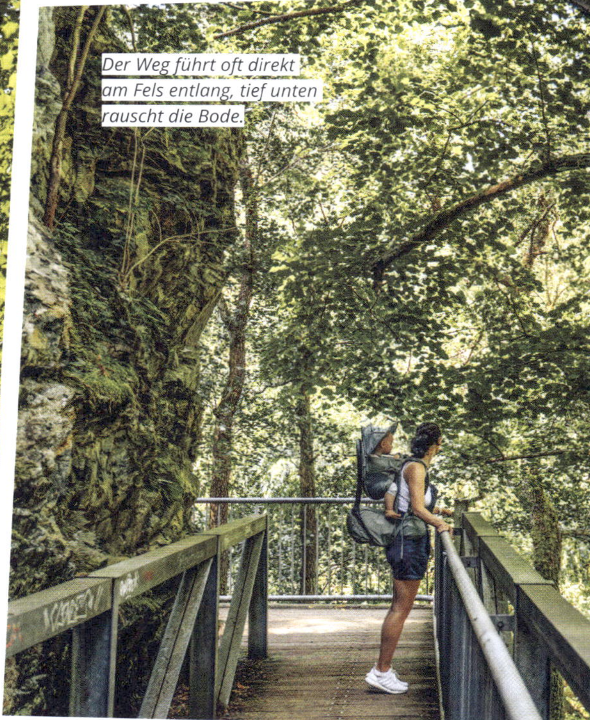

*Der Weg führt oft direkt am Fels entlang, tief unten rauscht die Bode.*

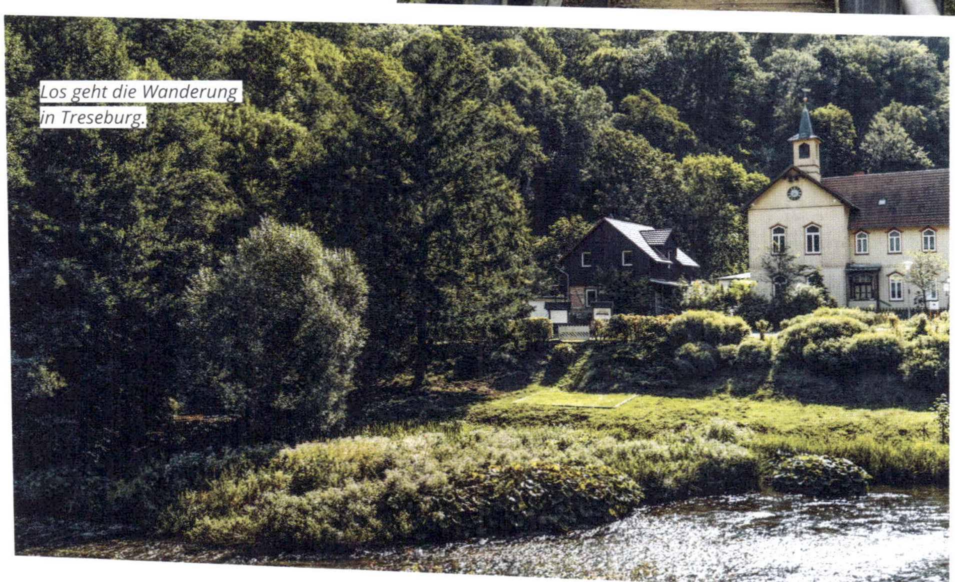

*Los geht die Wanderung in Treseburg.*

# WANDERN & GENIESSEN

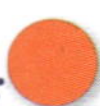

**» START**

**Bushaltestelle Treseburg, Rübezahl**

*Der Ortsstraße über die Brücke folgen, dann gleich danach links abbiegen auf den Harzer Hexenstieg. Diesem etwa einen Kilometer folgen.*

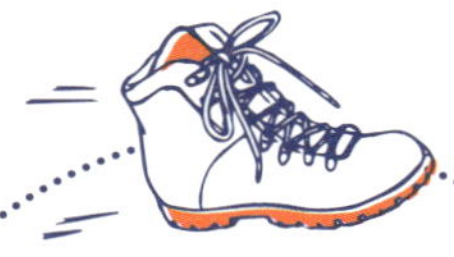

**KM 1**

**1** Sonnenklippe

## Auf der Sonnenseite

Bei der Sonnenklippe ist der Name Programm. Sie liegt 280 Meter hoch auf einem sonnigen Felsvorsprung. Die Bode fließt an dieser Stelle tief unten im Tal. Eine knorrige Rotbuche verleiht der Klippe ihr markantes Aussehen, jedoch sind von ihr nur noch der unbelaubte Stamm und ein paar nackte Äste übrig. Gerade in den Morgenstunden, wo es im bewaldeten Bodetal noch kühl und nass ist, kann eine Pause in der Sonne auf der Bank vor dem Felsen eine Wohltat sein. Eine Stempelstelle (Nr. 69) der Harzer Wandernadel gibt es hier auch.

*Dem Harzer Hexenstieg noch etwa vier Kilometer folgen.*

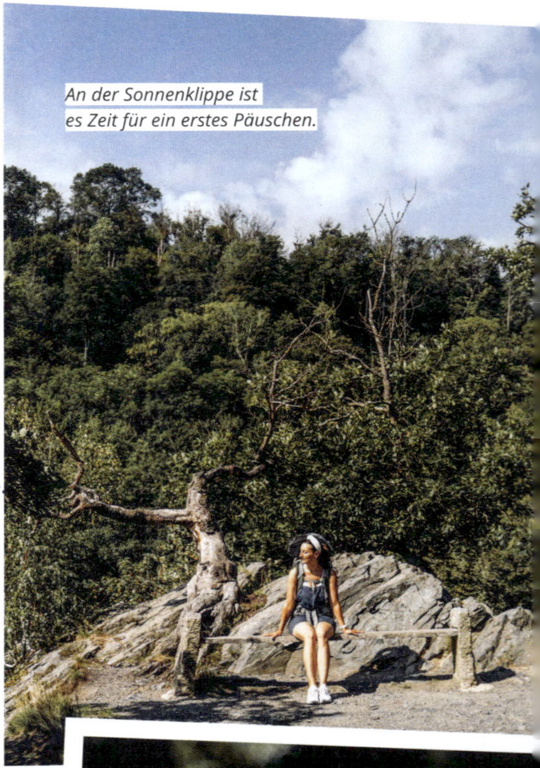

*An der Sonnenklippe ist es Zeit für ein erstes Päuschen.*

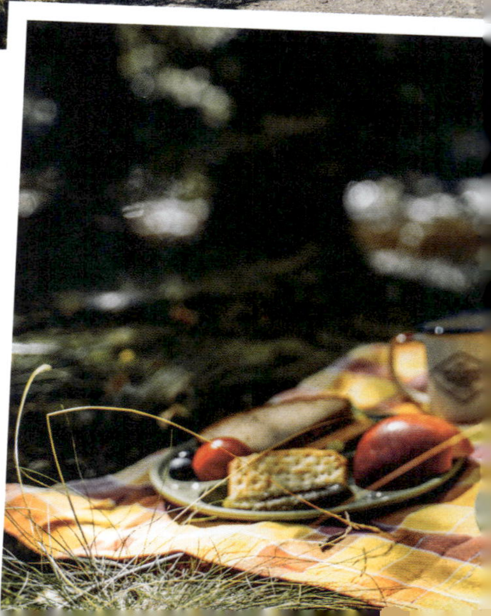

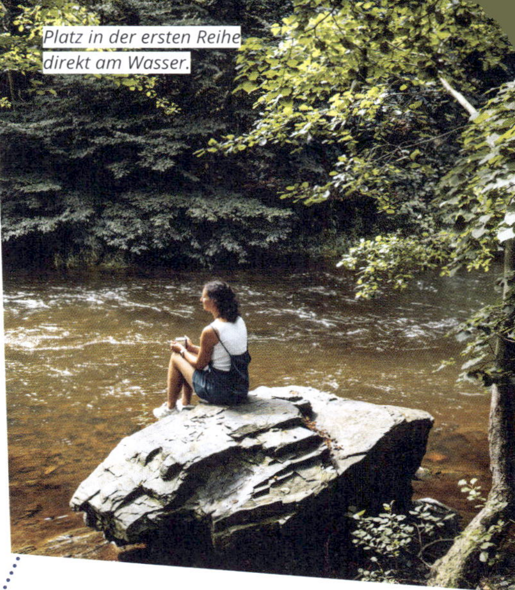

Platz in der ersten Reihe direkt am Wasser.

KM 5,2

## 2 Langer Hals
## Picknick am Fluss

Nachdem die Bode mehrere Kilometer lang tief unten im Tal fließt und somit unerreichbar ist, bietet sich am sogenannten Langen Hals die Möglichkeit, direkt zum Fluss hinabzusteigen. Ein paar sonnige oder schattige Plätzchen am Fluss sind perfekt für eine Rast geeignet. Wer mag, kann dabei sogar von ein paar Felsen die Füße ins kühle Flusswasser baumeln lassen. Begleitet vom Rauschen der Bode schmeckt das Pausenbrot doch gleich tausendmal besser. Langer Hals bezeichnet übrigens eine Felsformation, um die die Bode in einer großen Schleife fließt.

*Bis zur Teufelsbrücke weiter auf dem Hauptweg rechts des Flusses bleiben.*

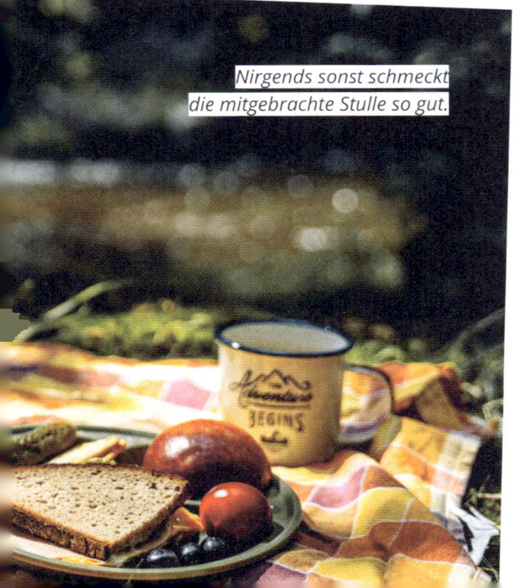

Nirgends sonst schmeckt die mitgebrachte Stulle so gut.

## 3 Bodekessel und Teufelsbrücke
## Wo das Bodetal am schönsten ist

Der Bodekessel ist einer der wenigen natürlichen Wasserfälle im Harz. Durch die runden Aushöhlungen an den Felswänden am Bodekessel wirkt es so, als würde das Wasser in einen riesigen Kessel stürzen. So kam der Wasserfall auch zu seinem Namen. Im Frühjahr ist der Wasserfall vom Wanderweg aus gut zu sehen, im Sommer kann das Grün der Schlucht den Bodekessel fast vollständig verdecken. Der beeindruckende Wasserfall war im 18. Jahrhundert sogar sehr viel höher, und zwar rund 2,5 Meter. Um die Bode im 18. Jahrhundert flößbar zu machen, wurde er allerdings gesprengt und erhielt somit sein heutiges Aussehen. Kurz hinter dem Bodekessel ermöglicht die Teufelsbrücke einen wunderschönen Blick auf das Flusstal.

*Auf dem Harzer Hexenstieg nun links des Flusses noch rund 500 Meter weiterwandern.*

KM 7,4

4 Jungfern-Brücke

## Ans andere Ufer

Direkt unterhalb der Rosstrappe befindet sich seit 1927 die Jungfern-Brücke. Der Sage nach kann das Bauwerk nur von Jungfrauen überquert werden, weil es sonst einstürze. Dass die Steinbogenbrücke allerdings heute noch steht, beweist wohl das Gegenteil. Die filigrane Bauweise der Brücke sticht aus der rauen Umgebung ziemlich heraus. Auf der Nordseite der Brücke befindet sich das Gasthaus Königsruhe, an der Südseite beginnt in unzähligen Serpentinen der Aufstieg zum Hexentanzplatz, der rund 250 Meter höher liegt.

*Dem breiten Bodetalweg noch etwa 500 Meter folgen.*

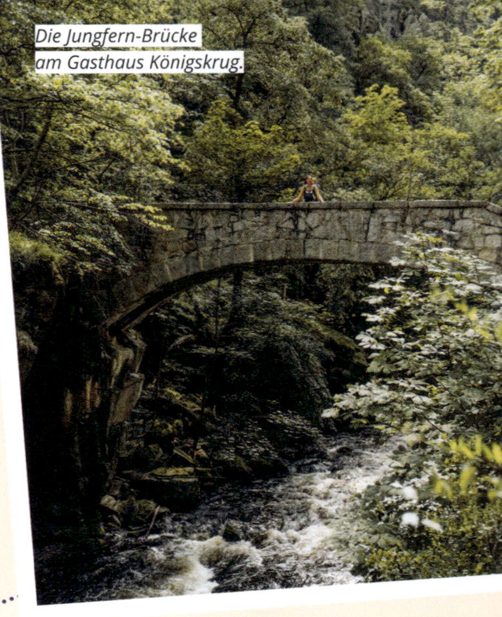
Die Jungfern-Brücke am Gasthaus Königskrug.

KM 7,9

5 Bodeufer

## Natürliche Kneippkur

Hinter der Jungfern-Brücke wird die Bode wieder ruhiger. Nach knapp acht anstrengenden Wanderkilometern ist hier der perfekte Ort, um die geschundenen Wanderfüße im kalten klaren Gebirgswasser zu erfrischen. Oder warum nicht eine Runde Wassertreten? Hierzu geht man im Storchengang für 30 Sekunden durch das Wasser, lässt dann die Füße an der Luft erwärmen und kneippt dann eine weitere Runde. Und noch eine. Und noch eine. Diese natürliche Kneippkur regt den Kreislauf an und fördert die Durchblutung.

*Dem Weg bis zur Seilbahnstation folgen, anschließend rechts halten und vorbei am Sessellift Rosstrappe auf dem Goetheweg weiterwandern.*

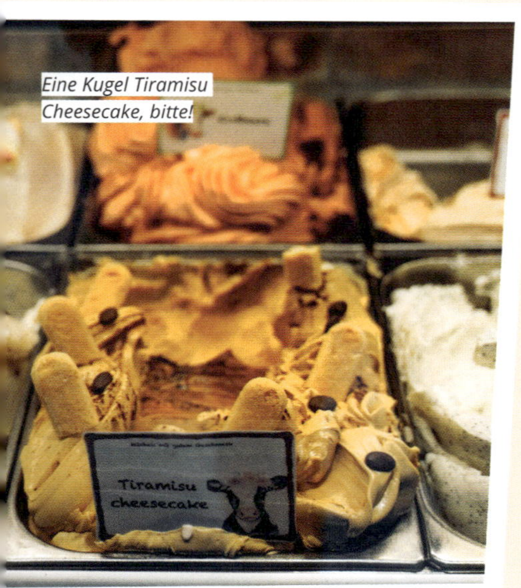

Eine Kugel Tiramisu Cheesecake, bitte!

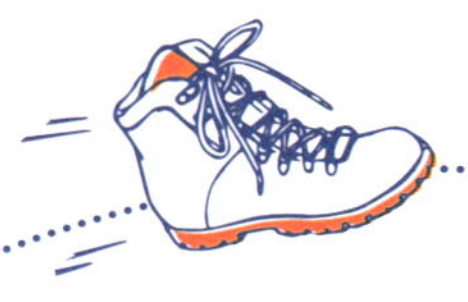

KM 9

## 6 Eis Alm Thale
### Eis geht immer

»Eine Wanderung ohne Eis ist machbar, aber sinnlos« oder wie lautet der Spruch nochmal? Alle, die jetzt heftig mit dem Kopf nicken, sollten sich ihren Süßhunger für das Ende der Wanderung aufheben. Kurz vor dem Ziel führt der Weg nämlich an der Eis Alm Thale vorbei. Das Ambiente ist eine peppige Mischung aus American Diner und Almhütte, das hausgemachte Eis gibt es direkt auf die Hand zum Mitnehmen oder zum Verzehr in der Gaststätte. Zur Auswahl stehen auch ausgefallene Kreationen wie Mohneis oder Gurken-Dill-Eis.

*Der Walther-Rathenau-Straße bis zum Ferienpark folgen, dann rechts über die Brücke den Fluss passieren, um zum Parkplatz zu gelangen.*

**EXTRA INFOS:**

Wem die rund zehn Kilometer nicht genug sind, kann auch mit der Seilbahn (www.seilbahnen-thale.de) auf den ● **Hexentanzplatz** fahren, zu Fuß nach Treseburg und dann weiter nach Thale wandern (insgesamt 16 Kilometer). So genießt man auch noch mal den Ausblick von ganz oben.

Fast noch schöner ist der Ausblick von der gegenüberliegenden ● **Rosstrappe.** Auch hierhin kann man bequem mit dem Sessellift nach oben und unten fahren (www.seilbahnen-thale.de).

Wer die Tour umgekehrt wandern möchte, kann in Treseburg direkt an der Bode im ● **Hotel-Restaurant Bodeblick** (www.hotel-bodeblick-treseburg.de) einkehren.

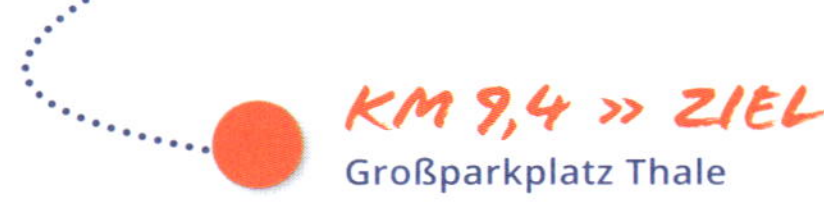

KM 9,4 » ZIEL

**Großparkplatz Thale**

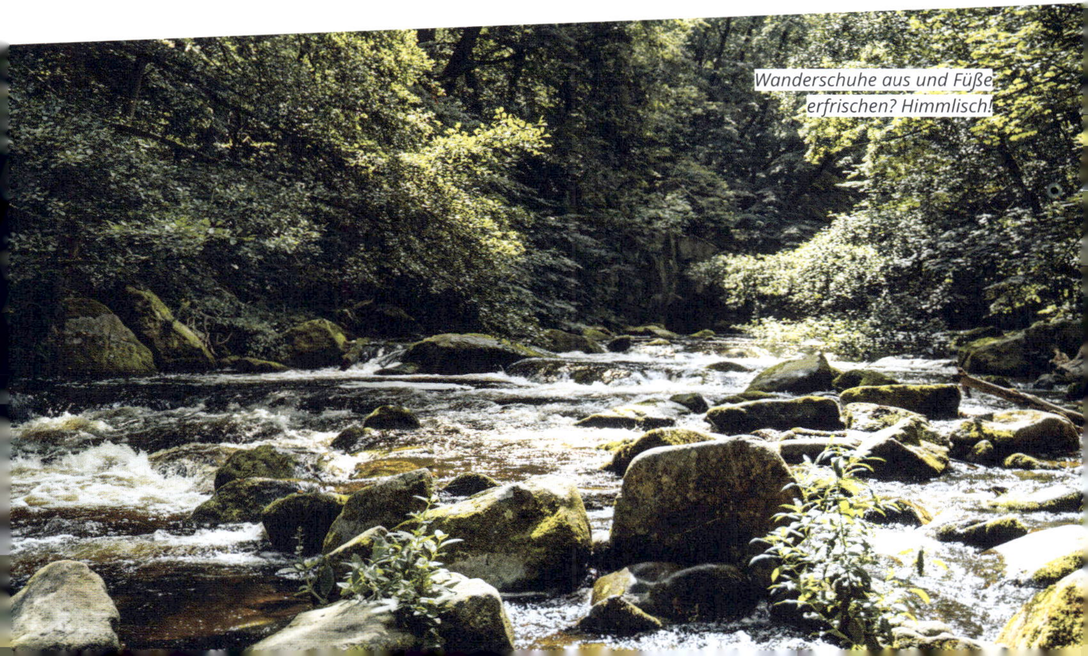

*Wanderschuhe aus und Füße erfrischen? Himmlisch!*

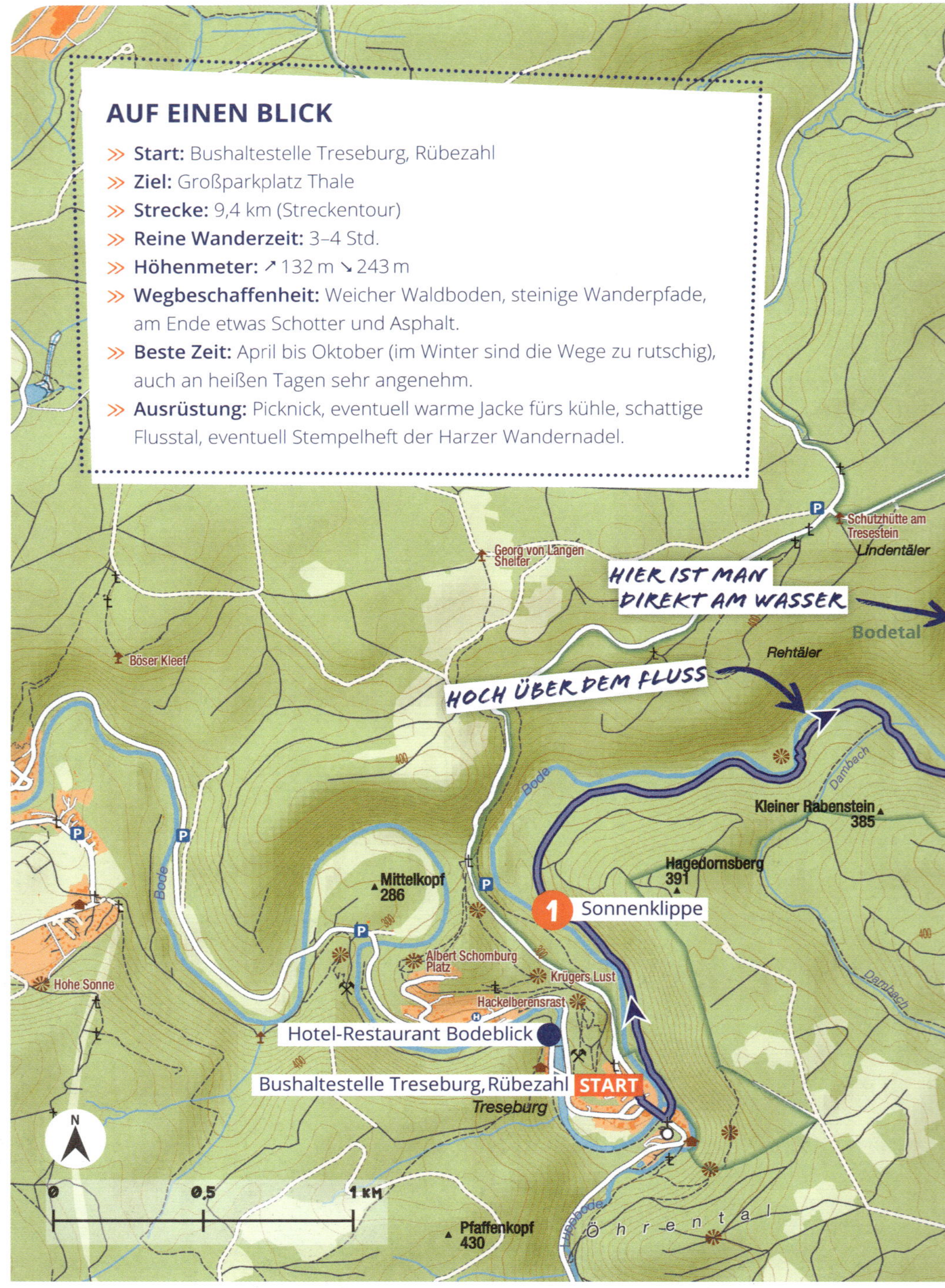

## AUF EINEN BLICK

- **Start:** Bushaltestelle Treseburg, Rübezahl
- **Ziel:** Großparkplatz Thale
- **Strecke:** 9,4 km (Streckentour)
- **Reine Wanderzeit:** 3–4 Std.
- **Höhenmeter:** ↗ 132 m ↘ 243 m
- **Wegbeschaffenheit:** Weicher Waldboden, steinige Wanderpfade, am Ende etwas Schotter und Asphalt.
- **Beste Zeit:** April bis Oktober (im Winter sind die Wege zu rutschig), auch an heißen Tagen sehr angenehm.
- **Ausrüstung:** Picknick, eventuell warme Jacke fürs kühle, schattige Flusstal, eventuell Stempelheft der Harzer Wandernadel.

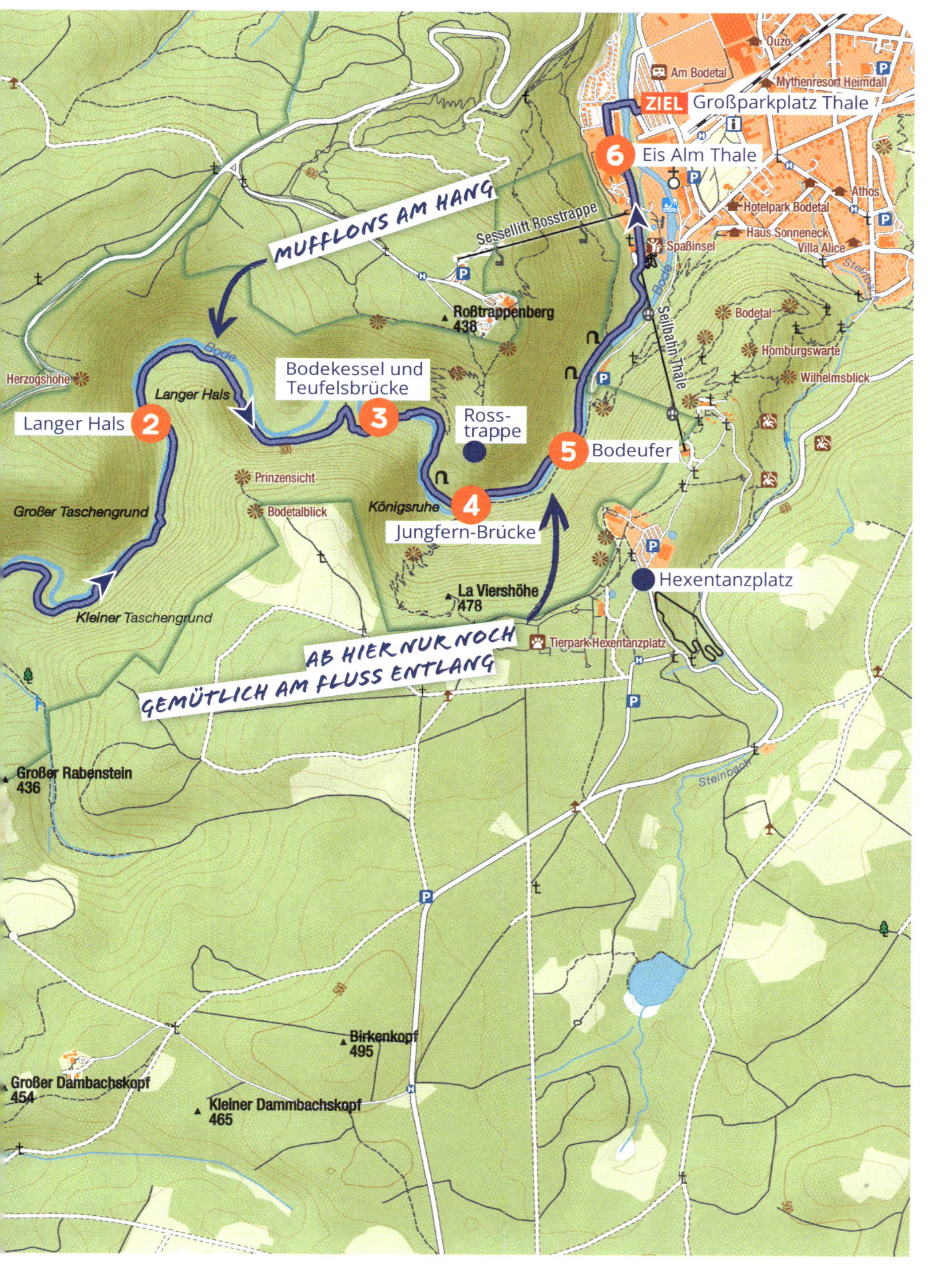

ZIEL Großparkplatz Thale
6 Eis Alm Thale
MUFFLONS AM HANG
Sessellift Rosstrappe
Roßtrappenberg 438
Bodekessel und Teufelsbrücke
Langer Hals
2 Langer Hals
3
Ross-trappe
5 Bodeufer
4
Königsruhe
Jungfern-Brücke
Prinzensicht
Bodetalblick
Großer Taschengrund
Kleiner Taschengrund
Herzogshöhe
La Viershöhe 478
Hexentanzplatz
Tierpark Hexentanzplatz
AB HIER NUR NOCH GEMÜTLICH AM FLUSS ENTLANG
Seilbahn Thale
Bodetal
Homburgswarte
Wilhelmsblick
Am Bodetal
Mythenresort Heimdall
Ouzo
Athos
Hotelpark Bodetal
Haus Sonneneck
Villa Alice
Spaßinsel
Bode
Steinbach
Großer Rabenstein 436
Birkenkopf 495
Großer Dambachskopf 454
Kleiner Dammbachskopf 465

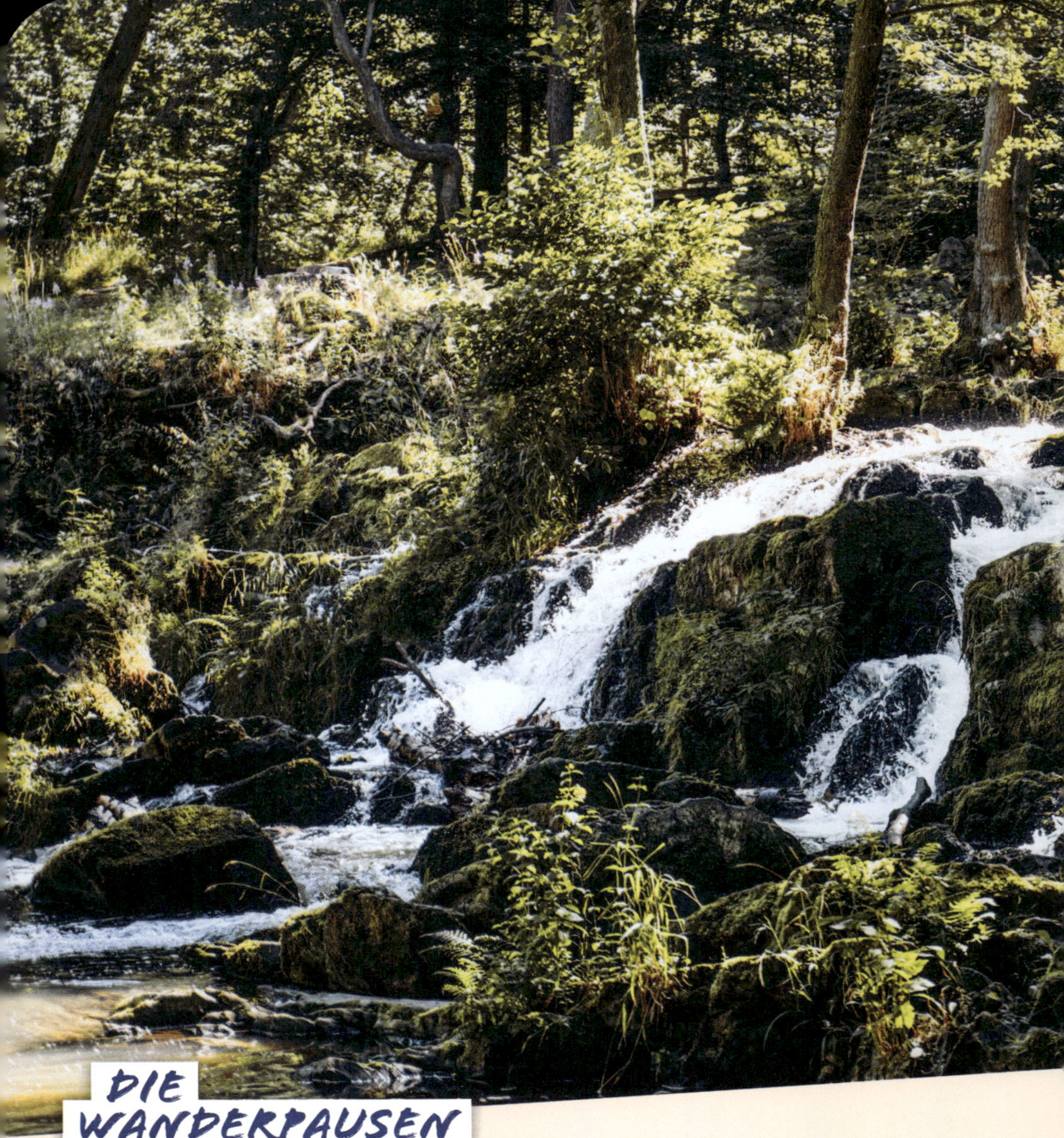

## DIE WANDERPAUSEN

**» START**
Parkplatz Drahtzug

**KM 1**
1 Selkefall
**Dem Wasserrauschen lauschen**

**KM 4**
2 Pioniertunnel und -klippe
**Augen auf und durch**

**KM 4,5**
3 Köthener Hütte
**Picknick mit Ausblick**

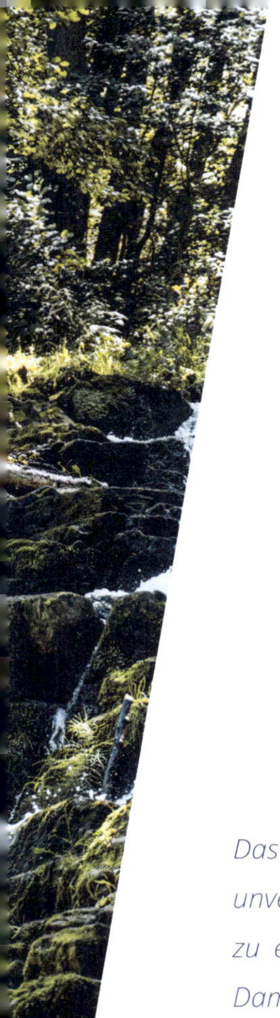

19

# WASSER UND KLIPPEN

## Durch das Selketal zwischen Mägdesprung und Alexisbad

*Das Selketal ist eines der schönsten Täler im Harz und weitestgehend unverbaut. Die Wanderung verbindet ein Teilstück des Selketalstiegs zu einem herrlichen Rundwanderweg mit Klippen, Wasserfall, vielen Dampflok-Trainspotting-Gelegenheiten und der schönsten Schutzhütte im ganzen Harz.*

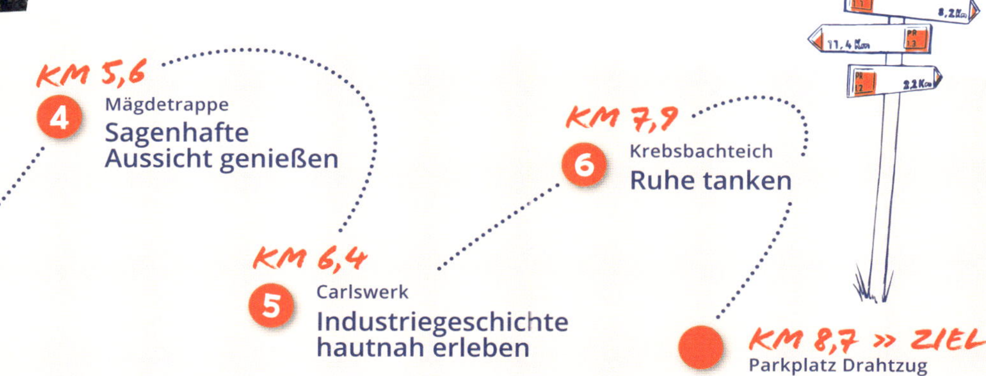

# WO DAS SELKETAL AM SCHÖNSTEN IST …

… führt diese Wanderung entlang. Zwischen Alexisbad und Mägdesprung ist das Flusstal sehr eng und hohe Felsmauern und Klippen säumen die Hänge. Mitten hindurch schlängelt sich nicht nur die Selke, sondern auch die Selketalbahn, eine historische Schmalspurbahn, die häufig noch mit einer Dampflok fährt. Mit einem lauten »Tschu-Tschu« kündigt sie ihr Kommen schon von Weitem an. Wer auf Nummer sichergehen und auf den ersten Kilometern des Wanderwegs, die dem Fluss und der Bahnlinie folgen, eine Zugdurchfahrt erleben möchte, checkt am besten vor der Tour den Fahrplan und startet entsprechend. Schon vom Parkplatz Drahtzug hat man die Gelegenheit, die Bahn zu spotten. Die ersten drei Kilometer sind die Schienen fast durchgängig in Sicht, häufig werden sie sogar vom Wanderweg gekreuzt. Zu Beginn ist die Selke ein sanftes, plätscherndes Flüsschen. Am **Selkefall** zeigt sie sich dann von ihrer wilden und rauschenden Seite.

MIT DEM TYPISCHEN »TSCHU-TSCHU« KÜNDIGT SICH ZWISCHEN WANDERWEG UND SELKE PLÖTZLICH EINE DAMPFLOK AN

Bis Alexisbad führt der Weg stets durch den Wald auf der rechten Seite des Flusses entlang, dann geht's rüber auf die andere Flussseite. Bis zu den Adolphfelsen bleibt der Weg gemütlich im Tal, anschließend läuft man bergauf. Die Steigungen sind allerdings sanft und der dichte Wald sorgt für eine angenehme Kühle auch an heißen Tagen. Dann steht man auch schon vor einer scheinbar unüberwindbaren Felswand. Nur der schmale **Pioniertunnel** ermöglicht das Weiterwandern. Direkt dahinter kommt auch schon die **Pionierklippe** in Sicht. Immer an den Felsen geschmiegt, schlängelt sich der Wanderpfad nun am Hang entlang: rechts der Fels, links knorrige Eichen, die ein wenig Schatten spenden. Hier und da sorgt ein Geländer für die nötige Portion Sicherheit an ausgesetzten Stellen – schöner kann ein Wanderweg kaum sein.

Wenig später ist auch schon das Tagesziel erreicht – die **Köthener Hütte.** Auch nach der Rast geht die Klippenjagd weiter: Freundschaftsklippe, Alexiuskreuz und **Mägdetrappe** reihen sich hier wie Perlen aneinander, bevor der Abstieg nach Alexisbad mit dem sehenswerten **Carlswerk** ansteht. Auf einem verwilderten Waldweg geht es ins **Krebsbachtal** und zum gleichnamigen Krebsbachteich. Bis zum Ausgangspunkt ist es jetzt nicht mehr weit. «

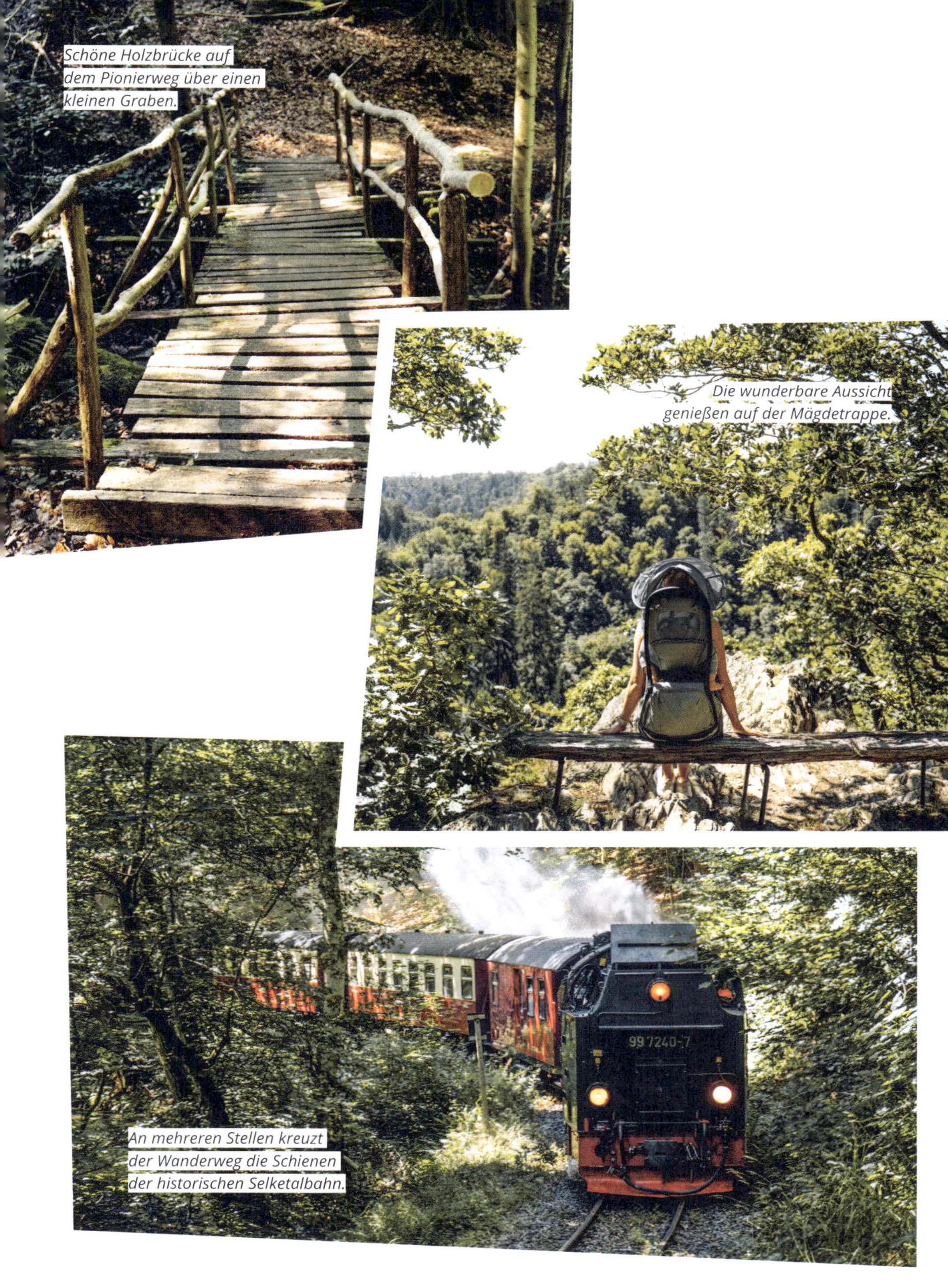

Schöne Holzbrücke auf dem Pionierweg über einen kleinen Graben.

Die wunderbare Aussicht genießen auf der Mägdetrappe.

An mehreren Stellen kreuzt der Wanderweg die Schienen der historischen Selketalbahn.

# WANDERN & GENIESSEN

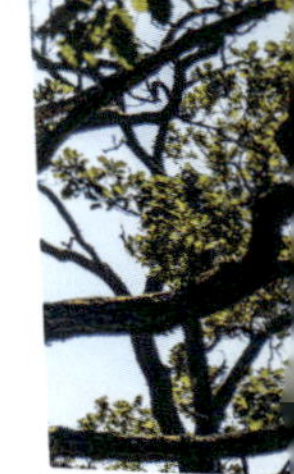

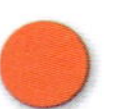

**» START**

**Parkplatz Drahtzug**

*Vom Parkplatz auf den Selkeuferweg laufen und rund einen Kilometer flussaufwärts wandern.*

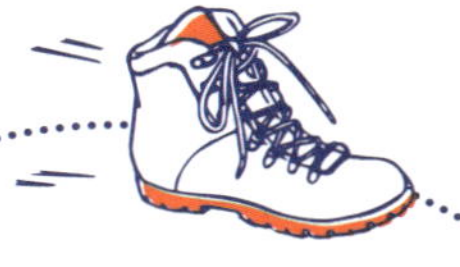

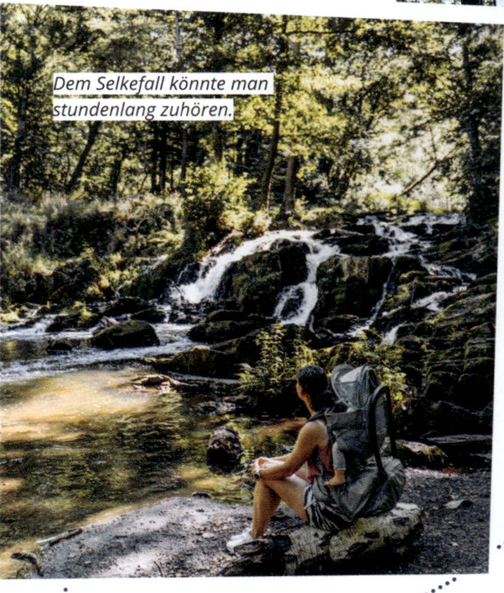

Dem Selkefall könnte man stundenlang zuhören.

**KM 1**

**Selkefall**

## Dem Wasserrauschen lauschen

Der sonst so gemächliche Fluss wird hier am Selkefall ganz wild und rauschend. Über mehrere Kaskaden stürzt er sich rund vier Meter in die Tiefe. Dass er nicht natürlich entstanden ist, sondern im Rahmen der Bauarbeiten zum Carlsteich, der die Eisenhütte in Mägdesprung mit Betriebswasser versorgte, tut seiner Idylle keinen Abbruch. Von einer kleinen Bank könnte man stundenlang dem Wasserrauschen lauschen. In den frühen Morgenstunden ist es hier am schönsten, Pluspunkt für die Early Birds unter den Wanderern.

*Noch weitere 1,5 Kilometer auf dem gleichen Weg bleiben. Dann Selke, Bahnschienen und Bundesstraße überqueren und auf der Promenade Wilhelm von Kügelgen flussabwärts wandern, bis der Pionierweg rechts bergauf abzweigt. Diesem knapp einen Kilometer folgen.*

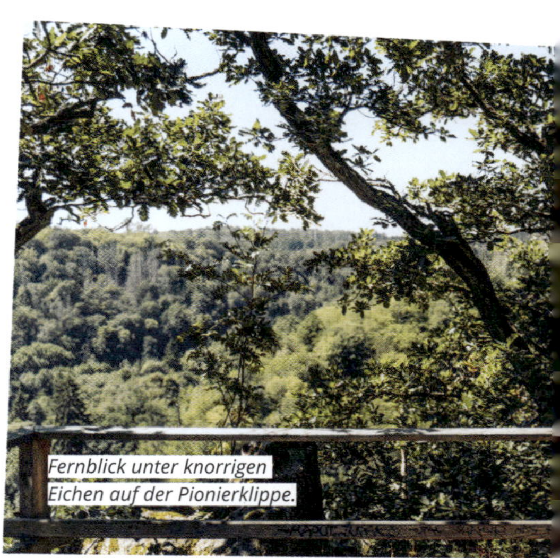

Fernblick unter knorrigen Eichen auf der Pionierklippe.

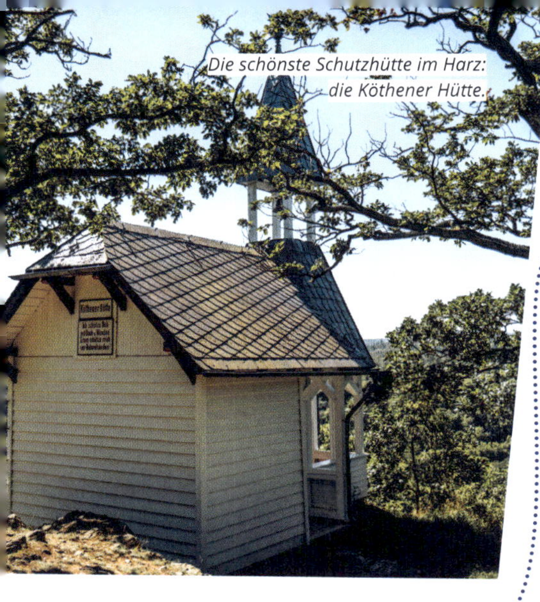

*Die schönste Schutzhütte im Harz: die Köthener Hütte.*

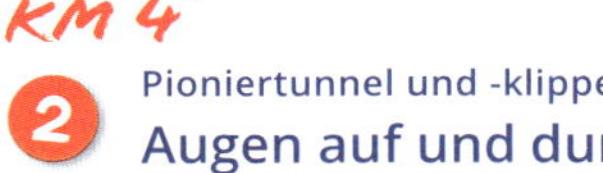


2 Pioniertunnel und -klippe

## Augen auf und durch

Hoch über dem Selketal thront die Pionierklippe. Man erreicht sie über den gleichnamigen Wanderweg durch den Pioniertunnel, der sich nur wenige Meter entfernt befindet. Der Name von Tunnel, Klippe und Weg geht auf das Magdeburgische Pionier-Bataillon Nr. 4 zurück, das im Jahr 1900 im Rahmen einer Übung den Pioniertunnel durch den Felsen schlug, teilweise in bergmännischer Form. Für heutige Verhältnisse ist der Tunnel ganz schön eng und niedrig, sich hindurchzuzwängen lohnt sich aber. An der Pionierklippe schmiegt sich eine schöne Sitzbank an den Fels und die Aussicht über das Selketal ist von hier – unter knorrigen Eichen – wunderschön.

*Etwa 500 Meter weiter auf dem Pionierweg wandern.*

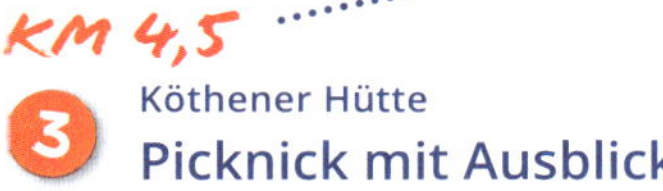


3 Köthener Hütte

## Picknick mit Ausblick

Die Köthener Hütte ist ohne Frage die schönste Schutzhütte im ganzen Harz. 1897 liebevoll mit kleinem Glockentürmchen gestaltet, gleicht sie einer winzigen Kirche, was ihr zum Beinamen »Kapelle« verhalf. Sie steht auf einer Felsenklippe, dem Kapellenfelsen, oberhalb von Drahtzug, einem Ortsteil von Mägdesprung, mit weitem Blick über das Selketal und auf das Rambergmassiv. In dem Pavillon befinden sich zwei Bänke, von denen man die Aussicht genießen kann – einen besseren Platz für ein gemütliches Picknick gibt es weit und breit nicht. Jetzt heißt es nur Daumendrücken, dass das Plätzchen frei ist!

*Rund 500 Meter dem Klippenweg zur Mägdetrappe folgen.*

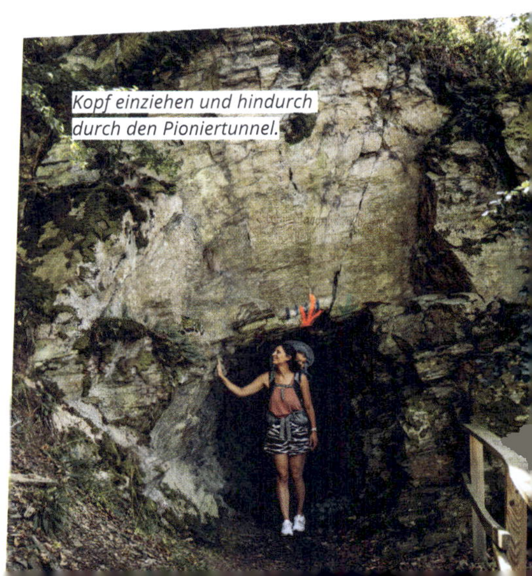

*Kopf einziehen und hindurch durch den Pioniertunnel.*

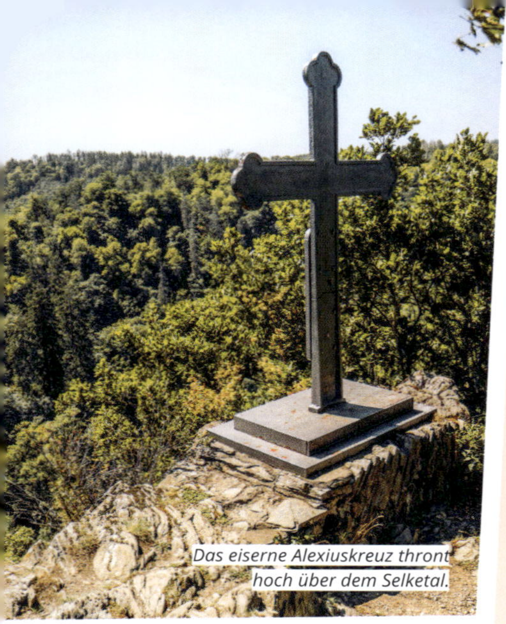
Das eiserne Alexiuskreuz thront hoch über dem Selketal.

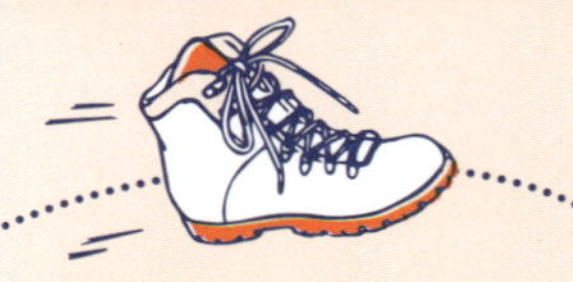

KM 6,4

5 Carlswerk

## Industriegeschichte hautnah erleben

Am Rande von Mägdesprung sticht ein großes, rotes Backsteingebäude besonders ins Auge. Es beherbergte einst das Carlswerk, eine der bedeutendsten Industrieanlagen im Harz. In dem 1865 errichteten Werk wurden Maschinen zur Metall- und Holzverarbeitung hergestellt. Heute befindet sich in dem ehemaligen Fabrikgebäude ein Museum (Eintritt frei), das restaurierte alte Maschinen, Ausrüstungen und Werkzeuge, wie einen Holzkran von 1890, ausstellt. In der Schmiede findet gelegentlich auch ein Schauschmieden statt.

*Vorbei an der Kirche zurück zur Bundesstraße wandern. Dieser für 200 Meter folgen und dann auf einen unbeschilderten Weg nach links abbiegen. Dem Weg gut einen Kilometer bis ins Krebsbachtal folgen.*

KM 5,6

4 Mägdetrappe

## Sagenhafte Aussicht genießen

Das gusseiserne Alexiuskreuz ist schon von Weitem sichtbar. Es ist ein Denkmal für Herzog Alexius Friedrich Christian von Anhalt-Bernburg. Die Mägdetrappe, nur wenige Meter dahinter, wirkt auf den ersten Blick weit weniger spektakulär. Beeindruckend ist aber die Legende, die sich dahinter verbirgt. Eine Riesin soll beim Sprung über das Selketal ihren Fußabdruck im Stein hinterlassen haben. Tatsächlich gibt es im Felsen der Mägdetrappe eine kleine Senke, die die Form eines menschlichen Fußes aufweist – schätzungsweise in Schuhgröße 64. Eine Hinweistafel erzählt die Sage und eine urige Holzbank lädt zu einem kurzen (oder langen) Stopp ein.

*Dem Klippenweg nach Mägdesprung folgen. Ein Stück entlang der Bundesstraße, nach der Brücke rechts halten.*

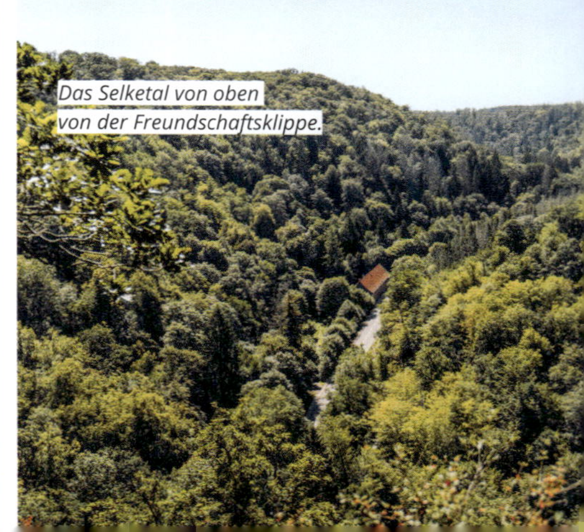
Das Selketal von oben von der Freundschaftsklippe.

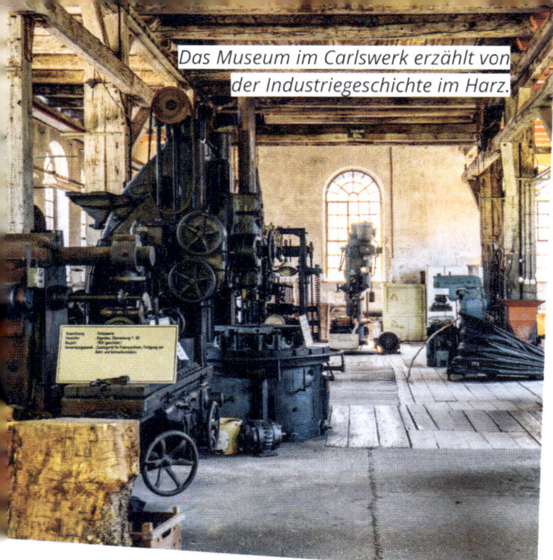

Das Museum im Carlswerk erzählt von der Industriegeschichte im Harz.

**EXTRA INFOS:**

Wer dem Selketalstieg noch ein wenig länger folgen möchte – die Gesamtstrecke ist immerhin 75 Kilometer lang –, kann an allen Orten entlang der Route mit der Selketalbahn zurück zum Ausgangspunkt fahren. Der Fahrplan (www.hsb-wr.de) gibt nicht nur Auskunft über die Fahrzeiten, sondern auch darüber, welche Züge mit einer Dampflok fahren.

KM 7,9

6 Krebsbachteich

## Ruhe tanken

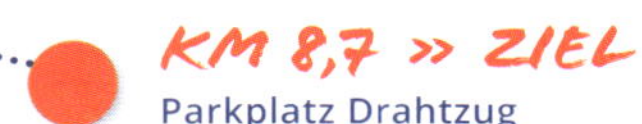

KM 8,7 » ZIEL

Parkplatz Drahtzug

Abseits von allem Trubel des Selketals befindet sich im idyllischen Krebsbachtal der Krebsbachteich. Er wurde einst künstlich angelegt, um die metallverarbeitenden Betriebe in Mägdesprung mit Energie zu versorgen. Heute ist es ein Ort der Ruhe und Entspannung – insbesondere wenn man bereits fast acht Kilometer Wanderung hinter sich hat. Auf der Dammkrone gibt es mehrere Bänke für ein Päuschen. Libellen surren auf der glatten Wasseroberfläche, in der sich die Waldlandschaft des Krebsbachtals widerspiegelt. Mit Erlaubnis darf hier übrigens auch geangelt werden.

*Eine kleine Brücke führt auf den breiten Krebsbachweg, diesem nach links zum Ausgangspunkt folgen.*

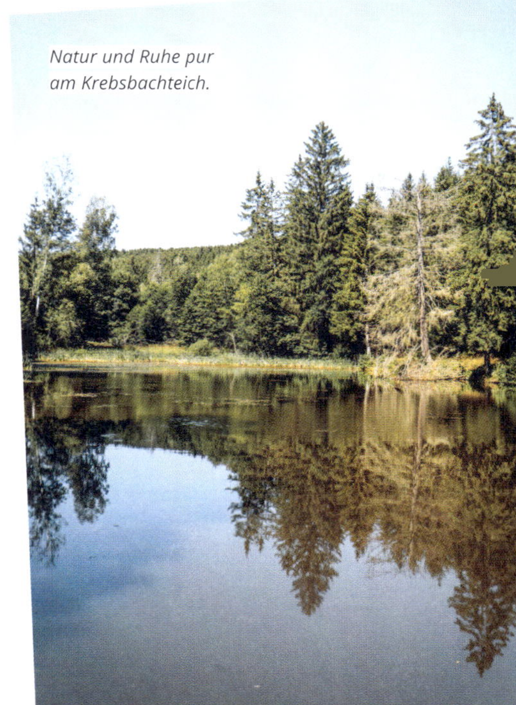

Natur und Ruhe pur am Krebsbachteich.

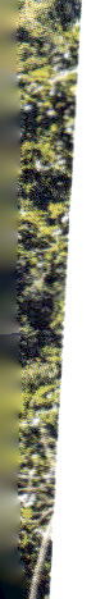

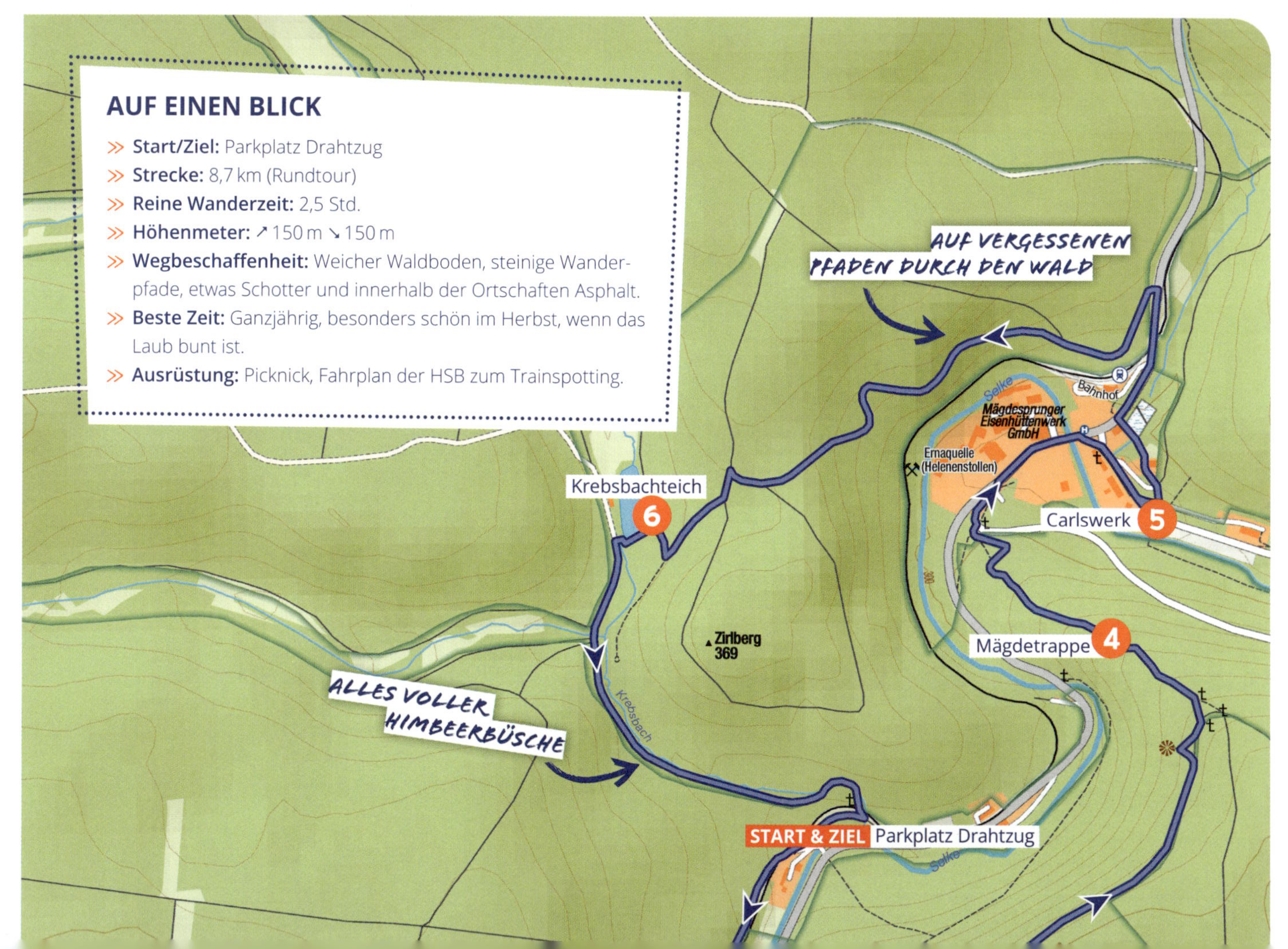


## AUF EINEN BLICK

- Start/Ziel: Parkplatz Drahtzug
- Strecke: 8,7 km (Rundtour)
- Reine Wanderzeit: 2,5 Std.
- Höhenmeter: ↗150 m ↘150 m
- Wegbeschaffenheit: Weicher Waldboden, steinige Wanderpfade, etwas Schotter und innerhalb der Ortschaften Asphalt.
- Beste Zeit: Ganzjährig, besonders schön im Herbst, wenn das Laub bunt ist.
- Ausrüstung: Picknick, Fahrplan der HSB zum Trainspotting.

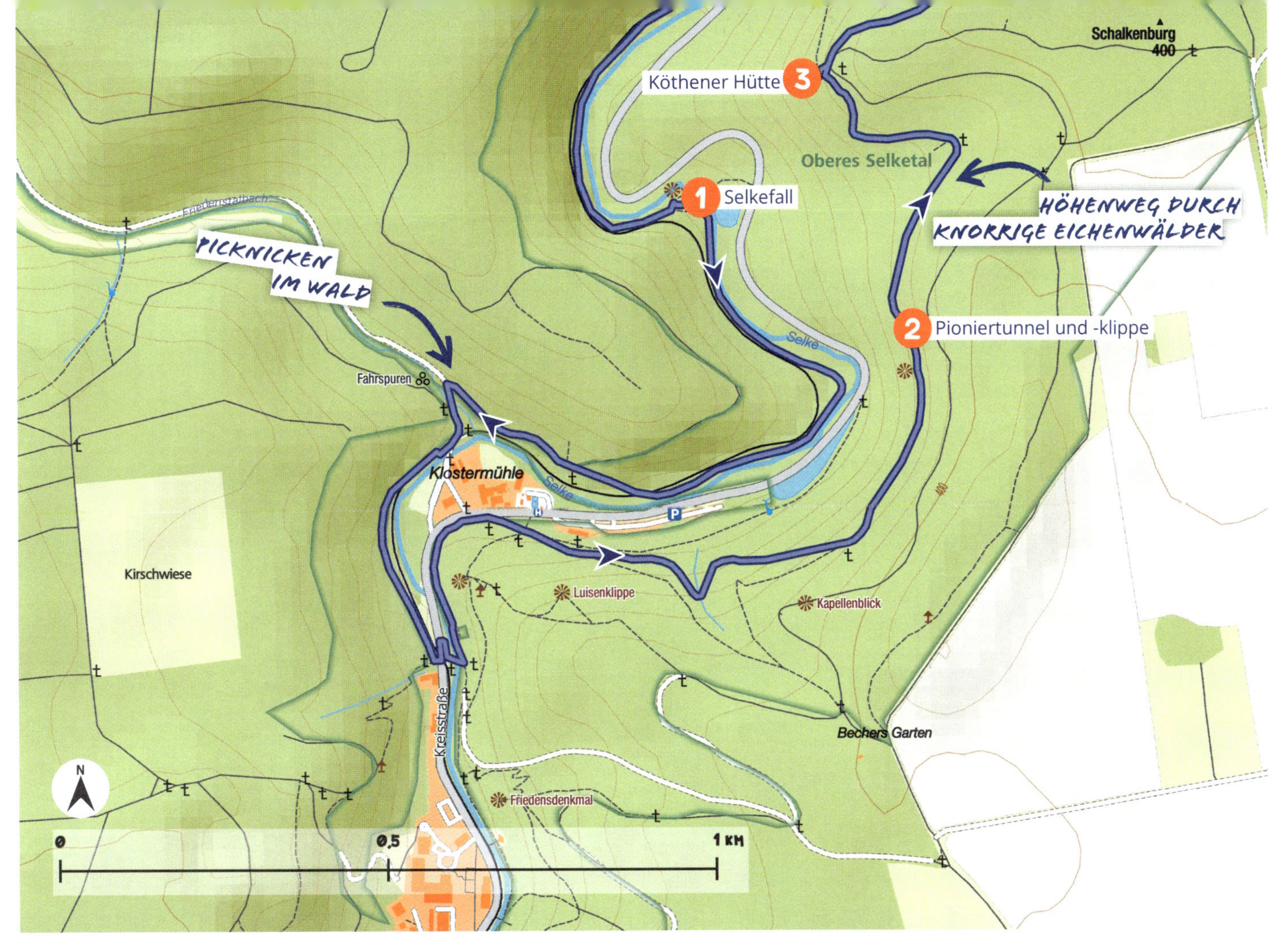
Schalkenburg
400
Köthener Hütte
3
Oberes Selketal
1
Selkefall
Höhenweg durch
knorrige Eichenwälder
Picknicken
im Wald
2
Pioniertunnel und -klippe
Fahrspuren
Selke
Klostermühle
P
Kirschwiese
Luisenklippe
Kapellenblick
Kreisstraße
Bechers Garten
Friedensdenkmal
N
0
0,5
1 km

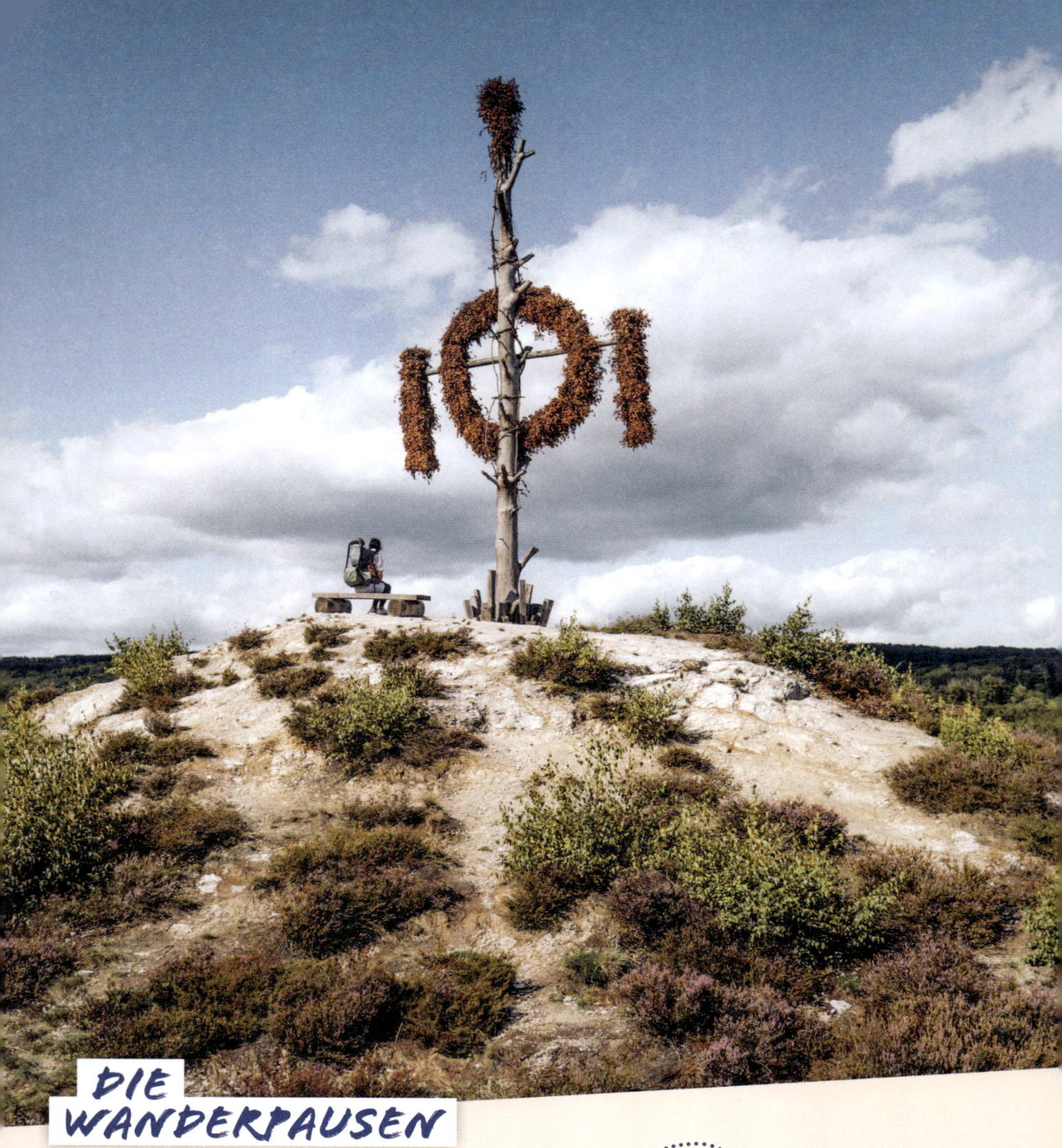

## DIE WANDERPAUSEN

**» START**
Parkplatz Dorfstraße Questenberg

**KM 3**
1 Schöne Aussicht Hainrode
**Bis zum Horizont und noch weiter**

**KM 5,8**
2 Gasthaus Zur Queste
**Typisch keltisch speisen**

**KM 6,4**
3 Burgruine Questenberg
**Durch verwilderte Ruinen streifen**

# MYTHEN UND GIPSBUCKEL

## Auf dem Karstwanderweg rund um Questenberg

*Diese Rundwanderung bewegt sich rund um den Ort Questenberg, zwischen Südharzer Landidylle und Gipsfelsen sowie Geschichte und Mythen. Hier, mitten im Biosphärenreservat Karstlandschaft Südharz, gibt's schöne Fernblicke bis zum Kyffhäuser, keltisches Essen, eine Burgruine, Möchtegern-Gletschertöpfe und einen mystischen Gipsberg.*

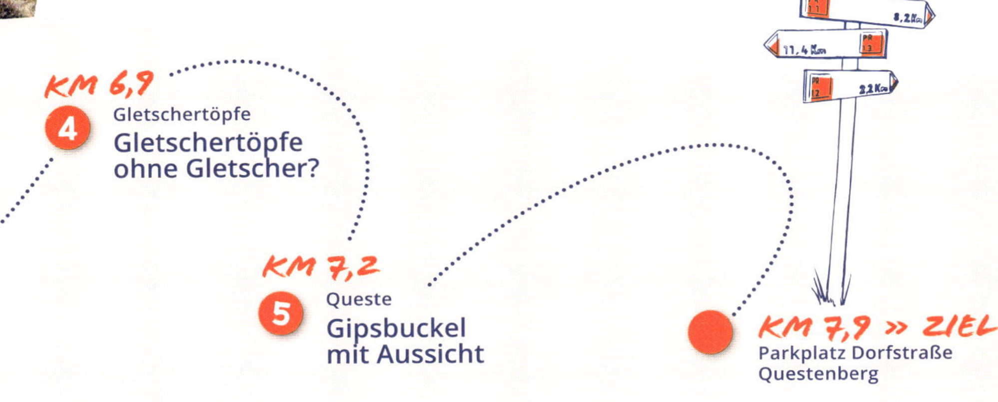

# DAS GIPS DOCH GAR NICHT …

… aber schon in Questenberg. Der Ort liegt nämlich mitten im Biosphärenreservat Karstlandschaft Südharz. Die Gipskarstlandschaft rund um Questenberg ist als Naturschutzgebiet ausgezeichnet. Mitten hindurch führt auf einem Teilstück des Karstwanderwegs der Rundwanderweg Questenberg Karstlandschaft. Mit einem Abstecher zur Burgruine Questenberg und der Schutzhütte Schöne Aussicht wird daraus eine feine acht Kilometer lange Rundwanderung, die ohne Weiteres einen ganzen Tag dauern kann, weil es an allen Ecken und Enden etwas zu sehen, entdecken und erleben gibt.

Los geht die Wanderung mitten im Ortskern am Parkplatz Ortsmitte. Nur wenige Meter später verschwindet der Weg bereits im tiefen Wald der Krummen Trift. An einer Schutzhütte geht es nach rund einem Kilometer weiter über die weiten Wiesen und Felder zwischen Questenberg und Hainrode. Im Sommer blühen die Wildblumen, überall laden schwer behangene Apfelbäume zum Naschen ein und hier und da grast eine Herde Kühe oder Schafe. Landidylle pur! Hier und da erinnern ein paar weiße Steine auf dem Wanderweg daran, dass man sich eigentlich auf dem Karstwanderweg befindet.

DURCH DIE ROSAROT BLÜHENDE HEIDELANDSCHAFT VON DER QUESTE INS TAL WANDERN …

Der Aussichtspavillion **Schöne Aussicht Hainrode** befindet sich nur rund 500 Meter vom Weg entfernt. Der Abstecher lohnt sich, bevor es dann (schnurstracks) sanft bergab zurück nach Questenberg geht. Zumindest fast. Denn der Weg passiert die eindrucksvolle Dinsterbachschwinde, wo der Dinsterbach unter einer mächtigen Felswand aus oft nachbrechenden Gipsfelsen versiegt. Dann geht's aber wirklich in den Ort, wo es nach rund sechs Kilometern höchste Zeit ist für eine Rast im **Gasthaus Zur Queste.** Wer jetzt denkt, die verbliebenen zwei Kilometer gehen sich von selbst, hat sich getäuscht. Es geht nämlich steil bergauf – erst zur verwunschenen **Burgruine Questenberg,** dann vorbei an den **Gletschertöpfen** zur **Queste.** Und wer meint, dass der mystische Berg an sich schon nicht zu toppen ist, sollte mal im August oder September wiederkommen, wenn die Berghänge voller blühender Heidebüsche sind. Wie gut, dass es jetzt nur noch ein paar Hundert Meter bis zum Ausgangspunkt sind, die kann man zur Not auch noch in der Dämmerung zurücklegen.

«

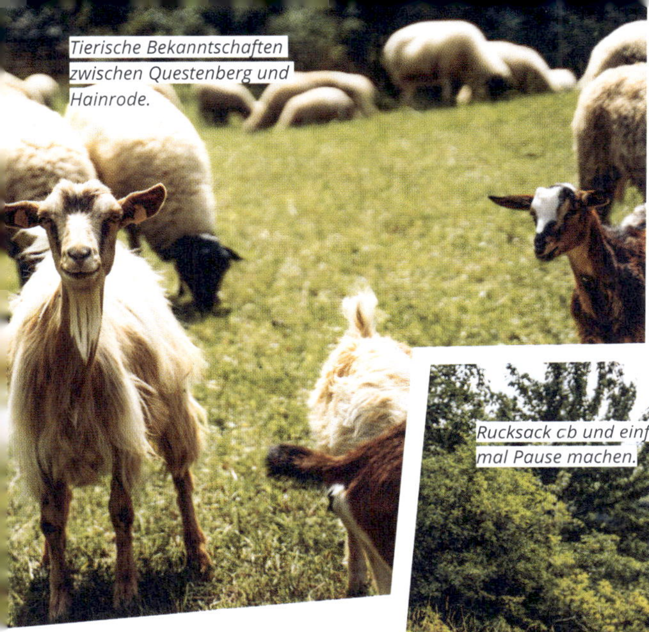

*Tierische Bekanntschaften zwischen Questenberg und Hainrode.*

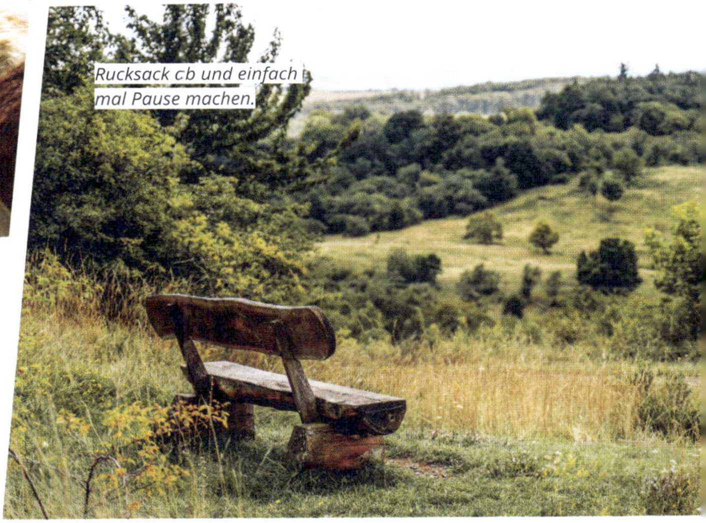

*Rucksack ab und einfach mal Pause machen.*

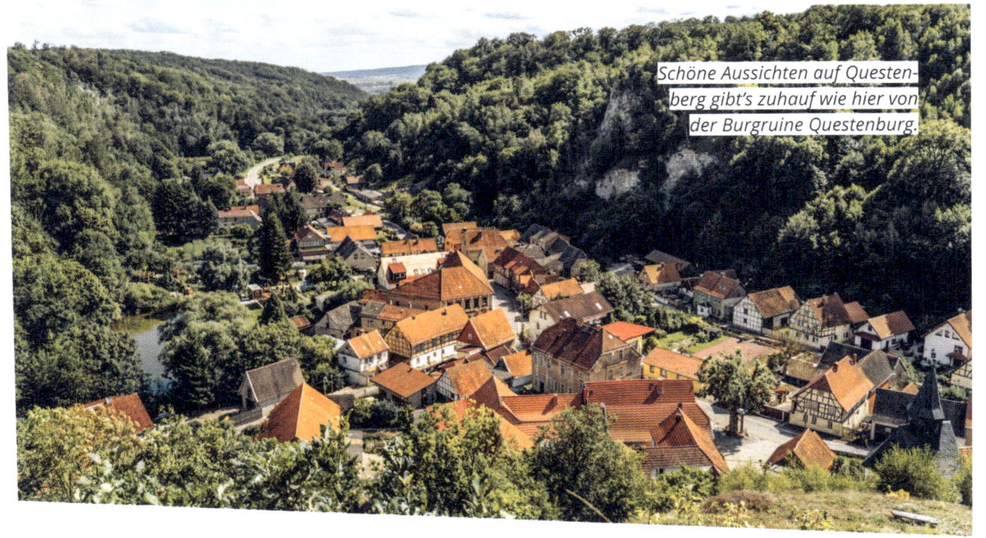

*Schöne Aussichten auf Questenberg gibt's zuhauf wie hier von der Burgruine Questenburg.*

# WANDERN & GENIESSEN

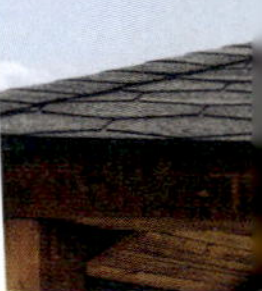

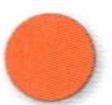

**» START**

**Parkplatz Dorfstraße Questenberg**

*Dem roten »K« folgen und direkt in die Forsthausgasse beziehungsweise Krumme Trift einbiegen. An der Schutzhütte links halten. Nach einem Kilometer an der Weggabelung erneut links halten. Nach knapp drei Kilometern an der Weggabelung nach rechts in Richtung Hainrode und gleich danach links den Berg hinaufwandern.*

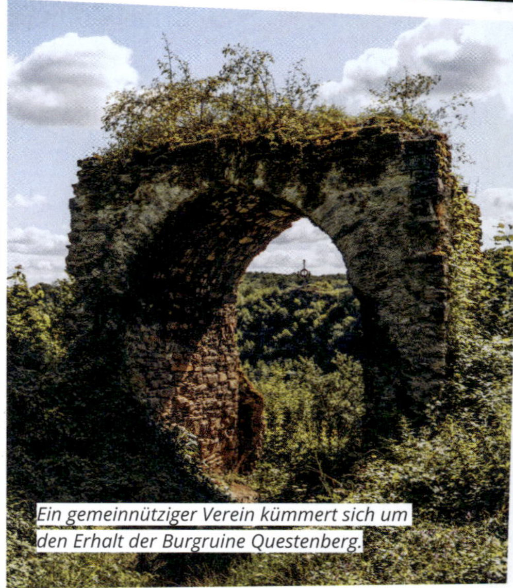

Ein gemeinnütziger Verein kümmert sich um den Erhalt der Burgruine Questenberg.

**KM 3**

**Schöne Aussicht Hainrode**

## Bis zum Horizont und noch weiter

Bei der Schutzhütte Schöne Aussicht ist der Name Programm. Hier, zwischen Questenberg und Hainrode, mitten im Biosphärenreservat Karstlandschaft Südharz bietet der Pavillon wie durch ein riesiges Panoramafenster eine fantastische Aussicht über selbiges bis hin zum Kyffhäuser mit seinem markanten Denkmal und dem Fernsehturm auf dem Kulpenberg. Ortschaften? Straßen? Häuser? Fehlanzeige. Hier liegt einem nur die weite, wilde Natur zu Füßen. Wer da nicht die Kamera auspackt, ist selbst schuld. Die dazugehörige Stempelstelle wurde übrigens im Jahr 2019 zur schönsten Stempelstelle der Harzer Wandernadel gekürt. Vor der Hütte zeigt ein hölzerner Wegweiser die Lage und Entfernung der übrigen deutschen Biosphärenreservate an.

*Zurück zur Weggabelung gehen und der Ausschilderung nach Questenberg bis in den Ortskern folgen.*

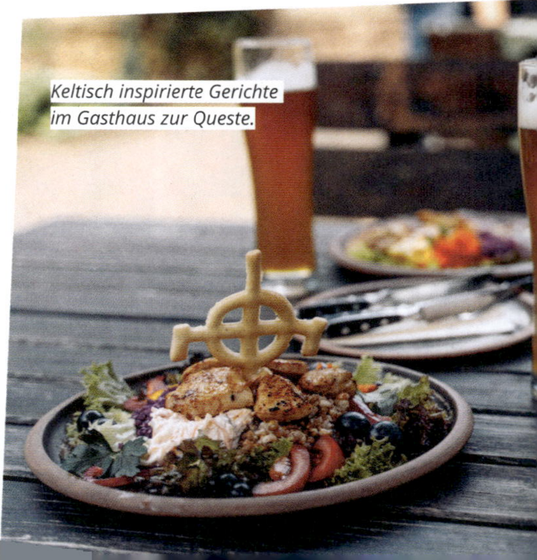

Keltisch inspirierte Gerichte im Gasthaus zur Queste.

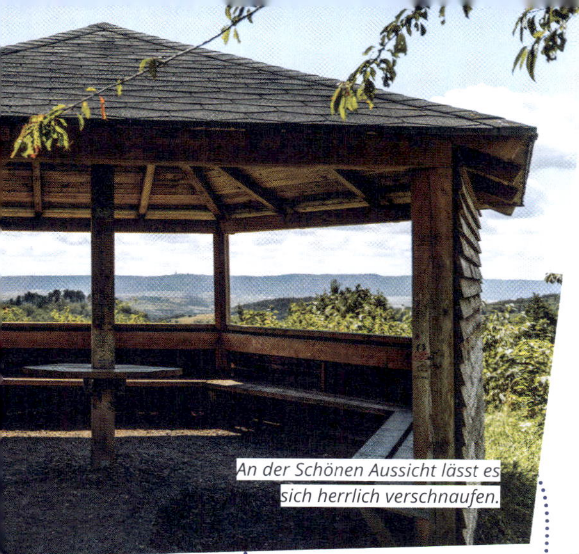

An der Schönen Aussicht lässt es sich herrlich verschnaufen.

DIE AUSSICHT GENIESSEN

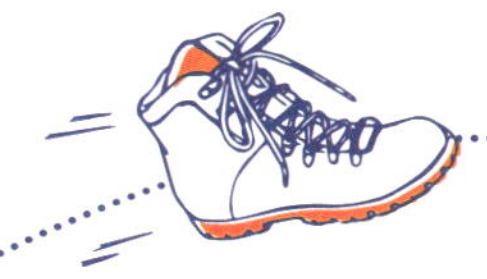

KM 5,8

## 2 Gasthaus Zur Queste
## Typisch keltisch speisen

Inspiriert vom Wahrzeichen des Ortes, der Queste, die in ihrer Form an ein keltisches Ringkreuz erinnert, kommen im Gasthaus Zur Queste (www.zurqueste.de) keltisch inspirierte Speisen auf den Tisch. Das von außen unscheinbare Gasthaus hält einige geschmackliche Überraschungen bereit. Die Gerichte sind keinesfalls frei erfunden, sondern basieren auf archäologischen Forschungen. Sie kommen ohne viel Schnickschnack, Zusatzstoffe und verarbeitete Produkte aus. Und das schmeckt man. Auch Vegetarier kommen hier ganz auf ihre Kosten und können sich zum Beispiel an Dinkelpfannkuchen mit Gemüse und Kräuterschmand-Dip auf frischen Salaten satt essen. Wenn die Wirtin Zeit hat, erzählt sie Geschichten über die Queste und begrüßt selbst die kleinsten Gäste.

*Auf der Questenberger Dorfstraße nach Norden wandern und rechts vorbei an der Kirche den Schildern zur Burgruine folgen.*

KM 6,4

## 3 Burgruine Questenberg
## Durch verwilderte Ruinen streifen

Urwüchsige Natur und verwilderte Wege begegnen einem schon beim Aufstieg zur Burgruine. Dazwischen befinden sich die Überreste einer mittelalterlichen Feudalburg. Bergfried, Teile der Ringmauer, zwei Keller sowie eine Wand des Palas sind noch erhalten und frei zugänglich. Und so fühlt man sich beim Erkunden ein bisschen wie ein archäologischer Entdecker. Fast noch schöner als die Ruinen selbst ist aber der Blick über Questenberg – vor allem bei Sonnenuntergang. Der Ort spielt übrigens eine wichtige Rolle in dem mehrteiligen, mystischen Harzkrimi »Im Schatten der Hexen«.

*Nach dem Abstieg von der Burgruine der Questenberger Dorfstraße noch ein Stück weiterfolgen, dann links in die Braugasse einbiegen.*

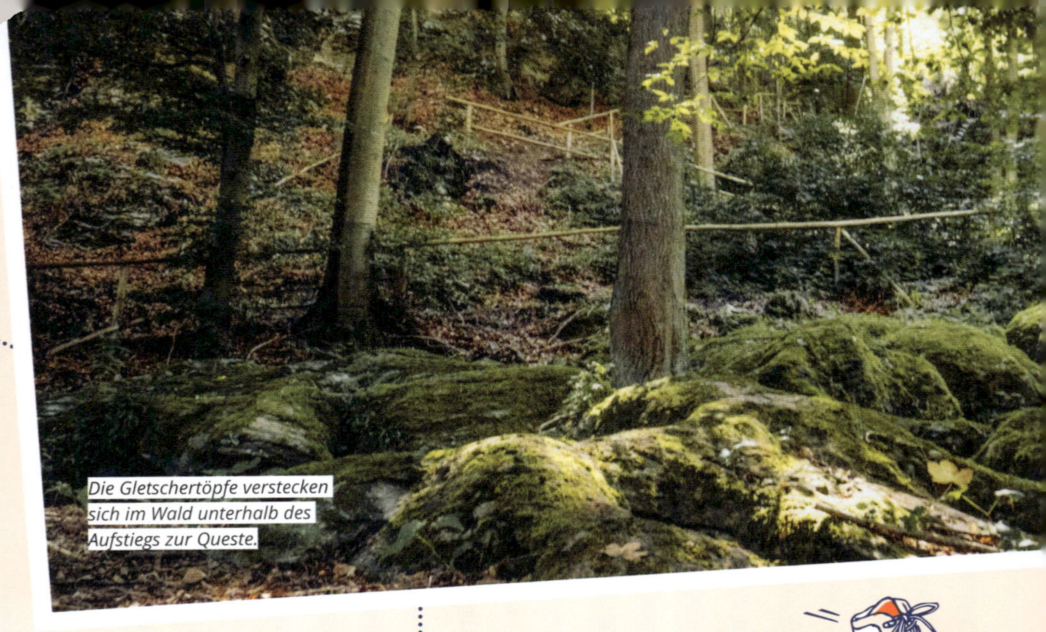

Die Gletschertöpfe verstecken sich im Wald unterhalb des Aufstiegs zur Queste.

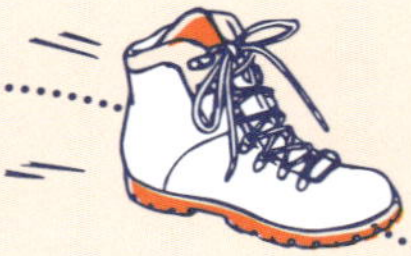

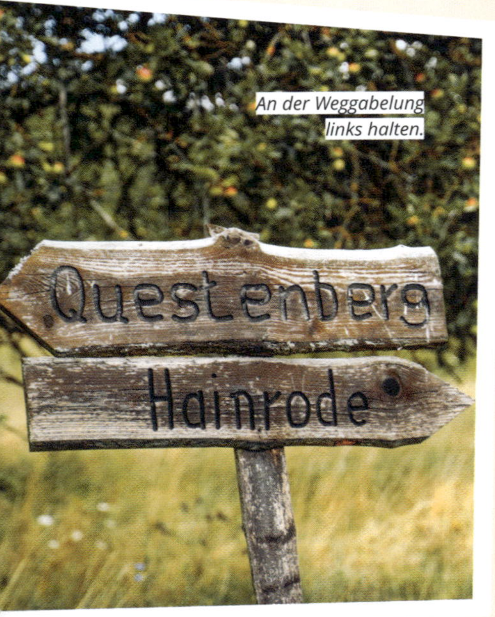

An der Weggabelung links halten.

KM 6,9

4 Gletschertöpfe

## Gletschertöpfe ohne Gletscher?

Bereits in den 1920er-Jahren wurden die seltsamen Gesteinsformationen entdeckt und wegen ihrer Ähnlichkeit zu den Gletschertöpfen, wie man sie von den Alpen kennt, auch so bezeichnet. Tatsächlich entstanden die bis zu drei Meter tiefen Löcher und Spalten im Gipsstein durch das Wasser des Flusses Nasse. Mithilfe von härteren Gesteinskieseln bildeten die Strudel des Flusses aus dem weichen Gips die bis heute sichtbaren Formationen. Sie befinden sich am Fuße der Queste und sind von Moos überwachsen, was sie aber nur noch geheimnisvoller macht.

*Dem steilen Treppenweg hinauf zur Queste folgen.*

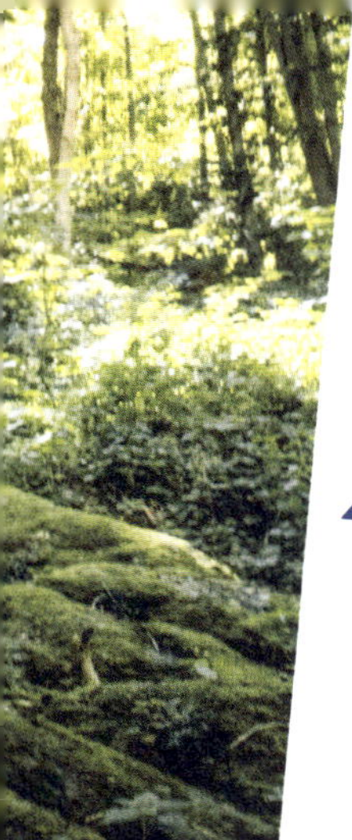

GLETSCHER IM HARZ?

EXTRA INFOS:

**Hainrode** (www.hainrode.de) wurde mehrfach als schönstes Dorf ausgezeichnet. Mit dem ● **Wanderstützpunkt** gibt es hier direkt neben der Alten Dorfschmiede ein gemütliches Landcafé als alternative (oder zusätzliche) Einkehrmöglichkeit.

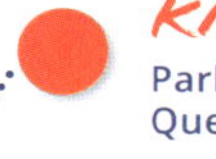

KM 7,9 » ZIEL

Parkplatz Dorfstraße Questenberg

KM 7,2

5 Queste

## Gipsbuckel mit Aussicht

»Das Beste kommt zum Schluss.« Dieser Satz gilt auch für diese Wanderung. Denn der Aufstieg zur Queste ist ohne Zweifel das große Finale der Wanderung. Der 425 Meter hohe Berg mit seinem weißen Gipsbuckel ist schon für sich beeindruckend genug. Mit seinem riesigen Questenbaum auf der Spitze wirkt er aber wie eine mystische Filmkulisse. Jedes Jahr am Pfingstmontag trifft man sich hier, um den Questenbaum, einen entrindeten Eichenbaum, mit einem Questenkranz aus frischen Birken- und Buchenzweigen zu schmücken. Vermutlich ist dieses Ritual ein Überbleibsel des heidnischen Festes zur Sommersonnenwende. Im Sommer blühen rund um den Gipfel die Heideflächen und der Ausblick über Questenburg ist sensationell. Wer mag, bleibt bis zum Sonnenuntergang.

*Auf der anderen Seite des Gipfels durch die Heideflächen hinab in den Ort steigen. Am Waldparkplatz links halten und zurück zum Ausgangspunkt gehen.*

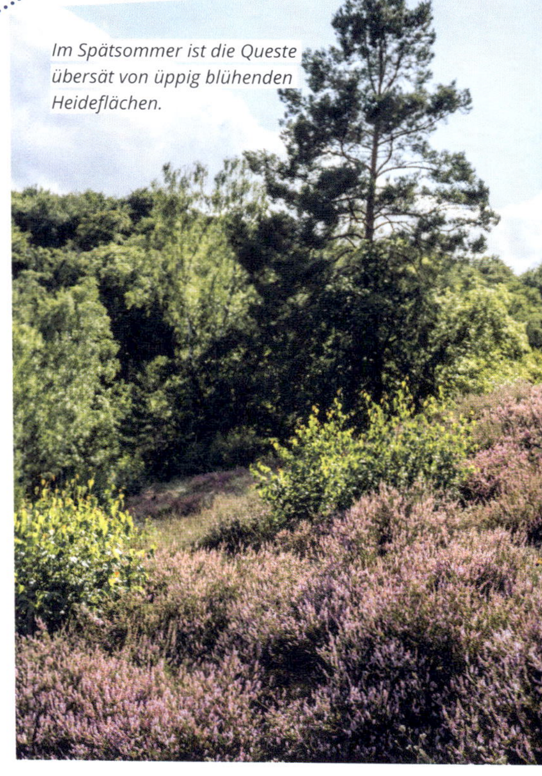

*Im Spätsommer ist die Queste übersät von üppig blühenden Heideflächen.*

## AUF EINEN BLICK

- **Start/Ziel:** Parkplatz Dorfstraße Questenberg
- **Strecke:** 7,9 km (Rundtour)
- **Reine Wanderzeit:** 2,5 Std.
- **Höhenmeter:** ↗ 168 m ↘ 168 m
- **Wegbeschaffenheit:** Schotter, Waldboden, steinige Wanderpfade, im Ort Asphalt.
- **Beste Zeit:** Ganzjährig, am schönsten zur Heideblüte im August/ September.
- **Ausrüstung:** Kopfbedeckung für die vielen sonnigen Abschnitte, Kamera für schöne Heidefotos, eventuell Stempelheft der Harzer Wandernadel.

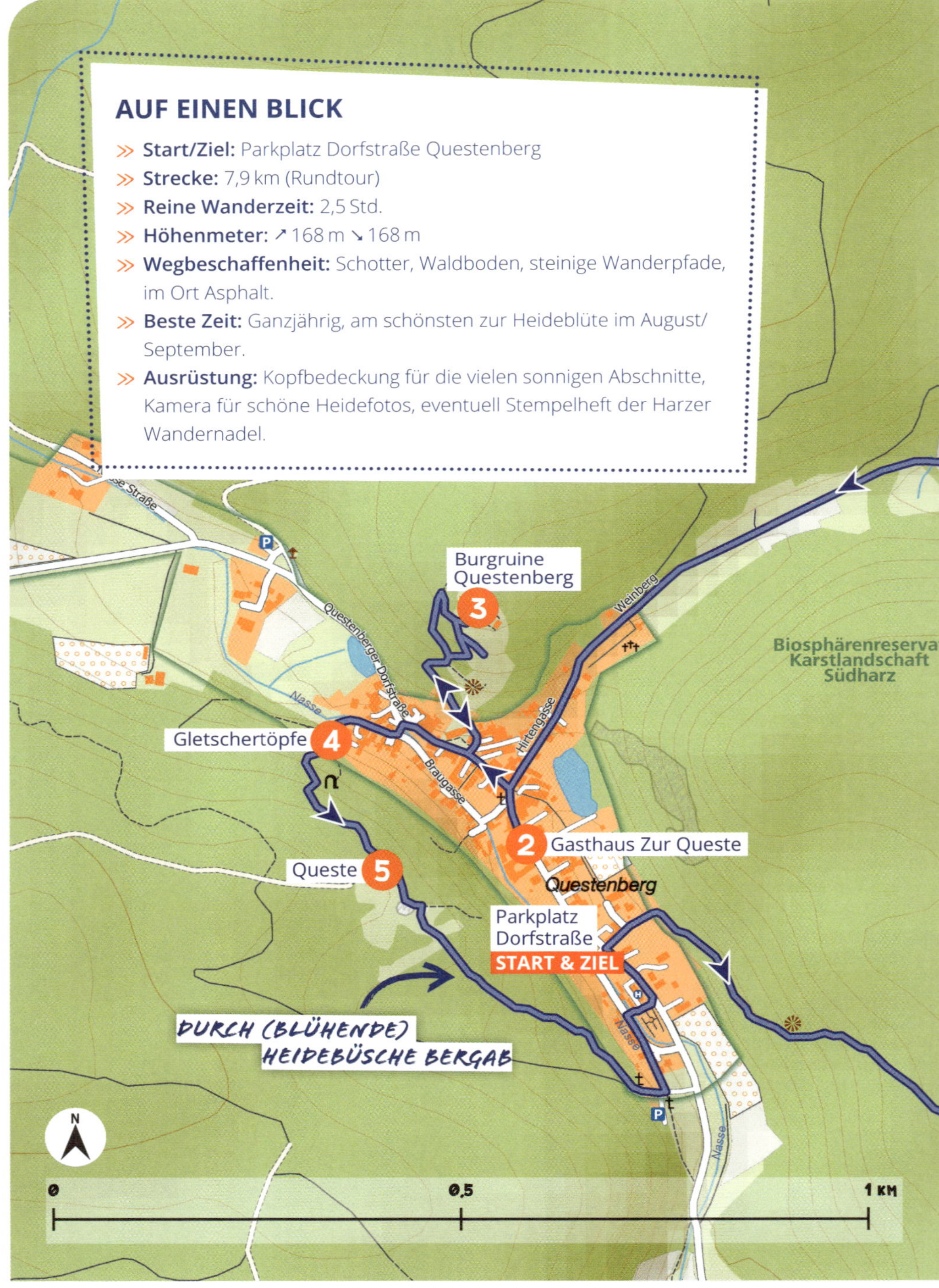

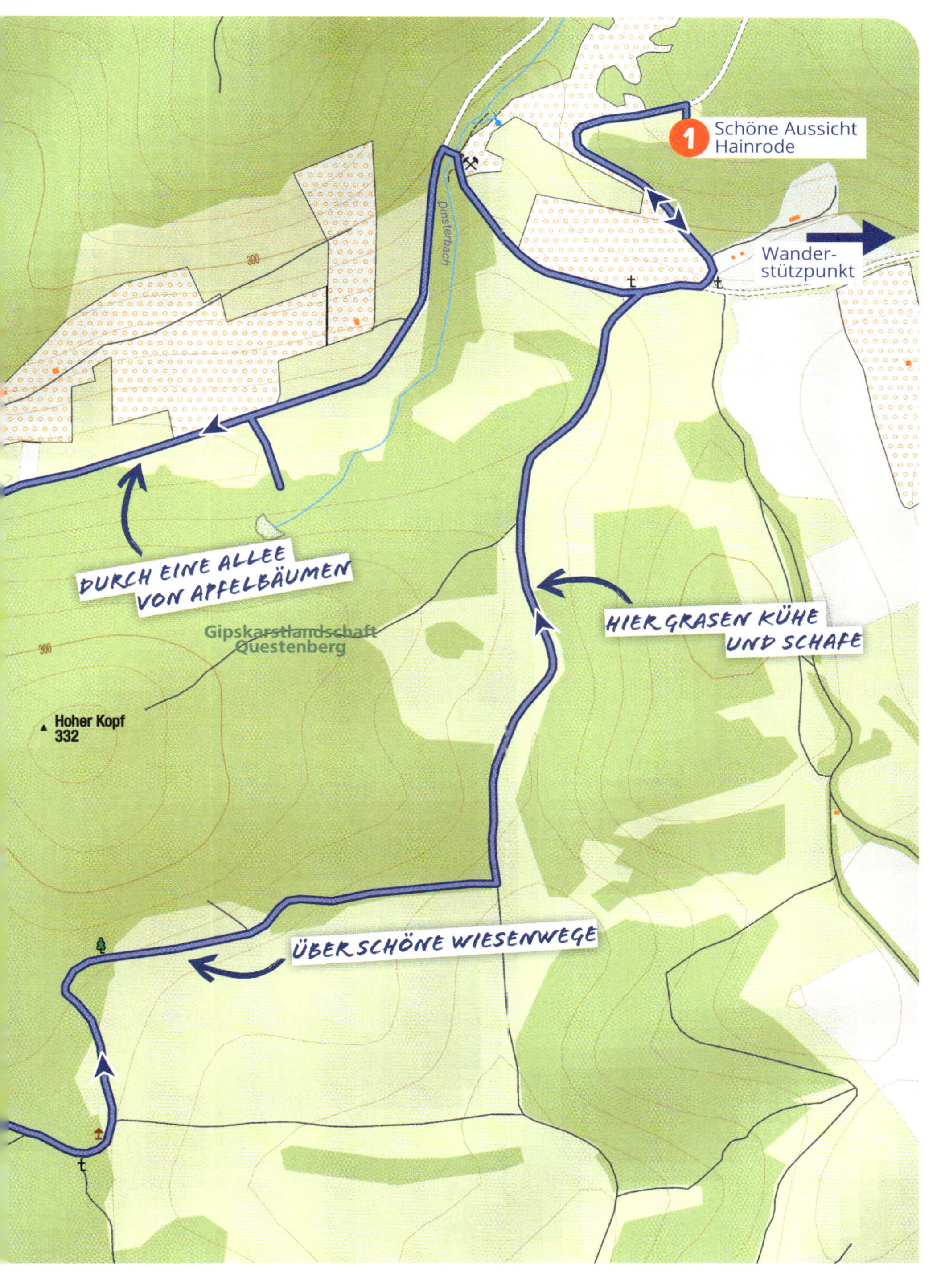

1 Schöne Aussicht Hainrode
Wander-stützpunkt
Dinsterbach
300
DURCH EINE ALLEE VON APFELBÄUMEN
HIER GRASEN KÜHE UND SCHAFE
Gipskarstlandschaft Questenberg
300
Hoher Kopf 332
ÜBER SCHÖNE WIESENWEGE

# AUCH NOCH GANZ NÜTZLICH

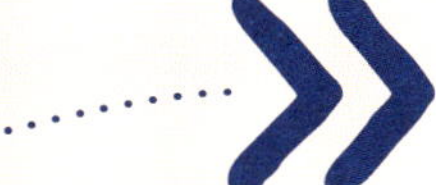

# ORTSREGISTER

# IMPRESSUM


» **Text:**
Jana Ziesenіß

» **Cover- und Buchgestaltung:**
Carolin Weidemann, Köln, www.weidemann-design.com

» **Lektorat & Produktion:**
Nazire Ergün, Köln

» **Projektmanagement:**
Susanne Heimburger, Tamara Siedler

» **Fotos:**
Titelfoto: mauritius images / Stephan Schulz; Innenteil: Jana Ziesenіß

» **Kartografie:**
©KOMPASS-Karten GmbH, kompass.de unter Verwendung von ©OpenStreetMap Contributors, osm.org/copyright

» **S. 222 / 223:**
Marie Geißler (Illustration), Jens Bey (Text)





Printed in Poland

1. Auflage 2024



ISBN 978-3-616-03273-3

www.dumontreise.de


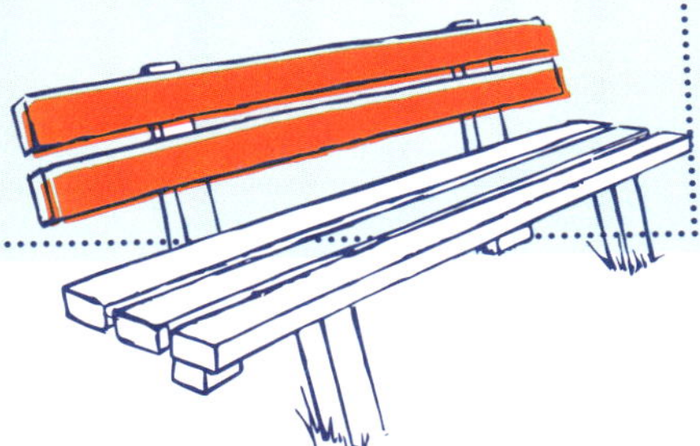

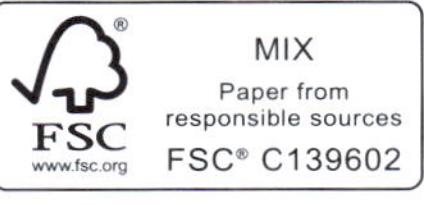

# RECHTS ODER LINKS? IMMER WISSEN, WO'S LANGGEHT!

» TOURENVERLAUF
GPX-Daten zum kostenlosen Download
www.dumontreise.de/wanderzeit/harz

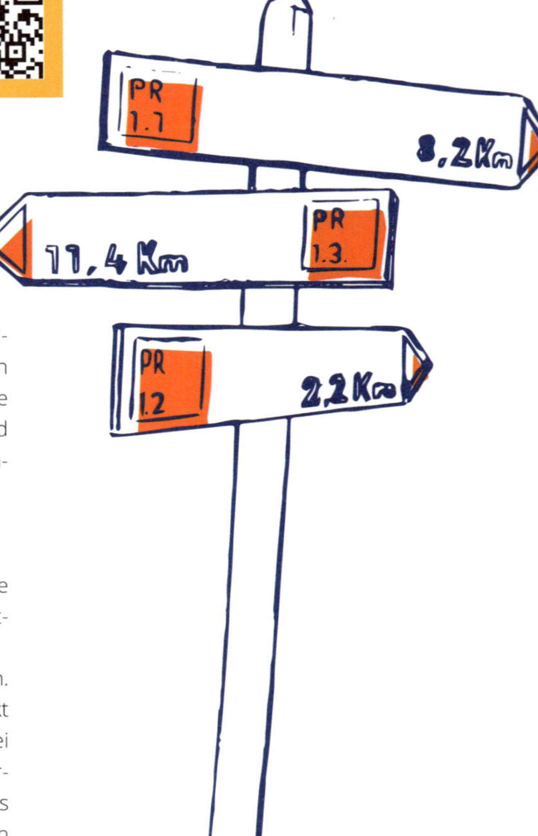


## GPX-DOWNLOAD AUFS SMARTPHONE – SO GEHT'S

**» Voraussetzung:**
Eine Outdoor-App muss installiert sein, z. B. KOMPASS, Outdooractive oder Komoot. Zum Einlesen des QR-Codes benötigen ältere Android-Geräte eine QR-Code-App. Bei neueren Android- und iOS-Geräten ist diese Funktion in der Kamera integriert.

**» Daten downloaden:**

1. Den QR-Code einlesen oder die Webadresse im Browser eingeben, um auf die Wanderzeit-Website zu gelangen.
2. Die gewünschte Tour zum Download anklicken.
3. Bei iOS-Geräten werden die GPX-Daten direkt mit der vorab installierten App verknüpft. Bei Android-Geräten muss ggf. noch ein Weiterleiten-Button geklickt werden (z. B. rechts oben im Display). Manche Apps zeigen den Tourverlauf starr an, andere haben eine Navigationsfunktion dabei.

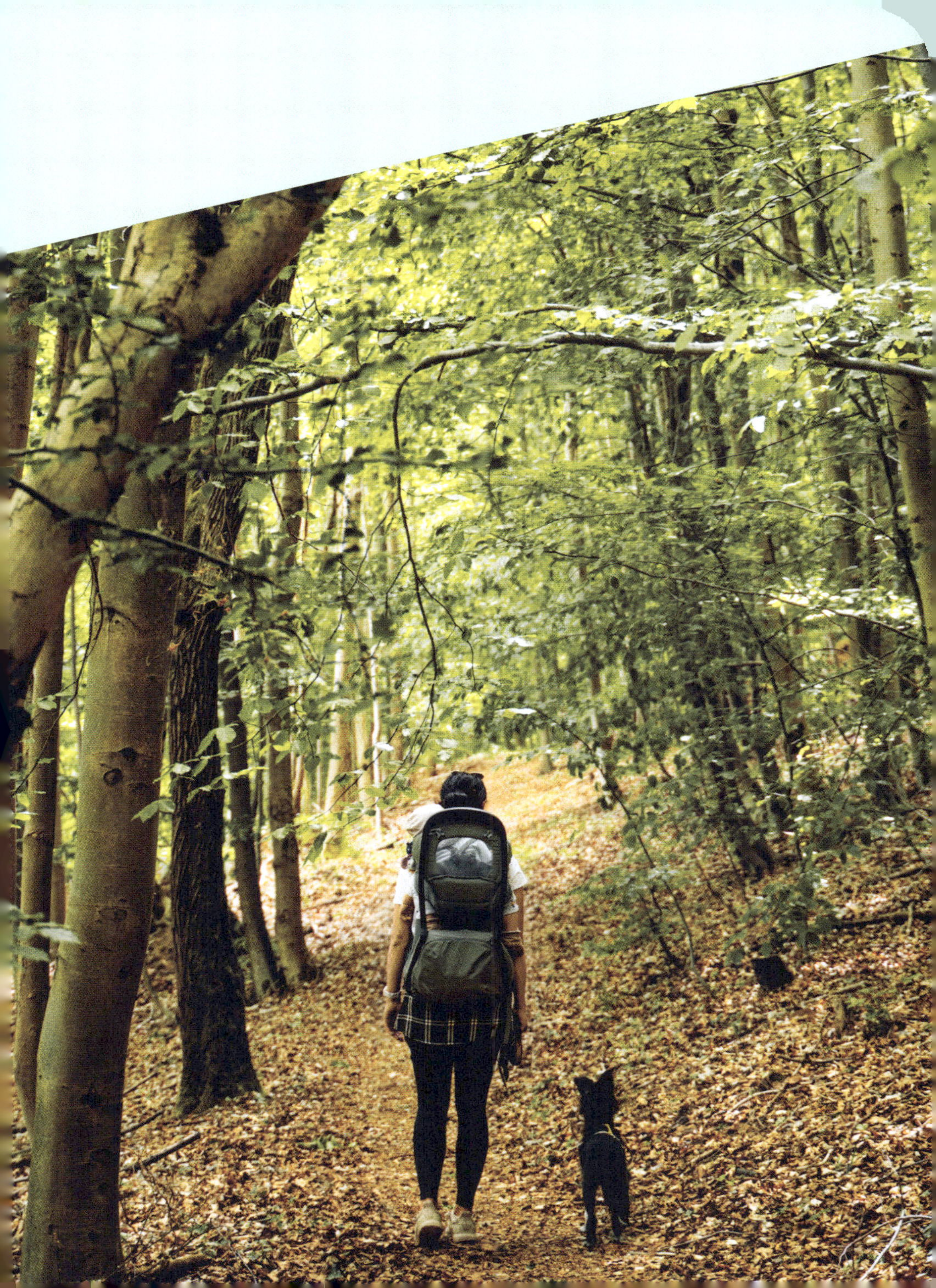

# WEITERWANDERN …

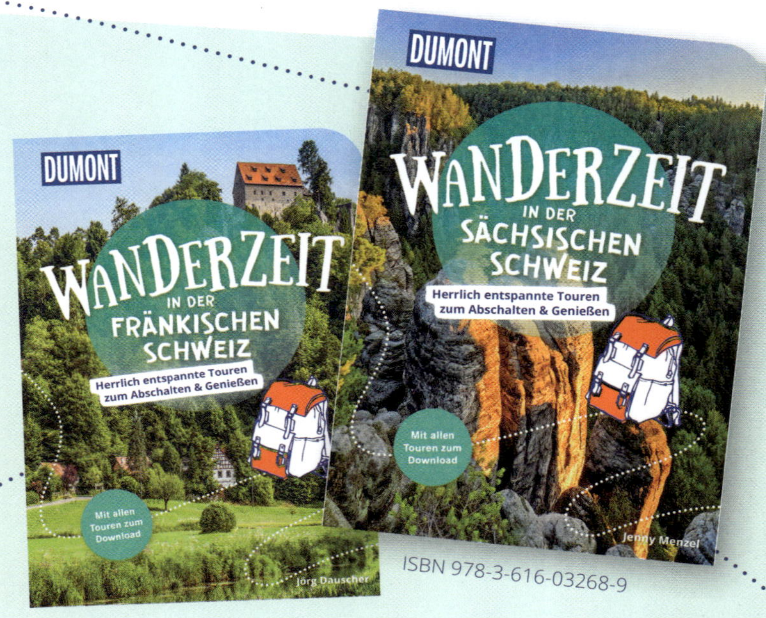



ISBN 978-3-616-03268-9

ISBN 978-3-616-03269-6


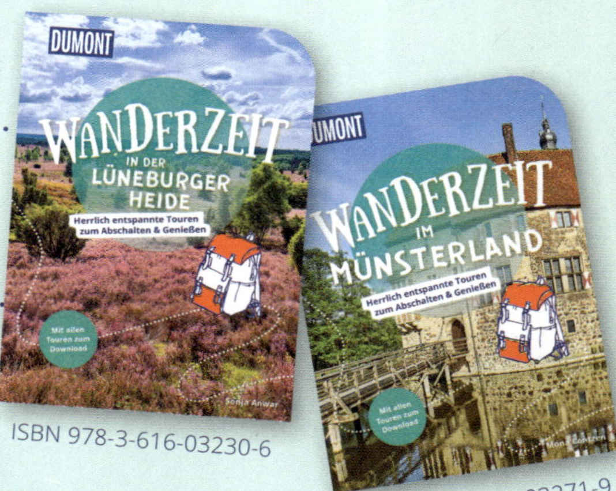



ISBN 978-3-616-03230-6

ISBN 978-3-616-03271-9

# … ODER LIEBER MAL RADELN?

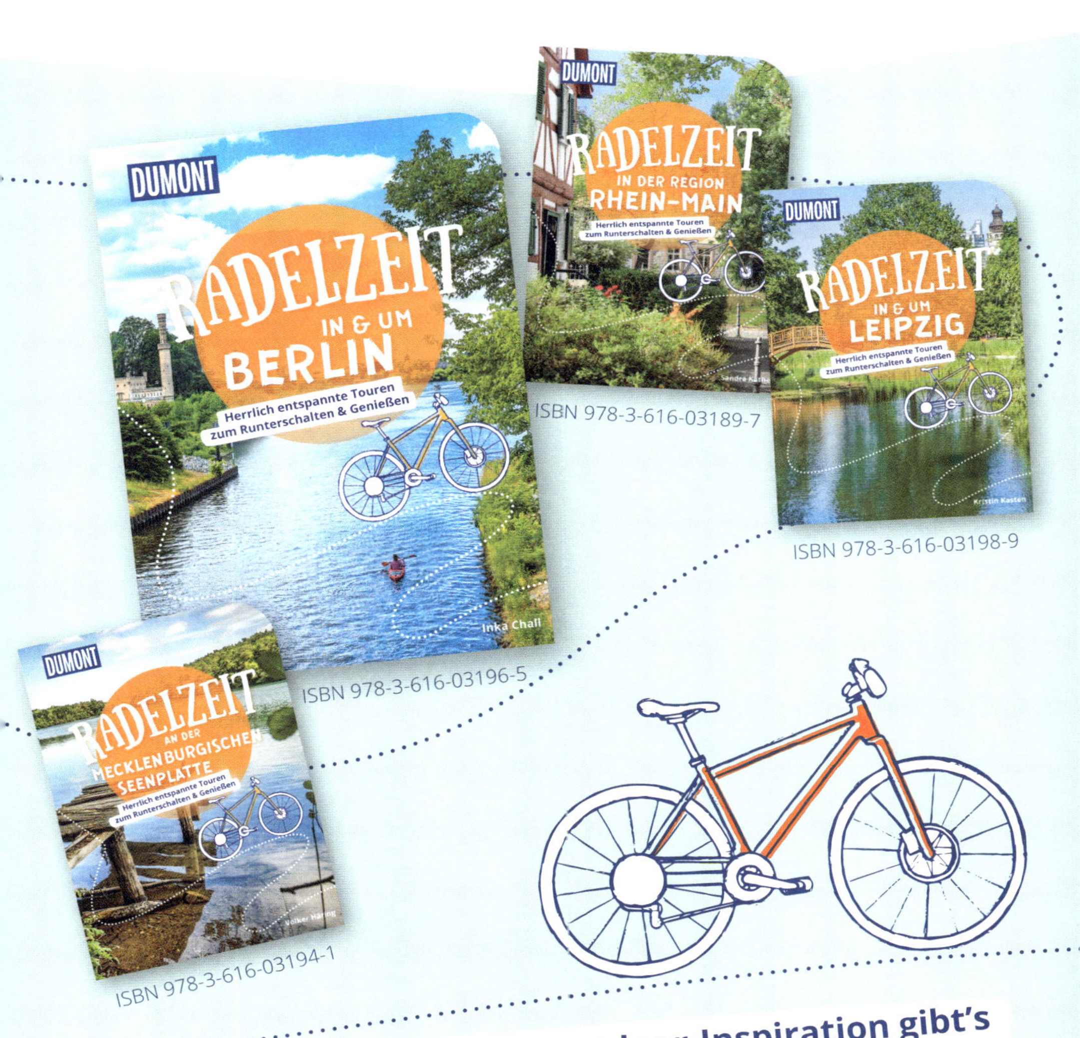


ISBN 978-3-616-03189-7

ISBN 978-3-616-03198-9

ISBN 978-3-616-03196-5

ISBN 978-3-616-03194-1

**Noch mehr Outdoor-Inspiration gibt's im gut sortierten Buchhandel und unter www.dumontreise.de**

# ANTI-RUCKSACK-AUTSCH-ÜBUNGEN

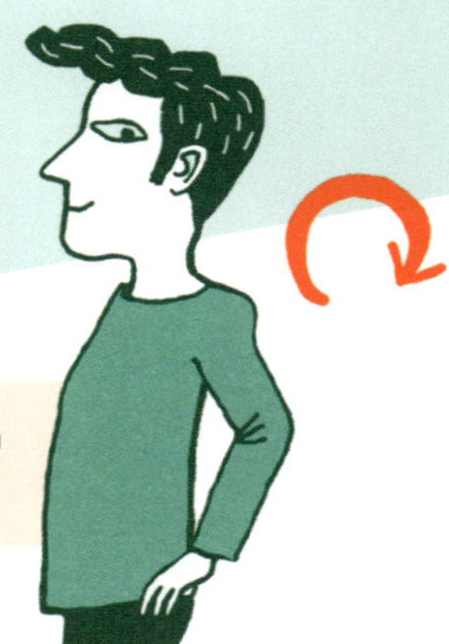

**1.** Kreise 30 Sekunden mit den Schultern nach hinten und unten.

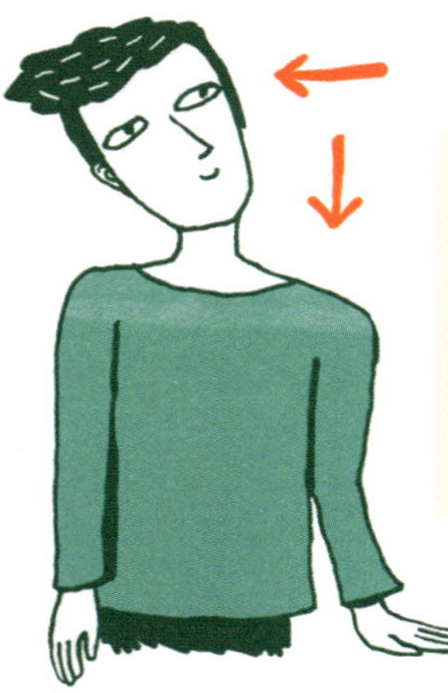

**2.** Den Nacken ziehst du in Form, indem du den Kopf langsam, ohne ihn zu verdrehen, zur rechten Schulter neigst. Den linken Arm schiebst du dabei langsam nach unten, die Handfläche zeigt zum Boden. Ruhig atmen, 15 Sekunden halten, dann wechselst du die Seite.

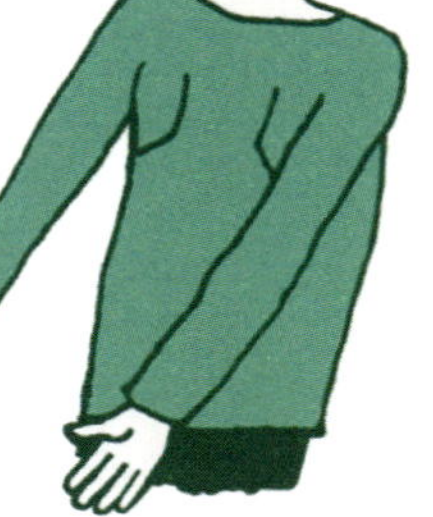

**3.** Die Brust entspannt sich, wenn du deine Arme seitlich nach hinten bewegst, mit den Handflächen zur Decke. 15 bis 20 Sekunden lang in der Dehnung bleiben und dabei kein Hohlkreuz machen.

**4.** Die Schulterbrücke stärkt den Rücken. Lege dich auf einer Matte auf den Rücken, stelle die Beine hüftbreit auf, die Arme liegen gerade am Boden. Dann hebst du das Becken an, sodass der Körper eine gerade Linie bildet. Absenken und wieder anheben.

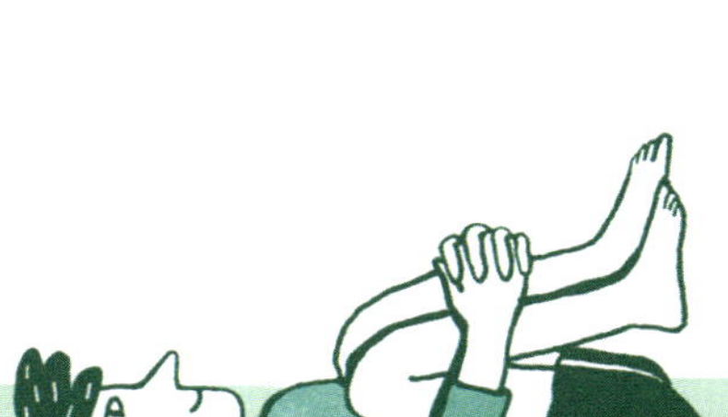

**5.** Prima Päckchen: Ziehe die Knie zur Brust heran, umfasse sie mit den Händen und atme aus. Lockere die Knie etwas und ziehe sie wieder heran. Das dehnt die Muskulatur an der Wirbelsäule und macht dich wieder beweglicher.

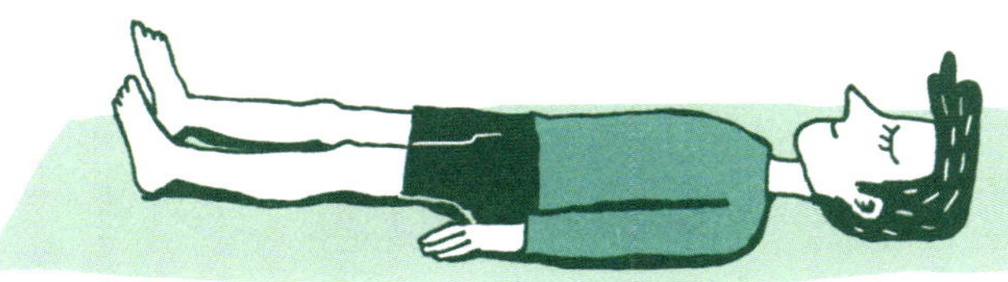

**6.** Zum Schluss entspannst du ein paar Atemzüge auf dem Rücken, Arme und Beine locker von dir gestreckt.

# DIE PERFEKTE TOUR ...

## #FÜR SONNENHUNGRIGE

Saftige Bergwiesen, sonnige Flusstäler und weite Hochebenen reihen sich bei der Wanderung von Benneckenstein ins Bergdorf Sophienhof wie Perlen auf eine Schnur.

» **TOUR 11, S. 114**

## #FÜR NEUGIERIGE

Eine historische Steinkirche, die beeindruckende Burgruine Scharzfels und die mystische Einhornhöhle auf einer einzigen Tour? Die Harzer Dolomiten können auch geschichtlich was!

» **TOUR 13, S. 134**

## #FÜR WASSERRATTEN

Im Harzer Grand Canyon ist es immer (angenehm) kühl. Die enge Schlucht spendet Schatten und vom Fluss weht immer eine frische Brise herüber. Reicht nicht? Dann mit den Füßen ab ins Wasser!

» **TOUR 18, S. 184**

## #FÜR LECKERMÄULER

Erst ein Stück Torte, dann ein Gläschen Honig vom Imker für daheim und zum Schluss das Grand Finale in der Waldgaststätte Bahnhof Stöberhai – wer kann, der kann!

» **TOUR 14, S. 144**

## #FÜR FAULE

Ohne den Abstecher zum See ist die Wanderung von Stiege zur Eisfelder Talmühle gerade mal acht Kilometer lang und es geht dabei auf einfachen Wegen fast nur bergab.

» **TOUR 16, S. 164**

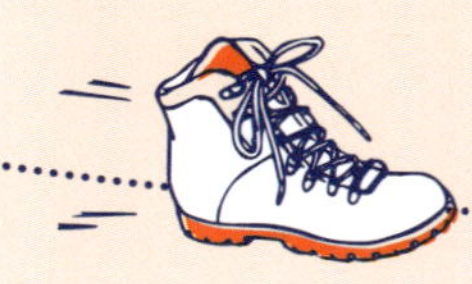